国家出版基金项目

"十三五"国家重点图书出版规划项目

"神话学文库"编委会

主　编

叶舒宪

编　委

（以姓氏笔画为序）

马昌仪　王孝廉　王明珂　王宪昭

户晓辉　邓　微　田兆元　冯晓立

刘东风　齐　红　苏永前　李永平

李继凯　杨庆存　杨利慧　陈岗龙

陈建宪　顾　峰　徐新建　高有鹏

高莉芬　唐启翠　萧　兵　彭兆荣

朝戈金　谭　佳

国家出版基金项目

"十三五"国家重点图书出版规划项目

"神话学文库"学术支持

上海交通大学文学人类学研究中心

上海交通大学神话学研究院

中国社会科学院比较文学研究中心

陕西师范大学人文社会科学高等研究院

中国神话学会

国家出版基金项目
NATIONAL PUBLICATION FOUNDATION

"十三五"国家重点图书出版规划项目

神话学文库
叶舒宪 主编

[韩] 徐大锡 著
刘志峰 译

韩国神话研究

THE STUDY OF KOREAN MYTHOLOGY

陕西师范大学出版总社

图书代号 SK18N1107

本书由韩国文学翻译院(LTI Korea)支持出版
经由韩国集文堂出版社授权同意,陕西师范大学出版总社有限公司出版发行简体中文版

版权登记号:25-2018-153

图书在版编目(CIP)数据

韩国神话研究/(韩)徐大锡著;刘志峰译.—西安:陕西师范大学出版总社有限公司,2018.10
(神话学文库/叶舒宪主编)
"十三五"国家重点图书出版规划项目　国家出版基金项目
ISBN 978-7-5613-9854-8

Ⅰ.①韩… Ⅱ.①徐… ②刘… Ⅲ.①神话—研究—韩国 Ⅳ.①B932.312.6

中国版本图书馆 CIP 数据核字(2018)第 175096 号

韩国神话研究
HANGUO SHENHUA YANJIU

徐大锡　著　　刘志峰　译

责任编辑	王晓飞
责任校对	王红凯
出版发行	陕西师范大学出版总社
	(西安市长安南路199号　邮编710062)
网　　址	http://www.snupg.com
印　　刷	西安市建明工贸有限责任公司
开　　本	720mm×1020mm　1/16
印　　张	24.5
插　　页	2
字　　数	322千
版　　次	2018年10月第1版
印　　次	2018年10月第1次印刷
书　　号	ISBN 978-7-5613-9854-8
定　　价	88.00元

读者购书、书店添货或发现印刷装订问题,请与本公司营销部联系、调换。
电话:(029)85307864　85303629　传真:(029)85303879

"神话学文库"总序

叶舒宪

神话是文学和文化的源头,也是人类群体的梦。

神话学是研究神话的新兴边缘学科,近一个世纪以来,获得了长足发展,并与哲学、文学、美学、民俗学、文化人类学、宗教学、心理学、精神分析、文化创意产业等领域形成了密切的互动关系。当代思想家中精研神话学知识的学者,如詹姆斯·乔治·弗雷泽、爱德华·泰勒、西格蒙德·弗洛伊德、卡尔·古斯塔夫·荣格、恩斯特·卡西尔、克劳德·列维-斯特劳斯、罗兰·巴特、约瑟夫·坎贝尔等,都对20世纪以来的世界人文学术产生了巨大影响,其研究著述给现代读者带来了深刻的启迪。

进入21世纪,自然资源逐渐枯竭,环境危机日益加剧,人类生活和思想正面临前所未有的大转型。在全球知识精英寻求转变发展方式的探索中,对文化资本的认识和开发正在形成一种国际新潮流。作为文化资本的神话思维和神话题材,成为当今的学术研究和文化产业共同关注的热点。经过《指环王》《哈利·波特》《达·芬奇密码》《纳尼亚传奇》《阿凡达》等一系列新神话作品的"洗礼",越来越多的当代作家、编剧和导演意识到神话原型的巨大文化号召力和影响力。我们从学术上给这一方兴未艾的创作潮流起名叫"新神话主义",将其思想背景概括为全球"文化寻根运动"。目前,"新神话主义"和"文化寻根运动"已经成为当代生活中不可缺少的内容,影响到文学艺术、影视、动漫、网络游戏、主题公园、品牌策划、物语营销等各个方面。现代人终于重新发现:在前现代乃至原始时代所产生的神话,原来就是人类生存不可或缺的文化之根和精神本源,是人之所以为人的独特遗产。可以预期的是，神话在未来社会中还将发挥日益明显的积极作用。大体上讲，在学术价值之外，神话有两大方面的社会作用：

一是让精神紧张、心灵困顿的现代人重新体验灵性的召唤和幻想飞扬的奇妙乐趣；二是为符号经济时代的到来提供深层的文化资本矿藏。

前一方面的作用，可由约瑟夫·坎贝尔一部书的名字精辟概括——"我们赖以生存的神话"（Myths to Live by）；后一方面的作用，可以套用布迪厄的一个书名，称为"文化炼金术"。

在 21 世纪迎接神话复兴大潮，首先需要了解世界范围神话学的发展及优秀成果，参悟神话资源在新的知识经济浪潮中所起到的重要符号催化剂作用。在这方面，现行的教育体制和教学内容并没有提供及时的系统知识。本着建设和发展中国神话学的初衷，以及引进神话学著述，拓展中国神话研究视野和领域，传承学术精品，积累丰富的文化成果之目标，上海交通大学文学人类学研究中心、中国社会科学院比较文学研究中心、中国民间文艺家协会神话学专业委员会（简称"中国神话学会"）、中国比较文学学会，与陕西师范大学出版总社有限公司达成合作意向，共同编辑出版"神话学文库"。

本文库内容包括：译介国际著名神话学研究成果（包括修订再版者）；推出中国神话学研究的新成果。尤其注重具有跨学科视角的前沿性神话学探索，希望给过去一个世纪中大体局限在民间文学范畴的中国神话研究带来变革和拓展，鼓励将神话作为思想资源和文化的原型编码，促进研究格局的转变，即从寻找和界定"中国神话"，到重新认识和解读"神话中国"的学术范式转变。同时让文献记载之外的材料，如考古文物的图像叙事和民间活态神话传承等，发挥重要作用。

本文库的编辑出版得到编委会同人的鼎力协助，也得到上述机构的大力支持，谨在此鸣谢。

是为序。

中文版序

本书将神话定义为"具有神圣性本质的故事",并以这一研究视角概括了韩民族的神圣观念,分析了与这些神圣性相关的部族集团、祭祀仪式、生产方式,通过与周边国家地区相关类型神话的比较研究,尝试揭示出韩民族神话所具有的特点。

我对神话产生兴趣并走上研究之路,始于1968年在首尔大学攻读硕士期间所写的学位论文《叙事巫歌研究》。作为巫俗神话的叙事巫歌是一种迄今仍然广泛流传于整个半岛的鲜活的神话,直到近来仍然不断有新的巫歌神话被发现整理。这些流传于民间由巫俗从事者演唱表演的怪异叙事当中,既有解释神的根本特点的神话,也有记述天地开辟、日月增减、人类诞生等内容的创世神话,还有说明神的出生过程、争夺统治权等内容的神话,这些口头流传的资料与文献中记载的建国神话具有相似性。我认为韩半岛的巫俗神话与建国神话本来根源于同一集团的具有类似特点的祭祀仪式之中,这一观点可以通过比较巫俗神话"帝释巫神歌"与高句丽"朱蒙神话"得到证实。本书首先将建国神话分为北方神话与南方神话,再对两者进行对比考察,分析各类型神话的特点;然后考察各个类型的巫俗神话,分析神话的叙事类型结构与神话的含义。

韩国神话虽然指在韩半岛产生形成的神话,但高丽朝以后的韩国建国神话主要以汉文形态记载于文献之中,韩国神话确实受到了许多中国文化的影响。2001年本书出版后,我也陆续发表过一些论文,尝试从《易经》阴阳思想当中寻找韩国神话的本源,即"阳轴"为太阳神体系的男神天神,"阴轴"为地神、太阴神体系的女神。两类神结合诞生出国家始祖,正是韩半岛神话的一大特点,这种特点与阴阳作用生出万物的易经思想是相通的。而且,韩半岛从很早就已经发展出了农业文化,我认为农耕集团举行的祈求丰收的祭祀是形成神话的基础。不知道以上研究观点会在中国学界引发怎样的回应。我也很想知道中国学界对于本书最后一章中涉及的韩半岛神话与东北亚各地神话比较研究的看法。

　　本套丛书主编叶舒宪先生是中国神话学研究领域的硕学大家,其著作《中华文明探源的神话学研究》(2015)在韩国学术界广受关注。特别是其将中国神话与文献资料、考古文物相结合来断定上古史年代的诸多研究得到了很高的评价。作为"图像神话学"的创始人,他更是受到学界的瞩目。著作能够参与叶先生的丛书项目,本人荣幸之至,不胜喜悦。

　　希望《韩国神话研究》中文译本的出版发行,能够从某种程度上向中国读者展现出韩国神话学研究的面貌,并以此为契机,以神话为媒介,促进韩国与中国学界的学术交流与发展。

　　最后,西安外国语大学刘志峰副教授将本书作为韩国神话研究代表著作推荐于"神话学文库",并为本书的中文翻译付出了辛勤劳动,在此表示深深的感谢。

徐大锡谨识
2018年3月

前　　言

　　从整体上看,韩国神话可以分为两类,即以文献形式记录的"建国神话"与在巫俗祭祀中口述传唱的"巫俗神话"。这些神话都是与韩民族相关的神话,在古代有着共同的起源,后来随着时代的发展不断发生变化,直到现在这些神话依然蕴含着韩民族的神圣观念、世界观与社会规范。迄今为止,在历史、民俗、文学等领域,韩国神话研究已经积累了丰富成果,但是,类似"檀君神话"等个别神话资料,学界的研究解读仍然莫衷一是,韩国建国神话、巫俗神话资料的体系化还不够完善。此外,蒙古、中国东北、日本等韩国周边国家、地区的神话研究还不够充分。有鉴于此,本书将尝试从整体上把握韩国神话,建立综合的研究体系,分析体系内部各神话表达的神圣性特点及其含义。

　　此前的韩国神话研究之所以不够系统,最大的原因在于资料整理还不够齐备,特别是巫俗神话资料的收集整理工作常被忽视,导致建立综合神话体系的研究工作停滞不前。如今韩国国内巫歌的采集记录工作已经完成,因而得以纵观韩国巫俗神话的全貌。笔者曾经实地考察过巫俗现场,并先后出版了《东海岸巫歌》(1974)、《安城巫歌》(1990)等巫歌资料集,发表过多篇有关"帝释巫神歌""巴里公主""创世巫歌""七星巫神歌"等全国流传的巫俗神话的研究论文,以及有关"城主巫神歌""差使巫神歌"等地区巫俗神话的研究论文,还将《韩国口传文学大系》收录的巫歌资料分类整理并编写了索引。笔者在讲授研究生课程"韩国神话学"的过程中,开始关注建国神话,曾发表《百济神话研究》《建国神话中的天神与水神的对决》等论文,还从建国神话、英雄神话、巫俗神话等角度,比较研究了中国满族神话与韩国神话。上述既有研究是本书写作的基础。本书在前期成果的基础上,进行了更为深入、详细的研究,全书共有总论、建国神话研究、巫俗神话研究、韩国神话整体特点研究、韩国神话比较研究五部分。

　　神话究竟是什么？世界各国学者提出了诸多定义。19世纪中叶的德国学者库恩(Adalbert Kuhn)、德裔英国学者麦克斯·缪勒(Max Müller)等发表了自然神话学的理论论述；之后泰勒(Edward Tylor)、朗(Andrew Lang)等提出了古典人类学理论,弗洛伊德(Sigmund Freud)、荣格(C. G. Jung)等提出了心理学理论,弗雷泽

(James Frazer)、哈里森(Jane Harrison)等提出了宗教仪式学理论等,这些理论横跨多个领域形成了多种神话学说。近年来,马林诺夫斯基(Bronislaw Malinowski)的功能主义研究与列维-斯特劳斯(C. Lévi-Strauss)、格雷马斯(A. J. Greimas)等的结构主义研究也取得了显著成果。列维-斯特劳斯综合分析各个神话片段,重新建立神话体系,通过分析神话当中包含的传承集团群体的文化观念,开创了与之前神话阐释完全不同的学科领域。格雷马斯将普洛普(V. Propp)等学者开创的俄罗斯形式主义叙事分析方法,与列维-斯特劳斯的宏观结构主义方法相结合,总结出神话叙事结构及其对立项,发展出更为精细的分析神话文化观念的方法。此外,中国神话学者袁珂系统整理了中国神话资料,对神话与历史的关系、神话的仙话变异过程等进行了探讨。

韩国学者崔南善、李丙焘从历史学角度,金烈圭、黄浿江从宗教仪式学派学说与原型象征论学说角度展开了神话研究,并积累了诸多丰富的成果。

笔者赞同将神话定义为"具有神圣性本质的故事",神话探究的工作正是在理解神话反映的传承部族神性表达特点的同时,运用人类学神话解释理论寻找神话中隐藏的历史真实,进而揭示神话传承集团的具体情况及其特点,并探索他们通过神话所表达的神圣性原理与功能。在从事这种神话研究过程中,笔者发现韩国神话具有天神、水神两大神圣性中心,并在此基础上分析了建国始祖神圣血统的特点与变异情况。

下面介绍一下本书涉及的韩国神话资料以及笔者对这些资料的研究态度。韩国神话资料可分为文献神话资料和口传神话资料。文献神话记载于《三国遗事》《三国史记》《帝王韵记》《应制诗注》《高丽史》《世宗实录地理志》《东国舆地胜览》《东国通鉴》等历史文献中,也包括《汉书》《后汉书》《魏书》《隋书》《唐书》《北史》等中国史书,以及"好太王碑"等金石文。笔者认为,作为研究的前期工作,应该详细比较这些文献资料,将文本的本来面貌与后人润色、添加的部分区分开来。虽然这一工作单凭个人能力难以圆满完成,但是仍然要带着这种问题意识来进行研究。

口传神话主要包含于流传至今的巫歌与传说中,由于在流传过程中发生了许多变化,所以恢复口传神话原貌并非易事。本书在对已收集的巫俗神话资料做详细考察的同时,将根据具体情况甄别出神话中未发生变化的固定传承内容,梳理其结构并研究其神话特点,这样的资料分析工作有助于避免发生将非神话资料误认为神话的错误。而且在民间传说中还有许多今天看似已经不是神话,但其本源有可能是神话的资料,研究这些资料的神话特点对于建立韩国神话体系将会大有帮助。

下面，介绍一下本书研究、认识神话的主要观点。

第一，理解神话的神圣观念。神话的本质是其神圣性，这与流传集团群体的祭祀活动及规范相关。从韩国神话中，可以总结出关于天、地、水的神圣观念，再通过分析神的诞生过程中的血缘关系来理解这些神圣观念，并建立综合研究体系。

第二，结合神话流传集团群体的祭祀仪式与神话，明确神圣观念的具体形态表现为何种形态。祭祀仪式是神话得以形成和持续流传的基础，所以研究文献记载的祭祀仪式和直到今天依然在民间举行的祭祀仪式，对于理解神话将大有帮助。

第三，明确神话与其传承集团生产活动的关系。特别是将生产神神话与生产神祭祀仪式相联系，进而找出狩猎、捕鱼部族与游牧、农耕部族的神话特点。

第四，理解神话与政治的关系。尝试找出统治权与祭祀权、部族守护神与生产神的关系，揭示神话中的王位继承者的资格条件及验证确认方法，考察并思索两个部族集团的统一、分裂与神话形成之间的关系，创建国家、神化王权等内容是如何在神话中得以反映表达的。

本书分为五部分：

第一部分为总论，梳理韩国神话资料现状，探讨适合各种资料特点的研究方法。

第二部分为建国神话研究。韩国建国神话分为北方神话系统与南方神话系统。北方神话记述从开国始祖父母结婚到始祖诞生的过程，南方神话记述开国始祖从诞生到结婚的过程；北方神话中大多存在始祖争夺王位的内容，而南方神话的始祖多是被推戴为王，所以这一部分将重点探讨神话传承部族集团的特点。进而分析檀君、朱蒙、朴赫居世、金首露等相关神话，揭示神话的神圣性本质及其含义。另外，还将结合文献记录的祭祀仪式与流传至今的民间祭祀活动，分析推测百济建国神话的相关特点。

第三部分为巫俗神话研究。这一部分将按照不同类型，研究韩国境内流传的主要巫俗神话，如：创世始祖神话"创世歌""天地王巫神歌"，生产神神话"帝释巫神歌"，冥神神话"巴里公主"，家神神话"城主巫神歌""七星巫神歌"等，梳理目前采集记录的巫歌资料，比较各篇资料的内容变异情况，确定各个神话的类型结构并分析其结构含义。

第四部分为韩国神话整体特点研究。首先，考察韩国神话中鼓的特点，分鼓的功能和含义。其次,深入剖析建国始祖神话与佛教传说中的天神与水神之间的矛盾关系,并在此基础上考察高丽时期始祖神话对之前传说的接受情况,揭示高丽始祖神话中间接委婉表达的天神、水神结合关系。

第五部分为韩国神话比较研究。从始祖神话、英雄神话、巫俗神话等角度,将历史上与韩民族有过频繁交流的中国神话、日本神话与韩国神话进行比较探讨,并努力找出各种神话的相同点和差异之处。

以上论述内容涵盖了笔者过去二十余年的神话研究,当中一些章节存在重复收录部分单篇论文或多次引用情况,不过为保持论文体系的完整性与说服力,斟酌再三,决定对这些部分予以保留。

最后,对出版本书的集文堂社长林京焕和各位编辑人员表示感谢,同时对尽心尽力校订原稿的朴钟声、沈愚章两位学者表示深深的谢意。

徐大锡

2001 年 3 月

目　　录

总　　论

一、韩国神话资料现状与研究观点 / 002

二、韩国神话研究史概观 / 005

建国神话研究

一、韩国建国神话的整体性课题 / 010

二、北方建国神话的相互关系 / 016

三、檀君神话 / 020

四、高句丽建国神话 / 030

五、新罗神话 / 054

六、驾洛国建国神话 / 071

七、百济神话 / 080

巫俗神话研究

一、创世始祖神话之含义与变异 / 130

二、生产神话——帝释巫神歌／149

三、巴里公主之神话特点／160

四、城主巫神歌研究／172

五、七星巫神歌研究——神话特点及叙事诗结构／193

六、长者巫神歌研究／223

韩国神话整体特点研究

一、探析韩国神话中的鼓——兼论"三符印"之含义／236

二、韩国神话中天神与水神的关系——天神水神矛盾与和解探析／245

韩国神话比较研究

一、韩国神话与中国满族神话比较研究／270

二、韩国与中国满族巫俗神话比较考察／285

三、日本神话中神之结婚、生产特点研究——兼与韩国神话及农耕祭祀相比较／304

四、东亚英雄神话比较研究／326

附　　录

一、中韩译名对照表／347

二、21世纪韩国神话研究主要成果概述／356

总　　论

一、韩国神话资料现状与研究观点

所有的学术研究都要先掌握研究资料的具体情况，再选择一种与之相适合的方法进行研究，神话研究也是如此。由于学者们的关注侧重有所不同，目前提出的神话定义和研究方法也是种类繁多。之所以出现这种情况，除了学术观点的差异之外，也因为各地区多民族流传的神话资料本身存在巨大差别。因此，韩国神话的研究也同样需要找到符合韩国神话特点的研究方法，当然既可以运用研究其他民族神话的理论观点，也可以另辟蹊径。换言之，蜚声国际的理论也可能不适合韩国神话的研究现实，陈旧过时的理论也可能对解释分析韩国神话大有帮助。因此，本书将在考察韩国神话资料的同时，探索适合韩国神话特点的研究方法。

韩国神话可以分为记录于文献中的"文献神话"和口头流传的"口传神话"，前者多为记述开国始祖创建国家的故事，后者多为在巫俗祭祀中口头传唱的叙事巫歌。考虑到两种神话资料的特点，为从整体上理解韩国神话，有必要探讨一下相关资料的研究角度与认识方法。

建国神话主要记载于《三国遗事》《三国史记》《高丽史》《帝王韵记》《世宗实录地理志》《东国通鉴》等文献中，建国神话可以进一步分为北方神话系统和南方神话系统，"檀君神话""朱蒙神话"等属于前者，"朴赫居世神话""金首露神话"等属于后者。建国神话是有关国家始祖的故事，既是记录国家创建过程的开国神话，也具有君王姓氏始祖神话的特点。至于"金阏智神话""昔脱解神话"等神话的主人公虽然并非建国始祖，但都讲述了主人公从诞生到称王的过程，所以这些神话也具有类似建国神话的特点。另外，高丽朝开国始祖故事、朝鲜开国始祖故事虽然在神圣性方面稍逊于建国神话，但都记述了开国君王的家族和神圣的血缘谱系，所以高丽、朝鲜时期的开国君王故事也可以视为一种建国神话。还有"温祚传说""沸流传说""薯童传说""甄萱传说"等资料也具有百济建国神话或开国始祖神话的特点。

这些神话多具有强烈的历史感，往往让人难以分辨其内容几分是神话，几分是历史，所以神话研究的重心和焦点自然会集中于论证到底是历史事实被表达为神话，还是神话被记述成了历史。换言之，文献神话的研究可以概括为揭示主导建国集团特点与建国过程的研究。

神话研究的重点课题之一是理解神圣观念。虽然可从多个角度来定义神话，但是普遍认可的概念是"神话是神圣的故事"，可见神话以神圣性为根本。神话的神圣性虽然贯穿神话始终，但最为集中地体现在神或始祖的血统当中。详细准确地记述始祖父母的血统是神话的特征，同时也是为了表现出血统的神圣性。

韩国神话的建国始祖血统多为"天父地母型"，但是早在《易经》之中已经有过类似"以天为父，以地为母"的思想表述，与其称其为神话意识，实际则更加接近一种哲学思考。《易经》将阴、阳两种对立元素称为"乾道"与"坤道"，《易经·系辞》中有"乾道成男，坤道成女。乾知大始，坤作成物"的说法，乾坤二道成为男女后才有万物的生长，这可以视为对东方神话神圣性的高度概括。

不过，在《易经》出现以前，神话世界中并不一定是"天男地女，夫妇结合"的形态，伏羲与女娲就是太阳与太阴的结合，即日月成为男女并结为夫妻。这种"日父月母型"神话不同于"天父地母型"，因为"天"包含了日月星辰，是与"地"相对的概念，日月本身具有天的属性，如果将天的属性视为天神属性，那么"日父月母型"神话也可以称作"天父天母型"神话。

另外，地的属性也存在一些疑问。地上之物与天上之物存在对立关系，那么水神到底是地上之神，还是应该与地神区别看待呢？如果说水神存在于地上具有地神特点，那么男性水神与女性地神结合的神话，应该可以视为"地父地母型"神话。如果把水神与地神相区别，那么地神又是什么？还有，山神、动物神、植物神等也存在于地上，到底应该将这些神视为地神的下级范畴，还是另外独立的范畴？此外，如果把河神、海神、井神视为水神，那么龙神、蛇神又该如何界定？以上问题都需要进行一一探讨。

古代神话的神圣性体系可以分为天神表达与地神表达两种，天的神圣性又可以分为日神、月神，地的神圣性可以分为大地神、水神。天神概念之中虽然也包括星神、风神、云神等，但这些神在神话中所占的篇幅比重无法与太阳神、月神相提并论。即使后来在道教之中，星宿之神的地位不亚于太阳神，但是天神在更多情况下还是意味着太阳神。"地上"的概念也并非仅指地上与水中，大地之上有山川，有水之处也该有火。从整体来看，地球由陆地和海洋构成，也可以大致区分为陆地的地神与海洋的水神。

因此，神圣体系的主体可以划分为日神、月神等天神和大地神、水神等地神。

下面再来探讨一下神话中表现出的神圣性具有什么含义。

神圣性并非固定不变的观念，其含义也会随时代发生改变。历史上有将太阳神视为最高神的时代，也有更加崇拜佛祖的时代，也有掌管日月星辰和宇宙的天神。神圣观念发生了何种变化，为何会发生变化，以及由此产生的文化嬗变等都是神话研究的重要课题。如果把寻找隐藏在神话中的历史事实的研究称为"神话历史学研究"，那么，研究神话的发展变化的研究就应该是"神话发展史研究"。

巫俗神话在韩国神话资料中占有较大比重。巫俗神话得以整理记录开始于20世纪，1930年出版了最早的韩国巫俗神话资料，所以巫俗神话与记录于历史文献的汉文建国神话前后相差了一千多年。建国神话应该形成于《三国遗事》成书很久以前，巫俗神话同样也可以上溯至久远的年代。但是，由于每种神话资料的起源都不尽相同，形成神话结构并发挥影响的年代也不一致，所以把巫俗神话整个杂糅在一起，推断其产生年代的方法过于盲目。

广泛流传于韩国各地的"帝释巫神歌"的产生年代，可以追溯到古代建国神话的形成时期。这一巫歌在流传过程中吸收了历代的思想观念并不断发展变化，所以为了还原神话原貌，需要先找出后人添加润饰的内容，而且还有必要分析一下原来的神话与记载于文献的建国神话之间存在怎样的联系。不过，许多巫俗神话资料都是在古代国家形成以后，取材于不同源头创作而成的。

巫俗祭祀仪式中，由村民定期共同参与举办的"村祭"（마을굿）一般是为了祈求农业丰收、村民平安。村祭中的大部分仪式内容都与村庄守护神、农耕生产神有关，在祭祀过程中产生了相关的神话并得以流传，韩半岛本土的"城主神话"、济州岛地区的"世经巫神歌"等都属于类似神话。此外，人们也会把真实人物的神异事迹、悲壮死亡、死后冤魂等活动编入神话之中。"历史人物传说"中经常把悲愤死去的历史人物崇拜为巫俗神，他们的故事也被巫俗神话借鉴吸收，济州岛的"祖上巫神歌"便是一例。

这些神话只能根据其神话特点，从各不相同的角度进行研究。首先需要考察神话功能与口述神话的巫俗仪式特点。寻找神话素材源头，分析神话的含义与功能之间的联系也很重要。特别是在一部分地区流传的区域型神话，更需要结合该地区特殊的历史文化背景，联系神话的功能与含义进行研究。韩半岛巫俗神话流传较为丰富的地区是济州道和咸镜道，理解把握这两个地区的地域特点与巫俗神话的关系应该是首要的研究课题。

需要把周边民族的神话与韩国神话进行比较研究。荣格曾经提出"神话是对作为人类普遍深层意识的集体无意识的发现",根据这一理论可以认为,在世界各民族神话中存在着一个"共同原型"。在韩国神话中找出这一原型的研究固然必要,但同时也应该认识到:每个民族都对"同一原型"有不同的语言表述,其神话神圣性表达也存在差别。因此,为了解普遍的神话原型与民族神话的特点,应该把韩国神话与其他民族神话进行比较,特别是与那些在历史上与韩国交流频繁的周边民族的神话进行比较。这不仅是为了理解韩国神话的特点,也是探索韩国神话起源不可或缺的内容。

韩民族在历史上与东北亚地区许多民族共同生活。将韩国神话与中国满族、蒙古族神话进行比较研究,对于重新恢复那些在流传过程中湮灭、变异的韩国神话原貌大有裨益。而且古代韩半岛文化也曾东渐日本,日本接受古代韩国文化后将其本土化并完好保存有大量的文化遗产。在神话研究领域,流传至今的《古事记》《日本书纪》等文献中记载着丰富的神话资料,日本各地的《风土记》和祭祀仪式中也能找到许多神话残留的痕迹。因此,将韩国神话与历史上与韩民族有过密切交流的东北亚其他民族神话进行比较研究也具有重要学术意义。

二、韩国神话研究史概观

韩国的神话研究多集中于特定神话,相反对于神话整体的体系研究并不多见。目前为止,积累研究成果最多的神话是"檀君神话",与檀君神话相关的历史、民俗、宗教、哲学、文学领域的论文多达数百篇,还有多篇总结檀君神话研究史的论文,但是,有关整体建国神话的研究成果还十分有限。

韩国国内神话研究的"着先鞭者"当属学者崔南善(号六堂),其著有《儿时朝鲜》《白头山觐参记》等著作,以及《不咸文化论》等多篇论文,以檀君神话等韩国神话为主展开研究。六堂的神话研究可以概括为:提出了"光明神信仰理论"。光明神信仰属于太阳神信仰,主要以建国神话中的男性神为主进行论证分析。六堂认为,檀君神话中桓国的桓因是光明神,并将檀君的韩语发音与蒙古语 tangri(天空)联系起来;将高句丽神话中的解慕漱、东明王,新罗神话中的朴赫居世等神都视为光明神;同时认为,光明神并非仅仅存在于神话之中,韩国各地的许多山名也体现了光明神崇拜观念,如长白山(白头山)、太白山、小白山、汉拿山、朴达岭等。他对山名中的光明含义加以考证，认为这些山曾是光明神的居住地，同时具有韩民族"神圣空间"的含义。质言之，韩民族是"崇拜太阳的民族"，对阳光、光明的崇拜支配着神话的中心思想。① 六堂的研究与当时试图否定檀君神话的日本学者们的观点针锋相对，强化了檀君的民族文化始祖地位，阐明了韩民族太阳崇拜的观念意识，是被公认的韩国神话研究的重要成果。不过，六堂一心寻找光明神而忽视了女性神的研究，所以没能更加全面地解读韩国神话。

学者李丙焘（号斗溪）与六堂不同，致力于"熊神观念"的研究。和六堂的男性神研究相比，斗溪更加重视研究女性神，并建立起以女性神为主的熊神崇拜体系。他将檀君神话中的熊女解释为熊族象征，将高句丽朱蒙神话中的河伯女视为熊女的同族女性，河伯女还被称为"貊女"。斗溪主张檀君神话是历史的传说表达，当中隐含着天神族桓雄与地神族熊女结合诞生檀君的历史事实。熊族的存在可以通过韩国各地许多与熊相关的地名加以证实，如咸镜道地区的盖马高原、忠清南道扶余的熊津②等。③

虽然六堂与斗溪的研究角度有所不同，但是内容互为补充。两位学者的研究可以综合为：男性光明神与女性熊神结合形成了共同的民族信仰。建国神话与众多地名为两位学者的观点提供了实证依据，因而具有很强的说服力。

光复之后的韩国神话研究展现出不同于初期侧重于历史研究的新面貌。韩国国文学者成为研究的主要力量，韩国神话得以被重新诠释，同时巫俗神话研究也得到长足的进步，将文献神话与新收集的口传神话相结合，拓宽了韩国神话理解的广度与深度。

学者金烈圭运用西方原型象征理论和祭仪学派理论，从韩国神话口述资料中总结出重生主题、就任主题、生生力象征等特点并形成理论研究体系，通过分析"昔脱解神话""首露神话"论证了神话通过祭祀仪式流传的合理性。此外，他还将韩国巫俗神话"巴里公主"与西伯利亚萨满教的"灵魂游历"神话进行比较，致力于寻找韩国神话中的巫俗元素。④ 金烈圭把西方理论引入韩国神

---

①崔南善：《不咸文化论》（1925）、《檀君及其研究》（别乾坤1928年版）、《朝鲜의 神話》等，见《六堂崔南善全集》，玄岩社1973年版。

②盖马高原（개마고원）、熊津（고마나루）等地名中的개마、고마与韩国语"熊"（곰）的发音类似。——译注

③参见李丙焘：《韓國古代社會와 그 文化》，瑞文堂1973年版。

④参见金烈圭：《한국민속과 문학연구》，一潮阁1971年版；《한국신화와 무속연구》，一潮阁1977年版。

话分析，开启了神话阐释的新的探索，因此有着重大的学术意义。特别是将祭仪学派理论、结构主义理论运用于韩国民俗与叙事文学研究，总结出了上述若干类型，并且以卓越的学术洞察力发现了隐藏在神话与民俗活动中的"入仕仪式"等"通过仪式"①。然而，金烈圭忽视了韩国神话、生活环境、文化传统所具有的特殊性，其研究难免局限于单纯分析阐述普遍性的层面。

学者黄浿江吸收了伊利亚德（Mircea Eliade）提出的原型象征理论，主张"神话通过祭祀仪式反复再现"，深入研究了包括"通过仪式"在内的具有本源性的神话意识，并从"檀君神话""朴赫居世神话""蛇福传说"②中总结出"双重体制"（쌍분체제）的婚姻问题、"地母神原型"、"母胎象征"等观点，致力于发现隐藏在神话中的具有普遍性的人类集体无意识。③他还从事日本神话研究，通过比较韩国与日本神话，揭示出两国神话共有的"天降主题"和"异类交婚观"，追溯了日本神话中"高天原"的神话形象，并推断由于政治意识形态的介入，日本王权神话的内容发生了变异。④黄浿江以韩日神话为主，广泛参考资料，尝试总结出以人类普遍集体无意识为基础的本源观念，其研究与历史学者的研究具有显著的不同特色。

学者张筹根从民俗学角度考察了"檀君神话""朱蒙神话""金阏智神话"，以济州道神话为主探索了巫俗神话的形成与嬗变过程。⑤他将檀君神话中的"天符印"与青铜祭器联系起来进行解释，阐释了"熊虎同穴"的图腾内容特点，将金阏智神话结合"始祖坛子"⑥等谷物信仰加以解释，这些都是从神话民俗学角度认识神话的重要研究成果。此外，他还对济州岛的"堂神神话"与"三姓神话"进行了结构分析，结合文献资料揭示出这些神话得以被记录为文献的过程，详细阐释了巫俗神话的流传过程，受到了学界的瞩目。

学者玄容骏致力于济州岛巫歌的研究，他采集记录并校注了济州岛著名男

---

①通过仪式（통과의례）：人的一生中进入新的生活状态所必须经过的仪式的统称，如出生礼、成年礼、婚礼、葬礼等，由法国人类学家范·盖纳普（A.Van Gennep）首先提出。——译注
②蛇福传说（사복설화）：《三国遗事·义解第五》"蛇福不言"条中记载，京师万善北里有一寡妇，无夫而孕，生下一子，长到十二岁，不会说话也不会站立，人称"蛇童"。母亲死去，蛇童来到高仙寺找到"元晓大师"，一同为其母举行祭祀仪式，之后蛇童背着母亲尸体去往地下"莲花藏界"。——译注
③参见黄浿江：《韩国叙事文学研究》，檀国大学出版部1972年版。
④参见黄浿江：《日本神話의 研究》，知识产业社1996年版。
⑤参见张筹根：《한국신화의 민속학적 연구》，集文堂1995年版。
⑥始祖坛子（시조단지）：家宅信仰中含有祖先灵魂的装有当年新米的短颈凸腹的小缸或坛子，通常被放置在住宅大厅接受供奉，是保佑家庭安宁、子女成功、农业丰收之神，又被称为"祖上坛子""世尊坛子"等。——译注

巫安仕仁的口述巫歌，出版了《济州岛巫俗资料事典》，对济州岛巫俗神话的形成过程、体系结构、产生背景等进行了多方面研究。① 玄容骏还从神话学角度研究了建国神话与"乡歌背景传说"，将韩国神话整体构成理解为"垂直双分结构"与"水平双分结构"，将"月明师"②创作的《兜率歌》背景传说阐释为与农业祭祀相关的射日神话，其研究成果值得关注。

此外，还有金和经、任才海、罗景洙、李秀子（音）、金宪宣、李志暎、赵贤高、李福揆、朴钟声等青年学者们的后续相关研究③，留待今后研究成熟之后再做介绍，在此不再赘述。

---

① 参见玄容骏：《济州道巫俗资料事典》，新丘文化社1980年版；《巫俗神話와 文獻神話》，集文堂1992年版。

② 月明师（월명사）：新罗景德王时期僧侣，相传景德王十九年（760）出现两个太阳，月明师创作吟唱了《兜率歌》，最终化解了这一灾难。——译注

③ 金和经：《温祚神话研究》，载《人文研究》第4辑，岭南大学人文科学研究所，1983年；《新罗建国神话研究》，载《民族文化论丛》第6辑，岭南大学民族文化研究所，1984年；《高句丽建国神话研究》，载《震檀学报》第86辑，震檀学会，1998年。罗景洙：《韩国创世神话》，길벗1993年版。이수자：《제주도 무속과 신화연구》，梨花女子大学大学院博士学位论文，1989年。金宪宣：《한국의 창세신화》，길벗1994年版。李志暎：《한국신화의 신격유래에 관한 연구》，太学社1995年版。赵贤高：《건국신화의 형성과 재편에 관한 연구》，东国大学大学院博士学位论文，1997年。李福揆：《扶余・高句丽建国神话研究》，集文堂1998年版。朴钟声：《韩国创世叙事诗研究》，太学社1999年版。

建国神话研究

一、韩国建国神话的整体性课题

以汉文形式流传至今的韩国建国神话主要记载于《三国遗事》《帝王韵记》《世宗实录地理志》《应制诗注》《东国通鉴》等文献之中。当中包含的神话有古朝鲜建国神话"檀君神话"、高句丽建国神话"朱蒙神话"、新罗建国神话"朴赫居世神话"、驾洛国建国神话"金首露王神话"等。除此以外,记录于《高丽史·高丽世系》的高丽开国之君王建的祖先传说,《龙飞御天歌》中对朝鲜朝世宗大王六代祖先事迹的称赞等,也具有类似建国神话的特点。这些神话以记录开国始祖故事为主,兼具姓氏始祖神话的特点,具体包括始祖诞生、称王即位、婚姻生子、死后异迹等神话内容。

这些建国神话依据流传区域可以划分为北方神话与南方神话,南北地区神话有着显著差别。典型的北方神话有"檀君神话""朱蒙神话",以及与扶余国相关的"解慕漱神话""解夫娄神话""金蛙神话"等;典型的南方地区神话有"朴赫居世神话""首露王神话""昔脱解神话""金阏智神话",以及济州道地区的"三姓神话"等。以下将比较分析北方神话与南方神话中记述的始祖婚姻、诞生顺序、即位经过、死后异迹等内容,并探讨其中包含的神话含义。

(一)婚姻、出生的记述顺序

北方神话通常先讲述始祖父母结婚经过,之后再叙述始祖相关内容,而南方神话中根本没有提到始祖父母,只叙述始祖的降生、即位、婚姻等内容。

檀君神话中,从天界桓国降临地上的桓雄与从熊变为女人的熊女结合生下檀君;高句丽建国神话中,天帝解慕漱从天而降与河伯之女柳花结合生下朱蒙。从建国始祖角度来看,两神话的叙述顺序都是先说始祖父母结合,再说开国始祖诞生,并未提到开国始祖的婚姻,所以北方神话是记述了"从结婚到诞生"的故事。与之相反,"朴赫居世神话""首露王神话"等南方神话中,并未记述始祖父母,虽然出现了新罗的六村长、驾洛国的九干,但他们与始祖并非父子血缘关系。"朴赫居世神话"中,一枚紫色的卵伴随着神异闪电降落到了杨山下的萝井旁，始祖从卵中诞生；"首露王神话"中，一个赤色包袱沿着一条紫色绳索从天降落在龟旨峰上，包袱里裹着一个金色的盒子，首露从盒子里的金卵中诞生。两则神话的共同点是：始祖卵生于神异之气连接的天地之间。虽然连接天地的神异之气可以视为天地结合，但这明显不同于男女的结合。南方神话中未提及始祖父母的婚姻，而只是叙述了始祖的诞生、即位、结婚，如朴赫居世与阏英、首露与阿逾陀国公主许黄玉的结婚等，都具有神圣婚姻的含义，但是北方神话中却并未记述始祖的婚姻内容。因此，南方神话是记述"从诞生到结婚"的神话。

一个是从婚姻到诞生，一个是从诞生到结婚，这两种神话类型有何不同呢？

人类之所以能够延续至今，依靠着男性与女性的结婚繁衍。所有生物的生命都是有限的，但即使个体死亡，群体依旧可以通过繁衍后代使种族得以延续。如果把种族存续的原理视为婚姻、出生两种行为的反复，那么难免会有"到底是先结婚，还是先出生"的疑问，而这一问题如同"先有鸡，还是先有蛋"一样难有定论。不过，如果以始祖为主，换一种提问的方式："始祖是如何诞生的？"那么人们很容易得出"必然是始祖父母结婚在先"的答案，因为始祖既然是人，必然会有其父母。

那么，"从结婚到出生"与"从出生到结婚"两种神话叙述顺序有何含义呢？先叙述始祖父母婚姻，再讲始祖诞生的北方神话反映出建国始祖并非最初君王；而先叙述始祖诞生说明始祖就是最初的开国之君，建国代表着形成最初的国家社会。北方神话与南方神话的开篇已经表现出了这一特点。

"檀君神话"中展开实际活动的主人公是桓雄，而桓雄在檀君朝鲜建国以前已经创建了类似于国家组织的神市，桓雄是神市的始祖。桓雄统帅风伯、云师、雨师，主宰人世三百六十余种行业，这已经可以说明桓雄对神市实施了统治行为。同样，解慕漱带领随从百余人降到熊心山，晨起而作，暮晚升天，这也应是一种统治行为。民间有称桓雄"桓雄天王"、称解慕漱"天王郎"等说法，可见他们具有统治者"王"的特点。因此，檀君、朱蒙等并非最初建国的君王，而是建立了新的国家，促进了国力与文化的发展。

与北方神话不同，南方神话中的六村长和九干，顾名思义应该是类似于村长、酋长之类的氏族部落首领。六村长据说都是从天而降之人的后裔，他们都是姓氏始祖。六村长带领子弟在阏川山坡上召开会议说"我族上无君主"，可见当时社会应该还处在氏族时代,并没有类似国家的统治组织。而伽倻①地区的九干则表现出部落社会酋长的特征。九干自称统领一百户共七万五千名百姓,那么一户约为七百人,九干之下应该还有协助统治的户长,干应该是统治十几户的部落首长。但是《驾洛国记》开篇说"先前没有国名,也没有王与臣下的称谓"②,可以推测这是一个人口一万以下、酋长统领的区域部落社会。因此,朴赫居世是统一六村后建立新罗的开国始祖,首露则是统一九干部落建立驾洛国的开国之君。

不过,上述的特征分析都是以《三国遗事》中记载的朝鲜、高句丽、新罗、驾洛等国的建国神话为主。那么,是否所有北方神话都是始祖在之前国家基础上建立了新国家,而南方神话则都是开国之君建国的故事呢?因此,有必要再来思考一下:类似的神话特征到底是源于南方、北方的区域性特点,还是另有其他原因?

北方神话中的人物有桓因、桓雄、解慕漱、解夫娄、金蛙等,作为神话叙述的主体,有必要分析一下这些主人公结婚、诞生等神话叙述的特点。桓因在神话中仅出现了名字,并未说明其诞生、婚姻情况,因为桓雄是桓因之子,说明桓因组建了家庭,但其家庭情况是否类似于人类家庭不得而知。桓雄的诞生经过神话中没有说明,只说他是桓因庶子,那么桓雄应该是桓因与妾室所生,桓雄实现了熊女的愿望将其变为女人,又与其结婚生下檀君。因此,桓雄具有"从诞生到结婚"的神话叙事特点。解慕漱是天帝之子,神话中并未提到天帝的婚姻,解慕漱从天降临与柳花结婚生下朱蒙,所以解慕漱同样是一个具有"从诞生到结婚"的神话叙事的人物。这不同于前面提到的檀君、朱蒙等的"从结婚到诞生"的神话叙事,因此,从桓雄、解慕漱"从诞生到结婚"的神话叙事特点来推断他们应该是最初建立国家的君王。

相对而言,东扶余解夫娄虽然没有体现出建国始祖的特点,却以北扶余王的身份出场。《坛君记》记载"坛君提亲西河河伯之女,产下一子名'夫娄'"③,并未提及夫娄的婚姻。如果以解夫娄为主人公来看"解夫娄神话",很明显这是

---

① 伽倻(가야):指新罗儒理王十九年(42)生活在洛东江下游的十二个部落的联盟国家,是金首露王及其兄弟建立的以金官伽倻为首的六个国家的统称,562年全部被新罗吞并。——译注
②《三国遗事·纪异第二》"《驾洛国记》"条:"开辟之后,此地未有邦国之号,亦无君臣之称。"——译注
③《三国遗事·王历第一》"高句丽"条注释:"《坛君记》云:君与西河河伯之女要亲,有产子,名曰夫娄。"——译注

一种"从结婚到诞生"的神话叙事。《三国遗事》"北扶余"条中记载解夫娄为解慕漱之子,继承了解慕漱建立的北扶余成为国王,子承父业。换言之,因为解夫娄并非最初的君王,所以其神话才按照"从结婚到诞生"的顺序记述。可见,北方神话之所以会按照"从父母结婚到始祖诞生"的顺序叙述,与北方的地区特点并没有关系,而是因为始祖并不是最初的开国之君,不过是开国之君的后代而已。

新罗"昔脱解神话"中,先叙述了脱解父母的结婚后才是脱解诞生。龙城国含达婆王与积女国公主结婚七年没有子嗣,向神灵祈求而生下一枚大卵,脱解从卵中诞生,由这种"从结婚到诞生"的神话叙事推测脱解的身份并非开国始祖。所以南方神话的叙述顺序也并非全是"从诞生到婚姻",只有最初建国始祖的神话才会按照"从诞生到结婚"的顺序叙述。不过,脱解神话中也提到了脱解与南解王大公主阿尼夫人的结婚。这是因为脱解虽然并非最初的开国之君,但却是昔氏姓氏的始祖,因此也有必要说明其结婚情况。

(二) 即位经过

北方地区神话中的始祖即位特点主要表现为:继承前代国王王位,或者从之前国家中分裂出来建立新的国家后夺取王位。而南方地区神话中较为普遍的形式是村长、酋长通过协商推举国王。

檀君即位的相关记录并不详细。《魏书》记载:"立都阿斯达,开国号朝鲜。"《古记》记载:"都平壤城,史称朝鲜,又移都于白岳山阿斯达。"[①] 如史料记载,"檀君神话"之中只记述定都与国号,并未说明到底是世袭继承的王位,还是受到众人拥戴即位。但是,因为檀君开国的相关叙述是在桓雄开创神市之后,所以可以由此推断:建立神市的桓雄外来移民部族与熊女统领的原住民部族统一后,组成了新的檀君部族,并且重新定立了首都与国号。那么,檀君即位应该并非简单地继承了神市部族首领桓雄的王位,而是推动了部族的统一与扩张并建立了新的国家,在成为建国始祖之后夺取了王位。桓雄神市部族与檀君阿斯达部族,两者无论是活动范围,还是部族类型,都很难视为同一部族。这种差别在神话叙事之中也显露无遗:将开国始祖称为檀君,国号称为古朝鲜或王俭朝鲜。

可是"檀君神话"中实际详细描述的主人公却是桓雄,不仅具体记述了桓

[①] 参见《三国遗事·纪异第一》"古朝鲜"条。

雄开创神市、管理统治，还将其描述为可以把熊变成女性的神，并与熊女结婚生下了檀君。这就无法不让人疑惑：这一神话为什么叫作"檀君神话"，而不是"桓雄神话"？为什么将檀君奉为国家始祖，而不是桓雄？问题的答案就在于桓雄的神市部族与檀君的阿斯达部族并非同一集团。换言之，檀君原本并不是神市部族第二代君王的世袭人选，但檀君依靠自身力量统一了神市与熊女部族，重新创建了名为朝鲜的国家，并成为朝鲜的始祖登上了王位。

高句丽建国神话也存在类似特点。朱蒙虽然继承了解慕漱的血统，却生长于金蛙统治的东扶余，之后率领部下逃出东扶余，重新建立了新国家卒本扶余。至少从神话内容来看，朱蒙并未直接继承解慕漱的王位，也并非得到卒本民众的推戴即位，而是依靠自身力量建国称王。可见，在北方神话中，始祖都是依靠自身力量夺取了统治权，最终登上君王的宝座。

与之相反，南方神话中的始祖多是被村长等拥戴即位的。朴赫居世通过与"六村长"协商最后被推举为王，金首露则是在九干接受了神的启示后被推举为王。始祖经历了神异的诞生过程后登上王位，神奇的出生正是为了凸显开国君主的神圣性。氏族首领、部落酋长商议推选新国王并非古代社会自然出现的进步的民主现象，而应该是省略了中间经历的氏族、部落统一过程，为将统一部族的王权神圣化而创造了建国神话。新罗的六村原本各自以一座山为中心生活并形成了同姓部族，而且全都自认为是天神后裔，具有天神信仰。朴赫居世出生时，白马嘶鸣飞上天空，这暗示朴赫居世并非出生于六村，而是从外地移居而来。朴赫居世身骑白马统一了六村，建立起新的国家，只是建国过程中应该并未依靠武力征服，而很可能通过协商组建了六村联合部族。金首露也是在征服了九干后才成为新的君王，九干接受了神的启示而举行迎接金首露的仪式，这很可能是金首露以宗教的力量慑服了九干。不过，之所以一方面强调是最初的君王，另一方面又说是部族首领协商推举，其原因有可能是起初武力征讨但无法实现统一，而后通过展现神异能力使得各部认识到神性后才得以即位称王。因此，南方地区神话并非强调统治权，而是凸显了始祖作为司祭者的神圣性。

（三）死后异迹

死后异迹指神话结尾出现的始祖奇异的死亡现象，这种神秘化的描述对于始祖死后获得神圣性并成为神发挥着至关重要的作用。获得神圣性指被崇拜为神，通常表现为在祭祀活动中得到祭拜。

北方神话之中，檀君最后回到阿斯达①成为山神，意味着其可以接受山神祭祀。换言之，檀君成为阿斯达山神，檀君故事便可以作为叙述阿斯达山神起源的"山神巫神歌"得以流传。山更加接近天，是天神降临最先到达的场所，所以天神也是山神，而且天神也是始祖的祖先，因而具有国家始祖祖先神的特点。因此，檀君既是古朝鲜的国家祖先神，又是掌管古朝鲜都城阿斯达的山神，具有天神的基本属性。不过，檀君死后并没有神异的传说。

朱蒙称王在位十九年后升天，并未再次归来，所以后人将朱蒙使用的玉鞭葬于龙山，从中可见朱蒙的天神身份。朱蒙升天与檀君入山都有返回家乡的含义，檀君是桓雄后裔，桓雄下凡后一直居住在太白山，所以檀君也可以视为山神的后裔；朱蒙是天神解慕漱之子，升天是返回故乡，同时意味着朱蒙像解慕漱一样被崇拜为天神。

南方神话之中，关于始祖生命结束的叙述十分神异。朴赫居世治理国家六十一年后升天而去，七天后他的遗体又散落到地面。后人想把他的遗体收集到一起与死去的王后合葬，但有大蛇出现阻止，所以只好把朴赫居世的五体分别葬在五陵。朴赫居世升天说明他是天神，但是七日后遗体散落人间又意味着什么呢？这与古埃及的"奥西里斯（Osiris）神话"十分相似。丰饶之神奥西里斯死后，其尸体也是被分成多块散落到各地，类似内容反映出朴赫居世的谷神特征。稻谷的生长，正是将谷穗的一粒粒种子散播到田地中发芽生长的。朴赫居世被分葬于五个地点也展现了作为谷种神的特征。

可是为什么偏偏是五个部分呢？新罗由六村统一而来，朴赫居世的尸体分成六个部分似乎更加合理，为什么会是五部分呢？这有可能是因为朴赫居世部族崇拜的神圣数字不同于六村部族的结果。高句丽、匈奴等北方民族普遍将"五"视为神圣数字。

金首露在世一百五十八岁，死后其子居登公建立首陵王庙，在每年孟春的三日、七日，中夏的五日，中秋的五日、十五日举行祭祀②，即首露王的祭日是三月三日、三月七日、五月五日、八月五日、八月十五日。

首露王的祭日从三月开始至八月结束，说明其是夏季之神。三月是农作物播种的时节，八月是收获的时节，夏神也是掌管农耕之神，由此推测金首露、

---

① 阿斯达（아사달）：檀君最初建国时的都城，据说位于朝鲜平壤附近的白岳山，或黄海道的九月山。——译注

②《三国遗事·纪异第二》"《驾洛国记》"条。

朴赫居世都是后人供奉的农耕之神。

二、北方建国神话的相互关系

北方建国神话主要包括"檀君神话"和"高句丽建国神话",后者又涉及北扶余、东扶余等建国神话。如果不用国家名称,而用神话主人公名字来命名的话,北方神话可以重新表达为"桓雄神话""檀君神话""东明神话""解慕漱神话""解夫娄神话""金蛙神话""朱蒙神话""类利神话"。如果将女主人公内容视为单独神话,北方神话还包括"熊女神话"和"柳花神话"。

那么,这些神话之间有何关系呢?首先,檀君和朱蒙彼此存在血统上的关联。《三国遗事》"古朝鲜"条记载了檀君的血统,即父亲是桓因之子桓雄,母亲是由熊变成的女子。但是,《帝王韵记》中却记载檀君的父亲是檀树神,母亲是檀雄的孙女。

《帝王韵记》的具体记载是:"初谁开国起风云,释帝之孙名檀君。"① 后又引用了《本纪》的内容作为注释:"令孙女饮药成人身,与檀树神婚而生男,名檀君,据朝鲜地域为王。"

《帝王韵记》引用的《本纪》内容与《三国遗事》的记载略有差异。《帝王韵记》记载檀雄天王是桓因之子,下凡来到太白山神檀树下,所以也可以将其视为桓雄,但是却将檀君的出生经过记载为:檀雄天王让孙女服药变为人形后,与檀树神结婚生下了檀君,这不同于《三国遗事》中记载的"桓因→桓雄→檀君"的父系血统。因为是檀雄天王(桓雄)的孙女生下了檀君,所以桓因属于檀君的母系血统,檀树神成了檀君的父系血统。这种血缘关系的混乱有可能出于记录的谬误:檀雄与桓雄是同一人物,檀雄孙女可能是熊女的误写,檀树神可能既是檀雄也是桓雄。桓雄下凡到神檀树开创了神市,后来被奉为檀树神,所以将檀树神视为桓雄较为合理。另外,突然出现的檀雄孙女也令人疑惑,叙述完檀雄率领三千神众来到神檀树下建立国家,紧接着就出现了檀雄孙女,逻辑上有些牵强。如果真是檀雄的孙女,应该先说明檀雄儿子夫妇结婚生子,没有提儿子却直接出现孙女,这明显是记录上的错误。而且让孙女服药变为人形,这说明檀雄孙女原本并非人类,所以认为熊女就是檀雄孙女的观点也存在合理性。

---

① 李承休:《帝王韵记》卷下见《动安居士集》,成均馆大学校大东文化研究院,1973年。

但是，这一记载不太可能是简单的错误，李承休是精通东国历史的大家，应该不会明知神话内容有误，还急于将其记载成书。那么，又该如何看待不同文献记录中的檀君血统差别呢？

至今为止，许多学者都指出了《三国遗事》《帝王韵记》中记载的檀君神话存在差异，但却没有分析为什么会出现这种差异，这种差异有什么含义。关于这个问题，只要细致地梳理考察资料，就能够辨别出北方神话当中混合着两种不同的神圣性表达。

《三国遗事》"高句丽"条中将高句丽始祖朱蒙的血统记载为天帝之子解慕漱与河伯之女柳花私通而生。① 但是，李丙焘译注本《三国遗事·王历第一》"高句丽"条中，却有"东明王，甲申立，理十八，姓高，名朱蒙，一作邹蒙，坛君之子"② 的内容，而且"高句丽"条注释中还引用了《坛君记》的内容。

> 《坛君记》云：君与西河伯之女要亲，有产子，名曰夫娄。今按此记，则解慕漱私河伯之女而后产朱蒙。《坛君记》云：有产子，名曰夫娄，夫娄与朱蒙，异母兄弟也。③

根据以上记载，坛君（檀君）生下夫娄，又生下朱蒙，那么夫娄与朱蒙应该是同父所生的兄弟。但是，《三国遗事》"高句丽"条记载朱蒙是解慕漱与河伯女所生，而《坛君记》中却说坛君与河伯女生下夫娄。于是，河伯女与解慕漱生下朱蒙，又与檀君生下夫娄，朱蒙与夫娄则成了同母异父的兄弟。这是一种主张朱蒙、夫娄拥有共同母系血统的观点。

关于解慕漱血缘关系的记录也很混乱。前述《坛君记》记载坛君与西河伯女生下夫娄，认为夫娄继承了坛君的血统。但在《三国遗事》"北扶余"条中却记载夫娄是解慕漱之子。

> 《古记》云：前汉宣帝神爵三年壬戌四月八日，天帝降于讫升骨城，乘五龙车，立都称王，国号北扶余，自称名解慕漱，生子名扶娄，以解为氏焉。王后因上帝之命，移都于东扶余，东明帝继北扶余而兴，立都于卒本州，为卒本扶余，即高句丽之始。④

---

① 《三国遗事·纪异第一》"高句丽"条："金蛙嗣位，于时得一女子于太伯山南优渤水，问之云：我是河伯之女，名柳花，与诸弟出游，时有一男子，自言天帝子解慕漱，诱我于熊神山下鸭绿边室中私之，而往不返。"——译注
② 《三国遗事·王历第一》"高句丽"条。
③ 《三国遗事·王历第一》"高句丽"条注释。
④ 《三国遗事·纪异第二》"北扶余"条。

以上内容记述了天帝解慕漱建立北扶余，解慕漱是北扶余始祖，所以也可以把"解慕漱神话"看作北扶余的建国神话，当中明确记载了解慕漱之子是扶娄（夫娄）。而在"朱蒙神话"中，朱蒙由解慕漱与柳花所生，在东扶余金蛙王宫中长大成人，之后逃往卒本建立了高句丽。联系这两处记录，又可以整理出解夫娄与朱蒙都是解慕漱之子的观点。由此出现了两种观点：一种认为东扶余解夫娄与高句丽朱蒙都是檀君之子，另一种认为解夫娄与朱蒙都是解慕漱之子。这说明分别存在信仰檀君的神话与信仰解慕漱的神话，檀君集团与解慕漱集团也是不同的部族群体，并拥有各自不同的文化。但是，高句丽统一了这两个部族，于是两部族传承的神话彼此混合、交融并引起了叙述的混乱。檀君、解慕漱两集团体系彼此混合并引起混乱的例子，可以在东扶余起源神话中找到。

《三国遗事》"东扶余"条中记载，北扶余王解夫娄的宰相阿兰弗梦见天帝对自己说："将使吾子孙立国于此，汝其避之，东海之滨有地名迦叶原，土壤膏腴，宜立王都。"于是，解夫娄在阿兰弗的建议下迁都迦叶原，改称东扶余。《三国遗事》"高句丽"条中引用了名为《国史·高丽本纪》的文献，当中也记述了解夫娄将北扶余迁移到东扶余的经过。① 文献并未说明解夫娄的母亲是谁，但在叙述金蛙王继承的解夫娄东扶余与朱蒙继承的解慕漱高句丽时，却将两者加以区别。

在记录高句丽建国的记录之中，为什么会附上毫不相关的解夫娄迁都东扶余和传位金蛙王呢？而且，能把天帝解慕漱之子解夫娄驱赶到东扶余的另外一个天帝，又会是何方神圣呢？从史料来看，解夫娄显然继承了北扶余，那么解夫娄为什么会被天帝部族排挤迁往东海岸，以至于让人觉得是东明帝继承了北扶余呢？而继承了解慕漱北扶余的东明帝为什么会在与北扶余都城讫升骨城毫无关系的东扶余金蛙王宫中长大成人？之后为什么又从东扶余出逃至卒本州建国呢？这些都是值得思索的问题。

根据上述内容可以发现一种逻辑上的矛盾：一方面，东扶余开国之君解夫娄与建立高句丽的朱蒙都是解慕漱之子；另一方面，朱蒙继承的解慕漱北扶余与金蛙继承的解夫娄东扶余，两者又并非同一王权系统。

之所以产生文献记录的混乱，是因为神性信仰不同的两个部族各自传承了不同的历史记录。虽然高句丽建立了统一国家，但解慕漱与檀君部族是不同的部族集团，各自拥有自己部族的神话、族谱与信仰传统，后来高句丽逐渐强盛，

---

① 《三国遗事·纪异第一》"高句丽"条："先是，北扶余王解夫娄，既避地于东扶余。"——译注

两部族在整合为高句丽的过程中，都试图在本部族的神话中强调自己才是高句丽的本源正统。所以，才导致了文献中夫娄、朱蒙血统记录的混乱，这也是两种不同部族的神话彼此融合的结果。不妨进一步论证这一观点。

依据李丙焘译注《三国遗事》"王历"条记载高句丽始祖东明是檀君之子①，所以高句丽应该继承自古朝鲜，当然这里的檀君应该并非古朝鲜始祖而是他的后代。但《三国遗事·纪异》"高句丽"条引用了《国史·高丽本纪》称始祖朱蒙是河伯女柳花接受日光照射受孕所生，又说柳花与天帝之子解慕漱私通，那么，日光所指的应该是解慕漱。记载高句丽神话的后世文献几乎也都提及朱蒙是解慕漱之子。可见，认为夫娄继承了檀君、朱蒙继承了解慕漱的谱系应该是正确的，而把解慕漱、夫娄称为父子的《三国遗事》"北扶余"条，以及把檀君、朱蒙称为父子的李丙焘译注本《三国遗事》"王历"条等记录，都应该是发生混淆的错误记录。

结合《三国遗事》"北扶余"条、"东扶余"条、"高句丽"条内容来看，朱蒙建立的卒本扶余继承了解慕漱北扶余，金蛙的东扶余继承了解夫娄的北扶余。而且，解夫娄部族与崇拜天帝的解慕漱部族存在差异。但是，《坛君记》记载夫娄是坛君之子，《三国遗事》"王历"条又说朱蒙是檀君之子，这种将夫娄、朱蒙都称为檀君之子的记录，应该是崇拜檀君部族流传的神话版本。

因此，"檀君神话""朱蒙神话"可以区分为：记载"檀君→夫娄→朱蒙"传承关系的《坛君记》体系，以及记载了"解慕漱→朱蒙"传承关系的《国史·高丽本纪》体系。于是，《帝王韵记》将檀君记录为檀树神与桓雄孙女所生的原因逐渐清晰，即檀树神正是檀君信仰中的神圣父系血统，而桓雄孙女正是熊女。桓雄类似解慕漱，是太阳神崇拜部族信仰的神。桓雄与解慕漱都属于天神，神圣性特点相似，只不过桓雄是天国王子，而解慕漱是太阳的拟人化形象。依据自然神话学派的理论，自然现象的拟人化是最早形成的神话形态，所以解慕漱应该是比桓雄更为早期的神。而有关桓因天国的描述，以及庶子王子带领三千神众下凡、制定法令、开创神市等，都应该是在国家形成之后润饰添加的内容。桓雄既是天神又是开国始祖神，比解慕漱具有更多晚期神话人物的特征。

檀君部族与解慕漱部族最初的对抗冲突，隐藏在解夫娄的记述之中。解夫

---

①《三国遗事·王历第一》"高句丽"条："第一东明王，甲申立理十九年，姓高，名朱蒙，一作邹蒙，坛君之子。"——译注

娄本来应该是檀君后裔扶娄，高句丽统一后，作为神圣姓氏的解氏势力得以壮大，所以扶娄（夫娄）也被后人添加了"解"作为姓氏。朱蒙神话中，松让曾说自己是"仙人之后，累世为王"，又说自己军中的鼓角历史悠久、威仪不凡。可见，松让的身份显然应该属于檀君朝鲜体系，是在卒本地区延续了几代王业的部族。将檀君部族称为"仙人之后"的说法和"檀君成为阿斯达山神"有一定关系，神仙本来就是敬重山神并在山中生活的，即使从事农业活动，种植的作物也不可能是水稻，而是在山间无须大量浇灌的黄米或小米。因此，"檀君神话"应该是融合了山神崇拜部族神话与熊神崇拜部族神话的产物。

综上所述，高句丽建国时存在解慕漱部族与檀君部族，前者体现为朱蒙的卒本扶余，后者体现为解夫娄、金蛙的东扶余以及松让的沸流国。后来，高句丽将这些部族统一，建立了新的国家，在重新编排高句丽建国神话时，国内各个部族都极力强调自己才是高句丽的正统和本源，于是这些神话被分别传承之后，被记载在各种文献之中。成书于高丽时期的《三国史记》《三国遗事》《帝王韵记》《东国李相国集》等正是根据之前流传的各种不同的资料，形成了种种不同的历史记录。

三、檀君神话

（一）"檀君神话"之异本考察

"檀君神话"是韩民族祖先檀君的神话，也是古朝鲜的建国神话，在一然《三国遗事》、李承休《帝王韵记》、权览《应制诗注》《世宗实录地理志》等文献中均有记载。最早的檀君神话记录当属《三国遗事》，当中还引用了《魏书》《古记》等古文献。但是《三国遗事》"古朝鲜"条中记载的檀君神话与《帝王韵记》《世宗实录地理志》相比存在差异，当中最大差别在于檀君血统。《三国遗事》记载桓雄与熊女结婚生下檀君①，但《帝王韵记》称檀树神与檀雄孙女结婚产下檀君，《世宗实录地理志》与《帝王韵记》的叙述一致。相关内容前文已经提及。

桓雄与熊女生下檀君，可以解释为天神崇拜部族与熊崇拜部族统一后形成了新的部族，檀君是这一新部族的统治者。同时，这一神话也可以视为男性君

---

① "雄假化而婚之，孕生子，号曰坛君王俭"之中，虽然将"雄"解释为不同于桓雄的神雄，从字面来看，将桓雄与神雄视为同一人物较为合理。

主世袭制初期的产物。然而《帝王韵记》记载檀君是檀雄孙女与檀树神结合所生，这种记述改变了檀君的血统，因此有必要重新分析、解释传承这两个神话的部族所信仰的神圣性的差异。

檀雄给孙女服药使其变为人身，并让她与檀树神结婚，这是什么神话含义呢？檀雄天王的孙女显然是祭祀檀树神的女祭司。在女性主导的社会中，神话中叙述女祭司与神结合，目的是使即将出生的孩子拥有部族认可的神圣性。

从《帝王韵记》《世宗实录地理志》的内容来看，无法确定檀树神到底更加接近天神，还是更加接近地神。但是，檀树神明显是某个树神崇拜部族信仰的神。神树与今天韩国村庄信奉的"堂树"①相似，神树是村庄的守护神。今天韩国民俗信仰中村庄守护神多以男女夫妇神居多，或者以女神的形象出现，所以《帝王韵记》中描述的男性檀树神与今天韩国的民俗信仰并不一致。并且，在《帝王韵记》的注释部分，还引用了记载檀雄孙女服药变成人后与檀树神成婚诞下檀君的《本纪》内容，当中记载檀君"享国千二十八年"，这比《三国遗事》中"御国一千五百年"的记载更加具体，有必要进一步详细分析。可见，种类繁多的檀君神话文献记录之间也存在不少差异。

对于《帝王韵记》体系的檀君神话，存在两种不同的解读。一种解读的前提是檀君统治的古朝鲜是父系社会，因为檀君的父系血统并非天神而是地神，如果当时存在着两个部族神话融合的情况，那么可以解释为：天神神话被地神神话借鉴吸收。这意味着外来的天神族从属于居住于本地的地神族。如非如此，则意味着还流传着另外的地神族神话，李承休正好接受了这个神话。

另一种解读则是假定檀君统治的社会是母权或母系社会，檀君的母系血统通过与檀雄结合进而成为天神。不过，因为檀雄是桓因之子，究竟为什么要通过孙女继承血统也是一个问题。而且，如果说是檀雄孙女，那么檀雄的儿子是谁？如何生下儿子并得到孙女？孙女是何种形象？服用什么药物变为人身？这些问题都要一一进行解答。因此，《三国遗事》中记载的给熊喂食艾草、大蒜使其变为女人的内容应该是神话的本来面貌，《帝王韵记》很有可能是把"熊女"错误写成了"孙女"。

檀君是古朝鲜始祖神，在新罗统一三国之后，特别是到了高丽时期，随着民族统一的完成，檀君逐渐成为民族的共同祖先，朝鲜世宗大王在平壤修建祠堂，将檀君与高句丽始祖东明王一同供奉为祖先，从此檀君被崇拜为民族始祖。

---

①堂树（당산나무）：被当作村庄守护神供奉的树，是村庄的守护神堂神（당신）的象征。——译注

而且，到朝鲜末期和日本帝国主义侵占时期，随着宣扬民族意识的大倧教①等宗教运动的发展，强化了民众的檀君始祖观念。每当新王朝建立或国家遭受危难时，人们都会重温和铭记作为韩民族王权始祖神话的"檀君神话"。虽然提及"檀君神话"的文献种类繁多，但当属《三国遗事》的时间最为久远、内容最为完整，本文将以此为正本对"檀君神话"展开考察。

（二）"檀君神话"之神话特点

《三国遗事》"古朝鲜"条中有如下记载：

《魏书》云：乃往二千载有坛君王俭，立都阿斯达，开国号朝鲜。与高同时。

《古记》云：昔有桓因庶子桓雄，数意天下，贪求人世。父知子意，下视三危太伯可以弘益人间，乃授天符印三个，遣往理之。雄率徒三千，降于太伯山顶（即太伯今妙香山）神坛树下，谓之神市。是谓桓雄天王也。将风伯雨师云师，而主谷主命主病主刑主善恶，凡主人间三百六十余事。

在世理化。时有一熊一虎，同穴而居，常祈于神雄，愿化为人。时神遗灵艾一炷，蒜二十枚，曰："尔辈食之，不见日光百日，便得人形。"熊虎得而食之。忌三七日，熊得女身；虎不能忌，而不得人身。熊女者无与为婚，故每于坛树下咒愿有孕。雄乃假化而婚之，孕生子，号曰坛君王俭。

以唐高即位五十年庚寅，都平壤城，始称朝鲜。又移都于白岳山阿斯达，又名弓忽山，又今弥达。御国一千五百年。周武王即位己卯，封箕子于朝鲜，坛君乃移于藏唐京。后还隐于阿斯达，为山神，寿一千九百八岁。

至今为止，有关"檀君神话"的多个领域的研究论文已有数百篇，其中重要的历史研究当属崔南善、李丙焘、金廷鹤、千宽宇、金贞培等学者的一系列研究，这些研究揭示了隐藏在"檀君神话"表述之下的历史事实：来自北方的天神崇拜部族与原来居住在半岛的熊崇拜部族融合统一，建立了类似国家的统

---

①大倧教（대종교）：以檀君崇拜为基础的民俗信仰，崇拜造化神"桓因"、教化神"桓雄"、治化神"桓俭"三位一体的"韩魂神"（한얼님）。1909年由大宗师"罗喆"创建，信奉"性""命""精"三真归一，"止""调""禁"三法为本的教理，以《三一神诰》《天符经》为经典。——译注

治集团，并形成了使用青铜器进行农业生产的高水平文化。①

虽然研究成果丰硕，但仍然存在一些待解的问题。日本保守学派主张"檀君否定论"，其论据为：为什么在《三国遗事》之前的文献中没有出现"檀君神话"？只有对这一问题给出合理的解释，才能有力反驳"檀君神话形成于高丽时期"的观点，并且青铜器时期人类学的解释也会具有说服力。但是，目前为止有关这一问题的论证并不令人满意。另外，虽然韩国学者金载元在其研究中展示了修建于汉建和元年（147）的中国山东武氏祠堂的石室石雕壁画，并主张壁画中包含有类似"檀君神话"的内容②，但是反驳这一发现的观点认为仅仅通过这种个别研究无法认识"檀君神话"的原貌③。而且神话中经常包含图腾崇拜或其他神秘元素，还应该对这些作为古代观念的内容元素进行解释。熊女产下檀君的神话情节中有"兽祖神话"的痕迹，桓雄下凡地点的神檀树也可视为萨满教社会树木信仰中的"宇宙树"④。不过，即便是在高丽时期形成的神话同样可以接受古代神话的要素，所以，以上解释难以证明"檀君神话"的形成时期比"朱蒙神话"更早。问题在于：为什么比"檀君神话"更晚出现的高句丽"朱蒙神话"会频繁出现在中国史书之中，而"檀君神话"却直到编写《三国遗事》时才被记录下来呢？

"檀君神话"开头明确记载了在中国尧帝在位时已经存在有檀君朝鲜。

> 《魏书》云：乃往二千载有坛君王俭，立都阿斯达，开国号朝鲜。
> 与高⑤同时。

此处引用的"《魏书》"可能是一种中国史书，类似记载也应该出现在其他史书之中，不过流传至今的北魏《魏书》中并无"檀君神话"，所以"《魏书》"也有可能是伪书。《三国志·魏书·东夷传》序中提到东夷诸族的相关记录都是在汉代之后才出现的。

> 然荒域之外，重译而至，非足迹车轨所及，未有知其国俗殊方者也。自虞暨周，西戎有白环之献，东夷有肃慎之贡，皆旷世而至，其邈远也如此。……而公孙渊仍父祖三世有辽东，天子为其绝域，委以

---

① 李弼泳：《檀君研究史》，见尹以钦：《檀君，그 理解와 資料》，首尔大学出版部1994年版，第110—120页。
② 金载元：《武氏祠石室 畫像石에 보이는 檀君神話》，见李基白编：《增补版檀君神话论集》，新文社1988年版。
③ 金元龙：《武梁祠畫像石과 檀君神話에 대한 再考》，载《考古美术 146、147》，1980年。
④ 卢泰敦编：《檀君과 古朝鲜史》，四季出版社2000年版。
⑤ 指唐高，即唐尧，因避高丽定宗王尧之名讳，而称为唐高。——译注

海外之事，遂隔断东夷，不得通于诸夏。①

根据以上史料，中国汉代以前与东夷诸国没有来往，所以也不了解东夷地区的具体情况。这一记录可以从某种程度上解释檀君神话为何未见于中国史书。中国朝廷大多通过国家建交、使臣往来等渠道才能了解到外国的神话、历史，并将其记入史书保留下来。在汉代，张骞等人曾经努力开拓西域，但是汉代与东部地区的交流却长期处于中断状态，因为东部地区距离当时的首都遥远，语言又不通，所以并未得到汉代朝廷的重视，古朝鲜神话很可能因此没有传入中国。后来由于古朝鲜成为箕子朝鲜，中国文化传入半岛等原因，人们便不再信仰"檀君神话"。

那么，历史上的"朝鲜"又是怎样的呢？《通典》"朝鲜"条对"古朝鲜"有如下历史记录：

周封殷之太师之国。太师教以礼义、田蚕，作八条之教，无门户之闭，而人不为盗。其后四十余代，至战国时，朝鲜侯亦僭称王。②

从上述记载来看，古朝鲜在早于战国四十余代的时候，已经形成了由诸侯统治的国家形态。如果按照战国时期开始于公元前476年、一代三十年来计算，当时应为公元前1676年，距今三千六百多年。不过，"檀君朝鲜"应是文中"太师之国"之前的国家，所以檀君的即位时间应该大致相当于"檀君神话"中称檀君在尧帝即位五十年后的庚寅年登上王位。如果存在"檀君朝鲜"就会有建国神话，如果神话没有被记载下来，那么其在口头流传过程中必然会发生内容上的变化。所以，在今天想要完整揭示出"檀君神话"的原貌只是徒劳的妄想，但至少可以分析找出哪些内容是后来才被编入神话中的。

下面来看神话中引用的《古记》的相关内容。

《古记》云：昔有桓因庶子桓雄，数意天下，贪求人世。父知子意，下视三危太伯可以弘益人间，乃授天符印三个，遣往理之。

这里需要探讨的是桓因的特点和"弘益人间"的含义，分析一下这些到底是神话本来的内容，还是后人添加编入的。

文中暗示桓因是统治天界之神。因为桓因世界与人类世界是相对的，处于人类世界的垂直上方，并且行使了"弘益人间"的统治行为，还具有证明统治权的标志"天符印"，综合这些特点来看，桓因世界是位于天上的国家。神话中

---

① 《三国志·魏书·东夷传·序》。
② 《通典》卷一百八十五《边防典》"朝鲜"条。

的世界形态可以划分为"天上界"与"天下界",天下界生活着人类,天上界则有桓因诸神,桓因诸神可以在两个世界之间往来。不过,桓雄对人世的想法可以概括为"弘益人间"的含义,按照今天的字面意思理解,指使人类世界广泛受益,或者是一种不为私利而广泛造福世界的教育理念。但是,从"檀君神话"的前后文来理解,"弘益人间"指的是建立国家并进行统治。因为只有依靠国家的权力,才能在统治范围内广泛、均等地分配利益。如果不是出于统治者的立场,人人都会自然、正当地将自己的利益摆在首位,而不会去关心他人的利益,所以"弘益人间"是统治者统治行为的另一种表达,"三危太伯可以弘益人间"正是"三危太伯之地适合建立国家"的含义。

问题在于从统治者的角度提出"弘益人间"的治国理念又是从什么时候开始的呢?进入农业社会后,人们认识到气候变化决定了农业生产的丰年与凶年,"弘益"观念明显表现出君王为百姓祈求风调雨顺的精神。但是,降雨或是降雪、顺风或是逆风等自然现象并不会只在某一个地区固定出现,所以从事农业生产的百姓通常相信君主拥有调节气候的能力,认为自身承蒙了君主弘益的恩惠。中国历史上有认为百姓是国之根本,君主应该致力于造福百姓的思想,这种理念在周公、孔子之前的殷商成汤时期已经开始出现,尧舜传说中也能找到类似的精神,但在"成汤祈雨"传说中表现得最为明显。殷代成汤王时遇到七年大旱,汤王在桑林田野上将自己作为牺牲祭物,举行了祈雨祭祀。① 这一历史事件正好体现了弘益人间的精神,类似的理念同样反映在"檀君神话"中。

其次,类似天上界与天下界这样的二元空间观念又起源于什么时候呢?天下界也就是地上界,天上与天下指的正是天与地,而天、地并非从一开始就是各自独立的空间。"盘古神话"中的天地类似一个房间的天花板与地面,二者共同形成了人类的生活空间,将天上界视为上方世界,地上界视为下方世界是之后才出现的。特别是"天上世界是神的世界""地上世界是人的世界""神的世界支配人的世界"等观念,都是在社会中出现了统治阶层与被统治阶层之后才形成的。特别在天神崇拜部族中,应该是行使政治统治权时期才出现的产物。

再来探讨桓雄开创的"神市"的特点。

  雄率徒三千,降于太伯山顶神坛树下,谓之"神市",是谓桓雄天王也,将风伯雨师云师,而主谷主命主病主刑主善恶,凡主人间三百

---

① 《淮南子·主术训》:"汤之时七年旱,以身祷于桑林之际,而四海之云凑,千里之雨至。"《吕氏春秋·顺民篇》:"昔者汤克夏而正天下,天大旱,五年不收,汤乃以身祷于桑林。"——译注

六十余事。

太白山位于哪里？桓雄开创的神市有什么特点？桓雄率领三千神众降临在太白山顶，这里的太白山应该是白山之中最大的长白山（白头山）。所谓"白山"，应该是源于对光明神的信仰，或是对太阳的崇拜，类似的山名有太白山、小白山等。长白山过去曾被称作"太白山"，因其山顶常年有白色的积雪，所以将其视为太白山较为合理。但是《三国遗事》作者一然却将太白山注释为"太伯今妙香山"，妙香山是韩国佛教圣山，"妙香"一名与佛教相关，妙香山中有许多佛教名寺，因高僧多居住于名寺，所以"檀君神话"也被附会于佛教圣山。

另外，李能和曾在《朝鲜道教史》中引用北崖子①《揆园史话》记载的"太白山即长白山"的观点。

> 东方山名中被称为"太白"的山委实不少，俗士都照例将其看作宁边妙香山，但这些都不过是依照一然《三国遗事》的记载罢了，他们的眼界不值一提。长白山顶的大湖周长八十里，被世人称作"天池"，是鸭绿江等许多江河之源头，这里才是神市氏驾云升天之地。妙香山上自古连水洼都不曾有过，称其是桓雄最初下凡之地，根本无从谈起。②

六堂崔南善在《儿时朝鲜》《白头山觐参记》中完全接受了这一观点，直接把白头山称为"檀君神话"与民族的发源地。虽然这种观点有将檀君地位抬高为神圣祖先的感情因素，但结合地理地形来看，将长白山视为圣山有其合理性。与山的绝对高度相比，圣山一般更加高耸挺拔。长白山是欧亚大陆东缘最高的山，山顶天池增加了山的神秘感，同时因为长白山有火山活动，令人感到恐惧与敬畏。只有对山产生了崇敬心理，才有可能对与山相关的部族统治权产生崇敬之心。但是，笔者认为并不需要将神话中的都城位置直接对应于现实中的地理位置，长白山顶的地理环境并不适合人类群体生活，而应该是周边居民们崇拜的"神圣空间"。

认为长白山是"檀君神话"中的太白山的另一依据是其与"朱蒙神话"中的熊心山有一定关联。"朱蒙神话"中解慕漱从天而降来到熊心山处理政事，熊心山是解慕漱的居住地，也是行使统治权的统治场所，这类似檀君神话中"神

---

① 北崖子（북애자）：生卒年代不详，朝鲜中期民间史学家，相传其于1675年作《揆园史话》。——译注

② 李能和辑述：《朝鲜道教史》，李钟殷译注，普成文化社1986年版，第36页。

圣空间"的功能。熊心山明显是今天的长白山，从熊心山发源的青河应是鸭绿江，熊心山顶也有类似长白山天池的熊心渊，两者应该是同一座山。所以长白山也可能被称为熊心山，特别是熊心可能与熊女相关，无论是熊心山还是熊女，都反映了崇拜熊的观念，因此，"檀君神话"中的圣山太白山应该正是被称作熊心山的长白山。

不过，长白山是火山，周围"十六奇峰"环绕天池，山顶气温常年保持在零度以下，雨雪频繁，强风肆虐，气候极其恶劣，人类无法生活在这种环境中。称这里是"太白山神市"的原因在于海拔高，离天近，具有天神下凡地点的含义，但其环境无法成为国家定都之地，所以神檀树下的神市应是司祭者祭祀天神的神圣空间，而并非国家统治的中心区域。

桓雄带领的三千神众应该是管理百姓的官僚集团，这暗示其管理的部族规模十分庞大，按照"主人间三百六十余事"的记录，可以推算出平均每个行业由八九个人管理。这些都是在国家体制确立后才出现的社会现象，与新石器晚期的情况有着天壤之别，所以这部分内容很可能是后代润饰添加的。

神市中桓雄的首要任务是"主谷"，即掌管农业、管理粮食生产。这里也包括为农业丰收而进行的调节风雨的祭祀活动，将农神祭祀放在各种活动之首，可见当时国家对农业生产神的重视。最重要的农业活动是播种与收获，所以当时在播种、秋收时，应该会举行祈求丰收与感谢收获的祭祀仪式。

桓雄负责的第二件任务是"主命"，即掌管生命。虽然可将此理解为掌管所有生命，但更合理的解释是掌管人的生命，也就是管理生死。生命的诞生需要男女结婚，所以主命也就是掌管男女婚姻、生养子孙及死亡葬礼，但是很难从记录中了解到桓雄如何管理结婚、降生、葬礼等事务。通过分析檀君的出生过程应该可以推测当时婚礼的某些特点。桓雄与熊女的婚姻是在新娘熊女的要求下完成的，神檀树是熊女部族的守护神，所以可以对当时的婚俗加以推测。女性成熟到了婚姻年龄，可能会来到部族神的祭祀场所，表达自己结婚的愿望，其他成员得知后，会有新郎向其求婚并结婚。

桓雄负责的第三件事务是"主病"，即掌管疾病。人从出生到死都在不断经历生病、治疗的过程，治疗疾病可以使用药物，但是如果疾病是由邪恶鬼神或惹怒神灵导致的，则需要驱鬼、求神来进行医治。中国神农氏品尝百草寻找药材，尝试治疗方法，这个时期应该已有多种药材。桓雄将熊变成女子，可见他对药的了解和使用能力，桓雄给熊吃了艾草、大蒜，并令其在洞穴中不得见光，这或许是当时医治病人的某种方法。治疗过程不仅使用了药材，还使用了咒术。

《帝王韵记》记载檀雄给孙女服药使其变为人,那么檀雄孙女原本不是人身,其形态有可能是一种野兽。可见当时人们相信药材和咒术不仅可以治疗疾病,还可以将动物变成人形。

桓雄负责的第四件事务是"主刑",即制定、执行法律。古朝鲜曾有过"八条禁法"①,明确告知百姓法律禁止之事并惩处违法者。可见在人类社会早期便严禁杀人、盗窃、抢占他人之妇等行为,通过惩处违法者树立社会规范。

桓雄负责的第五件事务是"主善恶"。掌管善恶并非法律问题,而是道德伦理的判断。何为善?何为恶?时代、种族、文化不同,标准也不同,但判断善恶从来都是统治行为的主要内容,可见当时社会已经得到了一定发展。服从统治者、孝敬父母、努力劳动、勇猛杀敌等很可能在当时被视为善行并予以奖励,反之则会被认为是恶行。

下面再来分析熊变成熊女与桓雄结合的内容。

> 在世理化。时有一熊一虎,同穴而居,常祈于神雄,愿化为人。时神遗灵艾一炷,蒜二十枚,曰:"尔辈食之,不见日光百日,便得人形。"熊虎得而食之。忌三七日,熊得女身;虎不能忌,而不得人身。熊女者无与为婚,故每于坛树下咒愿有孕。雄乃假化而婚之,孕生子,号曰坛君王俭。

此段将"檀君神话"神异化,关于本段有多种神话解释观点。历史学界认为:桓雄是外来农耕民族酋长,熊女是以熊为图腾的土著渔猎民族的代表,桓雄的天神崇拜部族与熊女的熊崇拜部族融合统一后,形成了新的统治集团。② 结合具体史实而言,北蒙古族桓雄部族与古亚细亚族熊女部族共同形成韩族、濊族、貊族等韩民族的历史原型。③ 这些研究最终推断:桓雄部族是农业部族、父系社会,熊女部族是狩猎部族、母系社会,两部族分别以老虎、熊等动物作为图腾。

但是,至今未引起相关研究注意的内容是"日光禁忌"。学界对于桓雄部族是天神崇拜部族这一观点已形成共识,不过天神也可以被理解为太阳神。即便

---

① 《汉书·地理志》中只记载了箕子所定"犯禁八条"中的三条:"殷道衰,箕子去之朝鲜,教其民以礼义,田蚕织作。乐浪朝鲜民犯禁八条:相杀以当时偿杀;相伤以谷偿;相盗者男没入为其家奴,女子为婢,欲自赎者,人五十万。"——译注

② 崔南善、李丙焘、千宽宇、金贞培等学者的研究形成了关于"檀君神话"的主流解释观点,各学者的细节观点虽有所不同,但整体见解是一致的。参见李弼泳:《檀君研究史》,见尹以钦等:《檀君,ユ 理解와 資料》,首尔大学出版部1994年版。

③ 千宽宇:《檀君》,见《人物로 본 韓國史》,正音文化社1982年版。

天神不是太阳神,而是主宰日月星辰等天体运行、调和风雨等天气变化的神,天神的概念之中也无法排除太阳。那么,桓雄为何将"不被日光照射"作为熊、虎获得人形的条件呢?

"朱蒙神话"中柳花被日光照射而受孕生下朱蒙,这里的日光被解释为解慕漱的分身,体现了解慕漱族的太阳崇拜。因此,回避日光而获得人形的熊女产下檀君,则代表着檀君族与朱蒙所在部族具有不同特点。高句丽建国神话中,解慕漱族与檀君族为争夺都城领地彼此展开了角逐对抗,解慕漱族显然是太阳崇拜部族,那么"不被日光照射"则可以被解释为严格禁止接触解慕漱族。同时结合解慕漱族狩猎民族的特点,可以将食用艾草和大蒜、回避日光等桓雄咒语解释为学习农耕技能,并断绝与从事狩猎的解慕漱族的往来,这样便可以被认可加入桓雄部族。

那么,桓雄族的天神崇拜与解慕漱族的太阳崇拜是否是不同信仰呢?一般来讲,天神可以是太阳神,也可以指包括太阳在内的日月星辰等全部天体,还可以指风雨调和的上层大气空间,或者并非掌管某种具体自然现象的神,而是主管人世一切事务的最崇高的主宰神。但是从宗教功能来看,比起主宰自然现象的神,绝对主宰的天神是在更晚的时期才出现的概念。"檀君神话"中的桓因既非太阳神也非天体神,而是具有主宰宇宙自然、建立国家、人世事务等绝对神的特点。相对而言,"朱蒙神话"中的解慕漱则表现出太阳神的特征。因此,"檀君神话"中的桓因有可能是在更晚时期被创造出来的神话人物。这种观点也可以在"解慕漱神话"中得到证明:记录解慕漱为太阳神的资料年代较早,而记述解慕漱上一代为天神的资料出现较晚。如果类似"天帝"的绝对神概念是后世的产物,那么绝对神桓因很可能是后来润饰添加的神话人物。

老虎无法忍受黑暗逃出洞穴,而熊成为女性。这意味着桓雄部族并未成功征服、同化虎图腾部族,而成功同化了熊图腾部族。那么,"虎"具体指的是哪个部族呢?《后汉书·东夷传》"濊"条有濊族"又祠虎以为神"的记载[1],虎指的应该是濊族。"檀君神话"中檀君的出生、即位反映了如下历史事实:从北蒙古迁移而来的天神崇拜部族来到长白山周围,想要同化原本生活在这一区域的崇拜熊的部族与崇拜虎的部族,崇拜虎的濊族未被同化,而崇拜熊的部族被同化、统一。换言之,"檀君神话"反映了从外迁移而来的天神崇拜部族与原本居住在这一地区的熊图腾部族合二为一的整合过程,最终形成了名为朝鲜的新

---

[1]《后汉书·东夷传》"濊"条。

的部族，檀君成为新的统治者。

四、高句丽建国神话

高句丽建国神话常被称作"朱蒙神话"，不过神话在叙述高句丽建国之前，先叙述了解夫娄的东扶余、朱蒙的诞生过程以及解慕漱，因此"朱蒙神话"也包含了解夫娄和解慕漱的神话。"解夫娄神话"中还包含了金蛙王的内容，"解慕漱神话"中有关河伯、柳花的内容也占了较大篇幅，另外朱蒙之子类利太子的传说也单独得以流传。因此，可以根据神话人物将朱蒙神话分为"解夫娄神话""金蛙神话""解慕漱神话""柳花神话""朱蒙神话""类利神话"。这些神话共同构成了高句丽建国神话。

中国文献中关于扶余始祖东明的记录与高句丽"朱蒙神话"几乎一致，扶余东明神话与高句丽建国神话也存在一定关联。这些资料有些内容相互重复，许多地方混杂在一起，所以在分析神话特点、含义之前，有必要综合整理资料的细节。

（一）高句丽建国神话资料

《广开土好太王碑》《三国遗事》《三国史记》等文献中都包含高句丽建国神话，以下将重点列举、探讨这些资料中存在的疑点。

1. 《广开土好太王碑》

刻于414年的《广开土好太王碑》最早以文字形式记录下了高句丽建国神话，其中反映了当时流传的"朱蒙神话"。与神话相关的碑文内容如下：

> 惟昔始祖，邹牟王之创基也，出自北夫余，天帝之子，母河伯女郎。剖卵降世，生子有圣（以下六字未详）命驾巡幸南下，路有夫余奄利大水。王临津言曰："我是皇天之子，母河伯女郎，邹牟王，为我连葭浮龟。"应声即为连葭浮龟，然后造渡。于沸流谷忽本西城山上而建都焉。不乐世位，因遣黄龙来下迎王。王于忽本东冈，黄龙负升天。①

此碑文是概括了朱蒙诞生、即位、升天的"一代传记"。朱蒙是天帝之子、河伯外孙，以卵出生，渡过"奄利大水"，定都在沸流谷忽本，后来乘黄龙升

---

① 崔南善编：《增补三国遗事》，民众书馆1955年版，附录第3—4页，"高句丽广《开土好太王碑》"。

天。需要留意的是，神话中称天帝是朱蒙之父，河伯为朱蒙外祖父，将河伯设定为天帝的长辈。

2. 牟头娄墓志

该资料形成时间为5世纪中叶。

> 河伯之孙，日月之子，邹慕圣王，元年，出北扶余，天下四方，知此国乡最圣……①

此文仅记载了朱蒙身世，特别是首先记述了河伯之孙的身份，又称其为日月之子，如果将其理解为父系三代血缘的表述，即可推断：河伯生出日月，日月生出邹慕圣王。但如果联系其他资料，可知河伯之孙指其母系血统，日月之子指的应是父系血统。即便如此，先叙述母系血统并将母系血统描述为父系血统的长辈，当中还是存在不少不解之处。还有，资料中用"日月"替代了"天帝"，由此推测"天神"的概念也应可以用日神或月神替代。

3. 北魏《魏书》列传第八十八"高句丽"条

记录高句丽建国神话的年代最久远的中国史书，是成书于554年的北魏《魏书》，虽然在《汉书·地理志》中已有高句丽的相关记录，但当中仅提到国家位置，并未提及建国经过与开国始祖。《后汉书》中记录了高句丽的位置和生产风俗等，但也没有提到建国始祖，只有高句丽有五部，起初消奴部称王，之后逐渐衰落，桂娄部取而代之的记录。② 《三国志·魏书·东夷传》引用《魏略》提到了扶余建国神话"东明神话"，较为详细地记录了高句丽的地理位置、制度、风俗、语言等，但并未提及建国神话。《梁书》有关高句丽的记录称"其先出自东明，东明本北夷橐离国王之子……"照搬了扶余东明神话的记录，又称"其后支别为句骊种也"，暗示高句丽神话吸收了扶余东明神话。③ 与韩国国内流传资料相近的高句丽神话，最早记载于公元554年成书的北魏《魏书》，这应该是将当时流传的高句丽神话概括记录下来的历史资料。

> 高句丽者，自出于夫余，自言先祖朱蒙。朱蒙母河伯女，为夫余王闭于室中，为日所照，引身避之，日影又逐。既而有孕生一卵，大

---

① 崔南善编：《增补三国遗事》，民众书馆1955年版，附录第7页，"高句丽牟头娄墓志钞"。
② 《后汉书·东夷列传》："凡有五族，有消奴部、绝奴部、顺奴部、灌奴部、桂娄部。本消奴部为王，稍微弱，后，桂娄部代之。"
③ 《梁书·列传第四十八》"诸夷""高句丽"条。

如五升。夫余王弃之,与犬犬不食,弃之与豕,豕又不食,弃之于路,牛马避之,后弃之野,众鸟以毛茹之。夫余王割剖之不能破,遂还其母。其母以物裹之,置于暖处,有一男破壳而出。及其长也,字之曰朱蒙,其俗言,朱蒙者,善射也。夫余人,以朱蒙非人所生将有异志,请制之,王不听,命之养马。朱蒙每私试,知有善恶,骏者减食令瘦,驽者善养令肥。夫余王以肥者自乘,以瘦者给朱蒙。后狩于田,以朱蒙善射,限之一矢。朱蒙虽矢少,殪兽甚多。夫余之臣又谋杀之,朱蒙母阴知,告朱蒙曰:"国将害汝,以汝才略,宜远适四方。"朱蒙乃与乌引乌违等二人,弃夫余东南走。中道遇一大水,欲济无梁,夫余人追之甚急。朱蒙告水曰:"我是日子,河伯外孙,今日逃走,追兵垂及,如何得济?"于是鱼鳖并浮为之成桥,朱蒙得渡,鱼鳖乃解,追骑不得渡。朱蒙遂至普述水,又见三人,其一人著麻衣,一人著衲衣,一人著水藻衣,与朱蒙至纥升骨城,遂居焉,号曰高句丽,因以为氏焉。初朱蒙在夫余时,妻怀孕,朱蒙逃后生一子,字始闾谐。及长知朱蒙为国主,即与母亡而归之,名之曰闾达,委之国事。朱蒙死,闾达代立。①

北魏《魏书》资料形成于公元6世纪中叶,是保存至今的年代最为久远的高句丽神话文献资料,资料内容完整,其记录与后来在韩国发现的资料并无太大差异。记述了朱蒙从河伯女接受日光照射产下的巨卵中诞生,解慕漱并未出现,也没有叙述柳花遭受苦难,为朱蒙制造弓箭、挑选骏马、授予五谷种子等内容。还需注意的是,在东扶余出生的朱蒙之子并非类利,而是"闾谐",或被称为"闾达"。该篇资料省略了解慕漱、柳花神话等相关内容,可见是以朱蒙为主的神话。从该资料的情形推测,"解慕漱神话"有可能是后人添加编入高句丽神话当中的。

4.《旧三国史》(李奎报《东明王篇》注释)1193年

李奎报《东国李相国集·东明王篇》注释中引用的《旧三国史》有关记录,是迄今为止见于史书的内容最丰富的高句丽建国神话。《东明王篇》是李奎报于1193年以五言汉诗的形式创作改写的"朱蒙神话"。《旧三国史》应为金富轼《三国史记》之前曾经存在的史书,虽然作者、成书时间不得而知,但在目前已知的韩国史书中其年代应该最为久远。无论是《三国史记》,还是《三国遗事》,

---

①《魏书·列传第八十八》"高句丽传"条。

当中记载的高句丽建国神话应该都来源于《旧三国史》。现将《东明王篇》注释的内容整理如下：

①汉神雀（神爵）三年壬戌岁，天帝遣太子，降游扶余王古都，号解慕漱。从天而下，乘五龙车，从者百余人，皆骑白鹄，彩云浮于上，音乐动云中，止熊心山，经十余日始下，首戴乌羽之冠，腰带龙光之剑。朝则听事，暮即升天，世谓之天王郎。城北有青河，河伯三女美，长曰柳花，次曰萱花，季曰苇花，自青河出游熊心渊上，神姿艳丽，杂佩锵洋，与汉皋无异。王谓左右曰："得而为妃，可有后胤。"其女见王即入水。左右曰："大王何不作宫殿？俟女入室，当户遮之。"王以为然，以马鞭画地，铜室俄成壮丽。于室中，设三席置樽酒，其女各坐其席，相劝饮酒大醉，王俟三女大醉急出，庶女等惊走，长女柳花，为王所止，河伯大怒，遣使告曰："汝是何人？留我女乎。"王报云："我是天帝之子，今欲与河伯结婚。"河伯又使告曰："汝若天帝之子，于我有求婚者，当使媒云云。今辄留我女，何其失礼。"王惭之，将往见河伯，不能入室，欲放其女，女既与王定情，不肯离去，乃劝王曰："如有龙车，可到河伯之国。"王指天而告，俄而五龙车从空而下，王与女乘车，风云忽起，至其宫。河伯备礼迎之，坐定，谓曰："婚姻之道，天下之通规，何为失礼，辱我门宗。"河伯曰："王是天帝之子，有何神异？"王曰："唯在所试。"于是河伯，于庭前水化为鲤，随浪而游，王化为獭而捕之。河伯又化为鹿而走，王化为豺逐之。河伯化为雉，王化为鹰击之。河伯以为诚是天帝之子，以礼成婚，恐王无将女之心，张乐置酒，劝王大醉，与女入于小革舆中，载以龙车，欲令升天。其车未出水，王即酒醒，取女黄金钗刺革舆，从孔独出升天。河伯大怒其女曰："汝不从我训，终辱我门。"令左右绞挽女口，其唇吻长三尺，唯与奴婢二人，贬于优渤水中。渔师强力扶邹告曰："近有盗梁中鱼而将去者，未知何兽也。"王乃使鱼师以网引之，其网破裂，更造铁网引之，始得一女坐石而出，其女唇长不能言，令三截其唇乃言。王知天帝子妃，以别宫置之。其女怀中日曜，因以有娠，神雀（神爵）四年癸亥岁夏四月生朱蒙，啼声甚伟，骨表英奇。

②初生左腋生一卵，大如五升许。王怪之曰："人生鸟卵，可为不祥。"使人置之马牧，群马不践，弃于深山，百兽皆护，云阴之日，卵上恒有日光。王取卵送母养之，卵终乃开得一男，生未经月，言语并实。谓母曰："群蝇噆目不能睡，母为我作弓矢。"其母以荜作弓矢与之，自射纺车上蝇，发矢即中，扶余谓善射曰朱蒙。年至长大，才能并备，金蛙有子七人，常共朱蒙游猎，王子及从者四十余唯获一鹿，朱蒙射鹿至多，王子妒之，乃执朱蒙缚树，夺鹿而去，

朱蒙拔树而去,太子带素言于王曰:"朱蒙者,神勇之士,瞻视非常,若不早图,必有后患。"王使朱蒙牧马,欲试其意,朱蒙内自怀恨。谓母曰:"我是天帝之孙,为人牧马,生不如死,欲往南土造国家,母在不敢自专。"其母曰:"此吾之所以日夜腐心也,吾闻士之涉长途者,须凭骏足,吾能择马矣。"遂往马牧,即以长鞭乱捷,群马皆惊走,一骍马跳过二丈之栏,朱蒙知马骏逸,潜以针捷马舌根,其马舌痛,不食水草,甚瘦悴,王巡行马牧,见群马悉肥大喜,仍以瘦锡朱蒙,朱蒙得之,拔其针加喂,乌伊、摩离、陕父等三人,南行至淹滞,欲渡无舟,恐追兵奄及,乃以策指天,慨然叹曰:"我天帝之孙,河伯之甥,今避难至此,皇天后土怜我孤子,速致舟桥。"言讫以弓打水,鱼鳖浮出成桥,朱蒙乃得渡。良久追兵至也,追兵至河,鱼鳖桥即灭,已上桥者,皆没死。朱蒙临别,不忍暌违。其母曰:"汝勿以一母为念。"乃裹五谷种以送之,朱蒙自切生别之心,忘其麦子,朱蒙息大树之下,有双鸠来集,朱蒙曰:"应是神母使送麦子。"乃引弓射之,一矢俱举,开喉得麦子,以水喷鸠,更苏而飞去。王自坐茀蕝之上,略定君臣之位,沸流王松让出猎,见王容貌非常,引而与坐曰:"僻在海隅,未曾得见君子。今日邂逅,何其幸乎!君是何人?从何而至?"王曰:"寡人天帝之孙,西国之王也。敢问君王继谁之后?"让曰:"予是仙人之后累世为王,今地方至小,不可分为两王,君造国日浅,为我附庸可乎?"王曰:"寡人继天之后,今主非神之胄,强号为王,若不归我,天必殛之。"松让以王累称天孙,内自怀疑,欲试其才,乃曰:"愿与王射矣。"以画鹿置百步内射之,其矢不入鹿脐,犹如倒手;王使人以玉指环,于百步之外射之,破如瓦解。松让大惊。王曰:"以国业新造,未有鼓角威仪,沸流使者往来,我不能以王礼迎送,所以轻我也。"从臣扶芬奴进曰:"臣为大王取沸流鼓角。"王曰:"他国藏物,汝何取乎?"对曰:"此天之与物,何为不取乎。夫大王困于扶余,谁谓大王能至于此,今大王奋身于万死之危,扬名于辽左,此天帝命而为之,何事不成。"于是扶芬奴等三人,往沸流取鼓而来,沸流王遣使告曰:"王恐来观鼓角,色暗如故。"松让不敢争而去,松让欲以立都,先后为附庸。王造宫室,以朽木为柱,故如千岁,松让来见,竟不敢争立都先后。西狩获白鹿,倒悬于蟹原,呪曰:"天若不雨而漂没沸流王都者,我固不汝放矣。欲免斯难,汝能诉天。"其鹿哀鸣,声彻于天,霖雨七日,漂没松让都,王以苇索横流,乘鸭马,百姓皆执其索,朱蒙以鞭画水,水即减,六月松让举国来降。七月玄云起鹘岭,人不见其山,唯闻数千人声以起土功,王曰:"天为我筑城。"七日云雾自散,城郭宫台自然成,王拜皇天就居。秋九月,王升天不下,时年四十,太子以所遗玉鞭，葬于龙山。

③类利少有奇节，少以弹雀为业。见一妇戴水盆，弹破之。其女怒而詈曰："无父之儿，弹破我盆。"类利大惭，以泥丸弹之，塞盆孔如故。归家问母曰："我父是谁？"母以类利年少，戏之曰："汝无定父。"类利泣曰："人无定父，将何面目见人乎？"遂欲自刎，母大惊止之曰："前言戏耳，汝父是天帝孙，河伯甥，怨为扶余之臣，逃往南土，始造国家，汝往见之乎。"对曰："父为人君，子为人臣，吾虽不才，岂不愧乎。"母曰："汝父去时有遗言，吾有藏物七岭七谷石上之松，能得此者，乃我之子也。"类利自往山谷，搜求不得，疲倦而还。类利闻堂柱有悲声，其柱乃石上之松木，体有七棱，类利自解之曰："七岭七谷者，七棱也。石上松者，柱也。"起而就视之，柱上有孔，得毁剑一片，大喜。前汉鸿嘉四年夏四月，奔高句丽，以剑一片，奉之于王。王出所有毁剑一片合之，血出连为一剑，王谓类利曰："汝实我子，有何神圣乎？"类利应声，举身耸空，乘牖中日，示其神圣之异。王大悦，立为太子。①

上述资料就是高句丽建国神话，同时也是国家始祖神话，①为"解慕漱神话"，②为"朱蒙神话"，③为"琉璃王神话"②。上述资料还被改写记载于朝鲜初期所编《世宗实录地理志》（1454）、《三国史节要》（1476）、《应制诗注》等文献之中，是研究高句丽神话最为重要的资料。

5.《三国史记·高句丽本纪》"始祖东明圣王"条

《三国史记》记载的高句丽神话包括如下内容：扶余王解夫娄被解慕漱排挤迁都东扶余；夫娄将金蛙立为太子；河伯之女柳花因与解慕漱私通而被河伯驱赶到优渤水，后来到金蛙王宫中，被日光照射怀胎产下朱蒙；朱蒙与乌伊、摩离、陕父三人逃离东扶余，渡过奄滤水，定都卒本川，立国号"高句丽"；征服沸流国松让，将多勿都分封给他；讨伐太白山东南荇人国；14 年王母柳花在东扶余去世，金蛙王依照太后之礼将其下葬并建造了神庙。

《三国史记》的记录与其说是神话，不如说是史料的概括，《旧三国史》中记载的极其详细的"解慕漱神话"在此处仅被缩略为柳花的转述。《三国史记》中的解慕漱不再是始祖朱蒙的父亲，也未被描述为天神，他将解夫娄蛮横地驱赶到迦叶原，之后又粗暴地占有了柳花。但是《三国史记》对金蛙王的记录却

---

①李奎报：《东国李相国集》卷三，成均馆大学大东文化研究院，1973 年，第 33—37 页。
②琉璃王（유리왕）：高句丽第二代国王名称，人称类利或儒留，在位时间为公元前 19 年至公元 18 年。——译注

十分肯定，记录中想要杀掉朱蒙的人变成了王子和大臣，金蛙收留了柳花后，并未听从长子带素的建议杀掉朱蒙，而是让朱蒙去养马。不仅如此，柳花去世时，金蛙王还以太后的礼仪规格举行葬礼并为她建造了神庙。可见，柳花成为金蛙王的王后，并承认了前任王后之子带素等的王位继承权。《三国史记》对东扶余解夫娄、金蛙的记录多为肯定内容，倾向于将其视为高句丽之正统本源，相反对北扶余君主解慕漱的描述则多以负面内容为主。

6. 《三国遗事·纪异第一》"高句丽"条

《三国遗事》的记录与《三国史记》大体一致，但"高句丽"条末尾有《珠琳传》二十一卷记载的"宁禀离王"女婢受上天之气怀孕所生之子成为扶余王的内容，注释中称"宁禀离王"是夫娄王的别称的说法存疑。① 另外，《三国遗事》"高句丽"条还在注释中引用了《坛君记》的内容。

《坛君记》云：君与西河河伯女要亲，有产子，名曰夫娄。今按此记，即解慕漱私河伯之女而后产朱蒙。《坛君记》云：产子名曰夫娄。夫娄与朱蒙，异母兄弟也。②

以上看似《三国遗事》作者所言，但很有可能是其对已经失传的《坛君记》《旧三国史》等书的转述，所以值得重视。《国史·高丽本纪》记载朱蒙是解慕漱之子，神话之中虽然记述解慕漱与柳花私通，但朱蒙却是其母受日光照射感应怀孕而生，并没有将朱蒙称为解慕漱之子。解慕漱的名字最早出现在《旧三国史》中，但并未见于《广开土好太王碑》和中国史书中。将解慕漱视为太阳或阳光的拟人化，或把日光看作是解慕漱的变身也都较为合理，但是始祖由日光感应出生和将天神解慕漱视为父亲，两种神话叙述明显具有不同特点。河伯女接受日光照射怀胎生下朱蒙的神话中，朱蒙是"太阳之子"；柳花与天帝解慕漱结合生下朱蒙的神话中，朱蒙是"天帝之子"。有关朱蒙血统的种种资料有着

---

① 《三国遗事·纪异第一》"高句丽"条记载《珠琳传》并有如下注释："即，东明帝为卒本扶余王之谓也，此卒本扶余，亦是北扶余之别都，故云扶余王也，宁禀离乃夫娄王之异称也。"

② 《三国遗事·纪异第一》"高句丽"条。

微妙的差异①，中国历史文献多将朱蒙记录为"日子"，《广开土王碑文》与韩国国内资料一般把朱蒙记录为"天帝子"或"天帝孙"。而且《旧三国史》等韩国资料中出现了解慕漱，这是因为高句丽在将"朱蒙神话"改编为王权神话的过程中，为了强化王权的神圣性，即为强化朱蒙父系血统的神圣性，有意进行了修饰强调。

另外，《坛君记》记载夫娄是坛君与河伯女所生，夫娄与朱蒙是同父异母兄弟。如果柳花就是河伯女，两人应是同母异父的兄弟才对，异母意味着柳花并非河伯女，而解慕漱与坛君有可能指代相同。如果将坛君认为是对掌管祭祀者的称呼，将解慕漱视为当时语言的固有名词，那么就可以将解慕漱理解为檀君，当然这只是一种观点。不过，意为天神的解慕漱与意为天神祭祀者的檀君有可能混淆，那么能否将泛指称谓"河伯女"与指代河伯大女儿的固有名词"柳花"区别开，认为两者是不同女性呢？倘若河伯女与檀君是夫妻，那么河伯女就成了熊女的儿媳。

联系夫娄后代金蛙迎娶柳花的内容来看，这有可能是神话在流传过程中发生了前后世代颠倒的结果。柳花明显是与解慕漱私通之后，又成了金蛙的妻子，所以解慕漱与河伯女生下朱蒙与金蛙、柳花结婚的事实应该就是引起混乱的根源。但是，金蛙的行为为什么会被记录成檀君的呢？这应该是由于解夫娄、金蛙集团本来就属于檀君集团，出于对解夫娄、金蛙的肯定和崇拜，强调高句丽是檀君后代所建国家的观念，最终产生了这种神话内容上的变异。

此外，《帝王韵记》、《世宗实录地理志》"平壤"条、《三国史节要》、《应制诗注》等也记载了高句丽神话，因为这些资料与《旧三国史》内容几乎一致，在此不再赘述。《世宗实录地理志》中也记载了东扶余王夫娄是檀君与河伯女所生，可见檀君体系与高句丽体系的神话在流传中彼此发生了深刻影响和融合。

---

① 《广开土好太王碑》（414）："天帝之子，母河伯女郎"；《牟头娄墓志》（5世纪中叶）："河伯之孙，日月之子"；《魏书》（554）："我是日子，河伯外孙"；《隋书》（636）："我是河伯外孙，日之子也"；《北史》（627—649）："我是日子，河伯外孙"；《三国史记》（1145）："我是天帝子，河伯外孙"；李奎报《东明王篇》（1193）："我是天帝之孙，河伯之甥"；《三国遗事》："我是天帝子，河伯孙"；《帝王韵记》（1287）："皇天之孙，河伯甥"。综合以上文献，父系系统有天帝之子、日月之子、日子、天帝子、天帝孙等差异，母系血统有河伯外孙、河伯之甥等差异。中国文献出现的"日子，河伯外孙"，在《三国遗事》《帝王韵记》等文献中拉长了父系代数，缩短了母系代数，把朱蒙记载为天帝之孙、河伯外甥，这一点值得关注。

（二）高句丽建国神话中的檀君正统意识

《三国史记》《三国遗事》记载的高句丽建国过程应该是转述自《旧三国史·高丽本纪》，因为当中包含有中国史书并未记载的解夫娄、柳花、解慕漱等固有人名。但是《三国史记》《三国遗事》并非是对神话原原本本的记录，而是将其改编成讲述高句丽起源的故事记录下来。神话是一种叙事文学，主人公的行为本身就具有神圣事迹的含义。李奎报在《东明王篇》中将解慕漱描写得既神秘又神圣，从而将解慕漱神圣化，这种凸显、强调解慕漱神圣性的资料正是解慕漱部族传承其神话的有力证据。不过，中国史书和《三国遗事》的记录，大都是从东扶余解夫娄、金蛙的角度，借柳花之口对解慕漱进行了简略描述，这种详细记述解夫娄迁都东扶余，又弱化了解慕漱神圣性的叙述特点说明了这些记录是解夫娄部族传承的神话版本。

从神话内容上看，建立高句丽的朱蒙与解夫娄没有任何血缘关系。即便如此，为了把两者联系起来，而有意切断了解慕漱与朱蒙的血缘关系。换言之，在叙述解慕漱与柳花私通并结婚的同时，否定柳花受孕是与解慕漱结合直接导致的结果，是强调柳花在东扶余宫中被日光照射而受孕，当中明显表现出抹掉弱化解慕漱作用的意图。

> 其旧都有人，不知所从来，自称天帝子解慕漱，来都焉。及解夫娄薨，金蛙嗣位，于是时，得女子于太白山南优渤水，问之曰："我是河伯之女，名柳花。与诸弟出游，时有一男子，自言天帝子解慕漱，诱我于熊心山下鸭绿边室中，私之，即往不返。父母责我无媒而从人，遂谪居优渤水。"金蛙异之，幽闭于室中。为日所炤，引身避之，日影又逐而炤之，因而有孕，生一卵，大如五升许。①

从上述《三国史记》的记录中可以看出对解慕漱的否定，不知从何而来的解慕漱强迫柳花与其私通，这与《东明王篇》中驾五龙车从天而降的天帝之子的高贵姿态大相径庭。《东明王篇》记载解慕漱与河伯比试变身法术获胜后，获准与柳花结婚，后来因为识破河伯诡计而逃走，而《三国史记》则称其无故"既往不返"，这两种文献显然是立场不同的叙述者对于同一个事件的不同描述。这种具有反差的神话叙述正是缘于解慕漱族与檀君族神话传承的差异性。

高句丽建国神话中，李丙焘译注本《三国遗事》中的多条记录都提到了建

---

① 金富轼：《完译三国史记》，金钟权译，先进文化社1969年版，第237—238页。

立高句丽的朱蒙与檀君的关系,《三国遗事·王历第一》"高句丽"第一"东明王"条中有称高句丽始祖朱蒙是坛君(檀君)之子的记录。

  甲申(前37)立,理十八,姓高,名朱蒙,一作邹蒙,坛君之子。①

  檀君朝鲜是定都平壤的古代国家,除檀君神话外没有其他记载其建国经过的记录,所以,无法详细了解檀君与朱蒙的关系。不过《史记·朝鲜传》中却记录了这个国家的灭亡过程:燕国人卫满之孙右渠王遭到汉军进攻,朝鲜于元封三年(前108)夏灭亡,后设立汉四郡。② 朝鲜灭亡的元封三年,高句丽还未建国,从朝鲜灭亡到高句丽崛起于东北亚还有相当长的时间,其间高句丽与扶余、沸流、乐浪等国激烈角逐。朝鲜族、濊族、貊族、勿吉、契丹族、东突厥族等各自建立了国家并彼此展开了竞争。

  古朝鲜灭亡后崛起的高句丽势力逐渐强大,奠定了东北亚强国的历史地位,在这种形势下,产生了一种试图把檀君朝鲜与高句丽联系起来视为同一民族的历史观念,于是将高句丽始祖朱蒙说成檀君后裔的神话逐渐流传开来。这一神话内容至少在两方面不符合历史事实:首先,檀君与朱蒙的生卒年代相差久远,无法将两者称为父子;其次,在中国东北佟佳江③流域的卒本城建国的高句丽与在平壤被汉朝军队灭之的卫满朝鲜在国家疆域方面也很难视为同一国家。因此,探讨这一记录真实与否已经不再重要,真正的问题在于:为什么朱蒙在一些文献中是檀君之子,而在另一些文献中又成了解慕漱之子?是什么原因导致了这种文献记录的差异?高句丽相关文献记录的时间跨度比较大。扶余东明神话记载于1世纪前后,《广开土好太王碑》形成于5世纪中叶,《三国史记》《三国遗事》形成于12世纪至13世纪。特别是《三国遗事》多次提及朱蒙与檀君的血缘关系,这应该与檀君神话仅记载于《三国遗事》有一定关系。大体而言,河伯女感应日光后受孕应该是吸收了扶余建国神话"东明神话",而解慕漱与柳花结婚是一种人格化神的结合,应该是受到了狩猎民族神话的影响。

  《三国遗事》"高句丽"条注释中引用《坛君记》,记载坛君与河伯女结合生下夫娄,如果这里的坛君儿子夫娄与《三国遗事》"北扶余"条中解慕漱儿子

---

  ①《三国遗事·王历第一》"高句丽"第一"东明王"条。
  ②《史记·朝鲜传》:"元封三年夏,尼谿相参,乃使人杀朝鲜王右渠来降。王险城未下,故右渠之大臣成巳又反,复攻吏。左将军使右渠子长降、相路人之子最告谕其民,诛成巳,以故遂定朝鲜,为四郡。"
  ③佟佳江:发源于辽宁省本溪市桓仁县的江,最终汇入鸭绿江。——译注

扶娄是同一人，那么解慕漱与檀君作为夫娄或朱蒙之父，应该是同一个人的不同名字。为了将解慕漱、檀君和河伯女结婚的神话叙述合理化，出现了将檀君看作巫俗祭祀者的代名词，将河伯女看作泛指河伯族女子的称呼等解释。不过，"檀君神话"与"朱蒙神话"都具有三代结构，从人物对应关系来看，桓因和天帝、桓雄与解慕漱、熊女与河伯女、檀君和朱蒙之间存在一一对应关系，可是在高句丽建国的记录中，檀君与解慕漱的神话功能是一致的。① 这说明檀君与解慕漱部族的神话流传情况各不相同，两种神话版本彼此融合，两种神话都表现出想把高句丽叙述为自己种族历史的意识，所以才出现了把朱蒙说成檀君或者解慕漱后裔的说法。

那么，应该如何看待朱蒙的父系血统呢？

文献记录中，将朱蒙视为解慕漱神话体系的记录较多。从解慕漱建立北扶余，以及高句丽从扶余中分裂出来的内容来看，把解慕漱集团看作建立高句丽的主体是较为合理的。但是，一方面记述了解慕漱与柳花的结合，又说朱蒙的诞生缘于其母在金蛙宫中感应了日光，两种记载存在矛盾之处。解慕漱可以被视为太阳光的拟人化，神话中对解慕漱从天宫下凡的描述，充满了极度的神秘与神圣。而且，解慕漱接近柳花明显是为了后胤，也就是得到可以继承王位的子嗣。但是，为什么解慕漱逃出河伯宫殿之后，再也没有与柳花相见呢？解慕漱被河伯故意灌醉，醒来后刺破了革舆独自逃脱，目前还没有人对这一神话内容做出解释。

柳花被河伯训斥，又被解慕漱抛弃，她是以何种身份托身于金蛙的东扶余的呢？在金蛙宫中产下他人之子，又是如何将其抚养成人的呢？这些疑问都没人解答。因为朱蒙被称为天帝子或天帝孙，而解慕漱被称为天帝或天帝子，所以朱蒙应该是解慕漱的儿子。

不过，还有必要思索为什么在记录高句丽起源的史书中，开始要记述解夫娄的内容。根据记载，解夫娄从北扶余迁居到东海后让位于金蛙，解夫娄与金蛙没有任何血缘关系。朱蒙因为是其母受日光照射受孕，所以与解夫娄、金蛙也没有血缘关系。只不过朱蒙出生后在解夫娄部族的东扶余长大成人，所以应该在朱蒙诞生之前的神话之中，叙述一下解夫娄、金蛙的内容。但是，联系夫娄是檀君之子的说法，解夫娄部族明显不同于解慕漱部族，这不能不让人怀疑解夫娄部族是否与檀君部族的关系更加密切。也可以将这一内容理解为：解夫

---

① 李丙焘：《韓國古代社會와 그 文化》，瑞文堂1973年版。

娄所代表的檀君部族遭到了现在位于中国吉林省长春附近的扶余族的排挤,不得不迁移到黑龙江的东海地区。

扶余族常被称为"貊族",高句丽也可以被称为类似扶余的貊族。不过,还有与貊族并称的"濊族",濊族大多生活在邻近东海沿岸的江原道、咸镜道以及中国黑龙江省东部地区。那么,濊族很可能是构成檀君朝鲜的中心部族,濊族的一部分迁往了金蛙的东扶余。

(三) 扶余"东明神话"与高句丽"朱蒙神话"的关系

由于扶余建国神话"东明神话"和高句丽建国神话"朱蒙神话"的内容情节十分相似,所以有些学者认为两者是同一神话,有些学者认为两者并不相同,学界对此有所争论。近来,韩国学者李福揆再次探讨了扶余与高句丽建国神话的关系,并对此前的研究观点进行了综合梳理。① 不过,判定两个神话是否相同这一问题本身并不重要,问题在于主张两个神话相同或者不同的观点,是出于想要得到怎样的神话含义和历史解释,以及对这些研究立场和观点的态度是反对还是接受。

扶余"东明神话"收录于1世纪初完成的《论衡·吉验篇》。

> 北夷橐离国王侍婢有娠,王欲杀之。婢对曰:"有气大如鸡子,从天而下,我故有娠。"后产子,捐于猪溷中,猪以口气嘘之,不死。复徙置马栏中,欲使马借杀之,马复以口气嘘之,不死。王疑以为天子,令其母收取奴畜之,名东明,令牧牛马。东明善射,王恐夺其国也,欲杀之。东明走,南至掩淲水,以弓击水,鱼鳖浮为桥,东明得渡,鱼鳖解散,追兵不得渡。因都王夫余,故北夷有夫余国焉。东明之母初妊时,见气从天下,及生弃之,猪马以气吁之而生之。长大,王欲杀之,以弓击水,鱼鳖为桥。天命不当死,故有猪马之救命,当都王夫余,故有鱼鳖为桥之助也。②

这一神话还收录于《三国志·魏书》《搜神记》《后汉书》《梁书》《隋书》《北史》等文献中,不同之处仅仅是东明的出生国被记载为"橐离""藁离""索离",或者东明以鱼鳖之桥渡过的河流名称被记载为"掩滞水""淹水"等,其余内容基本一致。首先以《论衡》文本为主来比较"东明神话"与高句丽

---

① 参见李福揆:《부여·고구려 건국신화연구》,集文堂1998年版。
② 李福揆:《부여·고구려 건국신화연구》,集文堂1998年版,第85页。

"朱蒙神话"的异同,再来探讨这些差异具有怎样的神话含义。

"东明神话"与"朱蒙神话"的相同点有:始祖父系血统都是太阳;始祖因为具有其他部族血统,自出生开始便受到部族内部的迫害,之后为躲避谋害不得不逃往南方,逃亡路上遇到大河,幸好鱼鳖搭桥帮助始祖躲过追兵,得以建立国家。特别是始祖出生时被牛马庇护,逃亡时出现鱼鳖搭桥等内容,让人感到两个神话有雷同之感。

《三国史记》《三国遗事》所载高句丽神话中,柳花进入金蛙王宫,受到日光照射怀孕产下朱蒙,虽然没有明确说明柳花与金蛙王的关系,但从东扶余神话中按照太后礼仪下葬柳花来看,柳花应该是金蛙的王妃或妻子。不过,柳花当时正受到河伯的惩罚被流放于优渤水,在渔夫的引见下投奔了金蛙,所以其身份应该与金蛙王侍女没有太大差别。这么来看"朱蒙神话"同样是在讲述东扶余金蛙王侍女被日光照射而怀孕的内容,只不过把"北夷橐离国""藁离国"换成了东扶余,内容与"东明神话"相同。神话内容的重复说明"东明神话"是扶余族神话,在扶余族建国以后又被接受为国家始祖神话。

但是,"东明神话"与"朱蒙神话"也有不少差别。首先,东明是胎生,而朱蒙是卵生,由于出生方式不同,引起的外界迫害的含义也不同。胎生的东明被扔到猪圈、马厩,这表现出外界的强烈的谋害意图,也象征着极大的苦难;动物呼出热气保护婴儿,这显示出东明与生俱来的神圣性。但是,卵生的朱蒙因为有卵壳保护,所以被遗弃在马厩或田野中遭受的苦难的程度也有所降低。人以卵生是一种怪异的出生方式,这应该与将产卵动物视为神圣图腾的观念有一定关系。虽然鸟类、鱼类、爬行类动物都是卵生,但"朱蒙神话"中的卵是接受太阳之气而孕育的,所以应该将其视为鸡、乌鸦等"太阳鸟"的卵。

其次,始祖母亲的身份也有所不同。"东明神话"中,国王侍女生下并养育了东明,但并未提到东明母亲对建国的贡献和成为神的经过。相反,"朱蒙神话"中包括柳花与解慕漱结婚、柳花给朱蒙帮助等内容,如制造弓箭、挑选马匹、传给五谷等。而且柳花死后被奉为东扶余太后得以厚葬并享受建祠堂的供奉,可见柳花被崇拜为东扶余的"国母神"。高句丽在介绍始祖朱蒙时总会提到他是河伯外孙,高句丽的神庙中应该也供奉着柳花与朱蒙的"母子神"。

那么,高句丽神话中如此强调柳花事迹有着怎样的社会背景呢?如果对神话中隐含的历史加以推测,可以发现高句丽通过解慕漱与柳花部族的合并实现了部族扩张。柳花部族正是河伯族,在高句丽建立初期应该与解慕漱族存在矛盾,但从后代夸耀朱蒙血统来看,两个部族应该完成了统一,同时在河伯族当中也应该流传着崇拜柳花的神话。

换言之，高句丽吸收借鉴了扶余的"东明神话"，并将其改编为建国神话"朱蒙神话"，并且强调了朱蒙父系与母系血统的神圣性。因此，太阳光被描绘成具有神奇能力的天帝解慕漱，无名的国王侍女被替换为河伯女柳花，并且进一步补充了柳花作为神母帮助儿子的种种事迹。

（四）高句丽建国神话中的神性表达

高句丽建国神话并非历史，而是作为神话在世间流传，神话最终被翻译为汉文记载于《旧三国史》。以下将以《旧三国史》记录为主，探讨其神话特点。

1. 解慕漱信仰的神话表达

《三国遗事》"北扶余"条中有如下记载：

> 古记云：前汉宣帝神雀三年壬戌四月八日，天帝降于讫升骨城，乘五龙车，立都称王，国号北扶余，自称名解慕漱，生子名扶娄，以解为氏焉。王后因上帝之命，移都于东扶余，东明帝继北扶余而兴，立都于卒本州，为卒本扶余，即高句丽之始。①

此处解慕漱成为天帝，定都讫升骨城，成为建立北扶余的开国始祖。后来生下扶娄（夫娄），以"解"为姓氏，解慕漱又成为解氏的始祖。解慕漱与扶余始祖东明存在共同特点，与据称是"夫娄之父"的檀君也有类似之处。但是，"扶余"这一国名，在解慕漱的"北扶余"、解夫娄与金蛙的"东扶余"、朱蒙的"卒本扶余"、沸流和温祚的"南扶余"国名之中都曾出现，所以这些应该都是扶余族在各地迁移过程中建立的国家。扶余始祖神话"东明神话"之中，东明是在其母亲接受日光之气后诞生的，所以很明显这是一个信仰太阳部族的始祖神话。但是，《三国遗事》"北扶余"条记载，解慕漱是天帝，解夫娄是解慕漱之子，解夫娄部族是解慕漱的后裔。而在同一文献《三国遗事》"东扶余"条中，却记载排挤解夫娄的天帝另有其人，所以有必要探讨一下天帝的特点。天既意为太阳，也包含日月星辰等天体，还象征着产生风云等天气的空间。因此，天神、天帝可以是太阳神，也可以是日月之神，也可以是掌管日月星辰、风云调和之神。但是这种掌管日月运行、风云调和、四季变化的"绝对神"或"上帝"，都是在较晚的时期才形成的概念。

《旧三国史·高句丽本纪》中将解慕漱描绘为太阳神。

---

① 《三国遗事·纪异第二》"北扶余"条。

汉神雀三年壬戌岁，天帝遣太子，降游扶余王古都，号解慕漱。从天而下，乘五龙车，从者百余人皆骑白鹄，彩云浮于上，音乐动云中，止熊心山，经十余日始下，首戴乌羽之冠，腰带龙光之剑，朝则听事，暮即升天，世谓之天王郎。①

　　此处将解慕漱外貌描写得仿佛道教神仙，被一百多个骑着白鹄的随从护卫，其尊贵地位可见一斑。彩云凸显了空间的神秘感，云中传出的音乐又带有时间的神秘感。解慕漱头戴羽冠、腰带宝剑的外貌，已经是当时人们能够想象出来的最为神圣、奇异的形象。解慕漱这种外貌形象应该是道教传入之后形成的神仙化的自然神形象，但是这种道教神仙装扮也掩盖了解慕漱的自然神特点。

　　解慕漱乘坐的"五龙车"是由五条龙牵引的座驾，值得注意的是"五"这个数字应该是高句丽的圣数。中国神话中的周穆王驭"八龙之骏"，是由八匹骏马牵引的大车②，由此可以推断周代的圣数应该是"八"。"檀君神话"中的圣数是"三"，"三危太白""三符印"等都体现了檀君部族的圣数。可见，古代各个部族的神圣数字各不相同。解慕漱部族，也就是高句丽部族具有"五"这一圣数信仰，这与匈奴族的神圣数字观念相似。③

　　解慕漱头上戴着用乌鸦羽毛装饰的"乌羽冠"，乌鸦被认为是象征太阳的太阳鸟。中国神话认为太阳中生活着三条腿的"三足乌"，也有太阳被弓箭射下后变成了乌鸦的传说④，可见解慕漱是太阳神的化身。解慕漱腰间还挎着闪着龙光的宝剑，剑是在铁器时代用金属制造的武器，因为铁器需要用火铸造，所以这一时期对火的信仰比其他时代更加强烈。在冶铁场所锻造铁器的人有时也是在部族当中拥有崇高威望的萨满，崇拜火和锻造铁器是铁器时代初期信仰的特征，这表明解慕漱是铁器部族崇拜的神。⑤

---

①李奎报：《东国李相国集》卷三，成均馆大学大东文化研究院，1973年，第33—37页。
②袁珂：《中国神话传说2》，전인초、김선자译，民音社1998年版，第748—762页。
③司马迁：《史记列传》，洪锡宝译，삼성출판사1977年版，第390—392页。从"单于朝出营，拜日之始生，夕拜月"的记录可知匈奴崇拜日月。并且，匈奴冒顿在白登山围困汉高祖大军时，有"匈奴骑，其西方尽白马，东方尽青骢马，北方尽乌骊马，南方尽骍马"的记录，这种体现方位的象征色彩与五行之理相一致。五行思想正是以"五"为圣数的部族所形成的思想。
④《淮南子·精神篇》："日中有踆乌。高诱注，踆，犹蹲也，谓三足乌。"转引自袁珂：《中国神话传说1》，전인초、김선자译，民音社1992年版，第447页。
⑤李亨求：《韓國古代文化의 起源》，까치1991年版，第214—219页。把锻造铁器的"铁冶神"绘入壁画，这在东方除高句丽以外的区域都很少见。这应该可以说明高句丽对铁有着特殊的崇拜信仰。关于高句丽的铁崇拜意识，朴钟声曾有过论述。参见朴钟声：《韩国创世叙事诗研究》，太学社1991年版，第170页。

解慕漱"朝则听事，暮即升天"，这是对早上日出、晚上日落的拟人化叙述，但也应该与日出劳作、日落休息的人类活动有关。特别是狩猎虽然可以在晚上进行，但农耕主要在白天，所以解慕漱也可能是掌管农业之神。

那么，解慕漱部族又有哪些文化特征呢？这可以通过解慕漱与柳花的结婚内容加以分析。

解慕漱在青河见到河伯的三个女儿，便对左右说："得而为妃，可有后胤。"这表达出解慕漱的结婚意图和与河伯族结合的意图，但是解慕漱族与河伯族的婚姻风俗大不相同。等到柳花三姐妹进入水中，解慕漱用鞭子在地上比画随即建起宫殿，又设下宴席准备美酒。柳花三姐妹进到宫殿，彼此劝酒喝醉，解慕漱趁机抓住了柳花。

解慕漱引诱偶然遇见的柳花，使其饮酒大醉后与其结合，这种类似原始时代的自由婚或掠夺婚，即成年男女在山中或水边相遇，发生性的结合并孕育生命，或是男性直接抢夺成年女性作为妻子。在那个时代，结婚只是为了延续后代或满足性欲，人们并不重视以男女爱情为基础的家庭生活，解慕漱结婚后刺破革舆逃走不归，也表现出了类似的原始婚姻观念。

与解慕漱族的掠夺婚俗不同，河伯族有媒人做媒的婚俗。河伯族得知柳花被解慕漱抓走，于是派遣使者斥责解慕漱没有说媒就擅自成婚的无礼行为。最终解慕漱来到河伯的宫殿，与河伯比试变身术获胜之后，才得以与柳花成婚。河伯要求解慕漱展示证明其天帝之子身份的神异能力，说明河伯在检验解慕漱迎娶其女儿的资格。河伯先后变身为鲤鱼、鹿、山鸡，而解慕漱变身为水獭、豺狼、老鹰，这些动物之间存在食物链的生态原理，证明解慕漱的变身术技高一筹，这有可能是父系社会崇拜解慕漱并将其神圣化的结果。不过，如果考虑到变身动物的特点也可以有另一种解释：鲤鱼、鹿、山鸡都是猎人的猎物，有食用价值；而水獭、豺狼、老鹰都是猛兽，是与猎人争夺猎物的对象。如果说解慕漱族表现出与其他自然界动物竞争的原始狩猎部族的特点，那么河伯族应该是能够阻止灾害并利用自然的文化更为发达的部族。

河伯担心解慕漱抛弃柳花独自离去，所以故意将解慕漱灌醉并把他和柳花关在皮革做的轿子中，但是解慕漱用柳花的金簪刺破轿子，独自升天离去。这说明解慕漱部族的婚俗是结婚后将新娘继续留在娘家，而新郎时而回到新娘家；而河伯族的婚俗则是婚礼结束后，新娘跟随新郎去婆家生活。不过，也可以将解慕漱一去不返、柳花遭到河伯惩罚的神话内容解释为：解慕漱族中了河伯族的计谋被俘虏，后来得以逃脱。

2. 柳花神母的神话表达

柳花是河伯之女,在各种历史文献中被称为"河伯女",但在《旧三国史》等韩国古代文献中,她的名字是"柳花"。河伯,顾名思义是水神,所以自然可以将柳花视为崇拜水神部族的女子。不过,水神崇拜是许多部族共同的信仰,尤其是崇拜居住区域内特定的江河、湖泊、海洋之神。高句丽神话中出现的河伯可能是青河水神,河伯族是在青河流域捕鱼、狩猎或从事农耕的部族,只是今天很难确定河伯族的具体名称。

柳花在与解慕漱相见时,就显示出了水神的形象,河伯女儿柳花、萱花、苇花三姐妹的名字意为柳树之花、萱草之花、芦苇之花,这些植物都生长在江边,都与水有着天然的亲密关系。柳花三姐妹从青河出发到熊心渊游玩,这暗示出河伯族沿鸭绿江捕鱼的活动区域。神话之中柳花三姐妹被美化成仙女的模样,还将她们比作仙女"汉皋",说明现存"朱蒙神话"已经受到了道教的影响。不过,作为捕鱼部族女神的柳花原本应该是沿河垂钓的女性形象。另外,柳花的水神特点在其触怒河伯而遭流放优渤水的内容中也有所表现。

> 鱼师强力扶邹告曰:"近有盗梁中鱼而将去者,未知何兽也?"王乃使渔师以网引之,其网破裂,更造铁网引之,始得一女坐石而出。①

此处将柳花描写为捕食鱼类的野兽,可见柳花的早期形象应该是水神,同时展现捕鱼部族崇拜的女神形象。

河伯严厉斥责柳花有辱家门,并将柳花的嘴拉长三尺作为惩罚,这又有什么神话含义呢?

河伯在考验解慕漱的能力之后,主持了他与自己女儿的婚礼,这表明河伯已经接受解慕漱为女婿。不过,他担心解慕漱抛弃柳花,便把他灌醉并把他和柳花关在皮革做的轿子中,结果解慕漱酒醒之后用柳花的金簪刺破了轿子独自升天离去。这段神话可以概括为:天的象征与水的象征结合后,天的象征飞走了,留下了水的象征。这与世界各地广泛流传的"天鹅仙女传说"类型十分相似,只不过"天鹅仙女传说"中的女性是可以变身为天鹅的仙女,而男性则一般是猎人、渔夫等地上个体。相反,高句丽神话中男性是天上个体,女性则留在水中,对象的性别、能力都发生了变化。"天鹅仙女传说"中仙女的父亲一般是玉帝等天帝,仙女因为与地上男性结婚而遭受了严酷的惩罚,高句丽神话中的水神河伯也惩罚了有辱家门的女儿。比较柳花与"天鹅仙女故事"中怀孕仙

---

① 李奎报:《东国李相国集》卷三,成均馆大学大东文化研究院,1973年,第33—37页。

女遭受的惩罚,仙女受罚的原因是怀上了地上个体的孩子,惩罚的结果是无法回归自己的族群,同样柳花遭到流放也是对其河伯族成员资格的一种剥夺,惩罚的象征就是拉长她的嘴巴,所以拉长嘴的含义就是将解慕漱族的外貌特征强加于柳花。解慕漱族是崇拜太阳的部族,也是像鸟一样可以在空中飞行的部族,拉长柳花的嘴是把她的嘴变成类似鸟嘴的形状,并以此来嘲讽解慕漱族崇拜的太阳鸟。柳花因与解慕漱私通,遭到嘴被拉长的惩罚,这种惩罚也是对其他河伯族成员的一种警告。

柳花从青河流域被流放至东部的优渤水,因为她需要捕鱼为生,于是进入了另一个捕鱼部族金蛙族的领地。柳花与金蛙王相见,拉长的嘴唇被剪掉意味着抹掉了惩罚,解除了强加在她身上的解慕漱部族特征,然后被重新接纳为捕鱼部族成员,但是由于柳花已怀有解慕漱的孩子,所以无法继续保持捕鱼部族女神的形象。

此外,柳花人物特点的变化主要体现在养育朱蒙并为其制造弓箭。弓箭并非渔猎工具,柳花制造狩猎弓箭意味着她从捕鱼部族之神转变为狩猎部族之神。柳花产下巨卵后,金蛙曾将卵遗弃在马厩和田野中,这说明金蛙部族也会从事狩猎、游牧。柳花被纳入金蛙部族意味着她从捕鱼部族被接纳为狩猎游牧部族成员,其神性特点相应地也发生了改变。

柳花还为朱蒙挑选了骏马。

> "吾闻士之涉长途者,须凭骏足,吾能择马矣。"遂往马牧,即以长鞭乱捶,群马皆惊走,一骍马跳过二丈之栏,朱蒙知马俊逸,潜以针捶马舌根。①

朱蒙养马说明他熟悉游牧部族的生活方式,柳花教朱蒙选马则意味着柳花已经成为游牧部族所信仰的神。不过,柳花的身份变化并未结束,在朱蒙逃往东扶余时,柳花送给了朱蒙五谷的种子。

> 朱蒙临别,不忍睽违。其母曰:"汝勿以一母为念。"乃裹五谷种以送之,朱蒙自切生别之心,忘其麦子。朱蒙息大树之下,有双鸠来集。朱蒙曰:"应是神母使送麦子。"乃引弓射之,一矢俱举,开喉得麦子,以水喷鸠,更苏而飞去。②

此处展现出柳花农业女神的特点,《北史》中有柳花与朱蒙一起作为高句丽

---

① 李奎报:《东国李相国集》卷三,成均馆大学大东文化研究院,1973年,第33—37页。
② 李奎报:《东国李相国集》卷三,成均馆大学大东文化研究院,1973年,第33—37页。

祖先神得到祭祀的记录。

> 《北史》云：高句丽，帝以十月祭天多淫祠。有神祠二所，一曰夫余神，刻木作妇人像；二曰高登神，云是师祖夫余神之子。并置官司，遣人守护，盖河伯女朱蒙云。①

可见柳花还被称作"夫余神"，这或许是因为扶余首先将其奉为神灵加以祭祀的缘故。《三国史记·祭祀》记载柳花最早被供奉在扶余神庙之中。

> 《古记》云：东明王十四年秋八月，王母柳花，薨于东扶余，其王金蛙以太后礼葬之，遂立神庙。太祖王六十九年冬十月幸扶余，祀太后庙……②

如果此记录属实，那么东扶余曾把柳花奉为祖先神并建有神庙。不过，金蛙王在柳花去世后，以"太后之礼"将其下葬并建造神庙，这与神话内容有所出入。"太后"指父王的王妃，那么柳花应是解夫娄之妃，但从记录上看柳花是在金蛙王在位时被东扶余接纳的，所以"太后之礼"应该是高句丽对柳花超规格厚葬的记述。通过这段记录还可以了解到柳花神庙最初由金蛙王建造，高句丽太祖也曾前往东扶余神庙祭拜过柳花。

综上所述，柳花作为接受东扶余太后庙祭祀的祖先神，在高句丽与朱蒙一起被供奉为扶余神。虽然并无文献记载扶余神的具体职能，但从神话内容来看，扶余神既是产下国家始祖的女性祖先神，又是掌管游牧、农耕生产之神。

3. 朱蒙信仰的神话表达

"朱蒙神话"具备典型英雄传记的诸多要素，以下将考察"朱蒙神话"中记录的朱蒙的生平，分析中包含的神话含义。

（1）高贵的血统

为表现主人公的神圣血统，神话中大多会描述主人公父母的神性。朱蒙是河伯之女柳花接受日光照射所生，同时也是日光之神解慕漱的儿子。无论记录中叙述的是解慕漱或是太阳，朱蒙的父系血统都可以视为太阳神；因其母亲是河伯之女，母系血统可以视为水神，所以，朱蒙可以说是太阳神与水神结合而诞生的。高句丽历代君王都为祖先朱蒙的血统而感到骄傲，中国、日本等国的史书以及《广开土好太王碑》文中都可找到相关记录。高句丽君王重视太阳之子与河伯外孙的血统身份并祭祀朱蒙、柳花，这说明高句丽将太阳神与水神视

---

① 《三国史记·杂志》"祭祀"条。
② 《三国史记·杂志》"祭祀"条。

为神圣,高句丽的民众来自于解慕漱族与河伯族整合之后的部族。

(2) 奇异的出生

朱蒙从孕育到出生都异于常人。一般人都是男女结合、孕育出生,而朱蒙之母被日光照射产下巨卵。接触日光等自然物而受孕的神话有很多,这种神话表达与崇拜这一神话的部族信仰有着直接关系。接触岩石、树木而受孕的神话涉及岩石或树木信仰,接触蛇、狼而受孕与动物信仰相关。日光感应这一神话内容要素起源于太阳神崇拜,也有感应月光、星光而怀孕的神话,有的神话还发生了一些内容变异,如日月星辰的精气在梦境中幻化为人使人受孕等,这些都与天体信仰相关。

卵生是一种主要出现在南方神话中的神话内容元素,也可称其为农耕民族神话内容元素,但是高句丽神话中的卵生情节具有比胎生情节更为滞后的特性。为此有必要思考一下,为何扶余东明神话中没有卵生,而高句丽神话却出现了这一情节?卵生要素应起源于鸟类信仰,特别与象征着日月的鸡、凤凰、乌鸦等鸟类有着紧密的联系。

(3) 艰险的磨难

朱蒙以卵降生以后被遗弃在马厩、山野间,牛马以口呼气,鸟以翅膀庇护,这说明动物们知道卵具有神圣性,而作为人类的统治者对此一无所知。那么这种磨难又具有怎样的含义呢?

卵是生命的本源。鸟类、鱼类产卵,植物的种子也是一种"卵",哺乳动物的卵子也是一种卵,所以大部分生物都从卵的形态发展并逐渐成为个体,因此,卵生是一种比胎生更具有本源性的生命体形态,卵具备种种潜力与发展的可能性。宇宙创造神话中经常包含着从混沌(Chaos)到宇宙(Cosmos)的过程,而卵正是混合了所有要素的混沌状态。将混沌理解为混乱或无秩序是一种误解,混沌是所有个体在分化以前融为一体的本源状态。经过一段时间之后,卵内会发生变化,到达某一时间点就会打碎卵壳诞生出个体。虽然"东明神话"中并未提到东明是卵生,但"朱蒙神话"却明确记载朱蒙是卵生,这或许是因为后者考虑到卵生是更为本源的生命形态的特征;也有可能是在进入农业社会后,人们播种并观察种子吸收阳光、水分的萌芽生长过程而形成的一种认识。生命在诞生过程中必然会遇到困难,从卵内部击破卵壳诞生本身也存在困难。谷物种子萌芽后,挣脱板结的泥土,朝着阳光向上生长的过程也是一种巨大的磨炼。动物幼崽也需要面对寒冷炎热、猛兽袭击以及其他各种危险。人们相信只有克服了磨难的个体才能获得独立生存的能力。因此,英雄诞生并经历重重磨难是其拥有英雄能力所必须经过的过程，只不过磨难的具体形态因传承神话部族的文化传统而有所差异。

金蛙王等东扶余部族见到卵生的朱蒙被多种动物保护，认为朱蒙可能是太阳之子，所以把他还给了柳花，这说明朱蒙克服了诞生的磨难后，其神圣性得到了外界的承认。

（4）卓越的能力

英雄要具备超越普通人的能力，能力不够强大就无法完成伟大的功绩。建立国家的英雄大多生来具有可以感应神灵的巫师能力。朱蒙生来可以射箭，但神话没有说明他是向谁学习的射箭，只提到"朱蒙"一词本身有"擅长弓箭之人"的含义；还提到苍蝇太多让朱蒙无法入睡，柳花给朱蒙制作了弓箭，朱蒙开弓放箭将织布机上的苍蝇一一射落。朱蒙善射还表现在与松让的对抗之中，松让在百步之内没有射中白鹿画像的肚脐，而朱蒙却在百步之外射碎了悬挂的玉戒指。射箭是狩猎社会必须掌握的技能，也是保卫族人、抵御外敌所需的能力。朱蒙擅长射箭狩猎，因此能够向其他民族夸示战斗能力并树立国家威严。

朱蒙具备的另一项才能是饲养和管理马匹。在狩猎游牧社会中，骑马的重要性丝毫不亚于射箭。只有擅长驾驭马匹，才能追赶猎物、追击敌人，并在危急关头顺利逃脱。朱蒙更是从幼年起就肩负饲养马匹的职责并暗中挑选了骏马，后来才得以成功逃出东扶余。

不过，凸显神圣性至关重要的能力是朱蒙可以感应神明。朱蒙从东扶余向南逃亡，途经淹滞水，没有船可以渡河，便举起马鞭指向天空说："我乃天帝之子、河伯外孙，今避难至此，苍天大地可怜我这个孤苦的孩子，快快赐我舟桥吧！"说完用马鞭抽打河水，于是鱼鳖浮上水面为朱蒙搭起了一座浮桥，朱蒙因此得以渡河，而追兵赶到时鱼鳖已经散去，浮桥上的追兵都坠入河中。神能够感应朱蒙的求助，说明朱蒙具有与神沟通的能力。

朱蒙在降服松让沸流国时，曾捕获白鹿并将其吊起施加咒语，致使大雨滂沱七日，水淹松让国都，后骑鸭马执苇索将水中的百姓救起，又用马鞭在水中画了一下，洪水便退去了。可见朱蒙拥有操控降雨、治理洪水的能力，而且这样的能力也应是扶余君主的能力与职责。《魏书·东夷传》"夫余"条中有如下记载：

> 旧夫余俗，水旱不调，五谷不熟，辄归咎于王，或言当易，或言

当杀。①

此记录反映了扶余（夫余）王有着调节气候的职责。洪水、干旱与农业生产息息相关，而农业丰收与否左右着人们的生活，可见当时扶余人十分关注如何控制洪水、干旱等恶劣天气以及农业五谷的丰收。高句丽虽然与扶余是不同的国家，不过民众应该同样关注与农业息息相关的气候。

以上内容考察了朱蒙的诸多能力，射箭、驯马等能力都表现出其作为游牧部族英雄的特征，呼风唤雨、治理洪水等反映了他具有当时社会的祭祀者的特征。这些朱蒙的英雄特点与柳花的多重特点一样，都是神话在漫长的时间里流传而逐渐积累而成的。

4. 类利信仰的神话表达

高句丽神话展现了解慕漱、朱蒙、类利三代君王的传记。解慕漱神话以与柳花的结婚为主，朱蒙神话以高句丽建国为主，类利神话则主要记述了寻找父亲、父子相认的"寻父故事"。从家庭关系来看，解慕漱神话主要表现了夫妇关系，朱蒙神话表现了母子关系，类利神话则表现出父子关系。下面结合神话内容探讨相关问题。

> 类利少有奇节，少以弹雀为业。见一妇戴水盆，弹破之，其女怒而詈曰：无父之儿，弹破我盆。类利大惭，以泥丸弹之，塞盆孔如故。归家问母曰："我父是谁？"母以类利年少戏之曰："汝无定父。"类利泣曰："人无定父，将何面目见人乎？"遂欲自刎。母大惊止之曰："前言戏耳，汝父是天帝孙河伯甥，怨为扶余之臣，逃往南土，始造国家，汝往见之乎？"对曰："父为人君，子为人臣，吾虽不才，岂不愧乎？"母曰："汝父去时有遗言，吾有藏物七岭七谷石上之松，能得此者，乃我之子也。"类利自往山谷，搜求不得，疲倦而还。类利闻堂柱有悲声，其柱乃石上之松木，体有七棱，类利自解之曰：七岭七谷者七棱也，石上松者柱也。起而就视之，柱上有孔，得毁剑一片，大喜。前汉鸿嘉四年夏四月，奔高句丽，以剑一片奉之于王，王出所有毁剑一片合之，血出连为一剑。王谓类利曰："汝实我子，有何神圣乎？"类利应声，举身耸空，乘牖中日，示其神圣之异。王大悦，立为太子。②

上述情节可以概括为：①类利有善射才能；②寻找父亲踪迹；③寻找父亲

---

① 《三国志·魏书·东夷传》"夫余"条。
② 李奎报：《东国李相国集》卷三，成均馆大学大东文化研究院，1973 年，第 33—37 页。

隐藏之物；④父子相见。朱蒙离开东扶余前，已和"礼氏"结婚并有一子，后来却留下这对母子，带领乌伊、摩离、陕父逃出东扶余。《三国史记》记载朱蒙逃走时礼氏怀有身孕，后来产下类利。虽然金蛙王派兵追赶想要抓回朱蒙，但记录中金蛙并没有迫害朱蒙家人。柳花是类利祖母，应该也生活在东扶余，但却没有类利向柳花询问父亲下落的内容。"琉璃王神话"看似不同于"朱蒙神话"，但两者有着许多共同特点。

首先，婚俗类似。朱蒙与礼氏结婚，但在类利出生前逃离东扶余；解慕漱与柳花结婚，但在朱蒙出世前离去。不过，朱蒙并未见到解慕漱，而类利找到了朱蒙，由此可以推断丈夫将怀孕妻子留下，独自而去可能是解慕漱部族的婚姻风俗。

其次，擅长射箭。朱蒙天生擅长射箭，类利也在幼年展现出卓越的射箭才能。但类利用弹丸捕鸟，又能用泥丸将打碎的水盆堵住，说明其使用的是可以射出泥丸或石子的弹弓类工具。有关这种发射弹丸的捕猎工具，中国古代诗歌《断竹歌》中有"断竹续竹，飞土逐肉"①的记载。这是描写打猎的歌谣，"断竹续竹"指把竹子切断再连接起来，意指制作发射弹丸的工具；"飞土"指射出类似泥丸的土弹，"逐肉"则指用以狩猎禽兽。类利"以弹雀为业"意味着他以打猎为生，同时也制造用以发射弹丸的工具。不过，类利使用弹弓的能力神乎其神，他打碎女邻居头顶的水盆而被辱骂后，又射出一弹把水盆破处堵住。能射中破盆的漏洞已经很不易，如果还能把破洞封住修补如初，这样的能力非神话人物莫属。可见，由母亲独自抚养长大的朱蒙、类利都拥有超凡的能力。

再次，讨论一下类利寻父内容中的疑点。类利因为被头顶水盆的女邻居辱骂，回家询问母亲自己的父亲是谁，母亲以开玩笑的语气回答"汝无定父"，类利觉得受到侮辱而试图自杀，由此可以看出应该存在"无定父社会"与"有定父社会"两种形态。类利母亲的回答并非没有任何依据，"无定父社会"相当于群婚或乱婚时代。人类历史上的社会以婚姻制度区分可以分为：乱婚时期、母权时期、父权时期。乱婚时期指在婚姻制度未确立时，性成熟男女自由结合，女性独自生育、抚养子女的社会。这一时期家族、氏族等社会单位都没有形成，人类只有繁衍后代的动物本能，在这种情况下生下的孩子，母亲无法知道也没有必要知道其父亲是谁。之后出现的母权社会是以母亲为家庭中心，重视母系

---

①这首民谣原名《弹歌》，出自东汉赵晔编写的《吴越春秋》。——译注

血缘而不重视父系血缘，这一时期的夫妇关系虽然是固定的，但对于女性并没有贞洁与否的评判标准。直到父权社会时期才开始强调父亲的地位，重视父系的血缘关系。特别是涉及依照父系血缘继承族权、王权的情况，确认血统和社会认可变得十分重要。类利听说自己没有固定的父亲而试图自杀，说明当时已经进入父权社会时期。

朱蒙离去之前，将能够证明父子关系的证据藏在"七岭七谷石上之松"，类利为了找到父亲留下的信物而四处奔走，后来发现信物就藏在自家柱子底下。朱蒙为什么隐瞒隐藏地点，而以谜语的形式告诉妻子呢？解开谜语至少有两层含义：一是父子关系并不像母子关系可以被明确地确认，丈夫知道妻子怀孕却在孩子出生前离去，如果没有确凿的证据，父亲很难确认自己儿子的身份，所以才故意留下信物。二是朱蒙并非普通人而是一国之君，因为君王之子有继承王位的资格，所以父子血缘的证据也可以作为君王资格的证明，尤其是长子将成为王权继承者，验证血缘的程序是检验继承资格和获得社会认可的必要手段。

建国始祖朱蒙留给儿子的身份证明信物直接关系到王位的继承，其他觊觎王位的人当然也会想要得到这一证物，所以需要为信物设置一个无法被轻易获得的保障。要保证朱蒙的谜语最终只让亲生儿子能够破解，首先妻子礼氏不能向外人泄露，其次证物不能让外人轻易找到。即使妻子泄密，别人也会认为"七岭七谷石上之松"是一般的地点，而不会想到是在家中，这就是朱蒙为了不让假冒儿子轻易得到信物而设置的双重保障。为了能够让亲生儿子找到证明身份的信物，朱蒙向其暗示了隐藏地点。类利最终在家中柱子下找到一把断剑，剑是权力的象征，断剑则象征着王权的继承。

最后的朱蒙、类利父子相见场面也有值得思索之处。类利向朱蒙出示断剑，朱蒙拿出另一段断剑，并将两段断剑拼合在一起，剑上立刻流出血来，断剑合并在了一起。这一过程是在众位大臣面前进行的，意味着类利得到了作为朱蒙儿子的认证，并获得了当时社会的公认。接合断剑一般需要在火中熔化淬炼，但神话将这一过程描述为"血出连为一剑"的神异现象，说明证明血统的过程得到了神灵的帮助与证实，这同样也是一种感激神赋予神圣性的仪式。朱蒙让类利展示自己的神异之处，类利登上窗户迎接太阳，这证明类利是太阳神的后裔，从高句丽的守护神太阳神那里得到了作为继承人的认可。神话在描述类利继位朱蒙成为高句丽第二代君王的过程中，格外强调了血统的验证与太阳神后裔的身份，这反映了类利与其同父异母兄弟沸流、温祚等围绕王位继承存在深刻的矛盾，相关问题将在百济神话部分加以详述。

五、新罗神话

新罗神话包括"六村长神话""朴赫居世神话""阏英神话""昔脱解神话""金阏智神话"等。"六村长神话""朴赫居世神话""阏英神话"三者合并，即为新罗建国神话。"昔脱解神话""金阏智神话"既是姓氏始祖神话，也与王权建立相关，所以也是了解新罗王权神话特点、理解始祖神话与王权神话关系的重要资料。

与高句丽建国神话不同，新罗的建国神话记述了从始祖诞生到始祖结婚，并被拥立为王的经过，其神话结构表现出国家最初君王的诞生过程。首先回顾新罗神话的整体特点，再来探讨个别神话的疑点。

（一）六村长神话

1. 六村长神话特点

在叙述朴赫居世的诞降前对六村已有说明。《三国史记》中记载："先是朝鲜遗民，分居山谷之间为六村，一曰阏川杨山村，二曰突山高墟村，三曰觜山珍支村，四曰茂山大树村，五曰金山加利村，六曰明活山高耶村，是为辰韩。"① 这里只列出了六村的名称，而《三国遗事》中更加详细地记录了作为各大姓氏始祖的六个村长初次降临到山上的情形。

> 辰韩之地，古有六村。一曰阏川杨山村，南今昙严寺，长曰谒平，初降于瓢岩峰，是为及梁部李氏祖。奴礼王九年置，名及梁部，本朝太祖天福五年庚子，改名中兴部，波替、东山、彼上东村属焉。
> 二曰突山高墟村，长曰苏伐都利，初降于兄山，是为沙梁部（梁读云道，或作涿，亦音道）郑氏祖。今日南山部，仇良伐麻等，乌道北回德等，南村属焉（称今日者，大祖所置也，下例知）。
> 三曰茂山大树村，长曰俱（一作仇）礼马，初降于伊山（一作皆比山），是为渐梁（一作涿）部，又牟梁部，孙氏之祖。今云长福部，朴谷村等西村属焉。
> 四曰觜山珍支村（一作宾之，又宾子，又水之），长曰智伯虎，初

---

①《三国史记·新罗本纪》卷一"始祖赫居世居西干"条。

降于花山，是为本彼部崔氏祖。今日通仙部，柴巴等东南村属焉。致远乃本彼部人也。今皇龙寺南味吞寺南有古墟，云是崔侯古宅也，殆明矣。

五曰金山加利村（今金刚山柏栗寺之北山也），长曰祇沱（一作只他），初降于明活山，是为汉岐部（又作韩岐部）裴氏祖。今云加德部，上下西知乃儿等东村属焉。

六曰明活山高耶村，长曰虎珍，初降于金刚山，是为习比部薛氏祖。今临川部，勿伊村仍仇弥村，阙谷（一作葛谷）等东北村属焉。

按上文此六部之祖，似皆从天而降。弩礼王九年始改六部名，又赐六姓，令俗中兴部为母，长福部为父，临川部为子，加德部为女，其实未详。①

可以将记录中的有关六村的说明，按照村名、姓氏、方位、家族关系整理如下表。

阏川杨山村	及梁部李氏始祖谒平下降至瓢岩峰	中兴部　父亲
突山高墟村	沙梁部郑氏始祖苏伐都利下降至兄山	福部　母亲
茂山大树村	牟梁部孙氏始祖俱礼马下降至伊山	
觜山珍支村	本彼部崔氏始祖智伯虎下降至花山	德部　女儿
金山加利村	汉岐部裴氏始祖祇沱下降至明活山	
明活山高耶村	习比部薛氏始祖虎珍下降至金刚山	临川部　儿子

综上，辰韩的"六村长神话"记述了氏族集团居住地、族长姓名等内容，表明这些崇拜天神的部族都是以父系血缘为主进行集体生活。后来村名改为"部"，"中兴部"成为父，"长福部"成为母，说明各个集团开始通过"族外婚"相融合，逐步统一为部族联盟，在此过程中六村氏族结为联盟并具备了国家的形态，拥立朴赫居世为王的神话正是表达了这一历史事实。

2."仙桃山神母神话"特点

"六村长神话"中值得注意的是其属于辰韩的历史事实和对圣数"六"的信仰。《后汉书》有如下记载：

辰韩耆老自言，秦之亡人，避苦役，适韩国，马韩割东界地与之，其名国为邦，弓为弧，贼为寇，行酒为行觞，相呼谓徒，类似秦语，

---

①《三国遗事·纪异第二》"朴赫居世"条。

或名之为秦韩。①

根据这一记载，在新罗前身辰韩的诸多集团中，绝大多数是从中国逃亡而来的避难者。这些"秦之亡人"创造了新罗始祖来自中国的建国神话并加以流传。

《三国遗事·感通第七》"仙桃圣母随喜佛事"条中，将仙桃山神母称为中国"帝室之女"：

> 神母本中国帝室之女，名娑苏。早得神仙之术，归止海东，久而不还。父皇寄书系足云："随鸢所止为家。"苏得书放鸢，飞到此山而止。遂来宅为地仙，故名"西鸢山"。神母久据兹山，镇佑邦国，灵异甚多。有国已来，常为三祀之一，秩在群望之上。……其始到辰韩也，生圣子为东国始君，盖赫居、阏英二圣之所自也。故称"鸡龙"、"鸡林"、"白马"等，"鸡"属西故也。尝使诸天仙织罗，绯染作朝衣，赠其夫。国人因此始知神验。②

这则"娑苏神话"正是"仙桃山神母传说"，是一个吸收佛、道二教内容形成的神仙故事。以神母或圣母为主人公的"女神神话"，应该受到了道教神仙思想的影响，进而被美化为女仙神话，中国的"西王母传说"即为代表。"神母"是其掌管地区的女神，为当地居民提供保护和帮助，并享受居民的供奉祭祀。神母信仰融合了传统巫俗中的"地神信仰"与道教的女仙思想。《三国遗事》记载的"仙桃山神母传说"中，中国帝室之女娑苏成为礼佛神母，又生下新罗始祖，从而进一步成为国母。所以娑苏传说成为新罗国母神话，应该与新罗建国前秦国人避难到辰韩有一定关联。避难者应该有其相应的神话和信仰，新罗建国后他们虽然归属新罗，但其神话应该继续得以流传。之后新罗与唐朝结盟，借助唐朝力量统一三国，从而再次认识到中国的强大，最终形成了新罗王室起源于中国的神话。

不过，这些国母传说应该只是由秦国避难者创作并流传的，其作为新罗神话的功能比较微弱。其根据在于新罗明显还另外流传着"朴赫居世"与"阏英"的诞生故事，有记录记载新罗朝廷建造了祭祀朴赫居世的神庙，但在《三国史记》"祭祀"条中找不到任何有关祭祀娑苏的内容。

"娑苏神话"需要探讨的神话要素有放飞鸢隼选择居住地，以及染红绸缎制

---

①《后汉书·东夷传》"辰韩"条。
②《三国遗事·感通第七》"仙桃神母随喜佛事"条。

作朝服。"鸢隼卜地"神话要素表现出狩猎居民的生活面貌。鸢隼、秃鹫、雕等鸟类都是曾经被狩猎民族用来狩猎的神鸟。鸢隼是体型最大、最凶猛的鸟类,从"鸢飞于天"的成语中也可以感觉其在飞禽中的代表性。如此看来,中国帝室之女娑苏应该是狩猎民族的后裔,不过在中国古代汉族王朝中鲜有狩猎民族作为统治者的记录。从神农氏到尧舜时代,中国人已经开始了农耕生活,并与北方游牧民族不断斗争以维护中国的统治权。因此,娑苏为中国帝室之女的内容应是后世的篡改修饰,实际上这则神话可以被视为随着北方狩猎民族进入半岛,北方狩猎女神神话传入新罗的例子。另外,新罗出土的金棺上装饰有鹿角,由此也可以推测新罗早期的统治阶层有可能是游牧民族。

再者,女性织布的主题作为"织女神话"的要素在全世界广为流传,不过,移住女性纺织红色绸缎、制作与王权相关的衣服,说明绸缎当中已经具有神圣王权的象征意义。绸缎一般用来表现日月的光辉,红色绸缎尤其代表了太阳的光明。在"延乌郎细乌女传说"①中,太阳精气延乌、细乌刚移住到日本,太阳就失去了光明,之后用细乌织造的绸缎祭祀,太阳才再次放出光芒,从中可见绸缎与阳光的关系。光明神一般指日神或月神,所以娑苏既是狩猎神,又是太阳神。不过,在国家始祖神话中的太阳神几乎都是男性,而娑苏却是一个女性的太阳神,这显然迥异于韩国建国神话的特点。

(二) 朴赫居世神话

"朴赫居世神话"在《三国遗事》《三国史记》中均有记载,前者中的记录更为详细。

> 前汉地节元年壬子三月朔,六部祖各率子弟俱会于阏川岸上,议曰:"我辈上无君主临理蒸民,民皆放逸,自从所欲。盍觅有德人为之君主,立邦设都乎?"

> 于是乘高南望,杨山下萝井旁异气如电光垂地,有一白马跪拜之状。寻检之,有一紫卵。马见人,长嘶上天。剖其卵,得童男,行仪

---

① 《三国遗事·纪异第一》"金阏智(脱解王代)"条:"第八阿达罗王即位四年丁酉,东海滨有延乌郎、细乌女,夫妇而居。一日延乌归海采藻,忽有一岩(一云一鱼),负归日本,国人见之曰:'此非常人也。'乃立为王。(按《日本帝记》,前后无新罗人为王者,此乃边邑小王而非真王也。)细乌怪夫不来归寻之,见夫脱鞋,亦上其岩,岩亦负归如前。其国人惊讶,奏献于王,夫妇相会,立为贵妃。是时新罗日月无光,日者奏云:'日月之精,降在我国,今去日本,故致斯怪。'王遣使求二人,延乌曰:'我到此国,天使然也,今何归乎?虽然,朕之妃有所织细绡,以此祭天可矣。'仍赐其绡。使人来奏,依其言而祭之,然后日月如旧,藏其绡于御库为国宝,名其库为贵妃库。祭天所名迎日县,又都祈野。"——译注

端美。惊异之。浴于东泉,身生光彩,鸟兽率舞,天地震动,日月清明。

因名赫居世王,位号曰居瑟邯。时人争贺曰:"今天自已降,宜觅友德女君配之。"

是日,沙梁里阏英井边有鸡龙现,而左肋诞生童女。姿容殊丽,然唇似鸡嘴。将浴于月城北山,其嘴拨落,因名其川,曰拨川。

营宫室于南山西麓,奉养二圣儿。男以卵生,卵如瓠,乡人以瓠为朴,故因姓朴。女以所出井名名之。二圣年至十三岁,以五凤元年甲子,男立为王,仍以女为后。国号徐罗伐,又徐徐伐,或云斯罗,又斯卢。初王[后]生于鸡井,故或云鸡林国,以其鸡龙现瑞也。一说脱解王时得金阏智,而鸡鸣于林中,乃改国号为鸡林。后世遂定新罗之号。

理国六十一年,王升于天。七日后,遗体散落于地,后亦云亡。国人欲合而葬之,有大蛇逐禁。各葬五体为五陵,亦名"蛇陵"。昙严寺北陵是也。太子南解王继位。①

以上"朴赫居世神话"主要由四个神话要素组成,分别为:朴赫居世和阏英的诞生、朴赫居世和阏英结婚、朴赫居世即位、朴赫居世故去。

1. 始祖诞生之神话含义

朴赫居世诞生降临的内容中值得关注的是,三月朔日六部的祖先聚集于阏川岸边商议拥立国王。三月初一是农耕开始之日,即播种的时期。族长们在播种时节聚集商讨建国立王,朴赫居世在此时诞生绝非巧合,而必然有其含义。六部族长聚在一起是为了举行祈求丰收的"祈丰巫祭"②,祭祀仪式中通常会向农业生产神太阳神、地神或水神祈祷,请众神保佑播种苗壮成长并获得丰收,而且在祭祀过程中应该也会模拟婚礼和生产的内容,也可能有向神卜问一年吉凶运势的占卜仪式。所以,朴赫居世的诞生经过应该是六部的族长在举行祈丰祭时,推举出了新的国王,举行了迎接新王的祭祀"迎接新王巫祭"③,并对这一事件进行了神圣化的描述。因此,这一神话中确实反映了六部民众的神圣意识。首先考察朴赫居世的诞生过程。

---

①《三国遗事·纪异第一》"新罗始祖朴赫居世王"条。
②祈丰巫祭(기풍굿):祈求丰收的巫祭仪式。——译注
③迎接新王巫祭(신왕맞이굿):为迎接新王而举行的巫祭仪式。——译注

朴赫居世的诞生地为杨山的萝井边。水井是人类集体定居生活中共同营造、管理的最重要的设施之一。以井为中心形成了村庄，在水井旁边可以了解村里所有的消息。作为维系生命的源泉，井被视为神圣之地。所以，始祖在井边诞生反映了其与作为人类生命源泉之水的紧密联系。

如同电光的"异气"从天而降，因为并未出现拟人化的天地，这说明始祖是天地自然结合的产物。电光是天之气，象征着男性，萝井旁出现卵的地方则象征着如同女性子宫的大地。因此，电光降临地面即是代表男性之天与代表女性之地的结合，这是一种拟人化的男女结合，象征着生育以前的婚礼。

那么，在这种天地结合与生产过程中出现的白马有何含义呢？白马是天神使者以及运送卵的神兽，仅凭电光不足以确定始祖的诞生，于是出现了作为"运输者"的马，马是白色也带有光明的喻义，暗示白马是运送太阳神后裔的神兽。与太阳神相关的动物还有乌鸦、凤凰等鸟类。白马除象征太阳以外，还与龙类似具有呼风唤雨的能力，所以许多神话传说中都有龙变成马或者马变成龙的内容。"娃娃将军"① 传说里，娃娃将军死后，有一匹龙马从地上腾空飞起后又坠落沼泽而死，龙马既是马也是龙。《西游记》中也有龙刁难三藏法师，后来化作马载着三藏去往西天取经的情节。

因此，朴赫居世部族是把太阳神视为生产神崇拜的农耕民族。白马将卵从天上运送到地上后，还发出嘶鸣提醒世人天神后裔的降临。白马在人们面前嘶鸣之后返回天上，表明白马来自天上，完成了向世人宣告天神后裔到达的任务。因为朴赫居世的卵是由马运送的，所以才被置于地上，而没有进入地下。

那么卵生又有什么神话含义呢？

卵体现出宇宙和生命体的本来面貌，也就是通常所说的混沌状态。混沌指宇宙秩序确立前的未分化状态；天地分离，地面分为海洋、陆地，陆地上生有草木、动物等万物，这就是宇宙秩序确立后的状态。生命体也经历了与宇宙形成类似的过程，禽鸟类形成肉身后击破卵壳而出就是最好的例子。不仅是动物，植物种子也有与卵相似的状态，谷种是生命体，不具备适当条件就不会发芽，只有具备了适当的温度、湿度才会发芽生长。卵同时具有宇宙混沌状态与生命体原始状态的双重含义。

---

① 娃娃将军（아기장수）：《三国史记》中记载的降生在卑微家庭中的腋下生有翅膀的孩子，父母见到孩子外貌怪异，害怕官府惩罚自己，便亲手杀害了能力非凡的孩子，之后村子上空出现了龙头马身的"龙马"，盘旋几周后坠落在附近的沼泽之中。——译注

"朴赫居世神话"里朴赫居世从形状如瓠瓜的卵中诞生，这同时也象征他是光明源泉——太阳的后裔。生命的气息是热的，而热之源泉是火，生命吸收了太阳的热才能发芽成长，所以也可以将太阳视为具有生命之源特点的卵。朴赫居世以卵诞生后最先做的就是沐浴，在东泉沐浴后，体内发出光彩，飞鸟野兽舞动，天地震动，日月清明。东泉是位于东方的泉水，如同日出东方，阳光普照地面万物，朴赫居世沐浴之后，地上的生命也开始了生命的律动，洋溢着生命气息，散发着光芒，开始了生命的活动，朴赫居世的诞生意味着生命神的诞生。

2. 朴赫居世、阏英结婚及其含义

阏英从阏英井中的鸡龙体内出生。不同于朴赫居世卵生所表现出的本源面貌，阏英是从鸡龙左肋下出生的女子。阏英井是沙梁里百姓的饮水井，这类似于朴赫居世的诞生地萝井，应该都位于村庄中心。问题是鸡龙有何含义？孕育阏英的鸡龙应该与运送朴赫居世的白马同为神兽。不过，龙、马有一定共同点，但从一般的意义来看，鸡与龙则完全不同。在庆州地区，鸡龙又被称为"鸡林"，可见古代的新罗人视鸡为神圣。鸡在太阳升起时会打鸣，是一种昭示太阳升起的鸟类，所以与太阳有关。不过，在地支十二支中表示"鸡"的酉指示夜晚开始的时间，方位指示为西方，所以鸡也和夜晚相关。凤凰的形象类似山鸡、野鸡，鸡又和凤凰有一定相似性。凤凰之"凤"通"风"，"凰"则与"光"相通，所以凤凰既被认为是太阳鸟，也被称为"月鸟"。[①] 因此，鸡的信仰与日月信仰相关。

如果鸡龙也与太阳相关，那就存在朴赫居世和阏英两个太阳，太阳具有两种性别并不符合常理，所以新罗神话里出现的鸡应被视为"月之鸟"，也就是说鸡龙应该与月亮相关。阏英诞生时嘴如鸡喙，这个特征暗示阏英是月神后裔。阏英在月城后溪沐浴后，鸡喙般的嘴脱落，此时阏英的月神特征消失，和自然中太阳升起月光消失的现象类似。朴赫居世与阏英分别是日神和月神的后裔，将二人视为神圣反映了当时视日月为神圣的意识。朴赫居世与阏英的结合也就是太阳与太阴，即日与月的结合。天上之月与地上之水存在联系，所以月神也为水神。太阳、火、男性属于"阳"，而月亮、水、女性属于"阴"，新罗始祖神话符合阴阳理论的体系。并且，从各族长商议拥立国王后朴赫居世诞生，为朴赫居世寻找配偶继而阏英诞生的神话叙述中，也可以看出新罗神话是按照阴

[①] 杜而未：《凤麟龙考释》，台湾商务印书馆1996年版。

阳理论创造的。神话先记述了人的意志，之后又记述了照此出现的神异现象。

3. 朴赫居世之死及其神话含义

关于朴赫居世之死，《三国遗事·纪异第二》中有如下记载：

> 理国六十一年，王升于天。七日后，遗体散落于地，后亦云亡。国人欲合而葬之，有大蛇逐禁。各葬五体为陵，亦名"蛇陵"。昙严寺北陵是也。

这里把朴赫居世的去世描述为升天，表明其是太阳神的后裔。人死通常会回到本来的故乡，认为自己源于大地的人，死后会回归大地土葬；认为自己源于水中的人，死后会把尸体投入水中水葬。高句丽始祖朱蒙和新罗始祖朴赫居世最后都回归天上，说明他们原本从天上而来。疑问在于朴赫居世死亡七天后，他的遗体分为五部分从天上散落到地面，并被分别葬在五个地方，这体现出朴赫居世的农业生产神的特点。古埃及关于农神奥西里斯的神话中，奥西里斯的遗体被分为多块散播于大地。与此类似，朴赫居世死后也成为掌管农业的"谷种神"。如同麦穗掉落的谷种散播于大地后结出更加富饶的果实，农业的谷神死后，其尸体也会被分葬在各处。当人们想要把朴赫居世散落各处的尸体合并安葬时，有大蛇出现阻止了这一行动，这证明了谷神解释的合理性。蛇常以其多产的特性象征丰收和富饶。人们相信谷神的尸体埋葬得越分散，后代就越兴旺，并会得到丰收，所以朴赫居世的尸体最终未被合葬。不过，"五"这一数字也存在疑点。新罗视数字"六"为圣数，因为新罗由六村而来，但朴赫居世死后其身体被分为五个部分，这意味着"五"这一数字的神圣性。"五"是高句丽的圣数，那么有可能共存将"五"和"六"各自视为圣数的两个集团。朴赫居世部族属于将"五"视为圣数的高句丽体系，而六村集团应该是把"六"视为圣数的集团。"五"是四个方向加上中央的数字，也是"三"与"二"之和。"三"指"三才"天、地、人，也可指两极与中央；"二"指阴阳，隐含着对立意识。源于五行的五方、五音和五神都以"五"为圣数。匈奴、高句丽都是视"五"为圣数的民族。将"五"这一"阳数"视为圣数的民族也同样会具有太阳、火、男性、天等相关信仰。

相反，"六"是"三"的倍数，"三"与天、地、人的三才思想有关。"檀君神话"中多次出现数字"三"，如"三危太白""三符印"和"率徒三千"等。可见，传承"檀君神话"的部族集团视"三"为圣数。因为"六"和"九"是三的倍数，相关的信仰部族也应该与檀君部族有关。新罗的"六村"、百济的"六部"、伽倻的"九干"等都分别视"六""九"为圣数。

（三）昔脱解神话

昔脱解并非开国始祖，是新罗国王。记述脱解从出生到即位过程的资料具备了完整的始祖神话结构。新罗继朴赫居世后登上王位的是南解，南解之后继承王位的是其子类利和女婿脱解。脱解不是新罗始祖朴赫居世的直系子孙，所以拥有独立的神话。《三国遗事·纪异第一》"第四脱解王"条相关记载如下：

驾洛国海中有船来泊，其国首露王，与臣民鼓噪而迎，将欲留之，而船乃飞走，至于鸡林东下西知村阿珍浦。时浦边有一妪，名阿珍义先，乃赫居王之海尺之母。望之谓曰："此海中元无石岩，何因鹊集而鸣？"拏船寻之，鹊集一船上，船中有一柜子，长二十尺，广十三尺。曳其船，置于一树林下，而未知凶乎吉乎，向天而誓尔。俄而乃开见，有端正男子并七宝、奴婢满载其中。供给七日，乃言曰："我本龙城国人。我国尝有二十八龙王，从人胎而生，自五岁六岁，继登王位，教万民修正性命。而有八品姓骨。然无拣择，皆登大位。时我父王含达婆，聘积女国王女为妃，久无子胤，祷祀求息，七年后产一大卵。于是大王会问群臣："人而生卵，古今未有，殊非吉祥。"乃造柜置我，并七宝、奴婢载于船中，浮海而祝曰："任到有缘之地，立国成家。"便有赤龙护船而至此矣。言讫，其童子曳杖率二奴登吐含山上作石冢，留七日。望城中可居之地，见一峰如三日月，势可久之地，乃下寻之，即瓠公宅也。乃设诡计，潜埋砺炭于其侧。诘朝至门云："此是吾祖代家屋。"瓠公云："否。"争讼不决，乃告于官。官曰："以何验是汝家？"童曰："我本冶匠，乍出邻乡，而人取居之。请掘地检看。"从之，果得砺炭，乃取而居焉。

时南解王知脱解是智人，以长公主妻之，是为阿尼夫人。一日，吐解登东岳，回程次，令白衣索水饮之。白衣汲水中路先尝而进，其角杯贴于口不解，因而喷之。白衣誓曰："尔后若近遥不敢先尝。"然后乃解。自此白衣詟服，不敢欺罔。今东岳中有一井，俗云遥乃井是也。及弩礼王崩，以光虎帝中元二年丁巳六月，乃登王位。以昔是吾家取他人家故，因姓昔氏。或云，因鹊开柜，故云鸟字，姓昔氏；解柜脱卵而生，故因名脱解。在位二十三年，建初四年己卯崩，葬疏川丘中。后有神诏："慎埋葬我骨。"其骷髅周三尺二寸，身骨长九尺七寸，齿凝如一，骨节皆连琐。所谓天下无敌力士之骨。碎为塑像，安阙内。神又报云："我骨置于东岳。"故令安之。(一云，崩后二十七世文虎王代，调露二年庚辰三月十五日辛酉夜，见梦于太宗。有老人貌甚威猛，曰：我是脱解也，拔我骨于川丘，塑像安于土含山。王从其言，故至今国祀不绝，即东岳神也云。)①

"昔脱解神话"的疑点在于，昔脱解诞生过程中有关其来历起源的疑问，脱解用计谋夺取瓠公宅第的神话含义，以及被封为"东岳神"的经过。

1. 脱解之神圣血统

脱解的父亲是龙城国龙王含达婆，母亲是积女国公主。与"朴赫居世神话"不同，"脱解神话"先叙述了父母结婚，之后是脱解诞生，最后是脱解和阿尼公主结婚。神话从结婚开始，又包含生育、结婚等重复内容，反映了人类得以持续生存的循环原理。一般情况下，如果神话中先叙述主人公父母结婚，再叙述主人公诞生，那么通常会将主人公结婚的内容略去，因为关于最初的结婚只需叙述一次就足以表达其神话含义。但"脱解神话"中重复叙述了父母的结婚与脱解的结婚，这意味着脱解的婚姻关系到王位的获得。因为脱解无论在其诞生地，还是在继承王位之地，都不具有始祖特征，但是，因为他把姓氏定为"昔氏"，成为"昔氏"的姓氏始祖神，又在东岳展现出神通的法术，死后被葬在东岳，并被崇拜为东岳山神，即脱解获得其神圣性源于其作为东岳山神和昔氏始祖神的身份。

以下通过比较脱解与其他建国始祖的血统特点来研究其具体特点。龙城国龙王是海神，也就是水神。含达婆是龙城国国王，龙城国被认为是一个海岛国家，可以推测岛国居民应该多以出海捕鱼为生，为了捕鱼要会驾驶船舶，也应该崇拜海神或水神。于是，脱解的父系血统从内容上看应该是捕鱼部族崇拜的水神，脱解也被塑造为龙王的后裔。那么其母亲积女国公主又有怎样的神圣血统呢？积女国是女性之国，也可以被视为只有女性生活的国家，但为了维持族群繁衍积女国也会有男性，只不过这个国家应该是由女性掌握政治权力的国家。积女国有可能和龙城国一样都是岛国，所以积女国居民也应该是捕鱼民族，同样信奉海神。那么脱解就是龙神和水神的后裔，其血统与天神无关。按照这一逻辑可以理解脱解父亲见到卵生的脱解后，将其视为不祥的征兆，于是将其放进柜中投入大海，因为卵象征着太阳神的血统。朱蒙、朴赫居世、首露等都是卵生，他们的父系血统都是太阳神或天神，而与天神、太阳神毫无关系的积女

---

①《三国遗事·纪异第一》"第四脱解王"条。

国公主却生下了象征太阳神血统的卵,这暗示着父系血统的改变。

那么,有什么证据能够证明含达婆妻子积女国公主与其他部族男性接触后遭到了怀疑呢?

积女国公主成为含达婆王妃之后,久久没有子嗣,通过祭祀祈祷,终于在七年之后产下一枚卵(久无子胤,祷祀求息,七年后产一大卵)。虽然并未具体记载公主向哪位神祈祷,但如果祈祷了七年之久,那应该不仅向龙神、海神,也可能向天神、太阳神、月神、山神等神进行了祈祷。可是公主产下卵后被认为是不祥之兆,这是因为卵生的方式只能被视为公主与含达婆部族以外男性结合后怀孕生育。含达婆集团是自称龙神后裔的龙神崇拜部族集团,与其不同的血统可能是太阳神或天神。最终,在脱解诞生和被遗弃的叙述中,也可发现类似"朱蒙神话"里出现的主人公因与父系血统不同而遭受迫害的情节。

脱解被含达婆部族视为不祥遭到抛弃,但不同于东明和朱蒙遭到的迫害,脱解被放在满载着七宝和奴婢的船中,并被祝福能够漂流到有缘之地建立国家。这意味着脱解带领的族群是为了开拓新的生活领地而驾船航海的。脱解所在的族群应该是遭到了含达婆部族的政治排挤。但他们离开家园的原因不是战败逃亡,而是如同分割财物、奴婢等财产的分家。"赤龙护船"是安全护送脱解离开的神话表达,同时夸大了脱解的神异性。这种海上的整体移动,是造船航海部族集团经常进行的活动。首露王妃阿逾陀国公主从海上到达驾洛国,济州三姓神话中碧浪国的三个女子到达济州,与脱解离开龙城国等场景极为相似,比如船中满载宝物或各种文明器物等。

2. 脱解事迹之特点

脱解到达新罗以后,在即位之前做了三件事。首先,登上吐含山建造了石冢,并在其中停留了七日;第二件事是用计谋夺取了瓠公的宅第;第三件事是把角杯贴于白衣之口,纠正了他的陋习。在海岛成长的脱解到山中盖石冢并居住,应该是其适应陆地生活的过程。吐含山是庆州的东岳,直接朝向东海,在吐含山中居住时,脱解除了适应陆地生活外,也可能进行了与吐含山山神沟通感应的"秘密仪式",脱解在此时应该已经谋划了要夺取瓠公宅第。

脱解巧取瓠公宅第,先是暗中在住宅周围埋下炭石和木炭,之后到官府耍无赖谎称宅第是自己打铁祖先的祖宅,并拿出木炭作为证据,最终官府判决脱解胜诉。金烈圭将此分析为脱解展现出史密斯－萨满(smith-shaman)的特点。① 如果脱解是铁匠部族集团的萨满,那么他在吐含山停留七日就是为了获得新的萨满的法力而举行了"秘密仪式",并且从神话中可知,当时的新罗铁器铸造已经普及,铁匠从很早以前就已开始活动。金属冶炼在铁与火的碰撞中形成文明,火的广泛使用也增强了人对水、火神圣性的认识。新罗有很多与"铁"相关的姓氏和地名,昔脱解后金氏即位为王,把都城称为"金城",这些都是与铁文化相关的词汇。火能熔化世上最坚硬、锋利的铁,从而使人们意识到火的伟大,所以也会将用火打铁的铁匠视为神圣。今天黄海道的巫师在举行"降神巫祭"② 时还会有"铁乞粒"③ 的仪式,这样的传统也证明了铁匠与巫师的关联。

值得关注的是,脱解巧夺瓠公宅的叙述,反映了新罗社会有关私有财产的法律和制度。首先,对于房屋所有权的诉讼,在提出诉讼进行裁判的过程中,为了判断哪方的主张正确会进行实际调查。因为脱解了解裁判制度,才能够成功占有瓠公的房屋。瓠公是与朴氏有关的姓氏,应该并非是庆州本来的居民,极有可能是在朴赫居世掌权后入朝为官,并壮大势力的得势者。《三国史记·新罗本纪》较为详细地记录了瓠公奉朴赫居世之命与马韩建交的情况。瓠公想以显示新罗王室权威的方式说服马韩国王,结果惹怒马韩国王差点被杀,幸好左右大臣进谏使其免于一死。④ 如此看来,瓠公应是朴赫居世信任的重臣,在当时的政坛十分活跃,所以瓠公居住的住宅应该也是凭借其权力从他人那里抢来的。如果是瓠公世代居住的祖宅,不可能在诉讼中交不出任何证据而被脱解夺走。可以确定瓠公等外来集团在新国家形成过程中得势并崭露头角,当同为外来集团的脱解来到新罗后,两集团展开了政治权与财产权的角逐竞争。后来瓠公夜行至鸡林遇见了金阏智的诞生,他把阏智献入宫中立为太子,所以金阏智也可被视为外来集团。后来新的外来集团与瓠公共同合力干涉新罗政治。

不过,脱解夺取瓠公房屋的计策不过是一般人类的计谋,并非神异能力,后来其个人能力得到认可,成为南解王的女婿,并获得了王位继承权。脱解的夫人阿尼公主是南解王的长公主。南解王拥有被称为"次次雄"的巫师称号,

---

① 金烈圭:《한국민속과 문학연구》,一潮阁 1970 年版,第 104—110 页。
② 降神巫祭(내림굿):使神附体于患有神智异常疾病或身体有"神气"之人身上的巫祭仪式,也被称为"神巫祭"(신굿)、"神命巫祭"(신명굿)、"明斗巫祭"(명두굿)、"降神祭"(강신제)等。——译注
③ 铁乞粒(쇠걸립):巫堂"降神巫祭"过程中进行的四处乞讨祭祀所需铁器的仪式,在首尔、京畿道、黄海道等地区流行。——译注
④《三国史记·新罗本纪第一》"始祖赫居世居西干三十八年"条。

明显具有巫师特征，其妹阿老曾经主持过朴赫居世神庙的祭祀①，说明她是从事巫俗的巫女。那么，阿尼夫人也极有可能是巫女。脱解与阿尼结婚是巫俗司祭者的结合，同时意味着外来者脱解完全被新罗社会同化，即被南解王领导的新罗巫俗社会接纳和同化。脱解展现出巫俗者和神的神异能力主要体现在神话第三部分"教训白衣"。某日，脱解从东岳回来命令白衣拿水来，白衣却自己先喝了水，结果嘴巴粘在角杯上无法分离，所以白衣只好发誓以后不敢先品尝给脱解的饮食，杯子这才落了下来。脱解不看也知道白衣喝了水，这应该是巫师具有的预知能力。只有神或者被神附体的巫师才拥有预知世间万事的神力，脱解正拥有这一能力。得知白衣偷喝水后，还能让角杯粘在嘴上，这是一种更加神奇的能力。能够让杯子粘在人身上再使杯子掉下来，这是一种并非普通人所能及的巫师的法力。这种能力可以使人无法被欺骗或使他人屈服。

脱解死后成为东岳神，其塑像被供奉在宫中，说明宫内有供奉祭祀脱解神像的神祠。而且再次出现在梦中，称按神的旨意须将遗骨安葬于东岳，即将神祠迁至东岳之意。"脱解神话"最终成为东岳神神话，在东岳神的巫祭中被巫堂口头吟唱得以流传，后被整理为文献记录。

3. "昔脱解神话"与济州岛巫俗神话"神众巫神歌"

济州岛的"神众巫神歌"②与"昔脱解神话"具有相似性，笔者将对两者进行比较考察。"神众巫神歌"具体内容包括：

①婆罗摩尼（바라무니）之子不孝，忤逆父母之言，于是口含夜明珠，被父母放进石棺之中，投入大海。

②石棺挂在东海龙王珊瑚树上，龙王打开石棺见到婆罗摩尼之子，并把小女儿嫁给了他。

③由于没能为龙王牺牲而获罪，婆罗摩尼之子夫妇又回到父母所在之处生活，之后又离开父母来到"兔山"。

④龙王之女初来济州去汉拿山游玩，路上突然口渴，喝下了野猪脚印里的积水，结果误食野猪毛。

⑤回到家后，丈夫质问夫人身上发出的臭味，夫人说自己不小心吃下了野猪毛，丈夫大怒将妻子发配到大静地区的"马罗岛"。

---

①《三国史记》卷第三十二"祭祀"条。按新罗宗庙之制，第二代南解王三年春，始立始祖朴赫居世庙，四时祭之，以亲妹阿老主祭。

②神众巫神歌（신중본풀이）：济州岛讲述蛇神来历的乡村祭祀巫歌"兔山八日堂"（토산여드렛당본풀이）神话中包含的堂神神话。——译注

⑥婆罗摩尼之子又娶了新国王小女儿为后妻,后妻听说了前妻的情况,求丈夫原谅前妻,并去马罗岛接回了前妻。

⑦后妻来到马罗岛,得知龙王三公主已经生了七个儿子,于是带着他们回到丈夫身边。后来,龙王公主和国王小女儿成为"日雷堂主"(일뇌당주),婆罗摩尼之子和儿子们成为"本乡堂主"。①

婆罗摩尼之子被父母遗弃丢入大海中的内容与"脱解神话"十分类似,口含夜明珠的情节也与在船中放入七宝后将儿子流放大海的"脱解神话"存在相似之处,只不过被遗弃的理由有所不同,脱解是因为奇异的卵生,而婆罗摩尼之子是因为不孝。把不孝当作遗弃的理由应该是在强调孝道伦理的社会背景中产生的神话变异。

其次,龙王打开石棺时婆罗摩尼之子的样子与脱解在船中被发现时的描述也很相似。"脱解神话"中为:"打开柜子一看,里面竟有一个端端正正的男子和满满的七宝、奴婢。""神众巫神歌"中为:"口衔夜光珠,身前摆放着万卷诗书,眼是龙王眼,须为三角须,一位堂堂两班坐在其中。"② 脱解被遗弃时仍为卵状,神话中并未提及脱解是何时破壳而出成长为端正男子的,而婆罗摩尼的不孝子被描绘为外貌好似关云长的伟丈夫,与之前内容无法呼应。不过,两神话的共同点都是从外漂流而来的柜子或石棺中出现了外貌俊美的男子。

再次,王把外来之人迎为女婿也是一个相同点。"神众巫神歌"里龙王最后把小女儿许配给外来的婆罗摩尼之子,"脱解神话"中南解王则把长公主许配给脱解。大小女儿之夫婿虽有不同,但都是王把外来的渡来人招为女婿。"神众巫神歌"里婆罗摩尼之子得知妻子在汉拿山喝了野猪脚印里的积水并误食了野猪毛后,把妻子驱逐到了马罗岛;"脱解神话"里脱解去吐含山的路上口渴,命令白衣拿水来喝,结果白衣却自己先偷喝了水,遭到了脱解的惩罚,比较而言这两个情节应该存在一定关联。两个故事无论是去吐含山还是汉拿山,或者在登山途中口渴,抑或是因为喝水的事情犯下过错遭到惩罚,这些方面都存在相似性。如果神话故事以济州岛为发生背景,那么原来神话中的山也应该替换济州岛的山,这是口头文学变异的基本规律,所以吐含山变为汉拿山很好理解。"脱解神话"里白衣因为偷喝了水而使角杯粘在嘴上,"神众巫神歌"里妻子喝下了有野猪毛的水后怀孕,以致被驱逐到其他岛屿,疑问在于这两者之间是否存在

---

①赤松智城、秋叶隆:《조선무속의 연구》(上),大阪屋号书店1937年版,第503—507页。
②赤松智城、秋叶隆:《조선무속의 연구》(上),大阪屋号书店1937年版,第504页。

联系。"神众巫神歌"里的婆罗摩尼之子既是狩猎神,又是风神之子,婆罗摩尼的双重属性让人联想起"西归浦本乡堂巫神歌"①里的"日文官风神"。狩猎神与野猪有关,野猪既是捕获的对象,也被狩猎者视为神圣。龙王三女儿脱解第一任妻子误食野猪毛后生下七兄弟最终获得原谅成为神,可以解释为其与化身为野猪的狩猎神结合后得到了丰足的子嗣,所以可看作狩猎部族集团神话的残留,这不同于视泉水为神圣的水神信仰。两个神话关于喝水之后遭到惩罚的内容反映了"脱解神话"中白衣在吐含山遥乃井为脱解打水的叙述到了济州岛地区变异为狩猎神神话。

4. 脱解与首露变身术斗法之特点

《三国遗事·纪异第二》"《驾洛国记》"条里有关脱解的记载与"第四脱解王"条中新罗流传的记录有所不同。

> 忽有琓夏国含达王之夫人妊娠,弥月生卵,卵化为人,名曰脱解。从海而来,身长三尺,头圆一尺,悦焉诣阙。语于王云:"我欲夺王之位,故来耳。"王答曰:"天命我俾即于位,将令安中国,而绥下民。不敢违天之命,以与之位;又不敢以吾国吾民,付嘱于汝。"解云:"若尔,可争其术。"王曰:"可也。"
>
> 俄顷之间,解化为鹰,王化为鹫;又解化为雀,王化为鹞。于此际也,寸阴未移,解还本身,王亦复然。解乃伏膺曰:"仆也,适于角术之场,鹰之于鹫,雀之于鹞,获免焉。此盖圣人恶杀之仁而然乎?仆之与王,争位良难。"便拜辞而出。到邻郊外渡头,将中朝来泊之水道而行。王窃恐滞留谋乱,急发舟师五百艘而追之。解奔入鸡林地界,舟师尽还。事记所载,多异与新罗。

此处的脱解是琓夏国含达王之子,但身高、头围和之前叙述的不同。之前记载脱解去世时遗体长九尺七寸,头围三尺二寸;而驾洛国中记为身长三尺,头围一尺。这可能说明脱解刚到达驾洛国时还是身体未完全长成的孩子。但是当脱解挑战首露王想要夺取王位时,其言行举止又很难被视为正在成长的孩子,这是因为《驾洛国记》将脱解描述为侵略者而故意将其外貌矮小化,而"脱解神话"是脱解成为东岳神之后的记录,有可能为提升神圣性而夸大其身高。

脱解向首露王挑战要求其交出王位后两人展开的变身术斗法又有何含义呢?

---

①西归浦本乡堂巫神歌(서귀포본향당본풀이):讲述韩国济州道西归浦市西归浦区堂神风神波澜云尼(바람운님)与池山菊(지산국)相爱的神话。——译注

从神话的表达来看，这并非脱解的个人行为，而是记述了从海上侵略驾洛国的部族集团与首露集团发生的战争。那么，脱解集团到底是怎样的部族？这与脱解在新罗即位有何关联呢？前面已经提到：脱解出生于东海的某个小岛，属于水神崇拜部族集团。在较量变身术的过程中，脱解先后变为雕和麻雀，而首露王则变身为秃鹫和雀鹰，最终脱解败北。这暗示了在战争能力方面，崇拜天神的首露部族优于从海上外来的崇拜水神的脱解部族。高句丽建国神话中，解慕漱与河伯也进行过类似的变身术斗法。解慕漱是太阳神后裔，河伯是信仰水神部族，神话中解慕漱的天神族战斗力力压水神族取得了胜利。在属于北方神话体系的高句丽神话中，信仰天神的外来移民部族最后战胜了信仰水神的本地土著部族，与之相反，驾洛神话里脱解代表的海上外来部族最后以失败告终，这是两神话最终结局的不同点。

脱解部族在驾洛国登陆后以武力发动战争，结果被首露部族击败，之后再次登陆新罗，但这一次并未发动战争，而是依靠智慧首先占领了一定生存空间，进而实现势力扩张，之后被朴赫居世部族吸收，参与了争夺王权的政治活动。

（四）金阏智神话

"金阏智神话"看似是与王权无关的庆州金氏始祖神话，不过当中记述了金阏智后代继承了新罗王位，所以作为国王部族的祖先神话也具有建国始祖神话的特点，因此将此神话包含在新罗王权神话中进行研究。《三国遗事·纪异第一》"金阏智"（脱解王代）条记载如下：

> 永平三年庚申，八月四日，瓠公夜行月城西里，见大光明于始林中，有紫云从天垂地。云中有黄金柜，挂于树枝，光自柜出，亦有白鸡鸣于树下。以状闻于王。驾幸其林，开柜有童男，卧而即起，如朴赫居世之故事。故因其言，以阏智名之。阏智即乡言小儿之称也。抱载还阙，鸟兽相随，喜跃跄跄。王择吉日，册立太子；后让于婆娑，不即王位。因金柜而出，乃姓金氏。阏智生热汉，汉生阿都，都生首留，留生郁部，部生俱道，道生未邹，邹即王位。新罗金氏自阏智始。①

这一诞生故事中值得注意的是，金阏智是从挂在树上的黄金柜中降生的童子。"有紫云从天垂地"暗示了天地精气的凝结，这与朴赫居世诞生时的情况相

---

①《三国遗事·纪异第一》"金阏智"（脱解王代）条。

同。不过,"白鸡鸣于树下""挂于树枝,光自柜出"等内容与"朴赫居世神话"有所不同。"朴赫居世神话"是白马长鸣,"金阏智神话"是白鸡啼鸣,如果说作为天神使者的白马是运送始祖的神兽,那么白鸡也应该是类似的作用。可是,鸡与黄金柜有何关联呢?柜子是经常用马驮或船运的容纳工具。而且"卵生"或许和把鸡视为祖先的兽祖信仰有一定关系,但是金阏智以童男降生,很难认为其血统与鸡有直接联系。被置于柜中放在森林中的童男可以解释为外来移民部族,鸡啼鸣将这一信息告诉瓠公,表示这一视鸡为神圣的部族最终融入了新罗的庆州集团。

鸡具有"月鸟"的属性。金阏智诞生于八月四日晚上,八月是秋季也是秋收时节。夜晚日落月升,是月神掌管世界的时间。天干十二地支里鸡代表的酉时正好是夜晚开始的时候。瓠公在"月城西里"发现的始林的亮光,表明金阏智与月亮有一定关联。阴阳体系中月也与地上的水有关,那么月与金柜有何关联呢?挂在树上发光的金柜同样也可以看作是对月亮形态的神话表达。

这种金阏智部族与月、水的关系,也可以联系其后人文武王成为护国龙神守护东海的故事加以理解。文武王是庆州金氏,是金阏智的后裔,《三国遗事·纪异第二》"万波息笛"条中记载了这一传说:

> 第三十一神文大王,讳政明,金氏,开耀元年辛巳七月七日即位,为圣考文武大王,创恩感寺于东海边。明年壬午五月朔,海官波珍喰朴凤清奏曰:"东海中有小山,浮来向感恩寺,随波往来。"王异之,命日官金春质占之。曰:"圣考今为海龙,镇护三韩。抑又金公庾信乃三十三天之一子,今降为大臣。二圣同德,欲出守成之宝。若陛下行幸海边,必得无价大宝。"王喜,以其月七日,驾幸利见台。望其山,遣使审之,山势如龟头,上有一竿竹,昼为二,夜合一。使来奏之。王御感恩寺宿。明日午时,竹合为一,天地震动,风雨晦暗七日。至其月十六日,风霁波平,王泛海入其山,有龙奉黑玉带来献。迎接共坐,问曰:"此山与竹,或判或合,如何?"龙曰:"比如一手拍之无声,二手拍则有声。此竹之为物,合之然后有声。圣王以声理天下之瑞也。王取此竹,作笛吹之,天下和平。今王考为海中大龙,庾信复为天神,二圣同心,出此无价大宝,令我献之。"王惊喜,以五色锦彩金玉酬赛之。勅使斫竹出海时,山与龙忽隐不现。①

---

① 《三国遗事·纪异第二》"万波息笛"条。

这里记录了文武王成为龙神,金庾信成为天神,共同保护新罗国。不过,如果说首露王后孙金庾信成为天神是缘于其祖先首露王是天神后裔的话,那么成为龙神的文武王的祖先金阏智,当然也应该是龙神后裔。龙神是水神,并且与月神有关。由此可知,新罗的神性信仰包含两个体系,其一是朴赫居世、金庾信所传承的天神信仰体系;另一个是阏英、金阏智、文武王传承的水神信仰体系。其中,阏英、金阏智等都是视鸡为神圣动物的新罗原住部族集团的代表,而朴赫居世、金庾信则具有外来移民集团的特点。新罗建国初期,朴赫居世与阏英部族集团以日神、月神为崇拜对象,合力共同统治国家,在金庾信、金法敏合力统一三国后,神文王时代天神与龙神信仰达到了顶峰。

六、驾洛国建国神话

驾洛国建国神话由"金首露神话"和"许黄玉神话"构成。类似于"朴赫居世神话",金首露降生神话也是按照始祖即位、结婚的顺序展开,始祖是天地之气凝结后自六枚卵中降生。虽然整体特点类似"朴赫居世神话",但是降生的具体描述有所不同。笔者将探讨《三国遗事》"《驾洛国记》"条中首露王降生的内容,相关文献有:

> 开辟之后,此地未有邦国之号,亦无君臣之称。越有我刀干、汝刀干、彼刀干、五刀干、留水干、留天干、神天干、五天干、神鬼干等九干者,是酋长,领总百姓,凡一百户,七万五千人。多以自都山野,凿井而饮,耕田而食。属后汉世祖光武帝建武十八年壬寅三月,禊浴之日,所居北龟旨,有殊常声气呼唤。众庶二三百人集会于此。有如人音,隐其形,而发其音曰:"此有人否?"九干等云:"吾徒在。"又曰:"无所在为何?"对云:"龟旨也。"又曰:"皇天所以命我者,御是处,惟新家邦,为君后。为兹故降矣。尔等须掘封顶撮土,歌之云:'龟何,龟何,首其现也。若不现也,燔灼而吃也。'以之蹈舞,则是迎大王,欢喜踊跃之也。"九干等如其言,咸忻而歌舞。未几,仰而观之,唯紫绳自天垂而着地,寻绳之下,乃见红幅裹金合子。开而视之,有黄金卵六,圆如日者。众人悉皆惊喜,俱神百拜。寻还裹着抱持,而归我刀家,置榻上。其众各散。过浃辰,翌日平明,众庶拜贺,尽恭敬止。日日而大,逾十馀晨昏,身长九尺,则殷之天乙;颜

如龙焉，则汉之高祖；眉之八彩，则有唐之高；眼之重瞳，则有虞之舜。其于月望日即位也。始现，故讳"首露"，或云"首陵"。国称大驾洛，又称伽倻国，即六伽倻之一也。余五人各归为五伽倻主。东以黄山江，西南以沧海，西北以地理山，东北以伽倻山，南而末国尾。俾创假宫而入御。但要质俭，茅茨不剪，土阶三尺。

二年癸春正月，王若曰："朕欲定置京都。"仍驾幸假宫之南新畓坪。四望山岳，顾左右曰："此地狭小如蓼叶，然而秀异，可为十六罗汉住地。何况自一成三，自三成七，七圣住地，固合于是。托土开疆，终然允臧欤。筑置一千五百步，周回罗城，宫禁殿宇，及诸有司屋宇、虎库仓廪之地。"事讫还宫。遍征国内丁壮人夫工匠。以其月二十日资始金阳。暨三月十日役毕。其宫阙屋舍，候农隙而作之。经始于厥年十月，逮甲辰二月而成。涓吉辰御新宫，理万机而勤庶务。

忽有琓夏国含达王之夫人妊娠，弥月生卵，卵化为人，名曰脱解。从海而来，身长三尺，头圆一尺，悦焉诣阙。语于王云："我欲夺王之位，故来耳。"王答曰："天命我俾即于位，将令安中国，而绥下民。不敢违天之命，以与之位；又不敢以吾国吾民，付嘱于汝。"解云："若尔，可争其术。"王曰："可也。"

俄顷之前，解化为鹰，王化为鹫；又解化为雀，王化为鹯。于此际也，寸阴未移，解还本身，王亦复然。解乃伏膺曰："仆也，适于角术之场，鹰之于鹫，雀之于鹯，获免焉。此盖圣人恶杀之仁而然乎？仆之与王，争位良难。"便拜辞而出。到邻郊外渡头，将中朝来泊之水道而行。王窃恐滞留谋乱，急发舟师五百艘而追之。解奔入鸡林地界，舟师尽还。事记所载，多异于新罗。

属建武二十四年戊申七月二十七日。九干等朝谒之次，献言曰："大王降灵已来。好仇未得。请臣等所有处女绝好者。选入宫闱。俾为伉俪。"王曰："朕降于兹，天命也。配朕而作后，亦天之命，卿等无虑。"遂命留天干押轻舟，持骏马，到望山岛立待；申命神鬼干，就乘岾。忽自海之西南隅，挂绯帆，张茜旗，而指乎北。留天等先举火于岛上，则竞渡下陆，争奔而来。神鬼望之，走入阙奏之。上闻欣欣，寻遣九干等，整兰桡，扬桂楫而迎之。旋欲陪入内，王后乃曰："我与[尔]等素昧平生焉，焉敢轻忽相随而去？"留天等返，达后之语。王然之，率有司动跸，从阙下西南六十步许地，山边设幔殿祗候。王后于山外别浦津头，维舟登陆。憩于高峤，解所著绫袴为贽，遗于山灵也。其地侍从媵臣二员，名曰申辅、赵匡；其妻二人，号慕贞、慕良，或臧获并计二十余口。所赍锦绣绫罗，衣裳足段、金银、珠玉。琼玖、服玩器，不可胜记。王后渐近行在，上出迎之，同入帷宫。媵臣已下众人，就阶下而见之，即退。上命有司，引媵臣夫妻曰："人各以一房安置，已下臧获各一房五六人安置。给之以兰液蕙醑，寝之以文茵彩荐。至于衣服足段宝货之类，多以军夫遴集而护之。"于是，王与后共在御国寝，从容语王曰："妾是阿逾陀国公主也。姓许，名黄玉。年二八矣。在本国时，今年五月中，父王与皇后顾妾而语曰：'爷娘一昨梦中，同见皇天上帝，谓曰："驾洛国元君首露者，天所降而俾御大宝，乃神乃圣，惟其人乎。且以新莅家邦，未定匹偶，卿等须遣公主而配之。"言讫升天。形开之后，上帝之言，其犹在耳。尔于此而忽辞亲向彼乎。往矣！'妾也浮海遐寻于蒸枣，移天夐赴于蟠桃。螓首敢叨，龙颜是近。"

王答曰："朕生而颇圣，先知公主自远而届，下臣有纳妃之请，不敢从焉。今也淑质自臻，眇躬多幸。"遂以合欢。两过清宵，一经白昼，于是遂还来船。篙工楫师共十有五人，各赐粮粳米十硕，布三十足，令归本国。①

以上《驾洛国记》内容可以概括为：首露降生和即位、首露与脱解的较量、首露与许黄玉结婚等内容。因为前文在"脱解神话"中已经探讨了首露与脱解的竞争，在此不再赘述。笔者将以首露诞生与结婚为主，研究首露神话的特点。

1. 九干之特点

在首露降生之前，驾洛国由被称为"九干"的九名酋长统治。《驾洛国记》将其记述为：开天辟地之后，此地未有国家称号，既然没有国家，也就没有君臣之分。所以，"驾洛国神话"与北方神话体系中的"檀君神话""朱蒙神话"描述的政治情况有所不同。檀君成为国家祖先并创建古朝鲜国家之前，已经存在桓雄统治的被称为"神市"的组织；朱蒙在卒本建都之前，解慕漱的北扶余、解夫娄的东扶余以及松让的沸流国等已经存在，这与分为九个酋长统治的驾洛

---

①《三国遗事·纪异第二》"《驾洛国记》"条。

国地区的情况存在巨大差异。如果认可"我刀干"等酋长统治的人口,一百户是七万五千人,那么一个酋长统治十余户,即八千多名百姓。这里所说的"户"是与今天一个县的人口规模相当的村落或氏族部落。如果一万名左右的人口以一个酋长为统领进行集体生活,这绝对不能算作小型社会集团。以今天农村村落形态为参照,这相当于一个酋长统治二十至五十个自然村,每村包含五十至一百户,人口为两百至五百人。比照今天的行政区域,这相当于好几个"面"(乡镇)的人口规模。因此,当时被称为"九干"的酋长应该是"大族长",大族长之下应该还有很多较小规模部落的族长。

不过,让人存疑的是在九干统治的金海龟旨峰上以卵的形态降生的六位始祖分别成为伽倻的国王,而首露仅仅是其中之一。究竟为何其他几位国家始祖也会降生于龟旨峰上?除首露王以外,为何没有交代其他五位始祖的姓名?其他五位的即位过程为何会被省略?这些都不得而知。在同一时间、地点诞生,那应该就是同一父母生下的同胞兄弟,如同学者李丙焘的观点,这些始祖统治着各自国家,彼此的关系如同兄弟一般,进而形成了一种部族联盟。所以驾洛国应该是以首露为盟主的六国联盟组织,是一个九干直接接受首露统领的部族。可是《驾洛国记》中明确把首露记述为最初君王,并称首露之前没有过君主。这应该是驾洛国以六位"伽倻盟主"统治国家,出于彰显国家威严、将始祖神圣化的目的,对神话进行了润色修改的结果。

九干于三月禊浴日聚集在一起,应该是在农业播种期举行的大型祈求丰收的祭祀活动,同时也是部落之间协商各种事宜的集会。"多以自都山野,凿井而饮,耕田而食"的记述说明当时人们过着集体耕种的定居生活,人们会在中心村落进行各村落间的物品交换并举行共同祭祀,这些中心村落被称为"都邑"或"都市"。不过,所谓"九干"的名称暗示着这九个地区应该并非仅仅按照居住地来划分的集团,而很可能是一种具有联盟性质的组织。"我刀干""汝刀干""彼刀干""五刀干"等名称中包含了"我""你""他""我们"等人称代词,应该是按照距离中心地远近、方向等划分的区域。按照李丙焘的观点,"刀"有"门"之义,代表居住区域或在特定区域生活的居民。①《三国遗事》"辰韩"条中引用新罗文人崔致远所言内容:"辰韩本燕人避之者,故取涿水之名,称所居之邑里,云沙涿、渐涿等。"旁边脚注称"新罗方言中'涿(닥)'的读音被读

---

① 李丙焘:《韓國古代社會와 그 文化》,瑞文堂1973年版。

作'道（도）'"①，所以此处"九干"名称"我刀干"等中出现的"刀"应与意为"邑里"的新罗方言意思相同。另外，辰韩民众彼此称呼为"徒"（相呼为徒）②，"徒"与"刀"在当时的发音应该是一致的。因此，"我刀""汝刀""彼刀""五刀"等都是一种居住区域的划分，是参照各地与龟旨峰的距离和方向而命名的村落集团名称。

不过，"留水干""留天干""神天干""五天干""神鬼干"等名称该如何解释仍然是个问题。"留水"和"留天"等名称按字面来看应该与水和天有关，包含水的名称有可能是与水相关的海边捕鱼部落的名字，包含天的名称有可能是山中狩猎部落或山地农耕部落的名称。那么"神鬼干"又有怎样的含义呢？其所指应该不是部族首领，而很可能是主管祭祀的司祭。联系接下来记述的龟旨峰上举行的"迎大王祭"，类似的集体祭神活动应该十分频繁，应该有专门掌管祭祀的人员，所以主持八个部落共同祭神的司祭应该就是"神鬼干"。可见，九干按照地上空间的距离、方位以及海边、山中等不同地域特点，划分了九个地区进行统治，还设置了主管祭祀活动的司祭，以此来管理大规模的国家集团。

2. 首露降生与《龟旨歌》的功能与含义

"首露王神话"的解释因与《龟旨歌》有关，所以吸引了韩国国文学者们的关注，此类研究已经积累了大量成果。目前的研究认为"首露王神话"记述了"首露王迎接巫祭"的仪式，《龟旨歌》则是在迎接神灵时所唱的咒术歌谣。北龟旨峰上传来的"殊常声气"将九干召唤到一起，这与巫俗祭祀中神灵借"巫堂"之口表达意志的"通灵"③ 情形相似，而且这种"人神问答"在巫俗祭祀中经常以戏剧的形式进行。"迎王巫祭"开始时，一个巫师躲在暗处扮演神的角色，另一个巫师则扮演九干，两人合作完成祭祀仪式。神谕结束，众人立刻遵照神的旨意在龟旨峰上表演团体歌舞，歌舞过后，还会在垂下紫色绳子的地点挖出金盒，继续举行巫祭，将金盒供奉在距离龟旨峰较近的我刀部落的床榻之上。类似的"迎王巫祭"祭祀程序仍然保留在今天海边村落祭祀的"迎山王巫

---

①《三国遗事·纪异第一》"辰韩"条："辰韩本燕人避之者，故取涿水之名称所居之邑里，云沙涿、渐涿等。（新罗人方言读'涿'音为'道'，故今或作沙梁，'梁'亦读'道'。）"——译注
②《后汉书·东夷传》"辰韩"条："其名国为邦，弓为弧，贼为寇，行酒为行觞，相呼为徒，类似秦语，故或名之为秦韩。"
③通灵（공수）：进行巫俗仪式的巫堂被神灵或死者的鬼魂附体后，代替神或鬼魂发出声音。——译注

祭""迎堂神巫祭"等迎接村庄守护神的巫祭片段之中,不过村落祭祀虽然很好地保留了将神从原来的"堂"中转移供奉到巫祭现场的仪式建筑中的过程,但在今天已经难以找到表现神以卵的形态降生的仪式场面。

在"北龟旨"以"殊常声气"召唤九干的正是首露本人,这在他们的对话中已经可以看出端倪。问曰:"我在哪里?(吾所在为何?)"答曰:"皇天命令我来到这个地方建立国家并称王,所以我从天而降。(皇天所以命我者,御是处,惟新家邦,为君后,为兹故降矣。)"说明了首露是受皇天之命降临人世的。这里的皇天已经超越了天体的上层空间与气象的大气空间,是抽象的掌管人世的终极绝对神。不过,皇天的概念明显源于过去太阳神或意为上层空间的"天"。因此,首露王应该具有皇天即天神的血统。

不过,"驾洛国神话"中始祖通过乌龟这一媒介降临人世,这明显与新罗神话里的白马、鸡龙、白鸡的意义不同。那么乌龟具有怎样的含义呢?

"朴赫居世神话"里白马是把天神后裔带到人间的"运送者",并且在返回天上之前还用嘶鸣的方式通知六村长朴赫居世的降生。但"首露神话"中乌龟却未能展现具体的形象,只在歌词中有对龟下的命令:"龟啊龟啊,快快伸出头来(龟何龟何,首其现也)。"这暗示了龟与首露的关系。有关这句歌词,很多研究将"首"解释为乌龟的头,如此一来,龟就应该对应为首露王,因为咒语命令乌龟伸出头来,于是诞生了首露等六位伽倻始祖。但是,正像白马不是朴赫居世一样,乌龟所指的也并非首露王。"首"所指的才是首露王,《龟旨歌》第一句是命令龟找出首露王,龟在这里是一种媒介动物,是一种让始祖降生在世上的神圣动物,其功能与"朴赫居世神话"里的白马、"金阏智神话"里的白鸡相同。

那么,龟有什么含义呢?龟可以显示始祖所在的方位,且始祖降生的地点也被称为"龟旨",这两点说明龟是驾洛国之神。龟有可能是龟旨峰的山神,或是九干集团一直以来崇拜的神。

神命令九干等人在龟旨峰山顶一边挖土,一边唱歌。掘地之后挖出的土应该是用来建造什么东西,如果是在山顶建造建筑,那么很有可能是建造供奉神的神庙或祭祀神的祭坛。《龟旨歌》正是再现了新神的降生和神祠建造的过程,并有找出神所在方位的含义。联系以上特点,再来解读这首歌谣:

龟何龟何,首其现也,若不现也,燔灼而喫也。

这首歌谣是将韩国语口语翻译成汉文的"汉译歌谣",所以和用"乡札"①标记的"乡歌"②中出现的汉字情形有所不同。也有学者提出应把"龟何龟何"解读为"龟在何处,龟在何处"③,不过这种解释和下句"首其现也"的命令无法呼应。况且在歌词与歌谣特点方面,《龟旨歌》与为救水路夫人而唱的《海歌》十分类似,而《海歌》中的"龟乎龟乎"只能解读为对龟的呼格用法。因此,将这句歌词解读为"龟啊龟啊"是正确的,这是在咒术诗歌中用以发出念咒命令的一种呼唤句式。呼唤"龟啊龟啊(龟何龟何)",正说明龟就是咒语命令的执行者。

下一句"首其现也"中的"首"字也存在疑问。无论"首"被称作 mara(마라)还是 meori(머리),其韩国语意思都是"头",所指的都应该是首露王,所以应该将第二句理解为"让首露现形吧"。将"首"理解为龟之头并不符合前后语境。如果龟缩着头,那么龟的头明显应在龟壳中,并不需要寻找,也不需要威胁将它烧烤吃掉,而且将歌谣解读为让乌龟"交出头来",也无法解释之后发生的首露降生。即使将"首"解读成乌龟之头,最终也要将龟解释为首露,而这种联系还需要进行许多难以考证的推测。龟在过去是被用来占卜的动物,所谓"龟卜"指先在龟甲上刻字,再用火烤过的铁签刺穿龟甲,按照龟甲裂痕所延伸的文字来预测吉凶祸福,当时刻在龟甲上的文字就是殷商时期书写的甲骨文。龟在韩国民俗中被视为具有神奇长寿能力的动物,也被认为是海洋之神。建造传统韩国房屋时会举行"上梁式",这时会在梁木上写下年月日,并在梁木的上下端写上"河龙海龟",代表着向河神与海神祈祷保护宅第天长地久。此处的龟代表着海神,由此可知首露神话的媒介动物与海有关。

"让首露现形吧"是一句命令,咒语歌谣里必然需要命令。因为咒语效果体现在咒术命令的执行,所以没有命令的咒语歌谣是不存在的。

《龟旨歌》最后一句"若不现也,燔灼而喫也"是一句催促执行命令的威

---

①乡札(향찰):新罗时期,借助汉字的发音与形态,标记韩语语句的标记法,主要用于乡歌的创作。——译注

②乡歌(향가):以"乡札标记法"记录的新罗时期歌谣,其内容主要涉及民歌、佛教,作者包括贵族、僧侣、普通百姓等,分为四句体、八句体、十句体三种形式,流传至今的乡歌共有二十五首。——译注

③徐在克教授曾私下提出:"何"字表呼唤之义,只存在于适当结合汉字本来发音与训读发音的"乡札汉字标记"中,而在汉诗翻译中不做呼格使用,不过从意思上看,"龟啊龟啊"与"龟在哪龟在哪"并无太大差异。

胁。"如果不出现，我就把你烤着吃掉"，这是为了让龟彻底执行第二句的命令而进行的威胁和催促。不过，"燔灼而喫也"的威胁正说明龟是水神，水、火对立，正是为了使水神惧怕而提及了火。这说明当时人们已经认识到水火的相克关系，为了取得相应的咒术效果而借用了这个道理。

《驾洛国记》中则包含着两种命令，其一是首露将自身隐藏起来用"殊常声气"指示九干的命令，第二个命令是在前一命令中插入的《龟旨歌》。前者是首露命令九干举行"迎王巫祭"，后者是九干命令龟找到首露。但是，下达两个命令的是首露，执行命令的是九干。之后九干在地面发现了"红幅裹金合子"中的六枚黄金卵。红色包裹金盒子散发出日月的光芒，黄金卵也是一种生命的本源状态，具有谷物种子的意味。不过，首露破卵而出不过十几天的时间，就长为身长九尺的成人，并在当月十五日即位，这当中体现了月亮的特征。月亮在每月十五日成为满月，首露在半个月的时间里长大成人，两者具有时间的一致性。而且首露在十五日即位，也是因为月光在十五日达到顶峰，喻义在满月之时达到权力的巅峰，暗示了首露和月亮的密切关系。如果首露和月亮有关，那么龟能够找到首露并使其现身便具有其逻辑性，因为龟也是与月亮有关的动物。

重视与月亮相关的科学原理，这是否是在中国所创的阴历传入之后产生的现象仍然不得而知。但在《驾洛国记》中既然使用了"壬寅三月，禊浴之日"的干支纪年，可见至少在记述《驾洛国记》时已经使用了阴历历法。所以，当时海岸地区的居民应该已经适应了潮水变化的规律，当地节日民俗之中也很有可能使用了月亮相关的历法。《后汉书·东夷传》中记录了马韩等地区在五月和十月的农业开始和结束时期，许多男女会聚集起来举行祭祀神灵的仪式。[①] 五月和十月分别为播种和秋收的时节，这并非根据太阳历区分年月的方法。如果说扶余在正月举行祭天活动，意味着扶余部族在新年开始时祭祀太阳神，那么马韩的"五月祭祀"显然就是对地神或水神的祭拜。水神与龟有关，龟旨峰位于海边，驾洛国在龟旨峰上的祭祀典礼很可能既是地神祭，也是水神祭。

虽然首露明显是天神后裔，但天神的具体所指仍然值得探讨。日、月的原理统称为天，如果把日神和月神都视为天神，首露更加具有月神的特征。月亮代表女性开始于《易经》思想体系确定之后。神话中的日、月性别并不固定，

[①]《后汉书·东夷传》"马韩"条："常以五月田竟祭鬼神，昼夜酒会，群聚歌舞，舞辄数十人相随，踢地为节。十月农功毕，亦复如之。"

民间流传的"日月兄妹传说"[①]中也能发现月亮是男性的例子。升天后的姐弟成为日月,开始姐姐是月亮,但是因为她害怕在晚上出门,所以弟弟就变成了月亮,姐姐成了太阳。这个传说中的月亮是男性,太阳是女性。日本神话的太阳也是女性,天照大神就是女性的太阳神,而中国东北神话中主宰天地的神都是女性。所以,日、月在神话中的性别差异,会根据人类不同时期出现的男性、女性社会权力差异而有所不同。

3. 首露婚礼及其神话含义

首露拒绝了大臣们推荐的配偶,遵从上天之命等待阿逾陀国公主许黄玉渡海来后,最终与其结婚。许黄玉带领申辅、赵匡等大臣以及二十多名奴婢随从,携带着绫罗绸缎、金银珠玉等宝物乘船前来寻找首露。此处令人疑惑之处在于,首露和许黄玉接受上天之命结婚,而他们的大臣和百姓却不得而知,而且许黄玉虽然从印度而来,却看不出有任何语言交流的障碍。还有就是"阿逾陀国"虽然是印度式的国名,但人名如许黄玉、申辅、赵匡、慕贞、慕良等都是由中国汉字标记的,所以认为许黄玉部族是经过中国某地来到驾洛国的观点也是有一定道理的。许黄玉从何而来?又是经过什么路线到达驾洛国与首露结婚的?这些神话内容已经难以查清。不过,如果根据神话表达推测现实情况来看,许黄玉集团很可能是从事海上贸易的商人,或是为了与外国交流而派遣的外交使节。许黄玉船上载有许多贵重物品,所以也可能兼有海上贸易与外交的意图。首露收下许黄玉带来的物品,两人结下夫妻之好后,赐给一同前来的十五名水手、艄公每人米十石、布三十匹,让他们返回故国。这是驾洛国与阿逾陀国以结婚礼物的名义进行的商品交换,实质与商品贸易无异。从记载物品的特点来看,许黄玉带来的物品是加工完成品,而首露送去的大米、布匹属于原材料,可见,许黄玉部族的文化水平应该高于首露部族。

《驾洛国记》中较为具体地记述了首露和许黄玉的结婚过程。新娘的船刚到,新郎就用装饰得金光灿灿的船去迎亲,并在山间用帐幕搭建宫殿等待新娘。这是新郎迎接新娘仪式的第一个步骤,相当于今天新郎到新娘居住地迎娶新娘时,在举行被称作"醮礼"的传统婚礼前,先在自己的临时住处等待的过程。

[①] 日月兄妹传说(해와달이 된 오누이):讲述日月起源的传说。老虎吃掉了一个老妇人后,又假扮妇人来到她的家中,想要吃掉家中的兄妹。兄妹二人逃到树上向上天祈祷,上天垂下绳子,兄妹沿着绳子爬上天界,老虎因绳子中断而摔死。上帝让哥哥成为太阳,妹妹成为月亮,但后来因为妹妹害怕夜晚出门,于是哥哥成了月亮,妹妹成了太阳。——译注

之后，新娘从船上来到陆地，将穿着的裤子脱下作为礼物献给神灵，这类似传统婚俗中的"纳币""礼缎"等。只不过"纳币"指传统婚礼中新郎送给新娘的青红彩缎，而此处是新娘送给新郎一方的礼物。新娘穿着的裤子被认为是新娘的分身，新郎居住地的山神保护着新郎生存的根基。因此，这一婚礼步骤相当于新娘给婆家长辈赠送"礼缎"等礼物。

首露王在帐幕之中迎接许黄玉，接受了大臣们的朝拜后，彼此自我介绍。这与传统婚礼中的"大礼"仪式具有类似特点，只是婚姻誓约被介绍自己来历与相遇过程的内容代替。

接着两人在帐幕里同寝并度过两个夜晚，这就是婚礼初夜的洞房仪式。洞房仪式结束后的首露和许黄玉回到本宫大摆宴席，这相当于传统婚礼中的"于归"，即新郎带着新娘回到婆家。

乘着满载物品之船的外来之人与本地族长、君主等统治阶层结婚，反映类似内容的神话还有"脱解神话"和"三姓神话"。"脱解神话"记述了遭到所在国家遗弃的外来男性成了本地国王的女婿，而"首露神话"和"三姓神话"都是外来女性为了结婚而来到本地，两种神话形成了明显对照。"首露神话"与"三姓神话"都叙述了外来女性部族带来了高水平文化，并为推动本地文化发展做出了贡献，两者具有相似性。首露与许黄玉结婚后，将本地俗气的官吏名称按照鸡林官职、周朝制度和汉朝礼法进行了改革，这种改革确立了国家的组织制度，表明其在社会、文化方面取得了巨大发展。由此来看，许黄玉应该明显来自于比驾洛国文化水平更为优越的外部集团。

七、百济神话

众所周知，有关百济建国神话并无确切资料，相关领域也没有令人瞩目的研究成果。《三国史记》《三国遗事》中虽存有百济始祖"温祚"和"沸流"的相关记录，但与其称之为神话，还不如说这些记录更像是历史或传说，这些资料的特点完全不同于高句丽的"东明神话"与新罗的"朴赫居世神话"。

不仅是建国神话，百济国流传的其他神话也没有得到收集整理。百济民众流传有哪些神话？这些神话又有哪些功能？这些学界本应提出并加以解决的研究课题，却由于缺乏具有说服力的相关文献资料和民俗资料，导致学者们连提出问题都显得小心翼翼。

而且高句丽、新罗、驾洛国等古代国家都拥有始祖神话，百济应该不会没有自己的始祖神话。神话通过祭祀仪式得以流传，无论哪个国家和民族在古代都会举行祭祀仪式，所以只要百济社会也有祭祀，当然也会有其神话。但疑问在于，百济神话到底具有怎样的内容？这些神话依靠哪些祭祀仪式得以流传？又经历了怎样的变化导致其丧失了神话的形态？

研究以上问题之前，有必要先界定百济神话的范畴。狭义的百济神话指百济的建国神话，广义的百济神话指在百济国流传的所有神话。百济地区流传的神话中，既包括姓氏始祖神话、部族始祖神话，应该还有巫俗神话及其他宗教神话。这些神话中有些与百济国的历史地理概念有关，也会存在与百济无关的资料。百济有其历史时期和地理空间，并且是创造百济文化的历史主体，所以"百济神话"这一说法，只有在资料与百济文化有关的情况下才具有意义，今天在过去的百济领土上找到的神话资料已并非全部源于古代百济。

如果研究百济神话的目的在于寻找神话的普遍原理，那么分析简单明了的既存神话资料已经足够，没必要冒风险去重新整理那些资料模糊的神话，所以百济神话研究应该作为百济文化研究的一部分来进行。找到并揭示百济神话的特点和起源，也是在查明百济的历史文化特征，这项研究并非仅仅局限于百济，而是要与研究韩国民族史、探寻韩国民族文化的工作联系起来。

基于此，本部分的研究重点将以百济国家祭祀典礼中流传的国家祖先神话和百济民众集体流传的始祖神话为主。

百济建国神话流传于百济举行的始祖祭祀，神话被其流传集团视为神圣的故事，这种神圣性只有通过祭祀仪式才能获得并得以维持。神话也只有以神圣性为前提才具有生命，才能成为集团部族的规范。没有了神圣性的故事已经丧失了神话的功能，已无法被称为神话。所以为了了解百济神话，需要了解其始祖神祭祀仪式的具体情况。

百济举行的始祖祭祀仪式在记录中被称为"东明祭"和"仇台祭"。首先需要考察的问题是：这些祭祀仪式与历史记录有着怎样的关系？这些祭祀仪式传承的神话都有哪些？

马韩的"五月祭"是在农业社会为生产神举行的祈求丰收的祭祀。生产神兼具部族守护神的职能，所以生产神神话和部族始祖神话没有独立区别开来。可以说，马韩神话源于"五月祭"，但是，现在只有祭祀仪式的记录，在文献中找不到神话的相关内容，所以只能通过分析今天的民俗祭祀和口传资料来推测神话的内容。

流传至今的神话遗产只有巫俗神话,但巫俗神话和百济国似乎并没有明显的历史联系,笔者对巫俗神话的地域特点已有论述①,此处不再赘述。除巫俗神话以外,有些传说资料也保留着古代神话的痕迹。神话若脱离祭祀仪式就会丧失神圣性,而变为传说和民间故事,但神圣性的消失并不意味着叙事内容完全发生改变,所以今天流传的"夜来者传说"应该是与古代神话相关的资料。因此,现重新还原"夜来者传说"的神话原貌并探究其神话的相关特点。

推测出"百济神话"的内容并非研究的全部,搞清楚百济神话在历史中经历了怎样的浮沉命运,发生了怎样的嬗变,才是需要解决的课题。但是,这些研究只有在确定了"百济神话"的整体情况之后才能进行,稍有不慎就可能犯主观臆断的错误。因此,笔者将集中考察"百济神话"中考证较为确定的"东明神话"和"夜来者神话",讨论的焦点将集中于提出问题并加以考证,而并非推导出特定结论。这是因为无论历史文献资料或是口传文学资料都无法明确解决历史的实际问题。虽然研究开始就带着这样的局限性,但仍然希望该研究对理解韩民族古代信仰以及查明百济信仰、神话所属的谱系有所裨益。

(一) 百济"东明神话"

1. 百济建国神话——"东明神话"

提及百济国家始祖神话,很容易将其理解为百济建国始祖的神话,但严格来讲,应该是百济国中崇拜的始祖神的神话。创建国家的初代王是始祖,始祖作为始祖神被供奉在神庙之中,始祖神圣事迹被当作始祖神话在其国家民众之间广为流传。高句丽的"朱蒙神话"与新罗的"朴赫居世神话"都是如此,但百济的情况有所不同,即百济的建国始祖与百济崇拜的始祖神并非同一个人。

有关百济始祖的文献记录林林总总。《三国史记》的记录有"始祖温祚说"与"始祖沸流说"两种,而中国的《周书》《隋书》等都将"仇台"记载为百济始祖,而日本文献里称"都慕"为百济始祖。②

首先应该解决的问题并非谁创建了百济这一国家,而是百济国中崇拜的始

---

① 徐大锡:《韩国巫歌의 研究》,文学思想社 1980 年版。
② 李丙焘:《韩国古代史研究》,博英社 1976 年版,第 467—481 页。学者李丙焘研究了关于百济始祖的四种学说。

祖神是谁。百济国始祖神话的主人公并非建国的主要人物，而是建国后被奉为国家始祖神的人物，只有找出百济始祖神才能正确理解百济的国祖神话。

先考察百济始祖的各种传说，并将其联系祭祀内容加以分析。《三国史记·百济本纪》"始祖温祚王"条记载如下：

> 百济始祖温祚王，其父邹牟，或云朱蒙。自北扶余逃难，至卒本扶余。扶余王无子，只有三女子，见朱蒙，知非常人，以第二女妻之。未几，扶余王薨，朱蒙嗣位。生二子，长曰沸流，次曰温祚。（或云：朱蒙，到卒本，娶越郡女，生二子。）及朱蒙在北扶余所生子，来为太子。沸流温祚，恐为太子所不容，遂与乌干马黎等十臣南行，百姓从之者多。遂至汉山，登负儿岳，望可居之地，沸流欲居于海滨。十臣谏曰："惟此河南之地，北带汉水，东据高岳，南望沃泽，西阻大海。其天险地利，难得之势，作都于斯，不亦宜乎？"沸流不听，分其民，归弥邹忽以居之。温祚都河南慰礼城，以十臣为辅翼，国号十济，是前汉成帝鸿嘉三年也。沸流以弥邹，土湿水咸，不得安居，归见慰礼，都邑鼎定，人民安泰，遂惭悔而死，其臣民皆归于慰礼。后以来时百姓乐从，改号百济。其世系与高句丽同出扶余，故以扶余为氏。①

这就是记录了温祚创建百济经过的"温祚始祖说"。值得注意的是，记录中百济始祖虽为温祚，但温祚没有任何神奇的事迹。建国始祖一般从出生开始就伴随着神异现象，建国过程中也会施展出普通人无法企及的超凡能力，而这一记录中，不仅温祚毫无神性，连其父亲朱蒙也被记录得平凡无奇。不过，从这段记录中可以确定的是：温祚是朱蒙的亲生子，同时也是百济始祖，沸流被描写为见识短浅、固执己见的人物。这暗示了温祚集团与沸流集团之间存在矛盾，同时也说明这段历史记录出自温祚集团之手。

在相同条目中，以注释形式记录的"沸流始祖说"。

> 一云：始祖沸流王，其父优台，北扶余王解扶娄庶孙。母召西奴，卒本人延陁勃之女，始归于优台，生子二人，长曰沸流，次曰温祚。优台死，寡居于卒本。后朱蒙不容于扶余，以前汉建昭二年春二月，南奔至卒本，立都号高句丽，娶召西奴为妃。其于开基创业，颇有内助，故朱蒙宠接之特厚，待沸流等如己子。及朱蒙在扶余所生礼氏子

---

① 《三国史记·百济本纪第一》"始祖温祚王"条。

孺留来，立之为太子，以至嗣位焉。于是沸流谓弟温祚曰："始大王避扶余之难，逃归至此，我母氏倾家财，助成邦业，其勤劳多矣。及大王厌世，国家属于孺留，吾等徒在此，郁郁如疣赘，不如奉母氏，南游卜地，别立国都。"遂与弟率党类，渡浿带二水，至弥邹忽以居之。①

此内容将沸流记述为百济始祖，这与温祚为主的记录内容颇有差异。一方面，两种记录的父系血统不同，"温祚始祖说"称沸流、温祚都是朱蒙的亲生子，身为女婿的朱蒙继承了丈人的王位；但"沸流始祖说"否定了朱蒙血统，将其血缘谱系记述为解夫娄后裔。另一方面，沸流对创建百济起到了主导作用，而温祚仅出现名字，在百济建国过程中并未显示任何贡献。

综合来看，"温祚始祖说"与"沸流始祖说"两相对立，如何解读成为揭示百济建国经过的焦点。历史学者李丙焘博士早先对此问题的解读为：

> 两种学说的共同点在于沸流与温祚是兄弟，且其生母与朱蒙是夫妻关系（即使是后妻后夫），所以应将此视为前提，再来考虑之后内容里与优台的关系。对此的合理解读为：沸流与温祚作为同母兄弟，兄沸流的生父为优台，弟温祚的生父为朱蒙，即召西奴先与前夫优台生下沸流，又与后夫朱蒙生下了温祚，两种始祖学说很可能是将这一事实稍作改动而成的传说（"温祚始祖说"中将沸流称为朱蒙之子，"沸流始祖说"中将温祚称为优台之子）。②

李丙焘将温祚、沸流视为同母异父的兄弟，而且还做出了进一步的推论：以沸流、温祚为首领的扶余系部族南下进入辰韩地区，建设了称作"慰礼"和"弥邹忽"的部落，后来慰礼部落势力渐强，融合了弥邹忽部落，占领了辰韩中心"伯济"，改国号为"百济"。史书内容不过是这一史实的传说形式的表达。

这种解读提供了两点启示：其一是承认百济建国过程中存在温祚和沸流两个始祖，其二认为两个始祖系统流传着不同的传说。不过，因为该观点并非认为温祚、沸流是百济建国始祖，而是将他们视为后来迁入辰韩社会的"扶余系部落"的始祖③，所以这一观点最终并未揭示出主导百济建国的到底是什么部族，也没有进一步探究百济真正的始祖神话。

---

①《三国史记·百济本纪第一》"始祖温祚王"条。
②李丙焘：《韩国古代史研究》，博英社1976年版，第469页。
③学者李丙焘提出百济的建国太祖为古尔王，又将仇台与古尔称为同一人，所以在此不再探讨"百济始祖说"相关的建国集团特点。

如果温祚慰礼集团与沸流弥邹忽集团有着不同的血缘谱系，那么两部族的习性特点也不会相同。沸流拒绝了温祚的挽留，执意迁往海边，并跨过沮水、带水南下，说明沸流集团擅长水上活动，而且与水十分亲近。沸流、温祚是兄弟，所以高句丽南下的移民集团也应该并非是单一的氏族。高句丽是扶余的分支，高句丽中又分裂出百济，所以百济的统治阶层很可能是扶余族。但并不能认为扶余、高句丽是由具有同一神话的同一种族构成的国家，所以有必要重新研究主导百济建国的部族特点，只有明确这一问题，才能揭示百济始祖神话的基本轮廓。

另外，中国史书将百济始祖记载为"仇台"。《周书·异域传》"百济"条的记录为："百济者，其先盖马韩之属国，夫余之别种。有仇台者，始国于带方。"① 这说明百济是扶余族建立的国家，其始祖为"仇台"。同一条目还记载有："王姓夫余氏，号于罗瑕，民呼为鞬吉支，夏言并王也。"② 可见百济王族的姓氏为"夫余"，王族和百姓的语言不同。王自称"于罗瑕"，百姓称其"鞬吉支"，可见统治阶层与民众对王的称呼存在差异，这意味着统治阶层与民众并非同一族群。

《隋书·东夷传》"百济"条中的记载更加详细：

> 百济之先，出自高丽国。其国王有一侍婢，忽怀孕，王欲杀之。婢云："有物状如鸡子，来感于我，故有娠也。"王舍之，后遂生一男，弃之厕溷，久而不死，以为神，命养之，名曰东明。及长，高丽王忌之，东明惧，逃至淹水，夫余人共奉之。东明之后有仇台者，笃于仁信，始立其国于带方故地。汉辽东太守公孙度以女妻之，渐以昌盛，为东夷强国。③

值得留意的是，这段资料在叙述百济由来的过程中引用了"东明神话"。关于"东明神话"后文还将详细讨论，虽然今天已无法确定当年的中国史官在记录此段时参考了哪些史料，但应该不会无凭无据或擅自篡改。如此来看，这段看似奇怪的内容之所以能被加入百济的记录中，很可能是因为中国史官掌握了当时百济流传的神话资料。当然，从民间流传到最终记载于史书，其间神话必

---

① 《周书·异域上·列传第四十一》
② 《周书·异域上·列传第四十一》。
③ 《隋书·列传第四十六·东夷》"百济"条。

定经历了不少曲折变化，不过如果百济未曾流传过"东明神话"，也就不应该出现过上述资料。

东明的后裔仇台又是何许人也？《三国史记》只记载了温祚与沸流，仇台是温祚，还是沸流，抑或另有所指？这是一个疑问。

李丙焘博士给出的解释是：仇台是百济第八代王"古尔王"。古尔王时期确立了官制、服饰、法律等制度，使百济形成了国家体系，是一个比肩建国太祖般的人物，中国听说古尔王的事迹后将其记作"仇台"，称为百济始祖。①

学者金圣昊反对李丙焘的观点，认为仇台所指就是沸流，仇台是沸流百济的始祖，在带方故地建国后再次南下，在牙山郡仁州（忠清南道）建立了国家。② 但是，这个观点把沸流的血缘关系与解夫娄联系到一起，应该不会将仇台记录为东明的后裔，所以需要重新推敲相关资料。③

笔者视为问题的不是百济的真正始祖是谁，而是百济崇拜谁为始祖。因此先考察始祖庙的建立和供奉，再来探讨百济始祖和始祖神话的问题。

《三国史记·百济本纪》"始祖温祚王"条中有："元年夏五月，立东明王庙。"④ 如果该记录属实，那么百济在温祚王时期已经举行了东明王庙的祭祀典礼，"东明祭"所传承的神话明显与温祚无关。换言之，温祚从高句丽南下将"东明神话"传到了百济，其神话内容应该是在扶余、高句丽广泛流传的"东明神话"的百济版本。因此，无论百济的始祖是温祚、沸流，还是仇台，百济举行了东明神祭祀，继承了"东明神话"的信仰。疑问在于，百济流传的"东明神话"到底包含着怎样的内容？

与"仇台祭"相关的记录，《三国史记·杂志》"祭祀"条记载为：

《册府元龟》云：百济每以四仲之月，王祭天及五帝之神。立其始祖仇台庙于国城，岁四祠之。⑤

由此可知，除"东明祭"外，百济还举行"仇台祭"，仇台成为百济始祖，"仇台祭"相当于为国家始祖举行的祭祀。

---

①李丙焘：《韩国古代史研究》，博英社1976年版，第472—475页。
②金圣昊：《沸流百濟와 日本의 國家起源》，知文社1982年版，第37—64页。
③《三国史记》注释中的"沸流始祖说"记载了"解夫娄→优台→沸流"的血统继承顺序，并不承认与朱蒙存在血缘关系。但《隋书》又说仇台是东明之后，如果东明即为朱蒙，那么按照金圣昊主张的沸流即为仇台的观点，那么沸流与朱蒙存在血缘关系，这又与《三国史记》记载矛盾，因此难以成立。
④《三国史记·百济本纪第一》"始祖温祚王"条。
⑤《三国史记·杂志第一》"祭祀"条。

不过，中国史料中多处记载了"仇台祭"，但《三国史记·百济本纪》中并未提及任何有关"兴建仇台庙"或者"举行仇台祭"的内容。另外，查看百济王参拜东明王庙的记录，如"多娄王二年春正月，谒始祖东明庙；责稽王二年春正月；汾西王二年春正月；契王二年夏四月；阿莘王二年春正月；腆支王二年春正月，并如上行"①，可知历代王参拜的时间多为即位之后第二年春的正月。祭拜时间为即位之后迎来的新年第一天，说明因为东明神既是"太阳神"，又是"年神"，所以在春正月定期举行"东明祭"。这些新王即位后，首先到东明庙参拜，并举行向祖先神禀告即位的特别仪式。

韩国史料中只记载了建立东明庙和举行东明祭，并没有关于仇台的明确记录。《三国史记》"祭祀"条记载的"仇台庙"与"仇台祭"的内容引自《册府元龟》，金富轼在注释中记述为：

> 按《海东古记》，或云始祖东明，或云始祖优台，《北史》及《隋书》皆云东明之后有仇台，立国于带方。此云始祖仇台。然东明为始祖事迹明白，其余不可信也。②

可见，金富轼在编写《三国史记》时对于百济始祖也不甚明确。考虑到金富轼考证、记述的态度较为客观，其记录的可信度应该高于中国史书。"始祖东明说"也就是"始祖温祚说"，"始祖优台说"与"始祖沸流说"也应该是相通的，因为《海东古记》是在《三国史记》之前编撰的史书，当中的内容应该比中国史书的记载更加可信。

日本史书《续日本纪》"延历九年秋七月"条中有百济王仁贞相关记录。

> 夫百济太祖都慕大王者，日神降灵，奄扶余而开国，天帝受箓，摁诸韩而称王。③

此处的"都慕大王"指朱蒙，这一记录也体现出将东明视为百济始祖的百济人的观念。

相比于温祚、沸流，百济人普遍视东明为始祖，并在庙中将其供奉为始祖神，类似的观念甚至传到国外为日本所知。所以百济的始祖神话也就是"东明神话"，"东明神话"在扶余、高句丽等地应该流传着多个异本，为了明确百济

---

①《三国史记·杂志第一》"祭祀"条。
②《三国史记·杂志第一》"《册府元龟》云"条。
③转引自李丙焘：《韩国古代史研究》，博英社1976年版，第468页。

的"东明神话",有必要了解"东明神话"的整体内容。

2."东明神话"之流传与嬗变

狭义的"东明神话"指高句丽始祖东明王的神话,不过"东明神话"中还包含"解慕漱神话""朱蒙神话""类利神话"等,所以不能单纯称其为高句丽始祖神话。

北扶余建国神话是"解慕漱神话",东扶余建国神话包括"解夫娄神话"和"金蛙王神话"。高句丽建国神话在扶余神话当中又补充了"柳花神话""朱蒙神话"和"类利神话"。不过,"解慕漱神话""柳花神话"与"檀君神话"应该存在相关性,"朱蒙神话"与"槀离国王传说""宁禀离王传说"等扶余始祖神话以及百济的"东明神话"有一定关联。

"东明神话"作为移住到韩半岛的扶余族乃至东夷族的天神神话,其流传版本众多,内容变异也很复杂。因此,笔者将全面考察东明神话相关资料,查明历史事实经过怎样的改写被表达为神话,以百济相关史料为基础对百济神话系统做合理的推测。

本书提及的"东明神话"指广义上的扶余体系国家的建国神话,是一个包含了扶余、高句丽、百济的神话概念。

(1) 北扶余"解慕漱神话"

《三国遗事》"北扶余"条有关记载为:

> 《古记》云:前汉书宣帝神雀三年壬戌四月八日,天帝降于讫升骨城,乘五龙车,立都称王,国号北扶余。自称名解慕漱,生子名扶娄,以解为氏焉。王后因上帝之命,移都于东扶余,东明帝继北扶余而兴,立都于卒本州,为卒本扶余,即高句丽之始。①

这一史料压缩叙述了"东明神话",资料中提及北扶余建国神话,以及东扶余、高句丽的国家起源,即解慕漱是创建北扶余的始祖,后北扶余变为东扶余,高句丽始祖东明是北扶余解慕漱的继承者。不过,这里有一个疑点,那就是解慕漱与东明的关系。资料中明确记载解慕漱之子为解夫娄,但并未说明东明是谁的儿子。而且解慕漱迁都东扶余看似是自己的行为,但又说东明继承了北扶余,所以解夫娄、东扶余、朱蒙三者间的关系模糊不清。并且天帝正是解慕漱,也是北扶余之王,那么能够对解慕漱下达命令的"上帝"

---

① 《三国遗事·纪异第一》"北扶余"条。

又是谁呢？

如此来看，资料中疑点很多，不过从其中记述解慕漱为北扶余始祖，以及解慕漱从天降临等内容来看，资料具有国家始祖神话的特点。

（2）东扶余"解夫娄神话"与"金蛙王神话"

《三国遗事》"东扶余"条与"北扶余"条的记录有所不同，内容为：

① 北扶余王解夫娄之相阿兰弗，梦天帝降而谓曰："将使吾子孙立国于此，汝其避之。东海之滨，有地名迦叶原，土壤膏腴，宜立王都。"阿兰弗劝王移都于彼，国号东扶余。

② 夫娄老无子。一日祭山川求嗣，所乘马至鲲渊，见大石相对泪流。王怪之，使人转其石，有小儿金色蛙形，王喜曰："此乃天赉我令胤乎。"乃收而养之，名曰金蛙。及其长为太子，夫娄薨，金蛙嗣位为王。①

①是"解夫娄神话"，②是"金蛙王神话"。如果非要在其中辨别出哪个才是东扶余始祖神话，两相比较，②具备始祖神话的构成条件。北扶余史料中记载解慕漱把都城迁至东扶余，而此处记述为解夫娄在阿兰弗的劝说下迁都东扶余。解夫娄除迁都以外并无其他功绩，所以很难找到他作为神话主人公的神异之处。相反，金蛙王却有着神异的出生过程，而且金蛙王的后代继承了东扶余王位，所以金蛙王具备国家始祖的神话条件。

以上东扶余相关记录并非"东明神话"的内容，但是朱蒙出生、成长在东扶余，而沸流的祖先又被记述为解夫娄，所以这一资料为理解"东明神话"的传播与变异带来了很多疑问。

首先是解夫娄血缘关系十分混乱。在北扶余神话中，解夫娄是解慕漱之子。但在《三国史记·高句丽本纪》"始祖东明圣王"条中，让解夫娄迁都东扶余的天帝之子是解慕漱，之后解慕漱在解夫娄原来的城址建都。这样看来，解慕漱不仅和解夫娄没有任何血缘关系，而且解夫娄的东扶余集团和解慕漱的北扶余集团还存在矛盾，也就是从外地移居而来的解慕漱集团赶走了本地的解夫娄集团。

另外，《三国遗事》"高句丽"条注释中引用了《坛君记》的记载，"坛君"

---

①《三国遗事·纪异第一》"东扶余"条。

与河伯之女结合生下了夫娄。① 综合"坛君"记录与"朱蒙神话"来看，夫娄和朱蒙的母亲都是河伯女，两人是同母异父的兄弟。但是，这应该是将同一个神话中的人物冠以不同名字，此处的"坛君"可以理解为"解慕漱"，"夫娄"应该就是"朱蒙"。结合"檀君神话"内容来看，檀君也是天帝之孙，所以解夫娄无论在哪一个神话记录中都拥有天帝血统。因此，"东明神话"的普遍性特征是天神父亲与水神母亲结合产生了始祖。

不过，这与将解夫娄与解慕漱记录为对立部族首领的《三国史记》和高句丽流传的"朱蒙神话"的内容并不一致。因为高句丽建国神话中解夫娄被记录为东扶余始祖，朱蒙又是从东扶余分裂出的人物，所以相当于对东扶余始祖拥有天神系血统的否定。但是，北扶余的史料中明确记录了解夫娄是解慕漱之子，并且两者姓氏都是"解"，如果说解慕漱与解夫娄没有血缘关系似乎有点不合道理。

关于解夫娄的地位和混乱的血统关系，只有查清统治东扶余的部族特点才能够理解。东扶余的解夫娄因为没有子嗣，于是把王位传给了从岩石底下捡来抚养长大的"金蛙"。这一内容看似反映了古代部落社会选拔族长的过程，但又无法解释金蛙让亲儿子"带素"继承王位。将其理解为部族首领产生方式从"选拔制"变为"世袭制"太过肤浅，忽视了部族内的氏族矛盾。因为王位继承方式从"选拔制"转变为"世袭制"的过程，需要部族社会内部存在产生巨大变革的时机与因素。在集团成员未发生变动、部族信仰未发生改变的情况下，很少发生部族首领继承制度突然改变的情况。东扶余的记录并非历史资料，而更接近神话表达，所以需要进一步理解神话中隐藏的历史真相。

解夫娄可以被认为是解氏体系的天神族首领。相反金蛙应该是水神族的人物，其降生地是鲲渊池塘边的岩石之下，金蛙的出生情况与从天而降的解慕漱不同。由此来看，东扶余由天神族和水神族构成，最初天神族掌握着统治权，之后被水神族夺走，继而天神族被水神族统治，东扶余神话正是这种历史事实的神话表达。只有在天神族成为被统治部族的情况下，才能够从逻辑上解释朱蒙从东扶余出逃的动机。

---

①李丙焘译注《三国遗事·王历第一》"高句丽"条注释："《坛君记》云：君与西河河伯之女要亲，有产子，名曰夫娄。今按此记，则解慕漱私河伯之女儿而后产朱蒙。《坛君记》云：产子名曰夫娄，夫娄与朱蒙异母兄弟也。"

神话中解夫娄与金蛙王父子融洽，并没有任何矛盾，这表现出统治集团想要缓和天神族与水神族矛盾的意图，也是天神神话与水神神话融合的结果。

（3）高句丽"东明神话"

高句丽的"东明神话"不仅记载于《三国遗事》《三国史记》《东国李相国集》等韩国文献之中，在《魏略》等中国史书中也有完整的记载，并且"橐离国王传说""宁禀离王传说"等也与"朱蒙神话"属于同一系统。

李奎报将"东明王神话"重新创作为五言长诗《东明王篇》时，在序文中写道："世多说东明王神异之事，虽愚夫骏妇，亦颇能说其事。"① 可见东明王神话到高丽朝时，已被百姓所熟知并广为流传。东明王神话分布广泛并在后世保持着生命力，一方面在于故事情节引人入胜，但也可能因为该故事在高句丽、百济时被视为神话，所以其神话功能并未轻易褪去。

和其他众多资料相比，"东明神话"之所以能够保存完整的神话面貌，主要在于李奎报在《东明王篇》注释中加入了《旧三国史》的相关记载。其他资料大多是从客观记录历史的角度进行的叙述改编和概括，特别是中国史书在记录别国神话时大都只是概述，不仅删除了神话原有的神圣性，内容也十分简略。因此，笔者将完整引用《旧三国史》中的"东明王神话"，虽然内容有些繁复，但展现了高句丽"东明神话"的流传面貌。再来了解史书客观记载的内容进行了怎样的缩略，并进一步推测仅记载于史书的百济"东明神话"。

①汉神雀（神爵）三年壬戌岁，天帝遣太子，降游扶余王古都，号解慕漱。从天而下，乘五龙车，从者百余人，皆骑白鹄，彩云浮于上，音乐动云中，止熊心山，经十余日始下，首戴乌羽之冠，腰带龙光之剑。朝则听事，暮即升天，世谓之天王郎。城北有青河，河伯三女美，长曰柳花，次曰萱花，季曰苇花，自青河出游熊心渊上，神姿艳丽，杂佩锵洋，与汉皋无异。王谓左右曰："得而为妃，可有后胤。"其女见王即入水。左右曰："大王何不作宫殿？俟女入室，当户遮之。"王以为然，以马鞭画地，铜室俄成壮丽。于室中，设三席置樽酒，其女各坐其席，相劝饮酒大醉，王俟三女大醉急出，庶女等惊走，长女柳花，为王所止，河伯大怒，遣使告曰："汝是何人？留我女乎。"王报云："我是天帝之子，今欲与河伯结婚。"河伯又使告曰："汝若天帝

---

①参见李奎报:《东国李相国全集》卷三，成均馆大学大东文化研究院，1973年。

之子，于我有求昏者，当使媒云云。今辄留我女，何其失礼。"王惭之，将往见河伯，不能入室，欲放其女，女既与王定情，不肯离去，乃劝王曰："如有龙车，可到河伯之国。"王指天而告，俄而五龙车从空而下，王与女乘车，风云忽起，至其宫。河伯备礼迎之，坐定，谓曰："婚姻之道，天下之通规，何为失礼，辱我门宗。"河伯曰："王是天帝之子，有何神异？"王曰："唯在所试。"于是河伯，于庭前水化为鲤，随浪而游，王化为獭而捕之。河伯又化为鹿而走，王化为豺逐之。河伯化为雉，王化为鹰击之。河伯以为诚是天帝之子，以礼成婚，恐王无将女之心，张乐置酒，劝王大醉，与女入于小革舆中，载以龙车，欲令升天。其车未出水，王即酒醒，取女黄金钗刺革舆，从孔独出升天。河伯大怒其女曰："汝不从我训，终辱我门。"令左右绞挽女口，其唇吻长三尺，唯与奴婢二人，贬于优渤水中。渔师强力扶邹告曰："近有盗梁中鱼而将去者，未知何兽也。"王乃使鱼师以网引之，其网破裂，更造铁网引之，始得一女坐石而出，其女唇长不能言，令三截其唇乃言。王知天帝子妃，以别宫置之。其女怀中日曜，因以有娠，神雀四年癸亥岁夏四月生朱蒙，啼声甚伟，骨表英奇。

②初生左腋生一卵，大如五升许。王怪之曰："人生鸟卵，可为不祥。"使人置之马牧，群马不践，弃于深山，百兽皆护，云阴之日，卵上恒有日光。王取卵送母养之，卵终乃开得一男，生未经月，言语并实。谓母曰："群蝇嘬目不能睡，母为我作弓矢。"其母以苇作弓矢与之，自射纺车上蝇，发矢即中，扶余谓善射曰朱蒙。年至长大，才能并备，金蛙有子七人，常共朱蒙游猎，王子及从者四十余唯获一鹿，朱蒙射鹿至多，王子妒之，乃执朱蒙缚树，夺鹿而去，朱蒙拔树而去，太子带素言于王曰："朱蒙者，神勇之士，瞻视非常，若不早图，必有后患。"王使朱蒙牧马，欲试其意，朱蒙内自怀恨。谓母曰："我是天帝之孙，为人牧马，生不如死，欲往南土造国家，母在不敢自专。"其母曰："此吾之所以日夜腐心也，吾闻士之涉长途者，须凭骏足，吾能择马矣。"遂往马牧，即以长鞭乱捶，群马皆惊走，一骅马跳过二丈之栏，朱蒙知马骏逸，潜以针捷马舌根，其马舌痛，不食水草，甚瘦悴，王巡行马牧，见群马悉肥大喜，仍以瘦锡朱蒙，朱蒙得之，拔其针加喂，乌伊、摩离、陕父等三人，南行至淹滞，欲渡无舟，恐追兵奄及，

乃以策指天，慨然叹曰："我天帝之孙，河伯之甥，今避难至此，皇天后土怜我孤子，速致舟桥。"言讫以弓打水，鱼鳖浮出成桥，朱蒙乃得渡。良久追兵至也，追兵至河，鱼鳖桥即灭，已上桥者，皆没死。朱蒙临别，不忍睽违。其母曰："汝勿以一母为念。"乃裹五谷种以送之，朱蒙自切生别之心，忘其麦子，朱蒙息大树之下，有双鸠来集，朱蒙曰："应是神母使送麦子。"乃引弓射之，一矢俱举，开喉得麦子，以水喷鸠，更苏而飞去。王自坐茀蕝之上，略定君臣之位，沸流王松让出猎，见王容貌非常，引而与坐曰："僻在海隅，未曾得见君子。今日邂逅，何其幸乎！君是何人？从何而至？"王曰："寡人天帝之孙，西国之王也。敢问君王继谁之后？"让曰："予是仙人之后累世为王，今地方至小，不可分为两王，君造国日浅，为我附庸可乎？"王曰："寡人继天之后，今主非神之胄，强号为王，若不归我，天必殛之。"松让以王累称天孙，内自怀疑，欲试其才，乃曰："愿与王射矣。"以画鹿置百步内射之，其矢不入鹿脐，犹如倒手；王使人以玉指环，于百步之外射之，破如瓦解。松让大惊。王曰："以国业新造，未有鼓角威仪，沸流使者往来，我不能以王礼迎送，所以轻我也。"从臣扶芬奴进曰："臣为大王取沸流鼓角。"王曰："他国藏物，汝何取乎？"对曰："此天之与物，何为不取乎。夫大王困于扶余，谁谓大王能至于此，今大王奋身于万死之危，扬名于辽左，此天帝命而为之，何事不成。"于是扶芬奴等三人，往沸流取鼓而来，沸流王遣使告曰："王恐来观鼓角，色暗如故。"松让不敢争而去，松让欲以立都，先后为附庸。王造宫室，以朽木为柱，故如千岁，松让来见，竟不敢争立都先后。西狩获白鹿，倒悬于蟹原，呪曰："天若不雨而漂没沸流王都者，我固不汝放矣。欲免斯难，汝能诉天。"其鹿哀鸣，声彻于天，霖雨七日，漂没松让都。王以苇索横流，乘鸭马，百姓皆执其索，朱蒙以鞭画水，水即减，六月松让举国来降。七月玄云起鹘岭，人不见其山，唯闻数千人声以起土功，王曰："天为我筑城。"七日云雾自散，城郭宫台自然成，王拜皇天就居。秋九月，王升天不下，时年四十，太子以所遗玉鞭，葬于龙山。

③类利少有奇节，少以弹雀为业。见一妇戴水盆，弹破之。其女怒而詈曰："无父之儿，弹破我盆。"类利大惭，以泥丸弹之，塞盆孔

如故。归家问母曰:"我父是谁?"母以类利年少,戏之曰:"汝无定父。"类利泣曰:"人无定父,将何面目见人乎?"遂欲自刎,母大惊止之曰:"前言戏耳。汝父是天帝孙,河伯甥,怨为扶余之臣,逃往南土,始造国家,汝往见之乎。"对曰:"父为人君,子为人臣,吾虽不才,岂不愧乎。"母曰:"汝父去时有遗言,吾有藏物七岭七谷石上之松,能得此者,乃我之子也。"类利自往山谷,搜求不得,疲倦而还。类利闻堂柱有悲声,其柱乃石上之松木,体有七棱,类利自解之曰:"七岭七谷者,七棱也。石上松者,柱也。"起而就视之,柱上有孔,得毁剑一片,大喜。前汉鸿嘉四年夏四月,奔高句丽,以剑一片,奉之于王。王出所有毁剑一片合之,血出连为一剑,王谓类利曰:"汝实我子,有何神圣乎?"类利应声,举身耸空,乘牖中日,示其神圣之异。王大悦,立为太子。①

上文即为高句丽建国神话与国祖神话,①是"解慕漱神话";②是"朱蒙神话";③是"琉璃王神话"。

首先,令人怀疑的问题是"琉璃王神话"是否应该放入高句丽国祖神话之中。始祖一般指创建国家的第一代君王,始祖神话是关于第一代祖先的故事。但是,高句丽的国祖神话是在作为始祖庙的东明庙中通过"东明祭"得以形成流传的,考虑东明庙的修建时期,应该把琉璃王的故事也视为传承的神话。高句丽修建东明庙的时间是第三代君王大武神王三年二月。②

新罗修建始祖庙的时间为第二代王南解王三年正月③,相比而言高句丽修建东明庙的时间更晚。如果说始祖王庙是在始祖去世后修建的,那理应由第二代王来建造。设想如果始祖去世时,第二代王即位后随即开工建造始祖庙,这样建筑才能在第二代王的二年或三年时完工,所以修建始祖庙的内容应该是庙宇竣工后祭祀的相关记录。

但是,高句丽并未在琉璃王时期建造始祖庙,历史记录也并未对此进行说明,也未出现任何解释。琉璃王明显是在东明王去世后即位的,从历史记载来看,琉璃王在鹘川建造过离宫,还为继室禾姬和雉姬在凉谷建造了东西二宫④,

---

① 李奎报:《东国李相国全集》卷三,成均馆大学大东文化研究院,1973年。
②《三国史记·高句丽本纪第二》"大武神王"条:"三年春三月,立东明王庙。"
③《三国史记·新罗本纪第一》"南解次次雄立"条:"三年春正月,立始祖庙。"
④《三国史记·高句丽本纪第一》"琉璃王"条。

可见就当时的条件而言，并非不能建造庙宇。琉璃王建造了其他宫殿却没有建造始祖庙，可能是因为琉璃王身为第二代君王本身也是国家始祖或神话的主人公。琉璃王的即位过程也有神话特点，类利从扶余逃到高句丽是一种部族的迁移。类利刚一继承王位，温祚、沸流就带着母亲离开了高句丽，可见类利是新势力的代表，并非平庸地继承了王位的二代君王。

因此，高句丽国祖神话的祭祀典礼中祭祀的应该不仅仅是始祖神，应该还包括其他祭祀，与东明神话有关的有"东盟祭""隧神祭"和"扶余神祭"等。

"东盟祭"是每年十月举行的"国中大会"①，是一种祭天仪式，类似现在为感谢秋收而举行的祭祀，也是对掌管生产的天神的祭祀。在"东盟祭"中形成并得以流传的神话很有可能就是"解慕漱神话"，神话中的开国始祖是天帝后代说明了神话流传集团的守护神就是天帝。所以"东盟祭"是关于生产神的祭祀，应该是定期为高句丽部族守护神举行的祭祀。部族守护神经常同时具备部族祖先神与生产神的功能。村庄集体举行的"洞祭"② 是祭祀村庄守护神的祭祀，也是祈求农业、渔业丰收的祭祀③，有时村落守护神也是村庄的始祖神④。所以，天帝神也就是高句丽的守护神和祖先神，同时也具有生产神的特点。解慕漱在北扶余是国祖神，在高句丽的"东明神话"里实际也是始祖，可是高句丽并未将解慕漱尊为始祖，而认为朱蒙才是始祖。始祖庙里的供奉者能够证明谁才是真正的始祖神，而东明庙供奉的主神并非解慕漱而是朱蒙，但也不能说完全没有解慕漱的相关祭祀。如果完全没有了祭祀，"解慕漱神话"的内容不可能如此丰富，流传范围不会如此广泛。"东盟祭"是祭祀天神的国家活动，所以祭祀的主神很可能是解慕漱，解慕漱在各种资料中虽被称为"天帝"或"天帝之子"，但他实际上属于天神。

高句丽祭祀的始祖不是解慕漱而是朱蒙，这与"檀君神话"中奉檀君为始祖而不是桓雄的含义是一致的。新罗和驾洛国神话中并未出现始祖的父母，朴

---

① 国中大会（국중대회）：高句丽、扶余等国在首都举行的国家大型祭天仪式。——译注

② 洞祭（동제）：又称"洞神祭"，村庄居民共同举行的村庄守护神祭祀，祈祷远离疾病、农业渔业丰收。——译注

③ 今天韩国举行的"村祭"也体现出类似特点。东海岸渔村将"除厄护村神"（골매기신）、"山王神"（서낭）等村庄守护神奉为村祭主神；京畿道地区的"都堂巫祭"（도당굿）中供奉的主神是山神、山王神等村庄守护神。

④ 济州岛堂神神话中，堂神既是村庄守护神，又是创建村庄之神。如忠清南道燕岐郡西面镇双由丽村（쌍유리）的始祖神话，就是一位少女与修利山（수리산）山神结合而诞生的。

赫居世、金首露都是由天地结合而降生的，所以不存在拟人化的父母神，也未出现男女结合的过程和描述始祖诞生的神话要素，并且在神话中详细记述了始祖的结婚过程。"檀君神话"和"东明神话"的实际主人公是桓雄和解慕漱，神话中虽然详细记述了他们的结婚过程，但却省略了始祖檀君和朱蒙的结婚内容。因此，朴赫居世、金首露与桓雄、解慕漱相对应可以作为比较对象。

可见，古朝鲜、高句丽神话与新罗、驾洛国神话之所以存在差异，其原因在于古朝鲜、高句丽并非原初建立的国家，而是从已有国家中分裂出来得以建国的，即部族社会发展之后形成了原始国家，并且形成了第一代始祖的国祖神话，之后从分裂出来的国家中，又产生了将第二代始祖奉为祖先的国祖神话。高句丽是从东扶余分裂出来的国家，其神话继承了北扶余神话。北扶余的始祖是解慕漱，高句丽的始祖是朱蒙，所以神话之中二人被记述为父子关系。换言之，高句丽的国祖神话中叠加了北扶余与高句丽两国的始祖神话内容，所以自然会出现以第二代君王为始祖的现象。

高句丽还崇拜"隧神"，且崇敬程度不亚于天神。《三国志》《魏书·东夷传》"高句丽"条记载："其国东有大穴，名隧穴。十月国中大会，迎隧神，还于国东上祭之，置木隧于神坐。"①"十月国中大会"指"东盟祭"，这时会举行"隧神祭"。虽然无法确定隧神的身份，但记录中称其在首都东边的洞中有神座，可以推测隧神是洞穴之神。将木制的神像置于神座上祭拜之前，应该举行"迎隧神"的迎神仪式。隧神很可能指生活在洞穴里的动物，如果将"十月祭"理解为农耕结束后感谢神灵的祭祀，那么隧神应与生产相关。由此推测隧神很可能是一种水神，因为水神与农业直接相关。

《三国史记·杂志》"祭祀"条记载为：

> 《北史》云：高句丽常以十月祭天，多淫祠。有神祠二所，一曰夫余神，刻木作妇人像，二曰高登神，云是始祖夫余神之子，并置官司，遣人守护，盖河伯女朱蒙云。②

由此可知，朱蒙、柳花都被供奉于神庙中接受祭祀。朱蒙是始祖神也是天神，柳花神是国母神、水神和农业之神，这些在"东明神话"中已有明确表现。十月"国中大会"举行的"迎隧神"仪式应该是在模拟水神与天神的结合，以

---

① 《三国志·魏书·东夷传》"高句丽"条。
② 《三国史记·杂志第一》"祭祀"条。

首都东边的"隧穴神"与太阳神的结合来寓意增进生产力。

扶余人的观念之中，认为王可以行使生产神的职能。

> 旧夫余俗，水旱不调，五谷不熟，辄归咎于王，或言当易，或言当杀。①

这说明王有调节气候的责任与权力。洪水、干旱与农业直接相关，农业收成的好坏影响人们的生活，所以当时的扶余人最关心旱涝灾害与农作物的收成。

高句丽与扶余虽然是不同国家，但古代社会人们关注的事情应该大同小异。高句丽祭祀可分为"天神祭"和"水神祭"，天神、水神结合诞生了始祖，他们共同拥有掌管生产的权力。

这难免不让人产生疑问：这种高句丽民众的"天神水神信仰"是原本如此？还是天神崇拜部族与水神崇拜部族发生了合并统一而产生的呢？

北扶余"解慕漱神话"中未出现解慕漱与柳花的结合。解慕漱是天帝，乘坐五龙车来到人世建立首都而称王，成为北扶余的开国始祖。但是，高句丽的"东明神话"中却记述了解慕漱与河伯女的结合，以及解慕漱与河伯的变身术斗法。另外，在东扶余史料中，天帝把北扶余解夫娄集团赶到东扶余，自己占领了北扶余。如果北扶余历史记录的时代早于高句丽，那么可以将这些记录理解为崇拜解慕漱的天神信仰部族从外地迁移而来的历史的神话表述。从北方南下迁移的天神崇拜部族正是扶余族。扶余族在南迁过程中与各地众多的土著种族发生了冲突与融合。解夫娄把都城从北扶余迁到东扶余，是由于受到了天神崇拜部族的排挤，解慕漱与河伯的矛盾冲突也可以用类似观点加以解释。解慕漱抢夺柳花，得知此事的河伯斥责解慕漱无礼。河伯指水神，河伯国也就是水神崇拜部族的政治集团，解慕漱与河伯的较量表现了两大部族的正面冲突矛盾。河伯在变身术斗法中败给解慕漱，这意味着水神族在和天神族的冲突较量中失败。河伯将解慕漱灌醉，把他和柳花一起关进革舆之中，载以五龙车升天，这些都是河伯族试图战胜天神族的计策。

这些如同谜语般的内容有着怎样的含义呢？解慕漱与柳花结合后独自离去，但是神话中并没有任何迫使其结婚后立刻抛弃妻子的紧急事件。有观点认为，这些内容反映了高句丽的婚俗②，但却没有找到结婚后把新郎、新娘关进革舆送

---

① 《三国志·魏书·东夷传》"夫余"条。
② 金烈圭：《신화·전설》，韩国日报社1975年版，第22—23页。

回新郎家习俗的记录。这一事件发生于信仰水神的河伯国，解慕漱独自成功逃走，升天后再也没有返回地上，所以可以将解慕漱升天理解为天神族的死亡。以计谋征服了天神族的河伯，还一同惩戒了勾结天神族的本国势力，这反映在对柳花的流放。柳花遭受了拉长嘴唇的刑罚，被发配到优渤水，此时正是金蛙王掌权东扶余的时期。神话中柳花被金蛙王搭救，表明河伯族的一部分势力迁移并归顺了东扶余。

那么，分裂河伯族的势力究竟是哪一集团呢？这应该是天神族，或者天神族与水神族结合的新势力。综合各种北扶余、东扶余、高句丽的相关史料记录，可以推测出天神族、水神族的斗争统一过程。

解夫娄族被天神族从北扶余排挤到东扶余，应该属于水神信仰部族。占领北扶余的天神族又与河伯族发生斗争，失败后归顺了东扶余。之后东扶余中的天神族再次从东扶余中分裂出来，向南迁移建立了卒本扶余，即高句丽。

河伯族是鸭绿江周边以捕鱼为生的部族，与金蛙王统治的东扶余应该具有类似的水神信仰。高句丽是从外地迁徙而来的天神族部族，统一了居住在当地的水神信仰部族后形成国家，国家统治权由天神族掌握。卒本扶余强大后又合并了松让国与金蛙王的东扶余，从而完成了天神族与水神族的统一，所以高句丽将天神朱蒙神与水神柳花神共同供奉为国家的祖先神。

（4）扶余"东明神话"

"东明神话"不仅是高句丽的始祖神话，也是扶余的始祖神话。《后汉书·东夷传》"夫余"条中记录了扶余国的由来。

> 初，北夷索离国出行，其侍儿于后妊身，王还，欲杀之。侍儿曰："前见天上有气，大如鸡子，来降我，因以有身。"王囚之，后遂生男。王令置于豕牢，豕以口气嘘之，不死。复徙于马栏，马亦如之。王以为神，乃听母收养，名曰东明。东明长而善射，王忌其猛，复欲杀之，东明奔走，南至掩㴲水，以弓击水，鱼鳖皆聚浮水上，东明乘之得度，因至夫余而王之焉。①

此文献虽然丧失了神话的表述，仅仅是一种概括记录，但其内容明显与"朱蒙神话"相同。按此记录，先前有北夷索离国，夫余国（扶余国）是从索离国中分裂出来的国家。但在与此内容类似的《魏略》中，却被记录为"槀离

---

① 《后汉书·东夷传》"夫余"条。

国",《珠琳传》中也有"宁禀离王"的故事。这些资料的内容几乎都是王的侍婢怀孕后,王认为其行为不贞要将其处死,侍婢解释自己是接受"天上之气"怀孕后幸免于难,侍婢之子后来成了扶余王。

这个传说可以说是北夷的"东明神话",同时在各种史料之中,既是扶余始祖故事,也是高句丽始祖起源传说。问题在于这一资料与高句丽的"朱蒙神话"具有怎样的关系?到底是高句丽"朱蒙神话"在流传中产生了错误而被记录为扶余始祖传说,还是把高句丽建国前北方扶余族的始祖神话改编成了高句丽始祖神话?为明确这一问题,先来比较"朱蒙神话"和北夷的"东明神话",找出二者的异同点之后,再考察中国历史资料,得出最终的结论。

高句丽"朱蒙神话"与北夷"东明神话"只在记述东明出生的部分有所不同,出生之后经历的磨难、出逃经过、建立国家等内容基本一致,而且主人公的名字都是"东明"。那么,出生经过存在哪些差异?为何会产生这种差异呢?

北夷"东明神话"中东明的父系身份并不明确,母系身份也被贬低为卑贱的侍婢,从内容上来看,和"朱蒙神话"中详细记述的解慕漱、河伯女结合故事完全无法相比,而且朱蒙是卵生,东明是胎生。可见,北夷"东明神话"与高句丽"朱蒙神话"差异颇多。即便如此,这些神话明显是同一"东明神话"的异本,理由在于:高句丽"朱蒙神话"是有意凸显本国始祖神圣性的记述,而北夷"东明神话"则是中国略述他国起源的概括,因此导致了两者的差异。

"朱蒙神话"里河伯女柳花被金蛙王搭救,在幽闭的房间里被日光照射而怀上朱蒙,此处柳花的地位只是未被称作侍婢,实际与侍婢也没有差别。柳花的日光受孕与金蛙并没有血缘关系,这与索离国侍婢"天上有气如鸡子"的表述基本相同,状如"鸡子"(鸡蛋)的天上之气应该是无知侍女对日光的描述。

北夷"东明神话"和高句丽"朱蒙神话"内容存在以下对应关系:

东明神话		朱蒙神话
北夷索离国王	↔	东扶余金蛙王
侍儿或侍婢	↔	河伯女或柳花
天上有气如鸡子	↔	解慕漱或日光
东明	↔	朱蒙
夫余始祖	↔	高句丽始祖

所以,这些差异应该都是由于记录者的不同观点产生的差别,这种情况经

常出现在口传资料记录为文献的过程中。不过，还须进一步深入思考，原本这一神话是扶余的神话，还是高句丽神话？

中国史书中将"东明神话"记载为东夷诸国的始祖神话，但内容并不统一，因文献而异。现将中国史书中的"东明神话"整理如下，以做考察。

书名	背景国家	母	始祖名	创建国家
《后汉书》	索离国	侍儿	东明	夫余
《三国志》	藁离国	侍婢	东明	夫余
《梁书》	櫜离国	侍儿	东明	夫余（高句丽）
《魏书》	夫余	河伯女	朱蒙	高句丽
《周书》	夫余	河伯女	朱蒙	高句丽
《隋书》	夫余	河伯女	朱蒙	高句丽
《北史》	夫余	河伯女	朱蒙	高句丽
《通典》	夫余	河伯女	朱蒙	高句丽

由表可知，一直到《梁书》为止，北夷"东明神话"都被记录为"夫余"（扶余）始祖神话，只不过《梁书》里记载的是高句丽的起源，在"至夫余而王焉"的记录后又有"其后支别为句丽种也"，其内容有些混乱。① 而从北魏《魏书》开始，神话内容基本与高句丽"朱蒙神话"相同，将这些记录联系《三国史记》中记载的北扶余、东扶余来看，可以进行多种解读。

第一，"东明神话"是扶余族神话，高句丽是扶余一个分支。最终，同一个神话在扶余强盛时被记载为扶余始祖神话，当高句丽吞并扶余取得统治权时，又被记载为高句丽始祖神话。

第二，扶余和高句丽的神话原本不同，"东明神话"是高句丽始祖神话，但因为把高句丽误记为扶余，后被记载为扶余始祖神话，到后世又被纠正。

第三，北夷"东明神话"是扶余神话，"河伯女朱蒙传说"是高句丽神话。

上述解读中，第三个观点将问题简单化，只根据记录本身得出结论，缺乏合理性。如同前面的分析，北夷"东明神话"与高句丽"朱蒙神话"是同一神

---

① 《梁书·诸夷·列传第四十八》。

话的不同异本。因此问题的范围缩小至第一个观点和第二个观点，此处的争论焦点为：到底扶余与高句丽流传着相同的神话，还是不同的神话？从神话内容来看，高句丽强烈否定了与扶余的血缘关系。北夷索离国神话中强调东明的孕育是由于天上之气，而非索离王的血脉，可见索离国并非天神崇拜国家，并且既然高句丽"朱蒙神话"以东扶余为背景，东扶余金蛙王的出生神话与朱蒙出生神话显然具有不同特点，因此，高句丽神话并非扶余神话。

  但是，史料中随处可见高句丽从扶余中分裂而来的记载，特别是高句丽自称继承了北扶余，此又该如何解释呢？北扶余与东扶余并非同一集团，北扶余以解慕漱为始祖，解慕漱的血统又被高句丽所继承。但是，东扶余的始祖看似是解夫娄，实际上是金蛙，金蛙后代继承了王位之后，东扶余又归顺了高句丽。因此，北夷索离国"东明神话"正是把北扶余神话混入到了"夫余"（扶余）记录之中，《后汉书》《三国志》中的记载东明故事即为东扶余、卒本扶余的始祖神话，这与高句丽"朱蒙神话"相同。

  但是，高句丽国祖神话中，将父系解慕漱和母系河伯女都视为神圣，解慕漱的神异事迹和河伯女经历的磨难都具有神话含义。而且，《后汉书·东夷传》记载："句丽一名貊耳，有别种，依小水为居，因名曰小水貊，出好弓，所谓'貊弓'是也。"由此可知，高句丽的种族结构是由解慕漱体系与河伯体系混合而成的。因此不难推测，高句丽的神话当中也混合了解慕漱系天神神话与河伯系水神神话。

  此结论的论据既可以通过分析神话内容得出，又可以从"惟昔始祖邹牟王之创基也，出自北扶余，天帝之子，母河伯女郎，剖卵降出生子"[1]，以及"牟头娄墓志""河伯之孙，日月之子，邹牟"[2] 等记录中得以确认，即从高句丽到后世，一直将天帝、河伯的血统视为神圣，并以此作为国家的骄傲，高句丽的人口由天神崇拜部族、水神崇拜部族混合构成，国家始祖神话同样也由这些部族神话混合而成。

  东明神话是北扶余与高句丽的国祖神话，根据流传集团、流传情况的不同存在诸多变异，即在北扶余仅把父系血统的天帝神视为神圣，把天帝之子解慕

---

[1] 崔南善编：《增补三国遗事》，民众书馆1955年版，附录第3—4页，"高句丽广开土好太王碑"。
[2] 崔南善编：《增补三国遗事》，民众书馆1955年版，附录第7页，"高句丽牟头娄墓志钞"。

漱视为国家祖先；但高句丽将天神、水神都视为神圣，天帝之孙朱蒙被奉为国家祖先。这些变异源于国家形成过程中人口种族结构的变化，为研究百济神话提供了诸多启发。

3. 百济的"东明神话"

如前所述，百济修建东明王庙并举行祭祀，建立百济的温祚是朱蒙之子，由此不难推断百济也应流传有高句丽的"东明神话"。

那么，百济的"东明神话"包含哪些内容呢？根据《三国史记》记载，高句丽修建东明王庙的时间为第三代王大武神王三年，而百济的始祖庙建造时间为温祚王元年①，比高句丽早了三十八年。这样一来，在高句丽东明王庙祭祀中流传的"东明神话"应该并未传播到百济。高句丽"东明神话"包括"解慕漱神话""朱蒙神话""琉璃王神话"等三代君王的记录，至少其中的"琉璃王神话"在百济并不具有神话含义。不过，许多史料中都记载了百济始祖是朱蒙，百济从高句丽、扶余分裂而来等内容，百济神话应该不会与高句丽、北扶余"东明神话"完全无关。那么，又该如何找出百济建国神话"东明神话"的本来面貌呢？分析《三国史记》记载的百济建国过程以及中国史书中的百济起源内容，可以对这一疑问做大致推测。

《三国史记·百济本纪》记载了两种百济建国记录，一种的始祖是温祚，另一种的始祖是沸流。根据史料记载，在百济修建东明王庙的正是温祚。如果在东明王庙祭祀中流传着百济的"东明神话"，当中应该不会包括温祚本人的内容，因为没有人会在自己修建的庙宇中祭祀自己并宣扬自己的神话。同样，《百济本纪》中记载的"朱蒙传说"也让人怀疑。

> 百济始祖温祚王，其父邹牟，或云朱蒙，自北扶余逃难至卒本扶余，扶余王无子，只有三女子，见朱蒙，知非常人，第二女妻之。未几扶余王薨，朱蒙嗣位，生二子，长曰沸流，次曰温祚。②

这一内容与朱蒙有关，较之高句丽"朱蒙神话"存在不少差异。

第一，朱蒙从北扶余来到卒本扶余。高句丽"朱蒙神话"中朱蒙在东扶余出生长大，从东扶余逃出后在卒本扶余建都，其中记述意味着朱蒙继承了北扶

---

① 《三国史记·百济本纪第一》"始祖温祚王"条："元年夏五月，立东明王庙。"
② 《三国史记·百济本纪》"始祖温祚王"条。

余解慕漱的血统，并否定了与东扶余金蛙王的血缘关系。但是《百济本纪》中，朱蒙从北扶余逃难至卒本扶余，从而否定了朱蒙继承北扶余的观点。令人不解的是，《百济本纪》中记载的高句丽的国家起源和高句丽神话中的描述并不相同。

第二，弱化朱蒙的神圣性，强化温祚母系的特点。高句丽"朱蒙神话"中，朱蒙到达卒本自称为王，并征服了松让得以扩张国力，这些神圣事迹突出了其作为建国之君的形象。但是，《百济本纪》中将朱蒙描述为从北扶余避难而来之人，并未提及朱蒙的血统，朱蒙登上王位的原因，是其卒本扶余王女婿的身份，扶余王无子他才得以继承王位。所以根据这一记载，朱蒙到达卒本时当地已有国家，朱蒙只不过是取得了王位继承权而已。相比而言，高句丽"朱蒙神话"并未提及婚姻，《百济本纪》记载朱蒙凭借良缘而继承王位。从温祚角度来看，父系朱蒙不过是逃难者，而母亲则是身份高贵的扶余公主。

仅仅将高句丽"朱蒙神话"与《百济本纪》的差异解释为神话与历史的差别，恐怕无法令人信服。《百济本纪》并非本国的记录而是史书，是一种客观概括的历史，而客观概括并非毫无根据，也非主观贬低、歪曲百济历史。《三国史记》中同时记录了"温祚始祖说"与"沸流始祖说"，可见金富轼在记录百济建国历史时，试图秉持公正客观的态度。

那么可以认为，百济历史和神话描述了不同于高句丽"朱蒙神话"的朱蒙形象，这意味着主导百济建国的温祚集团与主导高句丽建国的朱蒙集团具有不同的特点。

温祚集团脱离高句丽是因为未能取得王位继承权。从北扶余避难而来的朱蒙之子是琉璃王类利，从朱蒙继承王权到把王位传给儿子类利，期间高句丽内部存在着激烈的矛盾。依据《百济本纪》，从北扶余追随朱蒙而来的势力与卒本扶余当地势力相互对立。北扶余势力支持类利即位，卒本扶余势力希望沸流或温祚继承王位。随着类利获得王位继承权，围绕着王位继承的族群对立最终导致分裂，沸流、温祚势力被迫南下，追随温祚南下的集团显然应该是原本居住在卒本扶余的势力。

"沸流始祖说"中，高句丽的建国势力不同于百济建国势力的特点更加明显。"沸流始祖说"中，沸流、温祚都是解夫娄庶孙优台之子，朱蒙娶了优台之妻召西奴为妃，成为沸流、温祚没有血缘关系的继父。百济否定高句丽朱蒙血统的逻辑与高句丽否定金蛙血统的逻辑如出一辙，同时也是"东明神话"本身的逻辑特点，即北夷的"东明神话"已经开始强调索离国王与东明没有血缘关系，之后继承了这一神话的国家之中又分裂出新的国家，新分裂出的国家总是在强调与分裂之前的国家不存在任何血缘关系。

综合始祖血统与建国过程，目前考察过的"东明神话"中的神话逻辑可以做以下归纳：

第一，东明成长于索离国，后脱离索离国创建扶余，东明虽是索离国王侍婢所生，但因侍婢有感于"大如鸡子"的"天上之气"所生，否定与索离国王存在血缘关系。

第二，朱蒙成长于东扶余，后脱离东扶余创建高句丽。朱蒙虽是金蛙王宫女柳花所生，但其与金蛙王并没有血缘关系，而是继承了解慕漱的血统。

第三，沸流成长于高句丽，后创建百济。沸流虽是高句丽王朱蒙之妻召西奴所生，但其只是朱蒙继子，沸流继承的是亲生父亲优台的血统。

综上来看，各神话的国祖母系血统较为清晰，相反却都否认与母亲存在夫妻关系的国王的血统。这种现象既可以解释为从母系社会过渡到父系社会发生的变化，也可以视为父系集团与母系集团存在矛盾。在母系社会中并不重视父系血统，但在父系社会中血缘关系极为重要。在无法确定父系血缘的情况下，还需要对父系血缘进行验证。索离国王想要杀掉怀孕的侍婢便是父系社会观念的结果。另外，在"类利神话"中，类利凭借父亲留下的断剑找到父亲，父子将两片断剑合在一起，鲜血涌出使断剑合一，类利跃起踏在窗户之上飞向太阳等神话内容，都是在验证父子之间的血缘关系。父系社会中只有父系子孙才拥有王位继承权，所以想要登上王位，一定要验证自己的父系血缘并证明父系血统之神圣性。

不过，国家始祖带着母亲从成长的国家出逃，或者母子都被奉为国家始祖神，这些内容无法以父系社会观念加以说明。神话中王与王妃的结合，并非单纯的男女婚姻，而是意味着不同族群之间的融合。特别是通过部族融合建立最初国家并形成建国神话，建国神话中的始祖父母结婚或始祖王的结婚，更是意味着父系部族与母系部族、王系部族与王妃系部族的联合。一般在进入父系社会之后，统一部族在形成国家的过程中，通常以统治部族的守护神为父，以归顺部族的守护神为母，创造出始祖诞生的建国神话。而在部族联合形成国家的神话中，拥有主导权的部族之神通常成为父系。因此，不同血缘的父子矛盾意味着国家内部的部族对立，象征着父系部族与母系部族的分裂。

东扶余朱蒙与金蛙王的对立就是解慕漱集团与金蛙集团的对立，高句丽沸流、温祚与类利的矛盾就是解慕漱集团与卒本原住民集团的矛盾。儿子带着母亲逃离原来的国家，这意味着国家建立之初的母系部族的出逃。

考查《百济本纪》中的"始祖沸流说"，沸流与朱蒙的关系类似东扶余的朱蒙与金蛙王的关系。虽然东扶余柳花与金蛙王的关系不太明确，但《三国史记·高句丽本纪第一》"始祖东明圣王"条载：

十四年秋八月，王母柳花薨于东扶余。其王金蛙以太后礼葬之，遂立神庙。①

按文中意思理解，柳花受到了太后礼遇。但在高句丽初期，东扶余拥有比高句丽更为强大的影响力，柳花受到太后礼遇应该不是因为朱蒙称王。朱蒙在金蛙即位后出生，与金蛙并非同辈，况且朱蒙是从东扶余出逃之人，即使其称王东扶余也不应给予其母柳花太后的待遇，更不会为其建造神庙。

从整体内容来看，较为合理的解释是：柳花与金蛙王是夫妻。柳花去世后以王后之礼下葬，被高句丽记载为以"太后之礼"。金蛙王与柳花结婚后，还和其他夫人育有带素等七个儿子，柳花与金蛙王结婚前已怀有朱蒙，所以金蛙王与朱蒙是继父与继子的关系。

朱蒙与沸流也是继父与继子的关系。沸流是优台与召西奴所生，其母召西奴又与朱蒙结婚，朱蒙成为沸流继父。

而且，朱蒙从东扶余出逃的原因与沸流离开高句丽南下的原因相同。朱蒙想要继承王位，但遭到金蛙王亲子带素排挤，继承东扶余王位无望，所以从东扶余出逃；沸流因朱蒙亲子孺留得到继承权心怀不满而离开了高句丽。

联系高句丽否定东扶余、继承北扶余的情况，百济否定高句丽、继承东扶余的推论也能够成立，即在部族分裂后建立新国家时，体现为否定原有父系，继承祖辈部族的逻辑。

虽然实际分裂的过程为：北扶余→东扶余→高句丽→百济，但神话中表现

---

①《三国史记·高句丽本纪第一》"始祖东明圣王"条。

出的继承关系为：北扶余→高句丽，东扶余→百济。从"沸流始祖说"中可以确定，百济继承了东扶余，沸流、温祚并非朱蒙亲子，而是解夫娄后孙。

不过，百济"温祚始祖说"中并不存在这一逻辑，因为温祚是朱蒙亲子，并且继承了北扶余与高句丽的"东明神话"。但是，根据《三国史记·百济本纪第一》"始祖温祚王"条内容，在温祚所建东明庙祭祀中流传的神话应该并非高句丽的朱蒙神话，结合上文推断，百济继承的应该是北扶余的"东明神话"。

考查中国史书中记载的百济渊源，这一事实更为清晰。《梁书》《南史》中百济始祖是东夷，《周书》中百济始祖从高句丽而来，其他如《魏书》《周书》《旧唐书》等都将百济始祖记录为"扶余别种"。但记载得更为详细的是《隋书》和《北史》，其中记录了北夷"东明神话"——"索离国王故事"。可见，扶余的建国神话北夷"东明神话"被作为百济建国神话得以流传。如前文分析，北夷"东明神话"与高句丽"东明神话"存在不少差异，即索离国王的侍婢因上天之气受孕生下东明，东明创建了扶余，东明后裔创建百济的神话主张反映出：百济继承的并非高句丽而是扶余。

至此，温祚创造的东明王庙及其祭祀中流传的"东明神话"的特点得以显现，即温祚修建东明王庙是为了供奉扶余始祖"东明"，而其祭祀中流传的"东明神话"是北夷"东明神话"。

北夷"东明神话"与"解慕漱神话"属于同一体系，其特征为父系都是太阳神，但父系的事迹并不明确。东明的建国过程与高句丽朱蒙的建国过程相同，东明与朱蒙在高句丽被认为是同一人物，而在百济却被认为是不同人物。因为在北夷"东明神话"中东明作为神话主人公有着各种神奇事迹，但朱蒙在《百济本纪》中却被记述为从扶余避难而来，因与公主结婚才得以继承王位。

总之，"东明神话"是太阳崇拜部族的神话，是东夷族的神话，也是扶余、高句丽、百济的建国神话。但是，各国把同一个"东明神话"改编加工为不同的建国神话，总是在分裂之前选择那些否定原来国家父系血统的神话要素对神话进行改编，因此各国神话总是在重复着否定父辈国家、继承祖辈国家的主张。

百济的"东明神话"是从高句丽中南迁建国的主导部族的神话，马韩地区流传着与此不同的"夜来者传说"。

(二)"夜来者传说"之神话特点

百济建国之前,韩半岛西南部地区已经形成了名为"辰国""马韩"的部族社会。百济不断蚕食侵略马韩,国力得以扩张,马韩部族最终被百济吞并。百济是由从高句丽分裂出来的南下部族势力与马韩原住各国势力合并而成的国家,不难推测,百济神话中应该包含这两个集团的神话,它们或是共存,或是彼此融合。那么,马韩的神话又有着怎样的内容呢?被统一为百济之后,马韩神话的命运如何?

1. 马韩"五月祭"与神话

《三国志·魏书·东夷传》"韩传"条记载:

> 常以五月下种讫,祭鬼神,群聚歌舞,昼夜无休。其舞,数十人俱起相随,踏地低昂,手足相应,节奏有似铎舞。十月农功毕,亦复如之。①

可见,马韩在五月、十月举行的祭祀是对农业生产神的祭祀典礼。祭祀时间是播种的五月和收获的十月,说明祭祀是在向农业主宰神祈求丰收。那么,马韩的农业生产神有着怎样的特点呢?祭祀中包含许多人的群舞,群舞的动作是众人一起用脚踏地,这些动作应该是在模拟祈求农业丰收,舞蹈寓意为促进农作物生长,表现茁壮成长的样子。那么,农业生产神显然是大地神,如果生产神是天神,祭祀中就不会有踏地的动作,同时应该出现"祭天"的名称。

马韩"五月祭"中祭祀的对象明显不同于"正月祭"。扶余的"迎鼓"是正月举行的祭天仪式,这意味着扶余的生产神或守护神是天神。在新年伊始的正月举行祭祀是对太阳神的祭祀,说明扶余将新年之神太阳崇拜为生产神。②

如果马韩有生产神神话,很可能是大地神神话,并且神话应该通过五月和十月的祭祀得以流传,但是在马韩文献中却找不到任何有关史料。因此,只能在现存口传资料中寻找与大地相关的神话内容,来推测其神话特点。

2. "夜来者传说"流变情况

"夜来者传说"类似"甄萱出生传说",所以也被称为"甄萱式传说",其

---

① 《三国志·魏书·东夷传》"韩传"条。
② 徐大锡:《帝釋本풀이 研究》,见《韓國巫歌의 研究》,文学思想社1980年版,第108页。

传说通常包含非人"异类"与人结合的内容,所以又被称为"异类交媾传说",日本也有类似被称为"三轮山传说"①的故事类型。②孙晋泰、崔常寿等学者著有这一传说资料的调查报告。日本学者鸟居龙藏认为此类传说是从朝鲜传到日本的,而韩国学者孙晋泰认为这一传说经过日本,从韩半岛南部传到了北部,二人观点相对。③后来,张德顺考察韩国忠清南道燕岐郡西面镇"双由里村"(音)的"修利山传说"④,将其与日本"三轮山传说"进行比较,分析了"夜来者传说"的神话特点,指出这一传说的时间与日本资料中记载的"弥生文化"传入日本的时间一致,因为该神话与重视大地的农耕文化有关,推测应该是从韩半岛传播到日本的⑤。但是,古代神话"夜来者传说"的内容还不够具体,如果是古代神话,那么自然会有以下疑问:这是哪个时期的神话?是哪个国家哪个部族流传的神话?其神话在历史进程中的命运如何?

首先概括"夜来者传说"共通的情节段落,考察各地区流变情况之后,再来探讨这一神话的特点。

"夜来者传说"的调查资料有二十多篇,这些资料的共通段落概括为:

①从前有一个女子。

②有身份不明男子(夜来者)夜里前来与女子同寝后离开。

③女子把这件事告诉了父亲(或舅舅)。

④父亲让女子用带线的缝衣针穿在男子衣角。

⑤女子听了父亲的话,早上按线去寻找,最后在山上(或池塘)找到了男子,得知其真正身份。

---

①三轮山传说:日本大和盆地之东耸立的三轮山是大神神社的神体山。三轮山之神是大物主神。古时候,斯埃兹米米神之女伊克塔马约毗卖是一个绝色美女。每天一到午夜,就有一位容貌俊美、身材伟岸的男子前来拜访,可她连男子的姓名也不知道。不久,姑娘怀孕了,姑娘的父母为了弄清男人的身份,告诉女儿说:"你将红土撒在地上,将麻线穿进针里,别在那男人的衣上。"夜里姑娘按照父母所说的做了。第二天早晨,只见麻线穿过房门的锁眼,线轴上只剩下了三匝线。他们跟随着线找到了三轮山神社,这才知道那男人原来是大物主神。有传说称大物主神是蛇形之神。——译注

②孙晋泰称其为"甄萱式传说"(《朝鲜民族說話의 研究》,乙酉文化社 1947 年版,第 199 页),崔常寿称为"异物交媾传说"(《韩国民间传说集》,通文馆 1958 年版,第 585 页),鸟居龙藏称其为"三轮山的传说"(《东亚之光》,1912 年),张德顺称其为"夜来者传说"(《韩国传说文学研究》,首尔大学出版部 1978 年版,第 139—140 页)。

③孙晋泰:《朝鲜民族說話의 研究》,乙酉文化社 1947 年版,第 208 页。

④张德顺:《韩国传说文学研究》,首尔大学出版部 1978 年版,第 139—140 页。

⑤张德顺:《韓國의 夜來者 傳說과 日本의 三輪山 傳說과의 比較 研究》,载《韩国文化 3》,1982 年。

⑥不同传说中流传的夜来者身份有：蛇、水獭、蚯蚓等。

⑦女子怀孕生下儿子。

⑧儿子后来成为始祖（或国王）。

"夜来者传说"内容要素流变表

资料编号	流传地区	故事来源	主人公	夜来者	建议者	身份识别法	逃跑地点	真实身份	出生孩子
1	咸镜北道会宁A	孙晋泰	李座首独生女	四脚动物	父	名轴线	池塘	水獭	清太祖
2	咸镜北道会宁B	崔常寿	李座首独生女	年轻人	父母	针线	图们江边池塘	水獭	清太祖之父
3	咸镜北道城津B	崔常寿	广积寺蜘蛛女	美男子	住持	针线	池塘	龙	清天子
4	咸镜北道城津A	孙晋泰	广积寺蜘蛛女	童子	老僧	针线	大沼泽	龙类	中国天子
5	平南平壤	崔常寿	金座首小女儿	美青年	自己	宗直帮助	无	大蛇	无
6	江原平康	崔常寿	富家女子	蓝衣男子	父母	针线	"马岩"沼泽	大龟	蔡元光
7	江原横城A	孙晋泰	已婚女子	丈夫	堂叔侄	针线	草丛里	龙木殷	无
8	江原横城B	崔常寿	金氏富家女子	男子	舅舅	名轴线	草丛里	捣米杵	无
9	京畿骊州	徐大锡	李氏独生女	草笠童	父	名轴线	池塘	鳖	曹继龙
10	忠清南道燕岐	张德顺	处女	男子	自己	针线	修利山上	蛇	村庄神
11	全罗北道锦山A	孙晋泰	处女	美公子	自己	针线	东山树林里	童参	无
12	全罗北道锦山B	崔常寿	富家女子	美男子	父	针线	东山树林里	童参	无
13	全罗南道光州A	《三国遗事》	富家女子	紫衣男子	父	针线	北塞下	蚯蚓	甄萱

续表

资料编号	流传地区	故事来源	主人公	夜来者	建议者	身份识别法	逃跑地点	真实身份	出生孩子
14	全罗南道光州B	崔常寿	富家独生女	红衣男子	父	针线	墙角	蚯蚓	甄萱
15	庆尚北道闻庆	柳增善	富家女子	草笠童子	父母	针线	金霞窟	蚯蚓	甄萱
16	庆南东莱A	孙晋泰	富家独生女	美少年	父	针线	山中洞窟	大蛇	小蛇
17	庆南东莱B	崔常寿	富家独生女	少年	父	针线	后山洞窟	白蚯蚓	无
18	忠清南道扶余	崔常寿	寡妇	红衣男子	公公	线	南池	鱼龙	武王
19	全罗南道和顺	崔常寿	裴氏独生女	车泉黄瓜	父母	无	车泉	黄瓜	真觉国师
20	日本	《古事记》	伊克塔马约里毗卖	壮夫	父母	针线	三轮山神社	神	知神子
21	中国A	《宣室志》	张景之女	白衣者	父	金锥贯缕	古木下穴	蛴螬	杀害
22	中国B	《语怪》	少年	少女	父	长线	女坟冢	女鬼	杀害
23	中国	《宣室志》	邓珪	黄手人	自己	缊丝	童子寺北	葡萄	焚烧

资料出处：孙晋泰，《朝鲜民族說話의研究》，乙酉文化社1947年版；徐大锡，《韩国口碑文学大系1-2》，韩国精神文化研究院，1980年；崔常寿，《韩国民间传说集》，通文馆1958年版；张德顺，《韩国说话文学研究》，首尔大学出版部1978年版；日本、中国资料来自孙晋泰，《朝鲜民族說話의研究》，乙酉文化社1947年版。

以上内容在不同资料中有多种流变，先对各段内容的主要变异进行整理。如"'夜来者传说'内容要素流变表"中所示，差异最为显著的内容是夜来者与出生孩子的身份。韩国大部分资料中"夜来者"的真实身份为水獭、龙、蛇、龟、蚯蚓等与水有关的动物，但7、8、11、12、19等为龙木殷、捣米杵、童参、黄瓜等植物或非生命物品。如果夜来者身份为植物或物品，传说中没有怀孕生子的内容，将童参挖出或在捣米杵顶端放上珠子，问题便得到解决。16资料中女人生下小蛇，但这应该是后来的故事变异。传说中蛇的神圣性消失，与蛇交媾是惊世骇俗的事情，按照与蛇结合也应该产下蛇的思维，传说的内容也发生了变异。

中国资料的特点完全不同于韩国。首先，处女、少年、男子等主人公并不存在共同特点，"夜来者"的形象如白衣者、少女和黄手人等也都各不相同，夜来者的真实身份有土蚕、女鬼、葡萄等，这都是无法被视为神圣的奇怪之物，处理这些异类的方式也是以消灭为目的的杀死或烧掉。夜来者被发现后的结局也是被焚烧或杀死，这反映了消除"怪变"的目的。总而言之，中国的"夜来者传说"只不过是毫无神圣性的志怪故事，这些故事的核心内容多在于查明夜来者的身份。虽说中国与韩国资料都存在查明夜来者身份的内容，但中国资料对夜来者所持的否定态度与将韩国资料其视为神圣的心理完全不同。

相比而言，日本的夜来者资料比韩国的更具神圣色彩，其对夜来者形象的描述也是无比威严英俊，赞叹有加，夜来者的真正身份是神。因为这些资料记载于《古事记》，其神话内容应该相对完整，同时也从侧面证明了这一传说的神话特点。

韩国的资料一般都是掺杂着文献资料与口传资料，存在于文献资料中的内容必然会被采集到口传资料里。这种一致并非偶然，因为《三国遗事》的记录本身也是收集了民间口头流传的资料，在记录为文献之前相关资料已经被口口相传，记录为文献之后仍然在继续流传。

《三国遗事》记载的"薯童传说"和"甄萱传说"中，并未出现查明夜来者身份后将其杀死的内容，而许多口传资料中有杀死夜来者的内容。但是，杀死"夜来者"和与夜来者同寝所生孩子成为清太祖、中国天子、平康蔡氏始祖、昌宁曹氏始祖、村神、后百济始祖、百济武王等神圣人物，两者内容并不相符。生下的"贵童子"拥有超凡能力，并且成为国王、国家始祖、姓氏始祖，意味着这一传说是神圣人物的诞生神话。

绝大部分资料一般将主人公描述成富贵人家的独生女，这意味着始祖的母系被视为神圣。即便资料的神圣性减退或丧失神话功能，其母系血统高贵这一原来内容不会轻易发生变化。将女主人公描述为富家女儿应该是根据当时流传的价值观进行的叙述。而且，始祖的父亲夜来者也被描述为美貌青年，这反映了父系神圣性也对传说的传承心理产生了影响。如果这一资料是始祖的诞生神话，那始祖的父系、母系自然也应该是神。始祖母系居住在人间，其母系应该是大地之神地母神；始祖的父系夜来者应该是与水相关的水神。那么，这个传说就是地母神与水父神结合诞生始祖的神话。

这种"水父地母型"神话与檀君、朱蒙、朴赫居世、首露等"天父地母型"神话不同，应该是将水神崇拜为农业生产神的部族集团的神话。虽然无法清楚了解马韩"五月祭"中流传着什么神话，但是因为"五月祭"的属性为地母神祭祀，也是谷神祭祀，可以推测当时应该存在"水父地母"结合的祭祀与神话。人们群舞意味着男女相会，手足呼应地踏地起舞表现出大地之神与其他神的结合仪式，但因为文献中的依据有限，这个问题很难再进行深入推测。

3. "夜来者传说"与拔河

为了找出能够证明"夜来者传说"是神话的依据，需要找到与传说内容相对应的祭祀，并将两者结合起来研究。因为神话以其神圣性为根本，为获得神圣性首先应该拥有祭祀。"夜来者传说"主题在世界各地广泛存在，传承集团赋予其神圣性，传说就会流传成为神话；如果神话神圣性减退，就会变为传说或民间故事。中国的"夜来者传说"是单纯的志怪故事，而韩国的大部分资料和日本资料具有神话特点，这种现象正好说明了神话的形成原理。

如果马韩"五月祭"是农业生产神的祭祀，那么在维持着农耕生活的马韩农村地区有可能一直保留着这一祭祀，所以有必要考察一下韩国"湖南地区"①的民俗活动。全罗道农村"洞祭"中进行的拔河与"夜来者传说"有一定关联。

拔河并非是一种单纯的民俗比赛，而明显具有民俗祭祀的特点。全罗道拔河所用绳子的巨大尺寸远远超出了比赛的需要，胜负的奖品不涉及奖金或回报，而是直接关系到农业收成的好坏。拔河更像是整个村庄的节日活动，并不区分参加者和观看者，而是全员参与，所以拔河明显是一种集体仪式。

拔河多在韩国中部以南地区举行，其形式大致可分为岭南地区的"灵山型"与全罗道地区的"全罗型"②，与"夜来者传说"相关的是"全罗型"拔河。

---

①湖南地区（호남지역）：指韩国的全罗南道与全罗北道地区。——译注
②Christian Deschamps：《한국의 줄다리기》，《재구 한국학회 제 6 차 학술회의발표 논문집》，1982 年，第 329—335 页。

相比于"灵山型","全罗型"拔河所用的绳子尺寸较小,长度为三十米到一百米不等,绳子直径不超过一米。绳子由村里的男性制作,并禁止女性跨越绳子上方。拔河一般作为"堂山祭"的环节,主要在正月十五晚上举行。

绳子制作完成后,村里男性们会随着农乐队的音乐,把绳子扛在肩上绕村子转一周。这一仪式是为了祈求新年村庄安宁的"五方游行"①。

晚上全村人聚在一起,分为男女两方开始进行拔河比赛。因为民众相信只有女性一方获胜来年村庄才能获得丰收和好运,所以拔河的结果往往是女方获胜。有些地区未成年男性也会加入女方,通常也是女方获胜。忠清南道燕岐郡西面镇四方里的拔河是在斜坡上进行的,即使女性一方站在坡上也能把男性一方全都拉上去。

拔河比赛结束后,将进行名为"堂山穿衣"②的仪式,这一祭祀程序被村民视为祭典里最重要的部分。"堂山穿衣"指将拔河中用过的绳子缠在象征着村庄守护神的堂山木之上。仪式结束后,村民们聚在一起随着农乐队的音乐一同跳舞娱乐。③

这里的拔河正是一种对村庄守护神、生产神——"堂山神"的祭祀活动,同时也是一种祈求丰收的仪式。制作绳子时禁止女人接近,说明绳子本身即为"神体"(神的象征物)。绳子形状类似龙、蛇,并且对女性有禁忌,说明绳子具有男性属性。④

扛着绳子在村子行进的"五方游行"说明绳子具有村落守护神的职能。这种仪式类似北青地区"狮子戏"⑤中让"狮子"带队进行的村庄游行,以及京畿道"都堂巫祭"⑥中众神列队围绕村庄边界游行的"转圈圈"(돌돌이)等仪

---

①五方游行(오방돌리기):经常出现在村庄祭祀中,以祭祀为首的村民组成队伍,一边演奏农乐歌舞,一边绕村庄转一周或数周,以求驱除杂鬼和厄运。——译注
②堂山穿衣(당산입히기):正月里举行完拔河游戏之后,将拔河用的绳子缠绕在象征村庄守护神"堂神"的"堂山木"上的活动。——译注
③Christian Deschamps:《한국의 줄다리기》,《재구 한국학회 제 6 차 학술회의발표 논문집》,1982 年,第 332—333 页。
④因为绳子形状类似男性性器官,因此这一活动也具有男性神的特点。
⑤北青狮子戏(북청사자놀음):咸镜南道北青郡正月十五举行的面具舞蹈表演。——译注
⑥都堂巫祭(도당굿):京畿道地区在供奉"都神"庙宇"都堂"的村庄祭祀。举行时间不定,一般在正月举行,有的村庄在阴历三月初三或十月初十举行,主要用以祈求村庄平安、丰收。——译注

式①,都是一种免除灾祸的仪式活动。

拔河必须在夜间进行应该也与夜来者有一定关系,而且拔河分为男女两方,只有女方获胜才会好运吉祥,这种观念将女性设想为具有生产能力的地母神。换言之,拔河行为本身象征着男性与女性的结合,这不禁让人联想到"夜来者传说"中龙、蛇等夜晚来到少女的闺房。

"堂山穿衣"的仪式更加清晰地表现出男神与女神的结合。之前已经说过绳子象征着男性神,同时也代表着水神,如果说村庄守护神"堂山神"是女神和地神,那么用绳子缠绕"堂山神"的"神体",必然代表着男性水神与女性地神的结合。《全国民俗综合调查报告书》《全罗南道篇》中记录的调查统计显示:全罗南道的堂山神中,男性神有十八个,女性神有七十九个,可见当中女性堂山神占了绝大多数,这一调查也可以视为证明堂山神是女性神的依据。②另外,只有女性获胜村庄才会丰收、好运的观念也反映出村庄的主神是女神。

通过考察,可以确定"全罗型"拔河仪式正是"夜来者传说"的祭祀表现。绳子是水神,象征着男神,在夜晚分为男女两方进行的拔河行为,模拟了男女的结合,将绳子缠在"堂山木"或"堂山石"上的行为象征着男女结合的圆满完成。这种水父神与地母神的结合仪式说明"夜来者传说"就是神话,同时还揭示出能够借以推测这一神话古代面貌的依据。

到目前为止,调查整理的"夜来者传说"资料,并非是从神话传承现场的祭祀仪式中采集到的,全部资料几乎都是以传说或民间故事的形式流传下来的,所以其神话形态遭到很大破坏,内容也发生了不小的变化。不过,联系"全罗型"拔河仪式,应该可以从某种程度上推测出这一神话的内容。

首先,女主人公的身份多样,有座首之女、富家女、处女、寡妇等,这应该是将各地区具有代表性的、权威的神移入而发生的神话内容变异。地神只有在地神崇拜集团的势力范围内才具有神圣性,地神负责掌管认可其神圣性的区域。家中的地神掌管家庭,村中的地神掌管村庄,如果是某个部族崇拜的地神,则该地神掌管这一部族居住的区域。所以,原来神话的女主人公应该是在部族势力范围内被崇拜的女神。

---

①1980年6月21日,李龙雨、赵汉春(音)等人于道峰山庄举行"京畿都堂巫祭",从该仪式中可以确认。

②张筹根:《部落 및 家庭信仰》,见《全国民俗综合调查报告书》(全罗南道篇),文化公报部文化财管理局,1969年,第241页。

夜来者的形象也十分丰富，有美男子、美少爷、身穿青衣头戴王冠的俊美青年、青衣童子、紫衣男子、壮夫等，他们整体上的共同点都是异于凡人的年轻男子，对女性而言充满了魅力和旺盛的生殖力。神话传承者潜意识中保留着这种夜来者的特点，从而对具体表达做了部分调整。"檀君神话"中的桓雄、"朱蒙神话"中的解慕漱形象很可能就是夜来者的样子，因为桓雄、朱蒙都是韩半岛神话中男神拟人化的经典形象。

告诉女主人公夜来者真实身份的人物有父亲、舅舅、父母、老僧等，表述为父亲的情况较多。父亲被尊为家长，这种表达应该是父系社会的产物。所以在原本神话中，揭露夜来者真正身份的人应该是祭祀神灵的司祭者，而司祭者这一角色在进入男性家长制社会后，被替换为父亲。

查明夜来者真正身份的方法是用带有线的针穿过夜来者的衣角，这在所有资料当中是一致的。针线是女性使用的缝纫制衣工具，是在日常生活中最容易取得、最方便使用的工具，所以这无疑是一个充满智慧的方法。不过，被针刺中的夜来者逃走后死掉的内容让人有些费解。学者孙晋泰曾将此解释为"韩民族信仰中，有认为'邪物''鬼类'都惧怕铁等金属的观念"①，并举例指出使用铁针是为了将蛇、鬼一类击退赶走②。

不过这种解释只有在将夜来者否定为"邪物""鬼类"时才具有说服力，如果将这一传说视为神话，将夜来者视为神，这种解读并不恰当。

针线是使女主人公与夜来者建立关系的丝线，是连接女主人公住处与夜来者居住地的绳子。在"全罗型"拔河仪式中，绳子即为神的象征"神体"，也具有联结男性与女性的功能，而且绳子在"堂山穿衣"仪式中被用来缠绕在堂神神体之上，这说明绳子还有衣服的功能。因此，原本神话中连接神与神的绳子到了后世传说中变为连接女主人公与夜来者的针线。

另外，夜来者逃跑地点有池塘、山、洞穴、墙下等，许多地区版本中都描述为莲池。光州流传的"甄萱诞生传说"中，夜来者逃到墙下，燕岐郡"修利山传说"中是逃往修利山顶。如果夜来者是神，那么其住所应该是神居住的神圣场所，神的住所往往指举行祭祀的神祠或神堂。在多地区传授版本中，夜来者逃往池塘，这意味着莲池是神圣之地，是举行"水神祭"的地点。同样，山

---

①孙晋泰：《朝鲜民族說話의 研究》，乙酉文化社1947年版，第209页。
②孙晋泰：《朝鲜民族說話의 研究》，乙酉文化社1947年版，第209—212页。

顶也是一个神圣地点，修利山又称"修迪山"（수적산），有最高山峰之意。修利山山顶原本应该有举行"山神祭"的神庙。夜来者逃往的地点正是神的居所——神庙，这同样出现在日本的"三轮山传说"之中，同时也证明了"三轮山传说"保存的神话内容较为完整。

"夜来者传说"中，女主人公最终产下的人物也很多样，有清太祖、中国皇帝、姓氏始祖、村落始祖、后百济始祖等，原本神话的内容应该是诞生了部族始祖或国家始祖。从这个意义来看，"双由里"的"修利山传说"最为接近神话原型。咸镜北道会宁、城津地区流传的传说资料中出现清太祖努尔哈赤，这应该是受清朝影响而产生的内容变异，因为"夜来者传说"的神话内容应该早在清朝以前就已存在。蔡氏、曹氏始祖诞生的内容，也是各姓氏借用了这一神话，或是将其编入了氏族的始祖神话之中。

4. "夜来者传说"之发源地

上文分析、确定了"夜来者传说"是水父神、地母神结合诞生了始祖的神话，这一神话很可能通过祈求农业丰收的祭祀仪式得以流传。

那么，这种"水父地母型"神话在古代又是哪个部族集团的神话呢？联系马韩的"五月祭"分析可以推断其应该是马韩的神话。为了对这一推断加以确定，笔者将进一步补充论证"夜来者传说"与百济神话的关系。

"夜来者传说"广泛分布于韩半岛，但是传说当中保留有神话内容的资料主要集中在咸镜北道会宁和城津、江原道平昌、京畿道骊州、忠清南道燕岐、忠清南道扶余、全罗南道光州等地。当中的京畿道骊州版本因为与骊州地区并无关联，所以不必关注其流传地。另外，薯童和甄萱的传说在记载于《三国遗事》时已经丧失了神话特点。于是，疑问最大的就是忠清南道燕岐郡西面镇"双由里村"的"修利山传说"和咸镜北道的传说资料。"夜来者传说"如果曾是马韩神话，从地区来看，"修利山传说"的流传时间最长，神话内容面貌最为完整。"修利山传说"因为有山作为证据，所以传说是从其他地方传入的可能性较小，同时因为其讲述了村庄神的来历，而非特定的人物，所以应该是一种更为古老的形态。不仅如此，这里曾是马韩故地，也是举行"全罗型"拔河村祭的地点。因此，可以将"修利山传说"视为百济建国前已经存在的部族神话。

那么，咸镜北道资料具有怎样的历史性呢？值得注意的是，咸镜北道城津地区采录的资料中混合了"夜来者传说"和"檀君神话"的内容。

咸镜北道城津西北二十里处，据说过去曾有一座"广积寺"。寺里有一只大蜘蛛，寺庙住持精心照料蜘蛛，后来蜘蛛长大竟然变成了一个美丽的少女。

然而少女突然有了身孕，腹部渐渐隆起，住持惊讶地询问少女缘由，处女回答道："有个不知从哪里来的、也不知姓名的美男子，每天晚上来到房里与我同寝后离开，后来我也一时动情与他交好，便怀上了孩子。"

于是，住持让少女把线满满缠在线轴上并穿上针，等男子离去时悄悄把针插在他的衣袖上。第二天早晨，寻着线找去，发现男子是山中水池里的龙。

少女没过多久生下一个男孩，男孩才智非凡，十岁时去了大清，后来成了那个国家的天子。

《檀纪4269年8月城津府 李仁珠（音）讲述》①

在这一资料中，广积寺住持养育的大蜘蛛后来变成少女，这与"檀君神话"中熊按照桓雄指示坚守禁忌最终化为少女的内容存在对应关系。韩国语中"蜘蛛"（거미，geomi）和"熊"（곰，gom）的发音十分相似，所以极有可能"熊"在流传中变为了"蜘蛛"。而且佛教传入后，桓雄在口头流传中也有可能变为佛僧。②

少女怀孕后所生的孩子成为天子，这与"檀君神话"的内容也是一致的，天子和王都是人世的最高统治者。清朝的最高统治者是大清天子，而檀君朝鲜时期的最高统治者是檀君。

"檀君神话"与"广积寺传说"内容彼此对应，即变成少女的熊和蜘蛛，使熊变成人的桓雄与养育蜘蛛的住持，神奇诞生的孩子成为檀君和大清天子。

但问题在于少女怀孕的过程。"檀君神话"中熊女与桓雄结合生下了檀君，而城津"广积寺传说"中养育蜘蛛的住持并未和少女结合，而是山中水池里的龙和少女结合生下了天子。

---

① 崔常寿：《韩国民间传说集》，通文馆1958年版，第474—475页，"313，廣積寺의 거미"。檀纪指"檀君纪年"，以檀君王俭建立古朝鲜的公元前2333年为元年的纪年法。——译注

② 笔者研究了叙事巫歌"帝释巫神歌"，发现其中的男主人公佛僧原本应该是天神，但在佛教传入后，名称逐渐改为"僧人"（스님）、"大师"（대사）、"世尊"（시존）等僧侣的称号。参见徐大锡：《帝釋本풀이 研究》，见《韓國巫歌의 研究》，文学思想社1980年版。

如果从孩子血统的角度来看，这是一个重要的差别。"檀君神话"是"天父地母型"的神话，而"广积寺传说"具有"水父地母型"的神话特点。这是神话根本意义的改变，而非流传过程中传承者的错误认识或添枝加叶导致的内容变异。"广积寺传说"是由"檀君神话"和"夜来者传说"两者复合而成的，不过两神话应该具有可以合并的共同历史背景。

"广积寺传说"的流传地城津位于咸镜北道东海岸，这一地区是古朝鲜的故地，同时也与东扶余过去的领土相关。解夫娄被解慕漱势力排挤，最终迁移到东海岸的迦叶原，这一地点的具体位置虽无法断定，但应该在城津附近。所以，这一地区自古存在古朝鲜"天父地母型"神话与东扶余"水父地母型"神话融合的条件。

如上文分析所知，东扶余实际的始祖是金蛙王，"金蛙诞生传说"反映了水神系部族的神话特征。"广积寺传说"中的夜来者是莲池之龙，象征着水神，龙的居所莲池也是举行"水神祭"的神圣场所，所以这一地点与金蛙诞生的名为"鲲渊"的池塘都具有相似的神话空间特点。

如此说来，咸镜北道"夜来者传说"并非从其他地方传入，而原本就是在这一地区居住的水神部族的神话。"广积寺传说"把"檀君神话"中始祖父系改为水神，可以解释为其丧失了神话功能，在口传过程中变为了今天的资料。

那么，这与燕岐郡"修利山传说"有着怎样的关联呢？也就是在马韩故地广为流传的"夜来者神话"，到底是从咸镜北道传来的"夜来者神话"，还是单独产生的呢？

史料记载马韩是古朝鲜流民、移民南下形成的部族国家，《三国遗事》"马韩"条记载："《魏志》云：魏满击朝鲜，朝鲜王准率宫人左右，越海而南至韩也，开国号马韩。"① 在朝鲜王"准"南下以前，马韩地区应该已经具有较高的文化水平，而这些原住民的具体情况至今不明。② 在朝鲜王"箕准"之前，应该也有移民从北方南下，其后也有多次移民南下的记录。不过，这些在马韩形成早期社会的移民集团到底是什么时期完全定居下来？具有什么信仰？流传着怎样的文化？这些问题仍像谜一般等待解答。

虽然可以肯定箕准南下统领着一个部族社会，但问题在于南下移民在多大

---

①《三国遗事·纪异第一》"马韩"条。
②李贤惠：《馬韓 小國의 形成에 대하여》，载《历史学报》92辑，1982年2月。

程度上改变了马韩当地的文化。而且,朝鲜王带领的部族具有怎样的文化也无法确定。因此,与其固执于寻找神话的传播影响,不如查清马韩社会与东扶余的信仰、祭祀是否具有相同点,这不失为解决问题的捷径。

拥有水神信仰的部族,其生活应该与水紧密相关。原始生活方式包括狩猎、捕鱼、畜牧、农耕等,以捕鱼为生的部族的生活空间多为江边、海边,自然会对水神产生崇拜信仰。如果说山神信仰是狩猎部族的信仰,那么水神信仰就是捕鱼部族的信仰。随着农业的发达开始了定居生活,集体居住的区域相对固定,逐渐开始了祭祀活动并形成了神话。农耕虽是狩猎和捕鱼部族的共同生产方式,但其具体的形态有所不同。狩猎部族居住在山间,主要耕种不需要太多水源的旱田,所以比起水,他们更加重视日照时间和适合耕种的无霜期,进而拥有了日神信仰,也就是天神信仰。与之相比,捕鱼部族主要在平原耕种,农业收成的好坏取决于降雨量和水源。特别是种植水稻时,水是必需的农业资源,所以从事农耕、捕鱼的集团将水神崇拜为生产神,并形成了"水父地母型"神话。

马韩故地忠清道、全罗道地区是平原地带,在此居住的部族以平原农业为主,他们拥有的祭祀和神话应该与地神、水神有关,这也是由自然环境和生产形态所决定的。咸镜北道城津地区也在海边,这里拥有适合捕鱼部族生活的自然条件,同时有着广阔的海岸平原,是平原农业发达的地区,类似韩半岛西南地区。综合分析,可以推断:马韩民众流传着"水父地母型"神话,比起父系,神话之中更加尊重母系。后来这一神话丧失神话功能,演变为传说并流传至今,这就是今天采集整理的"夜来者传说"。

5. "薯童传说"及其神话特点

"夜来者传说"保留在文献中最为悠久的记录,当属《三国遗事》记载的"薯童传说"。关于"薯童传说",许多学者在乡歌、《薯童谣》的相关研究中展开过不少讨论;也有从史学、文学角度探究"薯童"是否是真实历史人物的研究;还有研究从口传文学角度探讨"薯童传说"的结构与形成过程。[1]

于是,相关研究考证出薯童的原型是百济武宁王,"薯童传说"并非史实,

---

[1] 李丙焘:《薯童說話에 對한 新考察》,载《历史学报》1辑,1953年。金善祺:《쏘동노래》,载《现代文学》151号。史在东:《薯童传说研究》,见《藏庵池宪英先生华甲纪念论丛》,湖西文化社1971年版。金学成:《三國遺事 所載 說話의 形成 및 變異過程》,见《韩国古典诗歌研究》,圆光大学校出版局1980年版。

而是将历史人物附会于民间传说的产物①，但并没有人将"薯童传说"作为神话来研究。

"薯童传说"的神话内容遭到破坏，其本身已不能被称为神话，曾经的神话丧失神圣性后蜕变成了传说。将"薯童传说"推定为神话的依据有以下几点。

第一，"薯童传说"具有"夜来者传说"的内容要素。前文已经讨论过"夜来者传说"是"水父地母型"神话，"薯童传说"并不具备"夜来者传说"的整体内容。不过，"薯童传说"中记述薯童母亲是寡妇，在京师南池边的房屋生活，后与南池之龙交合生下薯童，这可以视为对"夜来者传说"的简短表述。忠清南道扶余地区流传的"南池传说"与"薯童传说""夜来者传说"具有类似性，可以作为这一推论的依据。

> 这是百济第三十代王"武王"之母年轻守寡时的故事，当时她住在首都的"南池"边。每晚在她睡下以后，都会有一个身穿红衣的陌生美男子，不知从哪里潜入房中，悄悄与妇人同眠共枕，天亮前偷偷离开。
>
> 妇人对此羞愧不已，但又害怕别人知道，所以不敢声张。就这样自己的身体起了变化，腹部渐渐隆起，最终无法再继续隐瞒，于是有一天她把事情如实告诉了父亲。父亲大惊，对女儿说："今晚那个男子再来，你把线轴用线缠满并串上针，等他离开时把针穿在他的衣襟上。"妇人当晚便按照父亲所教，偷偷地把针穿在了陌生男子的衣角。谁知那男子大惊失色，仓皇而逃。
>
> 第二天一早，妇人寻着丝线找去，发现线进到了南池之中。妇人觉得奇怪，便抓住丝线轻轻拉拽，一条鱼龙浮出水面，一根针正好刺在鱼龙腰上。
>
> 之后妇人足月生下一个男孩，男孩长大后气宇不凡，不可限量。因为男孩常以挖来的薯蓣为生，国人称其"薯童"。②

这并非流传者口述的直接记录，而是经过编者的润色修饰，当中详细记录了《三国遗事》"薯童传说"中省略的夜来者来访与妇人为查明夜来者真正身份而采取的追踪方法。当然这里也并非主张此资料就是"薯童传说"的原型，只

---

① 史在东：《薯童传说研究》，见《藏庵池宪英先生华甲纪念论丛》，湖西文化社1971年版。
② 崔常寿：《韩国民间传说集》，通文馆1958年版，第120—122页，"84. 南池"。

是想强调口传传说并非毫无依据的创作，或是漫无方向的流变，因此，薯童出生传说充分具备了"夜来者传说"的内容要素。

"夜来者传说"是"水父地母型"神话，同时也是百济故地马韩部族流传的神话，那么有必要探究这个神话到底和百济时期哪位王的出生故事存在关联。

第二，有必要分析《三国遗事》"纪异篇"的特点。"纪异篇"收录的资料基本都是建国神话和一些神异事迹，当中与百济相关的资料共三篇，分别是《南扶余前百济》《武王》《后百济甄萱》。其中，《南扶余前百济》《后百济甄萱》都是记录国家始祖建国的经过，属于建国神话的内容。温祚和甄萱分别是百济与后百济的建国始祖，他们的故事也就是百济的国家始祖神话。那么，与武王相关的"薯童传说"到底具备怎样的特色才能与温祚、甄萱等建国始祖的事迹一同被载入史册呢？这不免令人推测"薯童传说"应该也是一个始祖神话。

第三，"薯童传说"具备了神话的基本结构。一般来说，神话是叙述主人公成为神的过程的故事，具有主人公个人传记的特点。"薯童传说"包含了薯童的出生、薯童与善花公主结婚、致富、即位、创立寺院等神话内容，也就是讲述了主人公从出生到成为王的经过。在百济这种王位世袭的社会中，以非王子的身份成为国王是绝不可能的，除非自己创建新的国家成为国祖。所以非正常出生的人物通过各种神异事迹赢得民心成为国王，这种内容本身与历史事实并不相符，但其故事内容与国家始祖神话具有相似性。

通过论述可知，"薯童传说"具有始祖神话的特点。那么，这一传说又是哪种神话的变形？又是以什么原因与武王联系到一起的呢？

前文提到"薯童传说"与"夜来者传说"具有相似性，因此可以推断"薯童传说"是百济建国以前马韩部族所流传的神话。问题在于，马韩部族的神话如何成为百济王的故事？

《三国遗事》中虽然记载为武王的故事，但这是编者一然的个人理解，如同注释中记录的那样，所谓"武康王"应该指的就是"武宁王"的事迹。①

"武宁王"又被称为"虎宁王"，是东城王的第二子，在东城王被苩加杀害后登上王位。不过，武宁王名为"斯摩"或"隆"，李丙焘译注本《三国遗事》"王历"条中"隆"是"宝藏王"的太子，所以"武宁王名字为隆"的说法应

---

① 史在东：《薯童传说研究》，见《藏庵池宪英先生华甲纪念论丛》，湖西文化社1971年版。

该是误记。①

武宁王名为"斯摩",起源于日本文献,其记录与《三国史记》不同。

《百济新撰》云,末多王无道,暴虐百姓,国人共除。武宁王,讳斯麻王,是混支王子之子,则末多王异母兄也,混支向倭时,至筑紫岛生斯麻王,自屿还送,不至于京产于屿,故因名屿。②

由此可知,武宁王并非东城王之子,王位继承也非顺利的世袭,而是被百姓拥戴为王。另外,武宁王的出生地为"筑紫岛",名为"斯麻",显然"斯麻"是韩国语"岛"(Seom,섬)的汉字标记。

虽然并不能说这一记录全部真实,《三国史记》的记录存在错误,不过各种文献都将"武宁王"的名字记录为"斯摩"或"斯麻",可见"斯摩"这一名称与其在海岛出生有一定联系,所以日本文献的记录也并非毫无依据。

因此可以认为,武宁王不同于前代王的出身,武宁王的即位意味着百济统治阶层发生了变革。武宁王如果与前任君王分别来自不同部族,那么"武宁王"的即位意味着新始祖的出现,武宁王所在部族也将产生以新始祖为主人公的神话。

根据目前的研究结果,百济王室血统谱系并非如《三国史记》中记录的一脉相承。现将学者千宽宇考察的百济王室谱系整理如下。

目前关于百济王室谱系的研究结果可以整理为:第一代王"温祚"→第七代王"沙泮"属于"朱蒙－温祚"系统;第八代王"古尔"→第十二代王"契"属于"优台－沸流"系统;其中第十一代王"比流"属于温祚系统;第十三代王"近肖古"→第二十一代王"盖卤"重新属于"朱蒙－温祚"系统;第二十二代王"文周"→第二十四代王"东城"属于"非温祚"系统(或称之属于"优台－沸流"系统);第二十五代王"武宁"→第三十一代王"义慈"再次属于"朱蒙－温祚"系统。③

照此观点,武宁王作为"朱蒙－温祚"系统的君王,把"非温祚"系统的王室血统重新拉回纳入温祚系统当中。不过,从与武宁王相关的"薯童传说"特点来看,却很难将其视为"朱蒙－温祚"系统的神话。

---

①李丙焘译注:《三国遗事·王历第一》,"第二十五虎宁王,名斯摩,即东城第二子,辛巳立,理二十二年。南史云,名扶余隆,误矣,隆乃宝藏王之太子,详见唐史"。

②崔南善:《三国遗事·百济古记》附录"逸文"。

③千宽宇:《三韓의 國家形成》(下),载《韩国学报》3辑,1976年,第142—143页。

不过，学者金圣昊修正了千宽宇的观点，对百济王室血统谱系加以重新整理，如下图所示。①

从该图表来看，第二十代"毗有王"到最后第三十一代"义慈王"的十二位王中，除去姓氏为"牟氏"的三位王，其余九位王都是"余氏"，说明他们并非温祚系统，而属于辰王系统。

那么，"辰王系统"与"温祚系统"存在哪些区别？"辰王系统"的君王与"水父地母型"神话又有着怎样的关系呢？

"辰朝""辰系""辰国"等都与辰韩有关。《三国志》中《魏书·东夷传》记载："辰韩者，古之辰国也。"② 其将辰韩和辰国视为同一国家。

温祚百济之王室谱系

温祚系	沸流系	辰王系（余氏）
（1）温祚系（45）		
（2）多娄王（49）		
（3）已娄王（51）		
（4）盖娄王（38）	妃弟（异姓）	
（5）肖古王（48）	（真氏系）	
（6）仇首王（21）	（8）古尔王（51）	
（7）沙伴王（1）	（9）责稽王（12）	
（11）比流王（40）	（10）汾西王（6）	
（13）近肖古王（29）	（12）契王（2）	
（14）近仇首王（9）		
元子（15）枕流王（1）	异姓	（20）毗有王（28）余毗
（16）辰斯王（7）		（21）盖卤王（20）余庆
（17）阿莘王（13）	（牟氏系） 异姓	
（18）腆支王（15）	（22）文周王（2）牟都	（孙）
（19）久尔辛（7）	（23）三斤王（2）	
	（24）东城王（22）牟大	（25）武宁王（22）余隆
		（26）圣王（31）
		（27）威德王（44）余昌
		（28）惠王（1）
		（29）法王（1）余宣
		（30）武王（41）余璋
		（31）义慈王（20）

凡例
↓ ：父子相续
  ：王弟相续
→ ：王姓交替
○ 内数字：王历代数
（ ）内数字：在位年数

①金圣昊：《沸流百济와 日本의 国家起源》，见《温祚百濟의 王統系譜》，知文社1982年版，第331页。
②《三国志·魏书·东夷传》"韩传"条。

但是《三国遗事》中记载为：从秦国逃亡之人进入韩国之后，在马韩东部得到一块领土而形成了部族，因为彼此称呼为"徒"，类似秦国语言，所以被称为"秦韩"。当中还引用崔致远的说明：辰韩本是为了躲避燕国人，所以用"涿水"（燕地的河流）的名称来称呼自己居住的地方，如"沙涿""渐涿"等。[①]

由于文献记录各不相同，学者们对此也观点不一。李丙焘博士认为，辰韩和马韩在政治上都奉"月支国"的"辰王"为盟主，其民族同属于广义的貊族，否定了《魏书》记载辰韩、马韩语言不同的观点。[②]

另外有观点主张，辰国并非包含了整个南部地区的国家，辰国应该只不过是众多集团中较为著名的部族国家，其领土大致在益山附近。[③] 还有观点主张，辰国是存在于中部地区的南下移民部族国家，辰国向东南方迁移后成为辰韩。[④]

事实上，关于辰国与辰韩的情况目前尚不明确，其原因在于《三国志》与《后汉书》的记录缺乏一致性，同时韩国记录三国以前人口结构的资料较少。

另外，金圣昊把"辰韩系种族"视为沸流百济的南下势力，并且认为京畿道地区的辰韩和庆尚北道的辰韩、南部辰韩、锦江流域辰王的"月支国"等都是统一种族系统。[⑤] 这种论断虽然有过分扩大沸流百济之感，但是这种学说揭示了当时使用"涿水系"地名的种族南下迁徙的路线和分布，因而值得关注。"涿水系"地名和"多勿系"地名具有类似含义，应该是意为"大地"与"水"的合成词。[⑥] "涿"与"多"意为"大地"或"地区"，"水"和"勿"意为"水"。由此不难推测：使用"涿水系"或"多勿系"地名的部族遗留在当地的民众应该具有大地神和水神信仰。大地神和水神信仰所创造出的神话正是"水父地母型"神话。日本"夜来者神话"的发源地三轮山神庙所供奉的神是"大

---

① 《三国遗事·纪异第一》"辰韩"条："后汉书云：辰韩耆老自言，秦之亡人来适韩国，而马韩割东界地以与之，相呼为徒，有似秦语，故或名之为秦韩。有十二小国，各万户，称国。"又崔致远云："辰韩本燕人避之者，故取涿水之名，称所居之邑里，云沙涿、渐涿等。"
② 李丙焘：《三韓問題의 研究》，见《韩国古代史研究》，博英社1976年版，第237—260页。
③ 金贞培：《辰國과 韓에 關한 考察》，载《史丛》12/13合辑，1968年。
④ 千宽宇：《〈三國志〉韓傳의 再檢討》，载《震檀学报》41号，1976年，第22—34页。
⑤ 金圣昊：《沸流百濟와 日本의 國家起源》，"2. 三韓傳과 沸流百濟"，知文社1982年版，第331页。
⑥ "多勿"的读音为"tamul"，韩国语中用"多"（ta）的发音对应"大""对"等汉字；"勿"（mul）是韩文的"물"（水）之义，可以用来对应水、文、门、美、密、头、龙（弥）、马、物、摠等汉字。"涿水"的"涿"字的辰韩古语发音是"道"（tu 或 to），意为"门"或地域边界，"水"（mul）同样也表示"地"或"水"之意。이기문：《国语史概说》，民众书馆1972年版。

物主神","大物"即"多勿",可以将其理解为大地与水的含义。

因此,百济末期的"余氏王"系统属于马韩,他们是从北方南迁的移民种族,具有"水父地母神"信仰。他们比温祚集团更早迁移并形成马韩社会,在与百济合并之后,逐渐成为掌握中央权力的势力,最终取得王位。

笔者认为,百济末期王室血统与温祚系统不同,具体原因分析如下。

第一,百济王室初期是"解氏",末期变成了"余氏"或"扶余氏"。温祚建造的东明王庙的祭祀持续到第十八代王"腆支王"。《三国史记》等文献把高句丽、扶余记载为彼此类似的部族,"解氏"和"余氏"似乎都是主导百济建国的势力,但这反映的是百济末期统治阶层的观点立场,两者实际上属于不同的系统。而且,东明王庙是国祖庙,应该只在最初建都的地区祭祀①,但如前所述,东明王庙里供奉祭祀的神不是温祚,所以这一观点无法成立。如果百济末期的王室血统是温祚系统,那就不会出现举全国之力去修建与水神相关的"弥勒寺"之类的大型寺庙,而应该会建设更多的东明王庙。

第二,中国《周书》《北史》等文献记载,百济最初为马韩的属国②,这些史书中记载的时期为百济第二十五代王"武宁王"到第三十代王"武王"时期(A. D. 501—641)③,这应该是百济"余氏系统"王室的在位时期。根据《三国史记·本纪》,百济征服马韩后南下扩张,起初两国家是对抗关系,彼此并未联合。即便百济初期真的曾经被马韩征服,但是当百济强大到足以南下征服马韩时,也应该没有理由去宣传早期的屈辱历史。如果中国的史料有可能参考了百济王室提供的信息,那么当时的王室属于马韩系统,所以可能会故意将百济说成是马韩的属国,即如果"余氏系"王室属于马韩系统,那么他们就会强调百济最初是马韩的属国,也就是百济就是马韩。

以上内容探讨了武宁王被马韩势力拥戴继承王位的可能性。这样看来,原本在马韩社会流传的"水父地母型"神话,很可能会与部族即位的王的诞生故事联系起来。但是无法确认的情况是:这一神话到底是"武宁王"自己创造的,

---

①卢明镐:《百濟의 東明神話와 東明廟》,载《历史学研究》10辑,全罗南道大学校史学会,1981年。

②《周书·异域传》:"百济者,其先盖马韩之属国。"《北史·百济传》:"百济之国,盖马韩之属也。"

③千宽宇:《三韓의 國家形成》(下),载《韩国学报》3辑,1976年,第142页。

还是百姓民众创造流传的？如果武宁王自称是"水父地母神"后裔，那他应该会重新复活水神、地神的祭祀活动；如果是百姓创造的"武宁王神话"，应该不会举行新的国家祭祀。但在"余氏系"王统治期间只存在狂热的水神信仰。

"薯童传说"中薯童登上王位以后，在龙华山水池边见到三尊弥勒从池中显现，于是创建了弥勒寺。如果是武宁王创建了弥勒寺，这应该是佛教传入后传统的水神信仰与佛教结合发展的结果。"弥勒"的韩语发音"미륵"（mireuk）与韩语"龙"的发音"미르"（mireu）类似，所以弥勒信仰也就是"龙神信仰"与佛教融合的信仰。因此，原本的水神神殿因受到佛教的影响，后来被建造成寺庙的形态，逐渐发展为弥勒寺。

百济的"水父地母型"神话到了百济末期，恢复了神话功能并与佛教结合产生了变化。而且水神信仰也发展变化为"龙神信仰"或"弥勒信仰"，并在民间拥有广泛的信仰基础，在百济灭亡以后继续流传。

甄萱是后百济的开国始祖，众所周知，甄萱的诞生故事就是"夜来者神话"，这说明"水父地母型"神话一直到新罗末期在百济故土都具有强大的神话功能。甄萱为了召集可以对抗统一新罗王权的新势力，需要将自身神圣化。并且在甄萱成为开国始祖后，百姓为了神化甄萱的诞生将"夜来者神话"附会在甄萱传说之中。无论何时，"水父地母型"神话都被马韩、百济遗民视为神话，并且成为团结民心的力量。

不过，"夜来者神话"到高丽时期以后，丧失了其神话功能，仅有故事情节在民间流传，直到今天变成神异怪诞的故事。

（三）结论

"东明神话"是扶余和高句丽的建国神话。百济从温祚建国元年修建东明庙，到第十八代王"腆支王"一直举行"东明祭祀"。"东明神话"作为百济的神话，首先让人疑惑的是"东明祭祀"与高句丽"朱蒙神话"的关系。不过，虽然"东明神话"也应该在百济流传过，但是百济的"东明神话"并非高句丽的"朱蒙神话"。

"东明神话"作为天神崇拜部族的神话，始祖诞生于天父与地母的结合，所以属于"天父地母型"神话。北扶余、东扶余、高句丽、百济等国流传的神话，主干结构虽然变化不大，但具体内容与神话特点却不尽相同。

如"东明神话"最初在北扶余流传，开国始祖是从天而降的，后来天神族与地神族、水神族融合统一，"东明神话"也最终转变为"天父地母型"神话。"天父地母型"神话又可以分为：以天父为主的神话和以地母为主的神话，每个神话都有不同的传承集团。

历史上，东扶余从北扶余分裂出来前往别处，卒本扶余又从东扶余分裂出来，建立了高句丽。但是，从神话中分析得出的观点为：东扶余统治阶层否定与北扶余存在血缘联系；高句丽否定与东扶余存在血缘关系，并称自己继承了北扶余。由此可总结出"东明神话"的逻辑，即否定分裂之前所属的集团，并独立创建新的国家。扶余建国神话中记录的北夷"东明神话"中，东明在索离国长大成人，他的母亲是索离国国王的侍婢，但东明与索离国王并无血缘关系，而是因其母亲有感"天上之气"受孕诞生的人物。

同样的逻辑也可以在"百济东明神话"里找到。百济是从高句丽分裂出来的由沸流或温祚集团创建的国家，但是在"百济沸流始祖说"的记录中，沸流与朱蒙没有血缘关系，他是东扶余解夫娄的后代；"百济温祚始祖说"中记载的朱蒙事迹并未展现出任何神圣性。由此推测：百济建国神话"东明神话"应该继承了扶余的建国神话——北夷"东明神话"。

温祚建造"东明庙"的时间要早于高句丽，所以很难认为高句丽"东明神话"曾经流传到了百济。高句丽的国祖神话为"解慕漱神话""朱蒙神话"和"琉璃王神话"的"三代传记"，而百济的国祖神话应该接受了内容类似"朱蒙神话"的扶余"北夷东明神话"，原因在于沸流、温祚在神话之中并未对朱蒙、类利表现出肯定与友好。

但是，百济"东明神话"应该是"天父地母型"神话，很有可能是天神崇拜部族带到韩半岛的神话。

另外，百济攻击马韩，占领了韩半岛西南的领土。马韩后来归顺了百济，百济将都城从慰礼城迁到熊津，之后又南迁到泗沘，逐步统一了马韩各个分支部族。可是，马韩部族并非信仰天神，而是有着强大的地神与水神信仰。马韩的"五月祭"和"十月祭"是向农业生产神祈求丰收的祭祀，可以解释为地神祭祀。在百济史料中，统治阶层和民众使用的语言不同，这说明百济的建国势力和归顺的马韩部族是语言、信仰都不相同的集团，也意味着百济建国神话和马韩神话应该属于不同体系的神话。马韩神话有着怎样的内容？马韩被百济征服之后又如何发展？这些问题值得进一步探究。

分析马韩的"五月祭"可知，其神话为地神和水神神话，从目前口头流传的具有神话内容的传说资料来看，"夜来者传说"属于"水父地母型"神话。

"夜来者传说"是村庄始祖、姓氏始祖、国家始祖的诞生故事，具有始祖神话特点，其始祖父系为水神，母系为地神。并且，通过分析与"夜来者传说"内容相对应的全罗地区拔河祭祀仪式，可以推测"夜来者神话"很可能是马韩神话。

除此以外，"薯童传说"中保留有"夜来者神话"的神话要素，证明"薯童传说"正是与百济"余氏系"王室"武宁王"相关的神话，同时确认了百济末期马韩神话再次发展成为统治势力的神话。

因此，百济神话在初期和末期的面貌各不相同。百济建国初期以"东明庙祭祀"为主，流传着"天父地母型"神话，这一神话既是国祖神话，也是国家守护神神话，还兼有生产主宰神神话的功能。后来马韩归顺以后，到了百济末期，马韩部族成为百济核心势力，百济神话也随之转变为马韩人信仰的"水父地母型"神话。百济的水神信仰与佛教融合发展为"弥勒信仰"，各地不再建造始祖庙，取而代之建立大规模的弥勒寺，这可以理解为到了百济末期，"弥勒信仰"大幅强化，而这也是传统水神信仰的一种变形。

类似的"水父地母型"神话在百济灭亡之后依旧在百济遗民中流传，直到甄萱的后百济时代持续保持着神话功能。但是后百济灭亡，王建建立高丽之后，水神信仰很难从国家层面恢复神话功能，原来的神话渐渐与龙神信仰、弥勒信仰相结合，转变为民间神话或传说。

巫俗神话研究

一、创世始祖神话之含义与变异

（一）绪论

"创世始祖神话"是叙事巫歌的一种，通常被称作"天地开辟神话"，迄今为止韩国各地已有采录报告十几篇。特别是咸兴（朝鲜咸镜南道）和济州道地区的流传版本较为完整。另外，中部、东海岸地区将部分"创世始祖神话"的内容编入"世尊巫祭"①等独立巫祭中。不过，根据韩国全国范围的神话调查结果，各种版本的创世神话中都包含有决定由谁来主宰人世的"争夺人世统治权"的内容片段，可见"争夺人世统治权"已成为创世神话的核心内容。因为这些内容与人世始祖相关，所以和"天地开辟神话"相比，称其为"创世始祖神话"更加合适。天地开辟故事在咸兴地区"创世歌"中以短篇形式出现，除此以外其他资料都不是叙事，而是说明描述性的内容。

迄今为止，"创世始祖神话"的相关研究只有学者仁晢宰发表的《韩国天地开辟神话》一篇论文②，当中介绍了咸镜南道咸兴（二篇）、济州道（二篇）、庆尚北道蔚珍（一篇）等地流传的五篇相关资料，并探讨了"天地开辟神话"包含的文化内涵。

笔者注意到在平壤、京畿道乌山、江原道江陵、庆尚南道宁海等地采集记录的"帝释巫神歌"系列中带有"创世始祖神话"的色彩，针对这一内容，分析创世神话与国祖神话、"帝释巫神歌"之间的相互关系，研究"创世始祖神话"的变异情况，探析当中反映出的韩民族意识。

通过考察巫俗神话"帝释巫神歌"的诸多异本，并与檀君、朱蒙等国祖神话进行比较，证明了二者之间具有联系。③"帝释巫神歌"是韩民族的生产神神

---

① 世尊巫祭（시존굿）：名称来源于佛教，流传于韩国东海岸地区，是对生产神"堂锦千金"的祭祀，相当于其他地区的"帝释巫祭"，一般在"别神巫祭"的"和解巫祭"之后举行。——译注
② 任晳宰：《우리 나라의 天地開闢神話》，见《耕學 金永敦博士 華甲紀念 教育學論叢》，1997 年。
③ 徐大锡：《帝释본풀이 研究》，见《韩国巫歌研究》，文学思想社 1980 年版，第 19—198 页。

话和守护神神话，虽然今天流传的神话表面内容发生了很大变化，但这些神话应该都起源于相同的国家始祖神话。

笔者始终关注与创世始祖相关的巫俗神话，其中关心的重点问题有两个：一是流传至今的资料到底发生了怎样的变化？又该如何推测神话的原貌？二是神话原本的内容反映了韩民族怎样的民族意识？

为解决这些问题，需要先来讨论一下流传至今的创世始祖神话的相关记录资料和叙事巫歌资料，再按照神话内容类别，对其变异和含义进行考察。

（二）资料

迄今为止，采集整理的包含"创世始祖神话"内容要素的巫俗神话（叙事巫歌）具体包括：

①创世歌：1923年8月，学者孙晋泰于咸镜南道咸兴采集记录的金双道（音）口述版本，后收录在《朝鲜神歌遗篇》（1930）中。① 该神话内容比较完整，是最早整理记录的韩国本土创世神话，主要包括"天地开辟""调整日月""创造人类""争夺人世统治权"等。

②圣人巫歌②：1965年9月，学者张筹根、任皙宰记录整理了从咸兴迁来的巫女姜春玉的口述资料，收录于《关北地方巫歌》（追加）（1966）。③ "圣人巫歌"包含多种叙事巫歌，开头部分有"创世始祖神话"相关内容。"天地开辟""调整日月""创造人类""人世主导权竞争"等神话内容要素与"创世歌"相同，具体的内容多有不同。"圣人巫歌"是将创世故事和"帝释巫神歌"类型故事共同口述的叙事巫歌，为推断巫俗神话的内容变异提供了很多启示。

③三胎子巫歌：1966年8月，张筹根、任皙宰收集整理了从平壤南迁而来的郑云鹤口述的巫歌，收录于《关西地方巫歌》（1966）。④ "三胎子巫歌"是"帝释巫神歌"体系的叙事巫歌，此资料开头口述了部分"创世始祖神话"，当中并未叙述"天地开辟"，只有"争夺人世统治权"和"调整日月"的段落。

④蒸笼巫歌⑤：日本学者赤松智城与秋叶隆采录了京畿道华城郡乌山里村的

---

① 孙晋泰：《朝鲜神歌遗篇》，乡土文化社1930年版，第1—13页。
② 圣人巫歌（셍굿）："帝释巫神歌"在咸兴地区的名称。——译注
③ 任皙宰、张筹根：《关北地方巫歌》（追加），文教部，1966年，第1—18页。
④ 任皙宰、张筹根：《关西地方巫歌》，文化财管理局，1966年，第509—527页。
⑤ 蒸笼巫歌（시루말）：韩国京畿道地区流传的含有创世神话内容的巫歌，因举行巫祭时需要在前面放置一个蒸笼而得名。——译注

世袭巫李钟万口述的资料，收录于《朝鲜巫俗の研究》（上）（1937）。① 这一资料中没有"天地开辟""创造人类""争夺人世统治权"等体现创世神话特点的段落，但含有"始祖出生过程"和"调整日月"的内容，所以仍然具有"创世始祖神话"的资料特点。特别是"创世始祖诞生故事"与"帝释巫神歌"、国家始祖神话具有相同的叙事结构，因此为研究神话的功能变异提供了珍贵线索。

⑤堂锦千金歌②：1974 年 7 月，学者金善丰采录了江陵巫女朴龙女口述的资料，收录于《韩国诗歌的民俗学研究》（资料篇）（1977）。③ "堂锦千金歌"是"帝释巫神歌"系列的叙事巫歌，其中包含了释迦与弥勒争夺人世主导权的内容片段。④ 所以这一资料整体上虽然无法被称为"创世始祖神话"，但是因为将一部分"创世始祖神话"片段编入"帝释巫神歌"，对于了解"创世始祖神话"与"帝释巫神歌"的相关性研究提供了必要资料。

⑥堂锦千金：1971 年 8 月，学者崔正如、徐大锡采录的庆尚北道盈德郡宁海的降神巫女崔音全口述的资料，收录于《东海岸巫歌》（1974）。⑤ 此资料属于"帝释巫神歌"系列叙事巫歌，其中插入了"创世始祖神话"的主要内容要素，即释迦与弥勒对人世主导的争夺。⑥

⑦顺产祝愿：1975 年，法国学者纪叶莫（A. Guillemoz）采录了庆尚北道蔚珍郡的权顺女占卜者口述的顺产咒文，此资料后被任晳宰发表于《耕学金永敦博士华甲纪念教育学论丛》（1977）中。⑦ 发表内容全是关于弥勒与释迦争夺人世主导权，前后部分都被省略，所以无法了解资料的整体特点，但考虑到其地区巫歌的特点，应该属于堂锦千金叙事巫歌的一部分。

⑧初感祭（朴奉春口述版本）：日本学者赤松智城、秋叶隆采录了济州道西归浦男巫朴奉春口述的资料，收录于《朝鲜巫俗の研究》（上）。⑧ 此资料也被称为"天地王巫神歌"，主要内容有：天地开辟、天地王与比丘王的结合、大星

---

①赤松智城、秋叶隆：《朝鲜巫俗の研究》（上），大阪屋号书店 1937 年版，第 128—132 页。
②堂锦千金（당금아기）：传说与天神"世尊"化身的和尚结合，以处女之身生下三个儿子，后来成为保佑女性顺利生产、孩子健康成长之产神（삼신）。根据韩国各地方言，堂锦千金还被称为：당금애기、당곰애기、당곰각시、제석님딸애기、시준애기、자지명애기등。——译注
③金善丰：《韓國詩歌의 民俗學的 研究》，萤雪出版社 1977 年版，第 284—297 页。
④金善丰：《韓國詩歌의 民俗學的 研究》，萤雪出版社 1977 年版，第 286 页。
⑤崔正如、徐大锡：《東海岸巫歌》，萤雪出版社 1974 年版，第 72—84 页。
⑥崔正如、徐大锡：《東海岸巫歌》，萤雪出版社 1974 年版，第 77—88 页。
⑦任晳宰：《우리 나라의 天地開闢神話》，见《耕學 金永敦博士 華甲紀念 教育學論叢》，1997 年，第 25—26 页。
⑧赤松智城、秋叶隆：《朝鲜巫俗の研究》（上），大阪屋号书店 1937 年版，第 369—374 页。

王与小星王的出生、调整日月等。

⑨天地王巫神歌（朴奉春口述版本）：日本学者赤松智城与秋叶隆收集整理了济州道西归浦男巫朴奉春口述的资料，收录于《朝鲜巫俗の研究》（上）。① 主要内容有："天地王"惩治"寿命长者"、天地王与"白珠老太之女"结缘生下大星王与小星王、大小星王争夺人世主导权。根据之后的调查报告，这一巫歌属于在"初感祭"中口述演唱的巫歌②，巫祭名称为"初感祭"，而作为神话称之为"天地王巫神歌"更为恰当。

⑩天地王本（李茂生口述版本）：学者秦圣麒采录的济州道南济州郡李茂生口述的资料，收录于《南国巫歌》。③ 主要内容包括："虚蒙伊（쉬맹이，寿命长者）"不孝、天地王惩治"虚蒙伊"失败、天地王与徐秀岩（서수암，比丘王与总命夫人之女）结合生下大小星王兄弟、大星王与小星王争夺人世统治权等。这一资料的特色之处是记述了巨富"虚蒙伊"财产丰厚，却只给父亲喝粥导致父亲死去的不孝故事。

⑪天地王巫神歌（高大仲口述版本）：1962 年 8 月，学者张筹根采录的济州道北济州郡高大仲口述的资料，收录于《韩国的民间信仰》（资料篇）（1973）。④ 主要内容包括："天地肇判"、大星王与小星王争夺人世统治权、调整日月等内容。

⑫天地王巫神歌（姜日生口述版本）：1964 年 7 月，学者任晳宰采录的济州道北济州郡女巫姜日生口述的资料，发表于《济州道新获资料报告》（1964）。⑤ 主要内容为天地开辟、调整日月、大小星王争夺人世统治权等。

⑬排铺道业浸⑥、天地王巫神歌（安仕仁口述版本）：玄容骏采录的济州道男巫安仕仁口述的资料，收录于《济州道巫俗资料事典》。⑦ 根据这一资料记述，济州道创世始祖神话是在"初感祭"中口述演唱的。"天地开辟""调整日月"等包含于"排铺道业浸"内容之中，"天地王惩治寿命长者""天地王与总命夫

---

① 赤松智城、秋叶隆：《朝鲜巫俗の研究》（上），大阪屋号书店 1937 年版，第 460—466 页。
② 玄容骏，《济州道巫俗资料事典》，新丘文化社 1980 年版，第 33—45 页。
③ 秦圣麒：《南國의 巫歌》，济州民俗文化研究所，1960 年，第 287—296 页。
④ 任晳宰：《우리 나라의 天地開闢神話》，见《耕學 金永敦博士 華甲紀念 教育學論叢》，1997 年，第 13—28 页。
⑤ 任晳宰：《우리 나라의 天地開闢神話》，见《耕學 金永敦博士 華甲紀念 教育學論叢》，1997 年，第 19—25 页。
⑥ 排铺道业浸（배포도업침）：根据韩语发音直译的汉字名称，济州道巫祭"初感祭"的开始部分。——译注
⑦ 玄容骏：《濟州道巫俗资料事典》，新丘文化社 1980 年版，第 33—45 页。

人结婚生下大小星王""大小星王争夺人世主导权进行的猜谜竞争"等内容包含于"天地王巫神歌"之中。这一资料在目前济州道流传的创世始祖神话中内容最为完整。

上述资料①②⑦⑪⑫五篇,均收录于任晳宰所著《韩国天地开辟神话》。①综合考察以上资料,可以概括出以下特点。

第一,从流传地区来看,创世始祖巫歌广泛分布于济州道、东海岸、京畿道、咸镜道、平安道等地区,覆盖了韩半岛的大部分地区,特别是半岛北部地区的咸兴与南端的济州道,两地流传的资料内容尤其丰富,虽然这些资料的具体叙述有所不同,但其神话特点是相通的。这一点可以说明,有关创世始祖的巫俗神话并非口述巫俗人士个人传承的资料,而是继承自传统神话,并且很有可能是韩民族本身固有的民族神话。

第二,从记录整理的资料内容看,济州道的流传最为活跃,也最为完整地继承了资料内容。本土地区除咸兴以外,创世始祖巫歌的传承几乎中断。所以,可以说除咸兴、济州以外,其他地区流传的资料只是韩国创世始祖神话的碎片,无法反映神话的本来面貌。

第三,创世始祖神话的主要内容涉及人世的创造与人世始祖相关内容,前者包括天地开辟、调整日月、创造人类等,后者包括人世始祖诞生经过、人世统治权竞争等。这里的人世始祖相关内容与檀君、朱蒙等国祖神话性质相同,创世故事因为是在文献中没有记载的新的巫俗神话,因此值得关注。

本部分内容将以咸兴、济州地区流传的创世始祖巫歌资料为主研究其神话含义,并参考其他地区资料,考察神话的功能变化及因此产生的内容变异。为使各个版本的对比更为清楚,将按照神话内容要素进行分类考察,各版本名称将按口述者的姓名简称为"金双道口述版本""安仕仁口述版本"等。

(三)含义与变异

1. 天地开辟

有关"天地开辟"的内容,只有"金双道口述版本"展现出神话面貌,其他版本仅仅出现了叙述性的说明。

  天地伊始,

  弥勒诞生,

---

①任晳宰:《우리 나라의 天地開闢神話》,见《耕學 金永敦博士 華甲紀念 教育學論叢》,1977年,第3—26页。

> 天地彼此粘连，
> 分也分不开，
> 天像锅盖把手一样突起，
> 大地四角立着铜柱。
>
> ——"创世歌"①

本资料表现了"天地开辟"的全部内容，但其内容不仅简略，表达也很模糊，并没有说清楚"天地开辟"是依赖于造世主，还是自然形成的。不过通过仔细分析上下文可知，应该是造世主弥勒开辟了天地。弥勒诞生于天地初始之时，早于天地开辟以前。起初天地黏在一起无法分开，肯定是由于某人才得以分离的，那么是谁分开了天地呢？虽然字面上并未明确表述，但从"大地四角立着铜柱"的表达可知，一定是某个人物开辟了天地。因为天地分离以前只有弥勒诞生，所以只能认为是弥勒开辟了天地。换言之，弥勒在天地未分之前就已经诞生，后来又开辟了天地，为使天地不再合拢，于是在大地四角竖起了铜柱。

"金双道口述版本"包含的天地开辟叙述十分简略，表达也有模糊之处，但却表达了韩国的天地开辟并非自然形成，而是由造世主开辟而成的。

不过有关这一巫歌内容，在四十多年后相同地区收集记录的"姜春玉口述版本"中，弥勒创世的内容却变化为自然形成。

> 人们都说开天之时，
> 从"子"方打开，
> 开辟大地时，
> 从"丑"方开辟，
> 人，在"寅"方形成。
>
> ——"圣人巫歌"②

此处的"天地开辟"被叙述为自然形成。资料当中不可能故意隐藏开天辟地的造世主，因为神话中不可能不涉及信仰对象。那么有必要提出的疑问是：这种自然形成的天地开辟是否是韩国巫俗神话的本来面貌？"天开于子时子方，地辟于丑时丑方，人生于寅时寅方"，这是按照十二地支的时间顺序记录人世形成的次序。这种表达并非韩国固有的思想体系，而是从中国传入的"宇宙生成

---

① 孙晋泰：《朝鲜神歌遗篇》，乡土文化社1930年版，第1页。
② 任晢宰、张筹根：《关北地方巫歌》（追加），文教部，1966年，第1—2页。

论"①，这种按十二地支时间顺序记述人世依次形成的内容完全不同于造世主的创造世界，其神话含义已被去除，不过在巫俗祭祀的开头照例会正式表达这种叙述。这一部分的巫歌内容在韩国本土被称为"致国源起"(치국잡기)，而按照济州道方言则被称为"排铺道业浸"。

  伏愿天尊地卑，创造天地时：天开于子，天在子时打开，天皇氏在上，造出三万三千日月星辰，十方诸天诸君列位天尊在上；地辟于丑，大地在丑时开辟，地皇在上，承载万物；列位天尊在上，人生于寅，人在寅时所生……

——"祝愿文"②

  回到天地合一的时候，回到天地合一的时候，天地合一之时，天与地没有缝隙。……天开于子，地辟于丑，人始于寅。

——"初感祭""排铺道业浸"③

  从此内容来看，巫歌与天地开辟神话在描述开天辟地内容时，具有相同的功能。在巫祭开头只简述"天地肇判"后人世的形成与历史，是因为这段叙述具有在创世神祭祀仪式中向创世神表达祝愿之义，这段叙述替代了解释创世神起源的神话。

  那么，是什么原因导致了创世神神话消失，被"致国源起""排铺道业浸"等"教述巫歌"所取代呢？

  神话在对神的祭祀中得以传承，如果祭祀消失，那么神话也就失去了流传的土壤，从而丧失了口述的机会而最终消失。韩国原来并非没有创世神话，只是随着创世神崇拜的消退，巫俗祭祀里逐渐失去了祭祀创世神的内容，使得创世神话最终无法流传。

  至今仍然保留着创世神祭祀的地区是济州道。"初感祭"是祭祀创世神的巫祭，在大型巫祭的祭祀顺序中最先举行。"创世始祖神话"之所以在济州道能够流传的原因就在于此。

  那么创世神崇拜在韩国本土为何衰退了呢？问题的答案错综复杂并不明了，但可从以下几个方面进行思考。

  第一，其中应该有巫俗的现实考量。巫俗祭祀是重视实际利益的活动，能

---

① 宋代学者邵雍的《皇极经世》中有："天开于子，地辟于丑，人生于寅。"参见冯友兰：《中国哲学史》(下)，第847页。
② 金荣振：《忠清道巫歌》，萤雪出版社1976年版，第197页。
③ 玄容骏：《济州道巫俗资料事典》，新丘文化社1980年版，第33页。

给人们现实生活带来实际利益的神最受崇拜,反之亦然。① 创世神的职能权威并不清晰,而且并不直接掌管人类的福祉,所以导致了创世神崇拜的衰退。

第二,随着巫俗神职能的细分化,祖先神、生产神等代替了创世神的职能。创世神的职能十分宽泛,包括创造人世、统治人类、调节直接影响农业的气候。② 但是,随着人们对帝释等生产神崇拜的不断加强,同时开始单独祭祀祖先神,人们更加崇拜和自己出生直接相关的祖先神,认为相比于最初创造人类的创世神,掌管生育的产神和帝释神更加重要。

第三,以国家、村落为单位举行的巫俗仪式缩小为以家庭单位。创世神并非与某个特定个人有关,因其创造了人类世界,所以受所有人的崇拜,这种神格特点使其在部族巫俗仪式中得到崇拜和祭祀。在举行国家级别祭神活动的时代,创世神被尊崇为最高主神,但在举行家庭祈福祭祀的情况下,创世神的相关祭祀程序可能会被忽略甚至省略。

因此,可以推测随着创世神话祭祀程序的消失,其神话也将衰退。但是,原本流传的神话不会突然之间消失不见。所以,按照口述的习惯传统,在巫俗祭祀的开头部分仍然会简述创世的过程,同时加入中国观念后,逐渐变化为类似今天"致国源起"的巫歌。因此,韩国原本是存在叙述创世主创造世界的神话的,但创世主的名称在佛教传入后改为了弥勒,至今为止依然保留有神话特点的资料是朝鲜咸镜南道咸兴地区的"创世歌"。

2. 创造人类

创造人类的相关内容只在巫俗神话中才能找到。"檀君神话"将檀君视为人类始祖,虽然檀君的出生也可以视为创造人类,但檀君只是统治者的始祖,而不是人类的始祖。熊女祈求自己变成人类说明熊女之前已有人类,檀君统治国家,而国家是人类集团,所以在檀君之前应该已有集体生活的人类部族。

在各地区的"创世始祖神话"中,只有咸兴地区的巫歌资料中包含了创造人类的内容。将仅仅局限在部分地区流传的神话称为本源神话,这种推断是极其不负责任的,可是在认可创造人世内容的前提下否认创造了人类,这种解释更加不合逻辑。因此无论神话原本的内容如何,应该都存在"创造人类"的神话内容要素,这一要素之所以会在其他地区巫歌资料中被遗漏,原因在于,随着人们更加热衷于祭祀和自己直接相关的姓氏祖先,创造人类之神逐渐被人们遗忘。

---

① 金仁会:《韓國人의 價值觀:巫俗과 教育哲學》,文音社 1979 年版,第 105 页。
② 徐大锡:《帝释本풀이 연구》,文学思想社 1980 年版,第 93 页。

那么，人是如何被创造出来的呢？

> 很久以前，
> 弥勒一手捧银盘，一手举金盘，向上天祷告祝词，
> 有虫从天而降，五只落在金盘，五只落在银盘，
> 虫渐长大，金虫化作男子，银虫化作女子，
> 银虫、金虫渐渐长大，结为夫妇，世上方才有人。
> ——"创世歌"①

此处可以理解为弥勒创造了人类，但是没有将弥勒叙述为全知全能的造物主。弥勒并未亲手创造人类，而是借助向更高的"上天"祷告而得到了可以演变为人类的"金虫""银虫"。赐给弥勒"金虫""银虫"的"上天"可以被视为在创造人类过程中起到决定作用的绝对神。"弥勒"的名称虽然来自于佛教，但其原型很可能是佛教传入前就已经接受崇拜的创世神。依靠弥勒而得以变化成男女的金虫、银虫，毫无疑问就是最初的人类，他们并非统治者，而是人类的始祖。

另外，四十多年后同样在咸兴地区收集记录的"姜春玉口述版本"巫歌中，出现了"人类是用土做的"的表达。

> 过去有人出现时，人是从哪里来？
> 到天地鸭绿山去，抟一把黄土造出了男人，
> 女人从何而来？
> 女人也是被创造而来。
> ——"圣人巫歌"②

这里只提到用黄土造人，并未说明创造人的主体。但是，人类不是自己从黄土里自生的，明显是有某个"人物"创造了人类，由此确定了创造神的存在。

以上资料的疑问在于，两个巫歌资料中记述了完全不同的人类创造过程。"金双道口述版本"中将人类的起源归结为"上天"，"姜春玉口述版本"中将人类起源归结为"大地"。而且"金双道口述版本"中从天而降的虫子变成人的内容体现了进化论的观点，"姜春玉口述版本"中的"黄土造人"则反映了创造论的意识。

同一个地区流传的资料按理不可能出现如此迥异的神话观念，至少两种资料中应该有一种资料在原内容遭到破坏后，又引入了其他民族的神话要素。

---

① 孙晋泰：《朝鲜神歌遗篇》，乡土文化社 1930 年版，第 8 页。
② 任晳宰、张筹根：《关北地方巫歌》（追加），文教部，1966 年，第 2 页。

> 俗说，天地开辟，未有人民，女娲抟黄土为人。剧务，力不暇供，乃引绳于泥中，举以为人。故富贵贤知者，黄土人；贫贱凡庸者，引绁人也。①

这是在中国家喻户晓的人类起源神话"女娲造人"。"姜春玉口述版本"里黄土造人的内容，应该是接受了女娲故事等中国神话内容要素。女娲故事经常出现在韩国巫歌之中。

> 女娲氏到了后来，精炼五色石以补天，又传授给人女工诸技，制作了男女衣服。
> ——"成造巫歌"②

> 女娲氏诞生以来，建立了新的纲常，制定了国家的法度。
> ——"祝愿巫祭安堂"③

> 女娲氏后来精炼五色石，又制造了衣服。
> ——"城主巫祭"④

女娲故事与三皇五帝的事迹经常一起出现在巫歌之中，这说明女娲"黄土造人"的内容很可能是后来传入韩国巫歌的。因此，"姜春玉口述版本"中包含的"创造人类"并非韩国巫俗固有的神话内容。

那么，"金双道口述版本"巫歌中的"创造人类"是韩国固有的神话要素吗？由于缺少其他资料的支撑佐证，暂时还无法断言，不过可从以下几个方面探讨其可能性。

第一，"金虫""银虫"从天而降与天神崇拜思想有关，这种观念与韩国民族原本具有的信仰相同。

第二，"金虫""银虫"象征着日月，这与名为"成为日月的兄妹"的民间故事表达的神话观念有相似之处。

故事中妹妹变成了太阳，而哥哥成了月亮，"金双道口述版本"里"金虫"化为男人，"银虫"化为女人。可见，将日月和男女联系起来的观念在神话和民间故事中是一致的，只不过存在一些结构上的差异，如神话中表达的是从天而降的人类起源，而民间故事中则是人类从地面上升成为日月。

虽然"兄妹成为日月"的民间故事广泛分布于韩国、中国、日本等地，但

---

① 《太平御览》七十八引用《风俗通》，见《中国神话研究》，新陆书局1969年版，第50—51页。
② 孙晋泰：《朝鲜神歌遗篇》，乡土文化社1930年版，第79页。
③ 金泰坤：《木浦地域巫歌》，见《韩国巫歌集2》，集文堂1979年版，第101页。
④ 金泰坤：《영일지역 무가자료 1》，见《朝鲜巫歌集4》，集文堂1980年版，第77页。

只有韩国版本的结局是兄妹成了月亮与太阳,日本资料中孩子升天成为星星,而中国资料中根本没有提到孩子升天的内容。①

因此,可以认为"金双道口述版本"更加接近神话原貌。金虫、银虫成为人类,其神话含义并非在于上天赐予了人生命或是上天朝夕之间创造了人类,而是反映了人类在地上生活成长,最终变化为人的进化论思想。虫子是低等生物,但也具有生命。神话对生命起源的描述较为神秘,并未提及创造过程。虫子分别长成人类,体现了随着时间发展出现的进化过程,这与用黄土等材料一次性创造出人类的神话思想是不同的。

3. 调整日月数量

创世始祖神话的主要内容片段之一为"调整日月个数",几乎所有的资料版本都涉及这一内容,但调整日月的过程存在一定差异。

"金双道口述版本"中,天地开辟时,有两个太阳、两个月亮。弥勒摘下一个月亮,变成了"北斗七星"和"南斗七星",又摘下一个太阳,变成了大星。

"姜春玉口述版本"中,弥勒退出人世,释迦掌握了权力。当时白天有双日灼烧大地,晚上有双月释放寒气,人们苦不堪言。释迦克服重重难关来到"西天国",祭拜佛祖后,将一个太阳和一个月亮摘掉。

"郑云鹤口述版本"中,弥勒将人世让给释迦后,一气之下将日、月藏了起来。释迦在黑暗之中找到了蔡道士,将其治罪并打了板子,从蔡道士蓑衣袖子中找到日月,人世得以重见光明。

"李钟万口述版本"中,从前天上有两个太阳和两个月亮,"先门""后门"两兄弟用铁弓射下了一个太阳挂在帝释宫中,射下了一个月亮挂在明图宫中。

"朴奉春口述版本"中,人间有一对太阳、一对月亮,人们被日光炙烤,被月光冰冻,"大星王"和"小星王"受父王之命,用铁弓箭射下一个太阳和一个月亮,把他们变成了星星,让世界恢复了美好。

其余济州道巫歌片段,如"李茂生口述版本""高大仲口述版本""姜日生口述版本""安仕仁口述版本"等,内容与"朴奉春口述版本"基本相同。

以上资料中,除"郑云鹤口述版本"外,其他版本的内容都比较相似,即天上有两个太阳、两个月亮,人们饱受其苦,除去多余的日月后,人间恢复了美好。"郑云鹤口述版本"内容为重新找到了消失的日月,这与其他资料相比,

---

① 成耆說:《해·달이 된 오뉘》,见《韓日民譚의 比較研究》,一潮阁1979年版,第180—187页。

表现了不同的神话含义。在人世统治者交替的过程中重新找到了消失的日月，意味着原统治权得到了恢复，这与将君主的德治比喻为日月恩泽的观念相通。但令人怀疑的是，这些内容到底是不是原本就有的"调整日月个数"的神话内容要素？根据众多版本的神话内容来看，将"双日双月"减少为"单日单月"视为创世神话的原本内容，较为稳妥。

那么，调整日月数量又具有什么神话含义呢？

对此，学者玄容骏在其论文《月明师〈兜率歌〉背景传说考》中，考察了周边国家或民族的"射日传说"，认为该神话内容形成于谷物栽培文化背景下，祈求宇宙秩序循环反复、夏季气候温和平顺、农业丰收的"季节祭祀"之中。①两个太阳的出现意味着过热天气导致的干旱，将太阳射下意为防止干旱损害农业，这并非局限于某个特定时期的观念，而是每年举行的"祈求丰收祭祀仪式"的产物。

不过，为什么要用弓箭射下一个月亮也是一个疑问。在韩国周边国家或民族神话中，都存在"弓箭射日"的神话内容，但是"弓箭射月"的内容要素却是韩国神话独有的特点。②

如果说调整太阳数量是为了防止高温干旱，那么调整月亮数量应该是为了抵御寒冷和洪水。"姜春玉口述版本"中将其记述为："白天两个太阳在空中，大地被烤焦三尺三寸，把人烫死；晚上两个月亮在空中，大地结冻三尺三寸，把人冻死。"这里的月亮是寒冷的象征，不过在农作物生长的夏季抵御寒冷有点让人无法理解。不过，月亮还具有另外一个功能——掌管洪水。众所周知，月亮和水有着紧密的关系。学者金烈圭对此已有论述，他认为水、月亮、女性三者构成了"生生力环带"③，环内月亮被崇拜为"丰壤""生育""健康"等相关的"生生力象征"④。如果月亮象征着水，那么月亮数量过多则意味着洪水，所以将两个月亮中的一个射下有防止洪水之义。

调整日月数量表现出人们祈求风调雨顺、农业丰收，并且希望外部环境变得更加适宜居住的愿望。不仅于此，至少还有两方面的神话含义。

---

①玄容骏：《월명사 도솔가 배경설화고》，载《韓國言語文學》10辑，1973年，第87—106页。
②任晳宰：《우리 나라의 天地開闢 神话》，见《耕學 金永敦博士 華甲紀念 教育學論叢》，1997年，第32—33页。
③生生力环带（생생력환대）：生生力是能够诞生生命的力量，生生力环带指水、月亮、女性三者都具有再生以及诞生生命的力量。——译注
④金烈圭：《民俗信仰의 生生力 象徵》，见《韓國民俗과 文學研究》，一潮阁1971年版，第208—231页。

首先，调整日月数量既是人世统治者的权力，同时也是义务。"弥勒"和"释迦"、"先门"和"后门"、"天地王"和"大小星王"等既是创世神，也是人世统治者。从神话方面不难理解，人世统治者本来就应该拥有调整日月个数的能力，民众普遍认为古代社会的君王拥有调节气候的能力，并且也应该有为民众治理好气候的义务。

史料中有关于扶余风俗的记载："旧夫余俗，水旱不调，五谷不熟，辄归咎于王，或言当易，或言当杀。"① 可见，当时王肩负治理恶劣气候的义务。这种观念也是传承这一神话的部族集团的规范，同时也说明统治者最重大的权力和义务是治理和调节气候。

其次，"射下日月"体现了人类积极生活的态度。和韩半岛北部地区相比，南部地区巫歌资料中"用弓箭射下日月"的内容更加明确。咸兴、平壤地区流传的巫歌中未出现以弓箭射下日月的内容。这种现象与南部地区农业发达，地神崇拜比天神崇拜更为强烈有一定关系。因为北方一向把太阳神崇拜为祖先神与部族守护神，所以在其神话中也不会出现严惩太阳的内容，因为消灭太阳的创世神本身也是太阳神的继任者。不过，在把地母神崇拜为生产神的南部地区，创世神并非太阳神的后裔，所以可以为了民众的幸福痛下杀手除掉多余的日月。值得注意的是，这种积极征服自然的态度，与今天巫俗中向神祈愿、屈从神明的情况有所不同。今天的巫俗祭祀主要表现出一种为求得福祉而消解神的愤怒、迎合神的脾气的"娱神行为"。体现这种消极态度的巫俗祭祀应该是在漫长岁月中，历经历史苦难与统治者压迫后形成的巫俗特征。

4. 争夺人世统治权

"创世始祖神话"的核心是为了掌握人世主导权而展开竞争的内容，这不仅出现在各个资料版本中，而且在"帝释巫神歌"系列叙事巫歌中也穿插有许多相关片段。

各个版本中出现的主导权竞争内容大致可分为两种：韩半岛东北部的咸兴、平壤、东海岸地区类型和济州道类型。韩半岛东北部地区类型的主人公是"弥勒"与"释迦"，济州道类型的主人公是"大星王"与"小星王"。"弥勒""释迦"是佛教传入后出现的名称，并非神话主人公本名。虽然本土与济州道创世巫歌中的人物名称有所不同，展开竞争的具体方式也有差异，但两者具有相同特点，其含义也是一致的，由此推断人世主导权竞争的内容片段应该出于同一起源。

---

①《三国志·魏书·东夷传》"夫余"条。

（1）韩半岛东北部地区资料

韩半岛本土收集记录的包含人世主导权竞争片段的"创世始祖神话"资料有："金双道口述版本""姜春玉口述版本""郑云鹤口述版本""朴龙女口述版本""崔音全口述版本""权顺女口述版本"等。当中只有"金双道版本""姜春玉版本"的结构较为完整，其他版本只涉及部分段落，而"金双道版本"是单独流传的创世始祖神话，下面将简述"金双道版本"的主要内容，并与其他巫歌版本进行对比：

① 弥勒创世之后统治人间，这一时期天下太平。（此内容出现在"姜春玉口述版本""郑云鹤口述版本"中。）

② 释迦出现，让弥勒交出人世统治权。（此内容在所有版本中均出现。）

③ 弥勒提议比试法力，胜者统治世界，两次较量弥勒都获得了胜利。（此内容出现于"金双道口述版本""姜春玉口述版本"，但较量方式和结果有所不同。"金双道口述版本"中两神把瓶子放入东海比试谁能使海水沸腾，谁能让"成川江"结冻，弥勒获胜；"姜春玉口述版本"中是二神下"神仙象棋"，比试谁能在沙滩上使锚定的船航行，释迦获胜。）

④ 释迦提出继续较量，通过不正当手段获胜。（此内容在所有版本中均出现。释迦斗法失败后，提出比试一下谁能够在睡觉时让膝上开出花朵。斗法过程中，弥勒的膝上开出花朵，释迦本已失败，但其趁弥勒睡觉时将弥勒的花朵放在了自己膝上。）

⑤ 弥勒醒来发现了释迦的卑劣行径，预言释迦统治的世界将罪恶横行，之后弥勒消失。（此内容在所有版本中均出现。）

⑥ 释迦掌管了人世，罪人肆虐，恶行滔天。（此内容在所有版本中均出现。）

（2）济州道地区资料

记录整理的五篇济州道资料中，各版本之间并无悬殊差异，以"安仕仁口述版本"为主，概述片段内容如下：

① 天地王命令大星王统治人世，小星王掌管阴间。

② 小星王想统治人世，向大星王提出谜语打赌，但是大星王全部胜出。

③ 小星王提议比试看谁睡觉时可以开出花朵，较量中小星王趁大星王熟睡时调换了花罐。

④ 大星王得知花罐被调换，预言人世将罪恶横行，把人世统治权让给了小星王，自己则去统治阴间。

⑤小星王统治的人世纲纪废弛，大星王掌管的阴间公正清明。

观察"争夺人世统治权"神话片段，可以对其反映内容做以下推测：

① 曾经有过一个德才兼备的统治者，其当政时期天下天平。

② 无能、奸诈之辈向贤明的统治者发起挑战，并以卑鄙手段夺取了国家统治权。

③ 贤明统治者让出统治权，并预言罪恶将横行于世。

④ 贤明统治者预言成真。

从以上内容可以进一步提炼出该神话传承集团的若干观念。

第一，统治者应该德才兼备，取得统治权应该符合道德规范。"金双道口述版本"中弥勒在与释迦的较量中获胜，而且弥勒当政时期天下太平。贤能的统治者可以治理好天下，贤者当政的国家不会罪恶横行。

第二，统治者能力的标准并非勇猛或权威，而是智慧与处理问题的能力。弥勒与释迦之间的较量不是力量的对决，而是解决问题能力的比试。因为弥勒比释迦更加知晓道理，最终得以胜出。大星王、小星王的较量是猜谜打赌，解开谜语需要智慧和知识，并非蛮力之勇，从中也可以找到韩国"重文轻武"观念的源头。

第三，人世的善恶取决于统治者的德行。释迦和小星王为了夺取统治权而不择手段，释迦偷走弥勒膝上的花放在自己膝上，谎称是自己的花，显然是缺乏道德的行径。如果人世被这种无良之辈主宰，就会贼盗泛滥，恶疾肆虐。大星王知识渊博，为人正直，而小星王只贪念权力，无才无德，所以大星王掌管的阴间公正清明，而小星王统治的人世纲常紊乱。这些内容反映的观念是人世的所有善恶都取决于统治者的德行和能力。

5. 始祖诞生经过

创世始祖神话中详细叙述了始祖诞生经过的巫歌资料有：乌山"李钟万口述版本"和济州道各版本资料。那么，韩国本土除了"李钟万口述巫歌"之外，就没有涉及始祖诞生的巫歌资料了吗？这一问题与"创世始祖神话""帝释巫神歌"的相互关系有关，因为"李钟万口述巫歌"中"先门""后门"的出生类似"帝释巫神歌"里三兄弟的诞生经过，而且除咸兴"金双道口述巫歌"外，本土的大部分创世神话都包含在"帝释巫神歌"中得以口口相传。也就是说，始祖诞生经过并没有消失，而是被"帝释巫神歌"取代，所以也可以把"帝释巫神歌"视为韩国的"创世始祖神话"。之所以将"帝释巫神歌"与"创世始祖神话"加以区分，是因为乌山、济州道地区流传的"创世始祖神话"在巫俗祭祀中被独立出来单独口述，即"乌山十二巫歌"中的第二场"蒸笼巫歌"属于创世始祖神话，而第三场"帝释"属于"帝释巫神歌"；济州道大型巫祭的第一场"初感祭"中的"天地王巫神歌"属于创世始祖神话，而第十场"初公巫神歌"属于"帝释巫神歌"系列的叙事巫歌。与此类似，"创世始祖神话"与"帝释巫神歌"虽然具有相同的叙事结构，但是乌山、济州道地区因为保留了各自独立的祭祀程序，因而得以单独口述流传。

笔者曾经论述过"帝释巫神歌"与檀君、朱蒙等国祖神话在神话特点方面具有类似性①，那么创世始祖与帝释神、国祖檀君、朱蒙等有着怎样的关系呢？"创世始祖神话"又是如何被混入"帝释巫神歌"而传承的呢？

（1）乌山"蒸笼巫歌"与"帝释巫神歌"

"蒸笼巫歌"的情节可以概括为：

①"天下宫"的"堂七星"降临到"地下宫"，与"梅花园"的"梅花夫人"结缘，堂七星预言梅花夫人会生下双胞胎兄弟，之后离去。

② 梅花夫人生下双胞胎兄弟，取名为"先门""后门"，并将两兄弟抚养长大。

③ 先门、后门兄弟长到十几岁时开始上私塾，被同学嘲笑没有父亲，兄弟俩向梅花夫人问起父亲的下落，得到答案后去"天下宫"寻找堂七星。

④ 堂七星见到兄弟二人，让先门统治"大寒国"，后门统治"小寒国"。

可见，"蒸笼巫歌"的叙事结构与"帝释巫神歌"相同，尤其与半岛东北地区流传的"帝释巫神歌"接近。"帝释巫神歌"与"蒸笼巫歌"对应的段落内容为：

①佛僧降临俗世，与"堂锦千金"结下姻缘，预言生下三兄弟后会消失。

②堂锦千金被关在土窟内，生下三兄弟并将其抚养长大。

③三兄弟长大后上私塾，被同学嘲笑没有父亲，三兄弟向堂锦千金询问父亲的下落，与堂锦千金一起寻找佛僧。

④佛僧与三兄弟重逢，并以神职册封三兄弟。

"蒸笼巫歌"的"堂七星"与"帝释巫神歌"的"佛僧"对应，"梅花夫人"与"堂锦千金"对应，只不过"蒸笼巫歌"中是两兄弟，"帝释巫神歌"中是三兄弟，略有不同，但乌山流传的"帝释巫神歌"的主人公也是两兄弟，与"蒸笼巫歌"相同。

"蒸笼巫歌"与"帝释巫神歌"具有相同的叙事结构，不过问题在于口述神话祭祀中接受祭祀的对象神到底有什么职能。"帝释巫神歌"的男主人公是佛

---

①徐大锡：《帝释本풀이 研究》，见《韓國巫歌의 研究》，文学思想社1980年版，第70—110页。

僧，三兄弟被授予佛教色彩浓厚的"三佛帝释"神职。相反，"蒸笼巫歌"的男主人公堂七星明显是天神，先门、后门被分封的神职也可视为国家祖先①。

考虑到"帝释巫神歌"是在佛教传入后产生的，那么这种内容变化就不会有太大影响。"帝释巫神歌"中佛僧具有天神特点，只是名称和身份变成了佛僧，笔者曾分析过"帝释巫神歌"中的"堂锦千金""三兄弟"与"朱蒙神话"中的柳花、类利等人物存在类似的对应关系。②

那么"蒸笼巫歌"显然与"檀君神话""朱蒙神话"属于同一系列的始祖神话，"帝释巫神歌"则可视为始祖神话在后世的变异版本。

由此可以得出结论：国祖神话、创世始祖神话（叙事巫歌）、帝释巫神歌都是从同一渊源发展而来的韩国"创世始祖神话"，三者共同的神话内容要素为天神父亲与地神母亲结合最终诞生了人世始祖。

（2）济州道"天地王巫神歌"与"帝释巫神歌"

济州道流传的"天地王巫神歌"各版本的共同内容段落有：

①天上的"天地王"降临人世，与"总命夫人"结下姻缘，天地王预言会生下两兄弟，在给儿子起完名字、留下匏瓜种子后消失。

②总命夫人生下两兄弟"大星王"和"小星王"，并把他们抚养成人。

③大星王、小星王到了上私塾的年纪，被同学嘲笑是"没有父亲的野种"，兄弟俩向母亲问清父亲的下落后，种下母亲给的匏瓜种，沿着藤蔓的方向寻找父亲。

④天地王见到两兄弟，让大星王统治人间，让小星王掌管阴间。

"天地王巫神歌"的段落内容与乌山"蒸笼巫歌"完全一致，只是人物名称略有不同。"天地王"与"堂七星"都是天神，"总命夫人"与"梅花夫人"也都具有"地神"特点，先门、后门和大星王、小星王兄弟的特征与职能也较为类似。所以，类似于"蒸笼巫歌"，"天地王巫神歌"是与"帝释巫神歌""檀君神话""朱蒙神话"具有相同特点的巫俗神话。特别是大星王、小星王被同学嘲笑、种下匏瓜种沿着藤蔓寻找父亲等内容，与半岛东北部的"帝释巫神歌"完全相同。③

因此，乌山"蒸笼巫歌"与济州"天地王巫神歌"展现出的创世始祖诞生故事与全国各地流传的"帝释巫神歌"内容一致，并且与檀君、朱蒙、类利等国家始祖诞生经过类似。

---

① 先门统治大寒国，后门统治小寒国，所以可将他们视为"国家守护神"或"国家统治者"。
② 徐大锡：《帝釋본풀이研究》，见《韓國巫歌의研究》，文学思想社1980年版，第70—110页。
③ 江陵、蔚津、东莱等地流传的巫歌中有赐予匏瓜种的内容，江界、平壤、杨平、江陵、蔚津、东莱、盈德等地流传的巫歌版本中有两兄弟被嘲笑没有父亲的段落。参见徐大锡：《帝釋본풀이研究》，见《韓國巫歌의研究》，文学思想社1980年版，第30—40页，"各異本의段落別整理"。

6. "创世始祖神话"之变异

"创世始祖神话"的各种版本由"创世神话"和"始祖神话"复合而成,其实两者很难被视为同一神话。创世神话的代表资料是咸兴"金双道口述巫歌",当中的弥勒是创世神,但并未提到弥勒的诞生过程,弥勒把人世统治权让给释迦,这只体现了人世统治者的交替,并非新统治者的诞生。但在"姜春玉口述巫歌"的后续内容中,夺走弥勒权力的释迦与"世主千金"(세주아기)结合生下三兄弟,平壤"郑云鹤口述巫歌"中也叙述了类似内容。

济州道巫歌版本中的创世神是"天地王",人世始祖是"小星王"①。如果尝试找出济州道各版本巫歌与咸兴、平壤版本巫歌的对应内容要素,可以发现以下关系:从创世神职能看,"弥勒"对应"天地王";但从争夺人世统治权的主角来看,"弥勒"与"大星王"、"释迦"与"小星王"各自对应;如果把侧重点放在始祖诞生经过,那么"释迦"与"天地王"也存在对应关系。可见,济州道与本土资料虽然有类似的神话内容,但在内容连接展开的结构上有所差异,说明"创世始祖神话"并非单一神话,而是由多种神话复合而成的。

换言之,"创世始祖神话"可以分为"创世神话"和"始祖神话"。创世神话在创世神祭祀消失之后被编入了始祖神话,始祖神话又受到佛教影响而变异为"帝释巫神歌"。作为掌管生产和寿命、福祉之神,帝释神继承了始祖神的职能,其神话的主干结构在继承始祖神话的同时也改变了始祖神话。因此在佛教兴盛、家庭祈福祭祀盛行之后,巫俗祭祀对"福神"帝释的祭祀活动更加热烈,正是在这种背景下,创世神话与始祖神话被融入帝释巫歌之中。

不过,帝释神只是掌管人的寿命、福祉之神,并非创造人世之神,所以创世始祖神话才得以在乌山、济州道保留了独立的祭祀程序,而且是在巫俗祭祀中最先进行口述。创世神可以视为所有巫俗神中的"上位神"②,上位神比下位神更加优先接受祭祀。"乌山十二巫歌"中,创世始祖神话"蒸笼巫歌"的口述顺序在"不净被除仪式"③之后,在"帝释巫歌"段落和"成造巫歌"段落之前。济州道的"天地王巫神歌"也是优先被口述念诵。所以,并不能认为创世始祖神的巫俗祭典已经完全消失,只是大部分地区没有独立的祭祀程序,部分神话融入"帝释巫神歌"中被传唱,表现创世过程的神话演变为"致国源起"

---

①大星王和小星王较量的结果是小星王取得人世统治权,所以人世始祖是小星王。
②严格来说,巫俗中众神的位阶并不固定,但相比掌管家庭的福寿神,创造并统治人世的神格更为高贵。
③不净被除仪式(부정거리):在巫祭正式召唤神灵开始之前,清除祭祀场所不洁不净之物的仪式,是巫祭最先开始进行的祭祀步骤,具体仪式内容因地区而异。——译注

等教述巫歌，最终导致创世始祖神话失去了叙事性。

"帝释巫神歌"是始祖神话接受佛教影响产生的变异，所以男主人公成了佛僧，看起来仿佛是佛教神的神话，可见佛教对巫俗的巨大影响。但是巫俗神话的核心内容要素并未发生改变，仍然得以继承流传，神的职能也没有发生变化。① 只是人们逐渐淡忘了"帝释神话"与"始祖神话"的内在联系，在乌山、济州道等地创世神话被独立口述传唱。而乌山、济州道地区的"帝释巫神歌"为避免与"创世始祖神话"重复，内容也发生了很大变化，不过这种变化是由于后来加入了其他分支内容导致的②，原本的叙事核心仍然得以保留。

上述原因也可用来解释东海岸地区的"帝释巫神歌"中被编排插入创世神话碎片的原因。即"创世始祖神话"在创世神信仰衰退后，失去了在祭祀场合被人们传诵的条件，最终被编入"帝释巫神歌"，成为其内容的一部分。

以上分析了"创世始祖神话"中始祖诞生内容的变异情况，这一变化过程与"天地开辟神话"内容变异，共同反映了韩民族创世神话的盛衰命运，因而具有重要的意义。

（四）结论

综合以上研究，韩国巫俗"创世始祖神话"在全国广泛流传，尤其是咸兴、济州道地区的巫歌资料较为完整。这些资料中包含的神话内容要素有"天地开辟""创造人类""调整日月""争夺人世统治权""始祖诞生经过"等，现按照各个神话要素类别，将其内容变异与神话含义概括为：

"天地开辟"：咸兴"金双道口述巫歌"中弥勒开辟天地的内容更加接近神话原貌。其他版本中流传的天地自然形成内容在创世神信仰衰退的背景下最终消失，并被中国按照十二地支时间顺序发生的"宇宙生成理论"替代。

"创造人类"：咸兴"金双道口述巫歌"叙述了弥勒把金虫、银虫变为人类的"进化论人类起源"观念，表明人类并非瞬间产生，而是不断进化而来的。"姜春玉口述巫歌"中的"黄土造人"要素很可能受到了中国"女娲造人"神话的影响。

---

① 佛教的帝释与巫俗的帝释，其神的职能不同。参见徐大锡：《帝釋本풀이研究》，见《韓國巫歌의研究》，文学思想社1980年版，第71—76页。

② 在乌山地区流传的"帝释巫歌"中，僧人父母双亡，以给别人打工为生，与书生打赌等内容应该是次要的分支内容；而济州道版本里，三兄弟科举及第又被取消的故事也是次要的分支内容。

"调整日月数量"：调整日月个数意味着调节气候，因为调节者多为统治者，说明这一活动应该是统治者的权力和义务。同时，用弓箭射下日月反映了为了人类幸福而征服自然的积极进取的生活态度。

"争夺人世统治权"：德才兼备的统治者被无能奸诈之辈用不正当手段夺取了统治权，从中可以看出人世善恶取决于统治者的观念。争夺人世统治权的猜谜打赌、解决难题的较量等反映了尊重智慧和做事能力的观念。

"始祖诞生经过"："创世始祖神话"中包含的始祖诞生过程与"帝释巫神歌""国祖神话"基本相同。考察了"帝释巫神歌"与创世始祖神话的联系，揭示了"帝释巫神歌""创世始祖神话"与"国祖神话"有着共同起源，但随着创世神信仰逐渐衰退，帝释神信仰逐渐增强，神话内容要素开始相互融合或分离，最终形成了今天复杂多样的神话内容。

诚然，以上结论仍然处于未经完全证实的推论阶段，特别是通过始祖诞生内容对"帝释巫神歌"与"国祖神话"的相关探讨，有待进一步研究。

二、生产神神话——帝释巫神歌

早在古时，韩半岛已发展出了发达的农业。根据《后汉书·东夷传》对居住在半岛北部扶余族的记录，当时扶余族生产五谷，并在腊月进行名为"迎月"的祭天大会①，除此以外，还记载了位于半岛东北部的濊族在箕子时代已经学习了田蚕等农业技术②，南部地区马韩在五月播种、十月收获之后会举行集体歌舞等大型祭祀，特别是史料记载马韩人居住在一种类似坟冢的土房子里，房门在土房上方③，说明马韩人的生活与土地的联系十分紧密。

定居在韩半岛的民族从很久以前就开始了农业耕种，并且有向神灵祭祀祈求农业丰收的风俗。在流传至今的巫俗神话中，"农耕生产神神话"主要有半岛本土的"帝释巫神歌"和济州道的"世经巫神歌"。

---

①《后汉书·东夷传》"夫余国"条："于东夷之域，最为平敞，土宜五谷。出名马、赤玉、貂貜、大珠如酸枣。以员栅为城，有宫室、仓库、牢狱。其人粗大强勇而谨厚，不为寇钞。以弓矢刀矛为兵，以六畜名官，有马加、牛加、狗加，其邑落皆主属诸加，食饮用俎豆，会同拜爵洗爵，揖让升降。以腊月祭天大会，连日饮食歌舞，名曰'迎鼓'。"

②《后汉书·东夷传》"濊"条："濊北与高句骊、沃沮，南与辰韩接，东穷大海，西至乐浪。濊及沃沮、句骊，本皆朝鲜之地也。昔武王封箕子于朝鲜，箕子教以礼义田蚕，又制八条之教。"

③《后汉书·东夷传》"马韩"条："马韩人知田蚕，作绵布。出大栗如梨。有长尾鸡，尾长五尺。邑落杂居，亦无城郭。作土室，形如冢，开户在上。不知跪拜。无长幼男女之别。……常以五月田竟祭鬼神，昼夜酒会，群聚歌舞，舞辄数十人相随，蹋地为节。十月农功毕，亦复如之。"

（一）"帝释巫神歌"流传情况与区域划分

迄今为止，采集记录的"帝释巫神歌"有四十多个资料版本，按照地区整理如下表（标记 * 的人名均为音译）。

"帝释巫神歌"的地区分布及采集记录情况表

编号	流传地区	口述者	神话名称	采录者	发表处	发表年代
1	平北江界	田明守	圣人戏巫歌	孙晋泰	文章	1940.9
2	平南平壤	郑云鹤	三胎子巫歌	任晳宰、张筹根	《关西地方巫歌》	1966
3	咸南咸兴	姜春玉	圣人巫歌	任晳宰、张筹根	《关西地方巫歌》	1966
4	京畿杨平	金容植*	帝释巫神歌	张德顺、徐大锡	《东亚文化9》	1970
5	京畿华城	金寿姬	堂锦千金	金泰坤	《韩国巫歌集3》	1978
6	京畿水源	沈福顺	堂锦小姐	金泰坤	《韩国巫歌集3》	1978
7	京畿安城	宋基哲	堂锦千金	曹喜雄	《韩国口碑文学大系1-6》	1982
8	京畿安城	宋基哲	帝释祭巫歌	徐大锡、朴敬伸	《安城巫歌》	1990
9	京畿龙仁	朴基华*	堂锦千金	曹喜雄	《韩国口碑文学大系1-9》	1984
10	京畿乌山	裴敬载	帝释	赤松智城、秋叶隆	《朝鲜巫俗的研究》（上）	1937
11	江原江陵	朴月来 谢花善*	世尊巫祭	金泰坤	《韩国巫歌集1》	1971
12	江原江陵	朴龙女	堂锦千金歌	金善丰	《韩国诗歌的民俗学研究》	1977
13	江原宁越	李南顺*	世尊巫祭	金善丰	《韩国口碑文学大系2-9》	1986
14	江原溟州	李金玉	世尊巫祭	崔吉城	《韩国巫俗集2》	1992
15	庆北蔚津	朴延浩*	世尊巫祭	金泰坤	《韩国巫歌集1》	1971

续表

编号	流传地区	口述者	神话名称	采录者	发表处	发表年代
16	庆北盈德	崔音振 李系植	世尊巫祭	崔正如、徐大锡	《东海岸巫歌》	1974
17	庆南东莱	金惟善*	世尊巫祭	崔正如、徐大锡	《东海岸巫歌》	1974
18	庆南蔚州	李金善*	三韩世尊巫歌	郑尚卜、金贤洙*	《韩国口碑文学大系8-13》	1986
19	庆南蔚山	金惟善*	内三皇世尊巫祭	朴敬伸	《蔚山地方巫歌资料集3》	1993
20	忠北清州	刘金灿*	帝释巫歌	金荣振	《忠清道巫歌》	1976
21	忠北清州	辛泰晚*	帝释巫歌	金荣振	《忠清道巫歌》	1976
22	忠北清州	郑振贤*	帝释巫歌	金荣振	《韩国口碑文学大系3-2》	1981
23	忠北忠州	金笵吾*	帝释巫歌	金荣振	《韩国口碑文学大系3-1》	1980
24	忠北永同	裴东主*	帝释巫神歌	徐大锡	《韩国巫歌的研究》	1980
25	忠北永同	杨月凤*	帝释巫歌	金荣振	《韩国口碑文学大系3-4》	1984
26	忠南扶余	李于因缘*	帝释巫祭	金泰坤	《韩国巫歌集1》	1971
27	全北茁浦	成氏*	帝释巫祭	任晳宰	《茁浦巫乐》	1970
28	全北淳昌	金夜武*	帝释巫祭	金泰坤	《韩国巫歌集2》	1976
29	全北淳昌	金夜武巫歌书*	帝释巫祭	崔吉城	《韩国巫俗志1》	1992
30	全南珍岛	朴善奈*	帝释巫祭	崔吉城	《全国民俗综合调查报告》	1972
31	全南光州	金主*	帝释巫祭	金泰坤	《韩国巫歌集2》	1972
32	全南木浦	李占德*	帝释巫祭	金泰坤	《韩国巫歌集2》	1972
33	全南海南	周平端*	僧巫祭	金泰坤	《韩国巫歌集2》	1972
34	全南高兴	朴顺子*	帝释巫歌	金承灿	《韩国口碑文学大系6-3》	1984

编号	流传地区	口述者	神话名称	采录者	发表处	发表年代
35	全南昇州	文莲花*	帝释巫歌	朴顺浩	《韩国口碑文学大系6-4》	1985
36	全南海南	周平端*	僧巫祭歌	李铉洙	《韩国口碑文学大系6-5》	1985
37	全南新安	姜富子*	僧巫祭	崔德源	《韩国口碑文学大系6-7》	1985
38	全南新安	金安顺*	僧巫祭	崔德源	《韩国口碑文学大系6-7》	1985
39	全南宝城	金莫礼	帝释巫祭	崔德源	《韩国口碑文学大系8-12》	1988
40	济州道	朴奉春	初公巫神歌	赤松智城、秋叶隆	《朝鲜的巫俗研究（上）》	1937
41	济州道	金明伦*	初公巫神歌	秦圣麒	《南国巫歌》	1960
42	济州道	金炳孝*	初公巫神歌	秦圣麒	《南国巫歌》	1960
43	济州道	安仕仁	初公巫神歌	玄容骏	《济州道神话》	1976
44	济州道	安仕仁	初公巫神歌	玄容骏	《济州道巫俗资料事典》	1980
45	济州道	高大仲	初公巫神歌	张筹根	《韩国的民间信仰》	1976

综合各版本资料，可将"帝释巫神歌"的叙事段落概括如下：

A. 少女父母听到别人预言自己将会有一个和尚女婿。

B. 少女家人纷纷有事离家出门，家中独留少女一人。

C. 父母离家时，提醒少女不要冒犯任何禁忌。

D. 有个僧人听到少女美貌的传闻。

E. 僧人见到少女的父亲和哥哥们，与他们打赌。

F. 僧人来到少女家，用法力打开了锁住的大门。

G. 僧人向少女恳求化缘，少女给了僧人食物。

H. 僧人在接受施舍时，做了某种行为，暗示少女将会怀孕。

I. 僧人向少女提出留宿的请求。

J. 少女入睡后，做了一个暗示将会怀孕的梦。

K. 僧人向少女解梦，预言少女将会生下三个儿子。

L. 僧人告诉少女如何寻找自己，之后消失。

M. 少女怀孕。

N. 少女家人回家后得知少女怀孕。

O. 家人惩罚少女，把她关进土窟。

P. 家人惩罚少女将其赶出家门。

Q. 少女在土窟里生下三个儿子。

R. 三兄弟长大后上私塾，因为没有父亲遭到同学的嘲笑。

S. 三兄弟向母亲问起父亲的下落。

T. 母亲和三兄弟一起出发寻找僧人。

U. 僧人亲自测试了三兄弟是否是自己的亲生儿子。

V. 被赶出家门的少女以怀孕之身去寻找僧人。

W. 僧人承认三兄弟为亲生儿子，并为他们取名。

X. 僧人放弃出家和少女一起生活。

Y. 僧人和少女一起升天。

Z. 少女和三兄弟成了神。

以上片段资料中出现了不少差异，其中可以用来区分不同巫歌流传地区的是少女怀孕的经过与少女接受的惩罚。在南汉江以北、小白山脉以东的半岛东北部地区的资料中，僧人提出留宿的请求，在少女家厢房度过一夜，通过解梦预言少女怀孕后消失；在南汉江以南、小白山脉以西的西南地区资料中，僧人在化缘时抓住了少女的手腕，喂她吃下三粒稻米后消失。

少女受到的惩罚也有差别：东北部地区资料是把怀孕少女关进土窟，西南地区的资料是少女被赶出家门。之后的内容是少女在土窟里生下三兄弟，并把他们抚养长大，三兄弟被私塾同学嘲笑没有父亲，回家向母亲打听父亲的下落，少女带着三兄弟寻找僧人。但在西南地区的资料中，少女被赶出家门后以怀孕之身直接寻找僧人，并没有三兄弟寻找父亲的内容。为将东北地区和西南地区流传的资料加以区分，内容彼此对应的段落可以简化标记为：H = IJKL, P = O, VX = QRSTU。在探讨古代建国神话与巫俗神话的联系时，这些地区流传的资料的版本差异十分值得关注。

（二）"帝释巫神歌"与"创世始祖神话"之比较

"帝释巫神歌"的中心内容是某个僧人来找出身高贵的少女，与其接触后消失。虽然少女因怀孕遭到父母惩罚,但后来少女和所生的三兄弟全都成为巫俗神。这些内容类似于"创世神话"中男性神从天而降与地上女性结下姻缘,男性神消失后女性生下双胞胎兄弟的神话。

(1)"蒸笼巫歌"

①天上的"堂七星"降临"地下宫"与"梅花园"的"梅花夫人"结下姻缘后消失。(天父地母结合)

②梅花夫人生下双胞胎兄弟,起名"先门""后门",将他们抚养长大。(兄弟出生,始祖诞生)

③先门、后门兄弟在私塾被同学嘲笑没有父亲。(寡母抚养二子)

④先门、后门向梅花夫人发怒,终于问出了父亲的下落。(打探父亲下落)

⑤先门、后门上天见到堂七星。(二子上天寻父)

⑥堂七星让先门统治"大寒国",后门统治"小寒国"。(父亲赐予官职)

⑦先门、后门重回人世,调整了日月的个数,成为统治者。(统治人世封神)

(2)"天地王巫神歌"

①"天下宫""天地王"降临"地下宫"与"总命夫人"结下姻缘后消失。

②总命夫人生下双胞胎兄弟,起名为"大星王"和"小星王",并抚养他们长大。

③大星王、小星王兄弟在私塾上学时,被同学嘲笑没有父亲。

④大星王、小星王向母亲询问,得知父亲的下落。

⑤大星王、小星王沿着匏瓜藤蔓,找到了天地王。

⑥天地王让大星王统治人世,让小星王掌管阴间。

⑦大星王、小星王回到地下宫,调整了日月的个数,成为人世的统治者。

将以上创世始祖神的诞生神话中共同包含的中心内容进一步概括为:

①男神从天而降,与地上女性结合。

②男神预言儿子降生后,返回天上。

③地上女性生下双胞胎兄弟并将其抚养长大。

④两兄弟通过询问母亲得知父亲下落,上天寻找父亲。

⑤父子在天上相见,两兄弟被父亲赐予统治权。

⑥两兄弟成为人世统治者。

上述"创世神话"与"帝释巫神歌"中提取的共同段落内容一致,而且与"檀君神话""朱蒙神话"的主要内容也十分相似。"檀君神话"记述了桓雄与熊女结合生下国祖檀君,当中有关檀君诞生的内容可以概括为:天上男神和地上女性结合后生子,其子建国后成为国祖。这与"创世始祖神话"情节相同,只不过少了檀君的成长过程与父子相见的内容。"朱蒙神话"中朱蒙诞生的内容也可以概括为:天神解慕漱与河伯女柳花结合生下朱蒙,朱蒙在天神帮助下建立高句丽,这与创世神话具有相同内容。不同之处在于,朱蒙取得王权并非继承自父亲,而是通过个人奋斗争取到的。即使存在这些差异,但是天界男神与地上女性结合生子,其子成为地上统治者的基本内容与"创世始祖神话"存在一致性。

那么,"帝释巫神歌""创世神话""北方古代建国神话"三者有着怎样的关系?为解答这一疑问,需要对接受祭祀的帝释神、男主人公佛僧、出身高贵的少女、三胞胎兄弟等神话人物的具体特点进行深入分析。

(三)"帝释巫神歌"之"生产神"神话特点

1. 帝释神特点

"帝释巫神歌"是在名为"帝释巫祭"的巫俗祭祀中讲述帝释神来历的神话。那么,帝释神有着怎样的职能呢?从其名称来看,应是源自佛教"帝释",帝释指佛教神"帝释天",梵文名为 Sakradevanam Indra,汉字为"释提婆因陀罗"或"释提桓因陀罗"。"帝释天"是"忉利天"的统治者,住在"善见城",统率四天王,管辖"三十三天"①,保护皈依佛教的众生并与阿修罗战斗。但是,巫俗神帝释的职能并非继承了保护佛法的帝释天。如果只看"帝释巫祭"的表面形式,很容易将其认为是对佛教神的巫俗祭祀,因为主持仪式的巫俗人士通常身穿长衫,头戴高帽,手持念珠,在主要巫俗祭祀仪式结束后,还会进行"螺角舞"②、"卖螺角"③、"抓贼僧"④ 等佛教色彩浓厚的巫俗表演或民俗游戏。但是,如果进一步仔细观察这些巫祭情形就会发现:"帝释巫祭"并非是在宣扬佛教思想或者赞扬佛僧事迹,其内容明显与农业生产有关。民间风俗崇拜帝释坛子、世尊坛子、三神坛子,可以看出民众将帝释神供奉为掌管农业的谷神,

---

① 三十三天:忉利天。帝释天在须弥山之巅,位于中心,四方各有八天,合为三十三天。帝释住在须弥山顶的善见城,统领其余诸天。——译注

② 螺角舞(바라춤):又称"哱罗舞",原指佛教仪式中僧侣双手拿螺角跳的舞,也指"世尊巫祭"中的类似舞蹈。——译注

③ 卖螺角(바라팔기):中部地区"帝释巫祭"中,巫女将栗子、米糕等祭品放在螺角上卖给信徒,民众相信吃了这个螺角上的食物可以为家中的孩子祈得长寿。——译注

④ 抓贼僧(도둑중잡이):又称"抓僧戏"(중잡이놀이),东海岸"别神巫祭"中"世尊巫祭"后半部进行的男巫傩戏,有貌似僧人的盗贼偷走了村子的福气,只有抓回盗贼,村庄才能拥有好运气。——译注

具体供奉方法为把当年秋天收获的稻米装到名为"帝释坛子"的容器中加以供奉，到了第二年秋收时节再用新稻米加以替换。大米是韩国人的主食，水稻在韩半岛上有着悠久的栽培历史，供奉水稻意为祈求丰收，水稻本身是粮食之神，也是供奉的对象。

京畿道杨州等地的"帝释巫祭"中会举行名为"牛戏巫祭"①的祭祀活动。现有研究已经将"牛戏巫祭"视为一种祈求农业丰收多产的巫俗祭祀，牛戏是对牛帮助农耕的赞扬，同时也包含了祈求农业丰收的含义。因此可以看出，巫俗的帝释神拥有保护农作物和掌管农业丰收的职能。在巫歌祈愿中，帝释是以福神、生命神的形象出现的，如"回心曲"②和"祖上祝愿"③等就是人们向"七星大人"（七星神）祈求长寿，向"帝释大人"（帝释神）祈求福气而产生的，所以帝释神的职能并非守护佛法，而是掌管人的出生和农业的丰收。因此，"帝释神"的名称是在佛教传入后，对巫俗农业生产神的另一种称呼，虽然原来的名称消失了，但农业生产神的职能依旧得以保留。

2. 男主人公身份、行为的矛盾

"帝释巫神歌"中的僧人到少女家中化缘，并感念于少女使其生下儿子。家人因为少女怀了僧人的孩子而对少女严厉惩罚。这里出现的僧人是违犯了佛教"色戒"的"破戒僧"。僧人破戒理应被逐出佛门，并被世人嘲笑，但是"帝释巫神歌"中的僧人行为却得到了神圣的赞扬。僧人法术高强，善用"风云遁甲之术"把自己的容貌变成八十多岁的老人，也能施展法力念诵箴言咒语，打开几十斤铁锁锁住的大门，还能不与少女直接接触就使其怀孕，并且预言少女未来将受到的考验，并告知克服困难的方法。如此神圣的男性与违反"色戒"的僧人形象大相径庭。将神话主人公设定为僧人显然有误，应该是原主人公的身份在神话流传过程中产生了变异，后来变成了僧人，那么男主人公原本是谁？为什么会变成僧人呢？

江界巫歌版本中，"主宰门将"骑着纸马登上"白云重天"，平壤巫歌版本中，"西人大人"和"玉皇大帝"同住在天宫，杨平巫歌版本里，"释迦如来"

---

①牛戏巫祭（소놀이굿）：牛戏巫祭是在京畿道、黄海道、江原道地区举行的巫俗傩戏，有的地区将其作为"庆事巫祭"（경사굿）或"帝释巫祭"（제석굿）中的一场，有的地区则在正月十五和八月十五定期举行，多为表达感谢农业丰收、祈求家业兴旺等。——译注

②回心曲（회신곡）：也称为"悔心曲"，韩国佛教歌谣《华请》中的一种，当中融入了韩国传统的音乐节奏与歌词，具有大众歌谣的特点。——译注

③祖上祝愿（조상축원）：巫俗仪式中的"祖先祭祀"环节，演唱向祖先祈求长寿、财富、运气的祝愿巫歌。——译注

和"堂锦千金"一起"腾云驾雾,脚踏彩虹,飞上了天空"。从中可以看出,"帝释巫神歌"中的僧人具有天神特点,这一神奇的男子能够从天下凡,之后再次返回天上,这不禁让人联想到"高句丽建国神话"中的解慕漱。大多数资料版本里的僧人名称和佛教有关,其住处为"黄金山黄金寺",也被称为"黄金大师",可见其和"黄金"有着紧密的关联。"黄金"很可能只是流传过程中被误读的发音,"黄金"(hwanggeum)有可能源于古语"한감"(hangam),指"大神"之义,也可以指天神。于是在佛教传入后,"帝释巫神歌"的男主人公身份在巫歌流传过程中由天神变为了僧人。

三国时代佛教传入以后,韩国许多的传统神披上了佛教的外衣而发生了改变。《三国遗事》中就有很多惩治恶龙的高僧,惩罚恶兽本来是太阳神、天神的职责,后来被高僧替代。除佛教以外,也有巫俗神的名称受到道教影响发生改变的例子,如把天神和玉皇大帝视为相同的人物,阴间之神"阎罗王"也是源自道教的名称。如此种种,传统神名在外来宗教传入后发生了很多变化。

"帝释巫神歌"中僧人将如何找到自己的方法告诉了堂锦千金。杨平巫歌版本、东海岸巫歌版本中僧人留下匏瓜种,说种下瓜种沿着藤蔓就能找到自己的住处。由此可以猜测僧人与匏瓜种子的联系,如同将"朴赫居世神话"中的匏瓜种理解为"光明之种",也就是光明的源泉一样,"帝释巫神歌"中的僧人应该具有太阳神的特点。

3. 女主人公特点

"帝释巫神歌"的女主人公有多个名称:"堂锦千金""丹锦小姐""西章千金""施尊千金""世周千金""自知明千金"等①。在杨平、东海岸、平壤、全罗道等广大地区,她多被称为"堂锦千金",所以"堂锦千金"很可能是本名。"施尊千金"或"世尊千金"的名称源于世人称"释迦摩尼"为"世尊",这显然是受到佛教影响而变异的名称。本义"孩童"的"아기"(agi)指高贵出身的少女,并无特别之处。那么,"당금"(danggeum)又代表着什么含义呢?"당금"可以看作"단+감"组成的合成词,"단"(dan)在高句丽语中指"村落""山沟",日语中把"山谷"也称为发音类似的"다니"(dani),"감"(gam)在古语中意为"神",所以"단감"有"村落之神""山谷之神"之义。如此说来,将"村神""谷神"之义的"당금"用于称呼女性又有着怎样的神

---

① 各别名对应韩文名称依次为:당금애기、단금각씨、서장애기、시준아기、세주애기、자지명애기。——译注

话含义呢？

人们集体生活的居住场所是村庄，而人类最初的集体生活居住地是峡谷。峡谷里有流水，能阻挡大风，有利于阻拦猛兽与外敌的入侵。狩猎或者农耕部族常常占据峡谷地区过着定居生活，于是开始祭祀守护自己生活区域的神，也就是对"区域守护神"的崇拜，"除厄护村神"①"山王""堂山"等都属于守护村庄之神。不过，一项针对以上村庄守护神性别的调查结果显示：女性神占整体的百分之七十以上，也就是说自然形成的地区守护神多是女性神。古代人基本以从事狩猎、捕鱼、农耕为生，狩猎是激烈而危险的劳动，所以不适合女性。女性多在安全的场所生育、抚养孩子，而男性承担狩猎、捕鱼等工作。与此相比，农业因为需要经过播种、发芽、长成、结果的时间，所以多由女性承担。因为女性负责抚养孩子、制作食物、播种收获，所以掌管农耕的"农耕神"和主宰生育的"产神"都是女性神。实际上农业的生产与人类的生产活动本身也存在相似性。

"堂锦千金"既是村庄守护神，也是农耕生产神，同时还具有掌管大地的"地母神"的特点。因此，可以说"帝释巫神歌"具有天父神与地母神结合诞生新神的神话含义。

（四）"帝释巫神歌"与国祖神话之比较

古代国祖神话的中心内容多为：建国始祖诞生、创建国家、即位为王。国祖神话包括：古朝鲜建国神话"檀君神话"、高句丽建国神话"朱蒙神话"、新罗建国神话"朴赫居世神话"、驾洛国建国神话"金首露神话"。这些神话中出现的国祖诞生过程的共同点是：天父地母结合诞生了国家始祖。"檀君神话"中天帝桓因之子桓雄从天而降，具有天神特点，并且桓雄还能统率风伯、雨师、云师等主宰天气之神，可见其可以调节气候并主宰生产与社会秩序，是拥有人世最高权力的"人格神"。相反，高句丽建国神话中的解慕漱具有太阳神的特点，早上从天而降，夜晚重返天上，被称为"天王郎"，也能化作日光显现，因此具有将太阳拟人化的"自然神"的特点。

朴赫居世、金首露诞生时出现了一种自然现象：天地被一道紫气连接后结合在一起。这并非拟人化的描述，但在神话叙述中却明显表现了天地结合诞生始祖的内容。此外，熊女与柳花有所不同，熊女具有熊图腾部族女神的特点，

---

①除厄护村神（골매기신）：指在进行"洞祭"等村庄祭祀时，祭拜的掌管丰饶与灾祸的村庄守护神。——译注

而柳花是水神族女性，不过因为她们都是地上女性，所以也可以将其视为地神。

"帝释巫神歌"中，三胞胎是由下凡的男性天神与女性地神结合所生，因此具有"天父地母神话"的特点。特别是在北方地区国祖神话"朱蒙神话"中，始祖父母的结合过程与始祖寻找父亲并相见的过程存在相似性。

解慕漱见到河伯的三个女儿在清河戏水，产生了"可有后胤"的想法，于是建起宫殿，设下宴席，趁柳花喝醉将其抓住，这可以视为解慕漱并未考虑柳花的单方面行为。解慕漱被河伯指责，来到河伯国与河伯比试法术，展现出自己的能力，之后与柳花结婚。但是，在婚礼之后却抛弃柳花独自离去。"帝释巫神歌"中也可以找到类似的行为，僧人听闻堂锦千金倾国倾城，于是来到堂锦家，念箴言用法术打开紧锁的大门，借化缘之机接近堂锦千金，并在堂锦未察觉的情况下，施展法力使其受孕后离开。"朱蒙神话"与"帝释巫神歌"都表现出无视女性意志使其怀孕后离开的内容。特别是在东部地区的"江界巫歌"版本和"杨平巫歌"版本中，堂锦千金在梦中接受"天上仙官"赐予的三颗红珠后受孕。红珠象征着太阳的精气，包含太阳神向地上女性播种的意味，这与柳花因日光受孕并生下朱蒙具有类似特点。

另外，"帝释巫神歌"和"朱蒙神话"都包含儿子寻找父亲、父子相见时进行鉴别测试的内容。"朱蒙神话"中虽然朱蒙没有去找父亲解慕漱，但朱蒙之子类利离开东扶余到卒本扶余寻找父亲，并展示了亲子证据，最终成为王权继承者。类利被头顶水盆的女人辱骂为"无父之儿"，于是回家向母亲礼氏问起父亲是谁。礼氏戏弄类利说："汝无定父。"类利回答："人无定父，将何面目见人乎？"随后类利以自刎相威胁。于是母亲让儿子去找父亲朱蒙藏起来的信物。类利在堂柱底下找到一把断剑，带剑去找父亲。父子相见，朱蒙拿出自己保存的另一段断剑，父子断剑合在一起，突然有血流出将两片断剑合二为一。"寻找父亲"的神话要素广泛存在于创世始祖神话"蒸笼巫歌""天地王巫神歌"以及"帝释巫神歌"等东北地区流传的巫歌神话中。

"帝释巫神歌"中，堂锦千金在土窟里生下三胞胎兄弟，三兄弟长大后被私塾同学嘲笑没有父亲，于是向母亲追问父亲下落，堂锦按僧人所说带着儿子去寻找父亲，僧人为证实亲生儿子身份做了多种测试，最后僧人割破自己和儿子的手指，见到流出的血凝结在一起，才承认了三兄弟的身份。

类似"寻找父亲"的神话内容要素应该是在父系社会形成后才出现的，特别是王室形成了"父位子承"的王位继承制度，父子血缘关系的验证与儿子继承父亲权力的制度，都是备受重视的社会公认程序。

(五)"帝释巫神歌"之农耕神话特点

堂锦千金是掌管"谷神庭"(당금뜰)的守护村庄的女神。女性的身体可以孕育并降生生命,这与孕育种子并经历发芽、生长、结实的大地有着相似的特征。农耕开始后,能够出产粮食的大地常常被比拟为女性,将人类的出生与粮食的生产联系起来创造出了"生产神神话"。半岛西南地区流传的"帝释巫神歌"版本中,僧人将三粒米用"青红纸"包好交给堂锦千金,让她把米吃掉,堂锦千金吞下米粒后怀上了三胞胎兄弟。此处的米粒可以让人联想到人类生命之种,堂锦千金的身体就是能够生产稻谷的大地。东部地区流传的"帝释巫神歌"版本中,堂锦千金被关在土窟里生下孩子,孩子长大后离开土窟去寻找父亲。这种离开母亲寻找父亲的内容,有点像谷种在大地里发芽,不断生长,冲破土壤后朝向太阳成长的过程。特别是在东海岸"帝释巫神歌"版本中,种下匏瓜籽,等匏瓜长出之后,沿着匏瓜藤找到父亲的住处,这种神话情节可以解读为谷物吸收太阳的光热与大地的水分,发芽后向着太阳生长的生命过程,比喻人类出生、成长的生命过程。因此,以太阳神为父、大地上的水神为母诞生的始祖神,长大后寻找太阳父亲并获得神性资格的神话,是一种反映农业原理的神话。

三、巴里公主之神话特点

(一) 各地区流传的资料版本特点

"巴里公主"① 是在韩半岛境内广泛流传的巫俗神话,迄今采集整理的资料有四十多篇,巴里公主还被称为"钵里代纪""巫祖传说""七公主""恶鬼驱离"等不同名称。② "巴里公主"经常在"镇恶鬼巫祭""恶鬼巫祭""洗灵巫祭""亡灵巫祭"等超度亡灵到阴间的"死灵祭"③ 中被口述传唱,巫歌内容根

---

① 巴里公主 (바리공주):名字源于韩语"버리다"(丢弃),意为"弃儿公主",中文译名也称"巴利公主"或"钵里公主"。"巴里代纪"(바리데기) 是其方言版本。——译注

② 巴里公主,韩文别名依次为:바리데기、무조전설、칠공주、오구풀이。——译注

③ 死灵祭 (사령제):消除死者怀有的怨恨与欲望,洗刷所有罪恶,引领其亡魂进入阴间的祭祀。死灵祭在半岛各地的名称各不相同,首尔、京畿道、黄海道地区称其为"镇恶鬼巫祭"(진오귀굿),东海岸、庆尚道地区称其为"恶鬼巫祭"(오구굿),全罗道称其为"洗灵巫祭"(씻김굿),朝鲜咸镜道称其为"亡灵巫祭"(망묵굿),朝鲜平安道称其为"十王巫祭"(시왕굿)。——译注

据地域也有所不同。笔者将根据首尔京畿道地区、东海岸庆尚道地区、朝鲜咸镜道地区、韩国全罗道地区四个区域,对各地流传的"巴里公主"资料版本特点做进一步考察。

1. 中西部地区

中部地区包括首尔、仁川和京畿道南部地区,具体的资料采集记录地区有首尔、仁川、京畿道杨州、江华、城南等地,也就是南汉江以南的京畿地区,可以将其视为韩半岛的中西部地区。中西部地区收集到的巫歌版本资料如下表(标记＊名称均为音译):

"巴里公主"巫歌资料汇总(中西部地区)

地区	口述者	巫歌名称	调查者	发表处	发表年度
首尔	裴敬载	巴里公主	赤松智城、秋叶隆	《朝鲜巫俗的研究》	1937
首尔	文德顺	鬼神祷告	金泰坤	《黄泉巫歌研究》	1966.1.29
首尔	崔明德＊	巴里得纪＊	任晳宰	《韩国口传说话5》	1978.10.2
首尔	金大吉＊	巴里代纪＊	郑晌浩	《中央民俗学7》	未详(1995)
首尔	潘胜业＊	鬼神祷告	金有感	《首尔死灵巫祭(새남굿)神歌集》	1958.3.19
首尔	金宗德＊	巴里公主	金镇英、洪泰汉	《巴里公主全集1》	1997
首尔	虾酱铺＊	巴里公主	金镇英、洪泰汉	《巴里公主全集1》	1991.2.3
杨州	赵英子＊	巴里公主	张筹根、崔吉城	《京畿地域巫俗》	1967
江华	宋分壬＊	巴里公主	赵东一	《韩国口碑文学大系1-7》	1981.10.9
仁川	郑英淑＊	鬼神祷告	李鲜周	《仁川地域巫俗Ⅲ》	1988.4.26
仁川	都贞熙＊	鬼神祷告	李鲜周	《仁川地域巫俗Ⅲ》	1985.10.21
城南	张成满＊	巴里公主	曹喜雄	《故事文学集》	1995
城南	张圣万＊	巴里公主	金镇英、洪泰汉	《巴里公主全集1》	1996.8.29
平泽	卢载雄＊	巴里公主	金镇英、洪泰汉	《巴里公主全集1》	1996.5.23
天安	裴名富＊	巴里公主	金镇英、洪泰汉	《巴里公主全集1》	1996
公州	卢载雄＊	巴里公主	金镇英、洪泰汉	《巴里公主全集1》	1996.6.27

以上中西部地区"巴里公主"各版本资料的共通叙事段落,可以概括为:

①很久以前有一个国王,在即位之后,对自己未来的婚姻进行了占卜。

②占卜者说:"陛下如果今年结婚会生下七个公主,明年结婚会生下三个王子。"

③国王并不相信占卜者所说，当年就举行了婚礼。

④王妃接连生下六个公主。

⑤国王这才知道占卜者的预言是真的，于是向神虔诚求子。

⑥国王和王妃做了一个吉祥的胎梦后怀上了第七个孩子，本以为是王子，结果生下来还是公主。

⑦国王大怒，下令把第七个公主装到玉盒里，投入江中。

⑧"叫花子功德爷爷"和"叫花子功德奶奶"得到释迦世尊的神谕，搭救了巴里公主并将其抚养长大。①

⑨巴里公主十五岁时，国王得了重病，梦见一位神的使者"青衣童子"说："陛下得病是因为抛弃七公主而犯下了罪过，想要治好病，只有找到公主，并喝下她取回的仙界'神泉水'才能得救。"

⑩接到国王命令的大臣找到了巴里公主，并带她见到了父母，巴里公主决心找到神泉水，治好父亲的病。

⑪巴里公主在多位神的帮助下，经过阴间来到神仙世界，见到了守护神泉水的"武藏丞"②。为了求得神泉水，巴里公主砍柴三年，挑水三年，生火三年，又和武藏丞结婚，给他生下了七个儿子后，最终得到了神泉水。

⑫等到巴里公主带着神泉水回来，发现国王已经死去正要举行葬礼，巴里公主让父亲喝下神泉水，国王起死回生。

⑬国王复活后得知是巴里公主救了自己，答应了巴里公主的请求，使其成为巫俗神，接受巫堂们的祭祀，并让她的七个儿子成为阴间的"十大王"，让武藏丞成为山神。

中西部地区流传的"巴里公主"资料情节是按照"因果论"展开的，并体现出一种崇高的美德。故事发端于占卜者的预言，国王询问自己合适的婚礼时间，占卜者说今年不吉会生下七个公主，明年结婚的话会生下三个王子。这相当于占卜者代替神对国王说出了今年不要结婚的禁忌。但是，国王一意孤行，违反了禁忌，坚持在当年完成婚礼。最终如占卜者所说，王妃接连生下了六个公主。国王为了摆脱预言的影响而向神虔诚求子，想要努力免除违反禁忌导致的后果。之后他做了个吉祥的胎梦又怀上第七个孩子，结果还是公主。至此，

---

①叫花子功德爷爷（비리공덕할아버지），叫花子功德奶奶（비리공덕할미），根据韩语意译。——译注

②武藏丞（무장승）：高丽时有正八品官职"藏丞"，此处音译为"武藏丞"。——译注

占卜者的预言全部应验，同时也是对国王违反禁忌的惩罚，但同时胎梦也暗示了第七个公主并非凡人，是不亚于王子的人物，从这个意义上来说，国王也算是通过虔诚求子从某种程度上摆脱了违反禁忌的影响。但是，如同上次一样，国王再次违反了神的意志，犯下禁忌——抛弃了神赐予他的拥有非凡能力的孩子。再次违反禁忌的后果是国王患了重病奄奄一息，想要逃脱惩罚需要找回被遗弃的公主，并喝下公主找来的"神泉水"。巴里公主为给违反神的旨意的父王赎罪，甘愿忍受巨大的苦难。最终，巴里公主依靠个人的献身精神和坚忍意志，从死亡之中拯救了父亲的生命。"巴里公主"中反复叙述的叙事情节可以概括为：宣布禁忌→违反禁忌→违反禁忌的后果→试图解除禁忌惩罚→成功解除惩罚。

"禁忌"是绝对权力拥有者的绝对命令，能够向人宣布禁忌的只有神或者绝对权力相当于神的国王。在首尔、京畿道地区传承的"巴里公主"资料中能够发现国王与神的对立与矛盾，这种情节中包含着国王作为人类也应该服从神的意志，否则同样会遭到无情惩罚的逻辑。但是，国王两次无视禁忌、执意违反，在遭到惩罚后才向神屈服，国王的这种变化也是因为巴里公主至诚的孝心和忍受痛苦的毅力。如此看来，"巴里公主"的神话含义可归结为向人展示神的伟大，唤起人对神的崇拜，但这也是所有神话具有的普遍意义，并无特别之处。不过，也存在其他的巫歌版本，遗忘或淡化了这种神话意义，使得故事情节朝着人们感兴趣的方向转变，咸镜道地区的流传版本便属于此例。

2. 咸镜南道地区

在朝鲜咸镜南道洪原、咸兴两地采集到两篇"巴里公主"资料，具体如下表（标记＊名称均为音译）：

"巴里公主"巫歌资料汇总（咸镜道地区）

地区	口述者	巫歌名称	调查者	发表处	发表年度
洪原	池金哲＊	恶鬼驱离＊	任皙宰、张筹根	关北地方巫歌	1965.7.27
咸兴	李高芬＊	七公主	金泰坤	黄泉巫歌研究	1966.5.21

现将洪原地区流传的"巴里公主"版本的主要叙事段落概括为：

①修差郎先辈（音）和德珠儿（音）触犯了天条，被发配到人间。

②二人结为夫妇，为了求得子嗣而祈祷。

③德珠儿接连生下六个女儿，夫妇商量为了不再生育，决定禁止夫妻接触。

④修差郎先辈喝醉酒后违反了约定，德珠儿夫人怀上了第七个孩子。

⑤修差郎先辈返回天上。

⑥德珠儿把生下的第七个女儿装进石盒，抛弃至"龙沼"之中。

⑦"水宫龙王夫人"在洗衣时，恰巧搭救了女孩"巴里代纪"，并欺骗龙王说是自己的孩子。

⑧水宫龙王穿着巴里代纪所织朝服拜会"五帝龙王"，得知巴里代纪并非亲生。

⑨巴里代纪去找亲生母亲，遭到姐姐们的嘲弄，经过"合血"验证母女相认。

⑩母亲患了重病，巴里代纪去"西天西域国"寻找"神泉水"帮母亲治病。

⑪巴里代纪在去找"神泉水"的路上，遇到了一位仙人，两人结为夫妻。

⑫巴里代纪在丈夫家中发现"神花"和"神泉水"，便偷偷带上它们回家。

⑬巴里代纪遇见当初给自己指路的受罚之人，告诉了他们所犯的罪状。

⑭巴里代纪见到母亲的灵柩，用神花和神泉水救活了母亲。

⑮母亲把争夺财产的六个女儿全部杀死。

⑯巴里代纪也随姐姐们死去。

⑰母亲在去祭祀巴里代纪的路上被大师欺骗，在观看上供仪式时死去。

咸镜南道地区的"巴里公主"神话资料的神圣性已经减退，脱离了叙事的因果原理，在许多场景内容中滑稽的片段占了很大比重。

由于父母都是触犯天条获罪下凡之人，所以女主人公本身具有高贵的血统，但是，神话之中并没有表现出修差郎先辈和德珠儿夫人作为天上人物的特别之处。他们在人世的生活也看不出赎罪的痛苦艰辛，也没有做出任何伟大之事，他们结婚后接连生下女儿，过着与凡人无异的普通生活。

关于连续生下七个女儿的原因，也并未做出任何合理的说明，只说修差郎先辈和德珠儿夫人因为没有子嗣而去找人占卜，结果是："如果第一胎是儿子，会生下九兄妹；如果第一胎是女儿，会生下七兄妹，九族会有灾难。"至于为何会有这种占卜结果，没有任何解释。虔诚求子却接连生下六个女儿的内容不合情理，怀上七女儿的原因更是没有任何神话特色可言。

修差郎先辈夫妇商量，为不再生育约定不再同房，但是修差郎半夜酒醒小解，见到妻子可爱的模样违反了约定，结果德珠儿夫人怀上第七个孩子，这与其他地区版本中的"虔诚求子""吉祥胎梦"等内容形成巨大反差。一边是通过虔诚祈祷得到上天赐予的子嗣，一边是无法忍受欲望，违反夫妻约定的意外受孕，二者的含义截然不同。只从受孕初衷来看，咸镜南道版本中的"巴里代纪"有一种"多余人"的意味。"意外受孕"的叙述为后来"遗弃孩子"的行为埋下伏笔，使后一情节更加合理化，但是，被遗弃的孩子却从仙界找到了能使死人复活的神花、神泉，之前的身份与之后的英雄行为并不相称。而且在寻找"神泉水"的过程中，钵里代纪的行为偏离了神圣性，先是在找泉水的途中和名叫"长孙"（音）的猎人结为夫妻，生活了一段时间后又上到天上和仙人结婚生下十二个儿子，又偷走可以使人复生的神花、神水逃回人间。巴里代纪在天界与玉皇大帝的后代结婚生下十二个儿子，这意味着她已经具备了只有仙界才有的获得"神泉水"的资格。本可以堂堂正正地拥有却叙述为偷盗，只能将其理解为口述者一时忘掉钵里代纪的神性身份而自己篡改了神话内容。

巴里代纪的母亲因为神花、神泉水而得救，但是母亲复活后却杀死了六个不孝女儿，巴里代纪也无缘无故地死去。巴里代纪的无故之死使得之前艰辛的寻找泉水的内容变得毫无意义，这样的结局令人费解。母亲在去祭祀巴里代纪的途中被想要霸占祭祀食物的僧人欺骗，放弃了对巴里代纪的祭祀，在去观看寺庙上供仪式时死于荒野之中。漏洞百出的叙事逻辑大大削弱了巴里代纪神话的含义，使之完全蜕变为一种滑稽的民间故事。

在咸镜南道"巴里公主"版本中，从事巫俗预言的占卜者和救助苦难百姓的僧人都变成了反面人物，巫俗的价值被否定。这种对神话的改编忽略了巴里公主作为神话本身所具有的功能，只是为了迎合民众的趣味喜好，最终导致了神话的蜕变。

3. 东海岸地区

东海岸地区流传的"巴里公主"版本情况如下表（标记 * 的名称均为音译）：

"巴里公主"巫歌资料汇总（东海岸地区）

地区	口述者	巫歌名称	调查者	发表处	发表年度
安东	宋熙植*	巴里代纪	金泰坤	《韩国巫歌集2》	1965.5.19
东莱	金景楠*	放心巫祭*	崔吉城	《韩国巫俗志》	1971.4.19
迎日	金福顺*	巴里代纪	崔正如、徐大锡	《东海岸巫歌》	1971.2.23
迎日	金锡出	巴里代纪巫祭	金泰坤	《韩国巫歌集4》	1976.2.23
统营	朴福开	七公主巫歌	郑晛浩	《全国民俗综合调查报告书》	
溟州	申锡男*	巴里得纪巫歌	金善丰	《韩国口碑文学大系2-1》	1979.5.24
束草	申锡男*	巴里代纪	金善丰	《韩国口碑文学大系2-4》	1981.4.17

续表

地区	口述者	巫歌名称	调查者	发表处	发表年度
襄阳	池敬淑*	巴里代纪	金善丰	《韩国口碑文学大系2-4》	1981.7.10
金海	江芬伊*	巴里代纪	金成璨	《韩国口碑文学大系8-9》	1983.1.14
江陵	宋明姬*	巴里代纪	张正龙	《江原民俗学9》	1990.5.31
束草	卓淳东*	巴里代纪	张正龙	《束草的乡土民俗》	1991.5.4

以上东海岸地区传承本的共通段落，简述为：

①很久以前，"恶鬼大王"和王妃"吉台夫人"（音）统治着"佛罗国"。

②吉台夫人接连生下六个女儿。

③恶鬼大王和吉台夫人想要一个儿子，于是经常善待并帮助僧人，后来做梦梦见西王母的女儿进入怀中，怀上第七个孩子。

④但是第七个孩子降生后还是个女儿，恶鬼大王下令把孩子遗弃在无人之处。

⑤吉台夫人给孩子起名"巴里代纪"，把她放在了山中的岩石上。

⑥巴里公主在山中得到青鹤、白鹤的保护，在山神的养育下长大。

⑦恶鬼大王抚养六个女儿直到全部出嫁后得了重病。一天一个老僧说，只有喝下西天"西域国"的神泉水，疾病才会康复。

⑧恶鬼大王于是命令六个女儿去寻找神泉水，但女儿们全都拒绝了他。

⑨吉台夫人回到当年抛弃巴里代纪的地方，找到了十五岁的女儿并一起回到宫中，请巴里代纪去为父亲寻找神泉水。

⑩巴里代纪女扮男装前往西域国，途中向很多人问路，乘坐"般若船"渡过了"二十四江"，找到了神泉水，但是泉水由"东秀子"（音）看守。

⑪巴里代纪与东秀子同寝时暴露了女性身份，在东秀子的要求下，巴里代纪与其结婚并生下三个儿子，巴里代纪得到了神泉水和神花，后返回故国。

⑫此时，佛罗国正在为去世的恶鬼大王举行葬礼，灵柩即将离开时，巴里公主赶回，用神花和神泉水救活了恶鬼大王。

⑬巴里代纪成为"北斗七星"中的第一颗星，负责看守"恶鬼门"，超度众生前往极乐世界，她的三个儿子成为"三台星"；恶鬼大王、吉台夫人成为"牛郎织女星"。

该资料的流传地区主要在半岛南部太白山脉以东，包括江原道、庆尚北道、庆尚南道的东部与南部海岸一带。流传区域之所以如此广阔，是因为该地区的"世袭巫"① 相互协作，共同负责主持海边渔村的"丰渔巫祭"（풍어굿）和

---

① 世袭巫（세습무）：指没有被神灵附体的降神过程，而是继承祖上巫师身份，学习巫业技艺从事巫俗行业的巫师，主要分布于南汉江以南地区，分为单骨型、神房型。——译注

"恶鬼巫祭"（오구굿），从而形成了一个广泛的"巫俗圈"。

这一地区传承的资料版本特点为：将神话背景设定为佛罗国，恶鬼大王、吉台夫人是掌管这一国家的统治者。全罗道地区资料中也出现了"恶鬼大王"和"吉台夫人"的名称，所以这两个名称很可能是神话原本固有的名词。神话的整体叙事顺序也遵循"因果论"的结构，先后讲述了巴里公主的磨难、苦修以及获得神圣性的过程。不过，神话口述之中插入了大量的场面描写，部分场景还加入了滑稽的叙事插曲，使得神话整体的悲壮感有所减弱，类似的构成安排与盘索里①"沈清歌"②的结构十分相似，口述过程中同时展现出神话的神圣性与叙事诗的滑稽特色。

4. 湖南地区③

湖南地区采集到的"巴里公主"版本情况如下表（标记＊的名称均为音译）：

地区	口述者	巫歌名称	调查者	发表文献	发表年度
光州	金主＊	恶鬼退下	金泰坤	《韩国巫歌集2》	1965.8.6
扶安	朴少女＊	恶鬼巫歌	任晳宰	《茁浦巫乐》	1966—1970
高兴	韩怡叶＊	恶鬼退下	崔吉城	《韩国巫俗志1》	1968.7.29
海南	周平端＊	巴里代纪巫祭	金泰坤	《韩国巫歌集2》	1969.1.22
高兴	吴福礼＊	恶鬼祭	金泰坤	《韩国巫歌集2》	1969.1.25
光阳	李爱顺＊	恶鬼	金泰坤	《韩国巫歌集3》	1969.1.27
高敞	裴圣予＊	恶鬼退下	金泰坤	《韩国巫歌集3》	1969.8.20
高兴	朴顺子＊	恶鬼巫歌	金成璨	《韩国口碑文学大系6-3》	1983.7.27
新安	金安顺＊	恶鬼开头	崔德源	《韩国口碑文学大系6-7》	1984.7.8
新安	孔永心＊	恶鬼巫祭	崔德源	《韩国口碑文学大系6-7》	1984.8.8
宝城	金高芬＊	恶鬼巫祭	崔德源	《韩国口碑文学大系6-12》	1986.5.6
宝城	金幸缘＊	恶鬼巫歌	崔德源	《韩国口碑文学大系6-12》	1986.5.7
宝城	金膜礼＊	恶鬼巫祭	崔德源	《韩国口碑文学大系6-12》	1986.7.9
灵岩	郑花占＊	巴里代纪	李杜铉	《韩国的巫俗和演戏》	1992.9.22

---

①盘索里（판소리）：朝鲜肃宗末期出现的演唱者和着鼓点节奏表演的传统说唱民俗音乐，包含唱段（소리）和说词旁白（아니리），代表作品有"春香歌""沈清歌""水宫歌""兴夫歌"等。——译注

②沈清歌（심청가）：盘索里五大名剧之一，讲述了盲人之女沈清，十五岁时听说为佛祖供米三百石便可使父亲复明，于是将自己卖身于中国商人当作祭祀"印塘水"龙神的祭物，后在上天神迹帮助下重获新生，被商人带回中国成为皇后，为天下盲人举办盛宴，再次见到自己父亲，并使天下盲人重获光明。——译注

③湖南地区（호남지방）：锦江上游湖江以南地区的名称，主要指全罗北道、全罗南道地区，也包括忠清道部分地区。——译注

①恶鬼大王和恶鬼夫人结婚，接连生下七个女儿。

②恶鬼大王把第七个女儿遗弃在山中（或艾蒿丛中）。

③巴里代纪在动物的帮助下长大。

④恶鬼大王患了重病，只有喝下"柴影山"的"神泉水"才可康复。

⑤于是重新找到遗弃的女儿，请求女儿去寻找神泉水。

⑥巴里代纪见到守护神泉水的"相国胥"（音），为其做了九年工，并生下三个儿子之后，才得到神泉水回到故国。

⑦巴里代纪用神泉水使死去的父亲复活。

⑧巴里代纪成为接受"恶鬼祭祀"供奉之神。

从整体来看，全罗道地区流传的"巴里公主"资料内容较为简略，并未交代"恶鬼大王"与"恶鬼夫人"的具体身份，也未说明连续生下七个女儿的原因，没有记述搭救养育巴里代纪的人物，只说是在鹤的帮助下长大成人。茁浦地区"朴少女口述巫歌"版本中，巴里代纪是第九个出生的女儿，被遗弃的地点是柴影山岩石下，神泉水的位置也是在柴影山岩石下。全罗南道地区许多版本中都遗漏了很多叙事段落，仅仅保留了被遗弃女儿找到神泉水和救治父亲的基本内容框架。那么该如何看待全罗道版本资料呢？这些资料到底是最初的神话形态，还是在流传过程中因细节遗漏导致了内容的简略呢？

被遗弃的巴里代纪被从天而降的仙鹤搭救养育成人，相比于叫花子功德爷爷奶奶等，鹤所代表的"动物救助者"更具原始神话的特色。天降之鹤反映了"天祖崇拜"的信仰，同时隐含着巫俗固有的"祖灵崇拜"的特征。而且神泉水所在的柴影山（全罗南道光阳市）、柴阳山（全罗南道高兴郡）和新黄山（忠清南道新安郡）等地①，也与掌管阴间的"十王神"有一定关系，巴里代纪父亲名叫"恶鬼十王"也应该和信仰"十王"的观念有关。也就是说，可以使死者复活的神泉水在阴间世界。从以上可以推断，巴里公主去往阴间寻找神泉水的叙事背景，巴里公主为找到神泉水前往阴间，途中帮助阴世亡灵解答疑惑将他们超度，并找到了可以救活父亲的神泉水。凭借这一功绩，巴里代纪成为掌管死亡的"恶鬼神"。可见，全罗道地区资料中包含许多"巴里公主"叙事的本来面貌，但在流传过程中许多保留有原始内容的片段逐渐湮灭并消失，或者被后人润色修改。很多版本资料中没有提及连续生女儿的原因，巴里代纪被遗弃的原因也语焉不详。还有很多版本中患病的并非遗弃钵里代纪的父亲，而是其

---

①音译名称：柴影山（시영산）、柴阳山（시양산）、新黄山（새황산）。——译注

母亲患了产后并发症。如果父母患病是对他们遗弃巴里代纪的惩罚，那么父亲患病的内容才算合乎逻辑，况且产后并发症是妇女在生产之后所患的疾病，钵里代纪长到十五岁时母亲得了产后并发症的说法不合乎常理，这显然是后人对神话加工修改的结果。

（二）"巴里公主"神话特点

"巴里公主"神话的故事发生在只有儿子才能继承父亲王位的"男性家长制"时代背景下，国王无视占卜者的预言执意举办婚礼导致没有儿子的悲剧。"巴里公主"的叙事结构可以概括为：宣布禁忌→违反禁忌→遭受违反禁忌的惩罚→解除惩罚。

具有类似叙事结构的神话，按照不同的禁忌特点决定了神话的含义。"巴里公主"神话中宣布的禁忌是不要在无法诞生儿子的年份结婚，这反映了结婚后必须生儿子的男性家长制社会价值观。一般来说，"违反禁忌"类神话表达出的都是因禁忌导致压抑的社会心理，由此可以推断，"巴里公主"反映的是在男权社会制度压迫下无法生育儿子的焦虑女性群体的无意识产物。

值得注意的是，第二次违反禁忌的性质不同于第一次。第一次禁忌的违背是男性家长制社会重男观念的产物，第二次禁忌的违背则反映了薄待女儿必将遭受天谴的女性群体观点。也就是说，在"巴里公主"神话中，共存着"在生女儿的年份禁止结婚"与"遗弃女儿必受天谴"两种观念主张。而且巴里公主找到神泉救活父亲的不凡事迹，否定了重男观念的禁忌，强调了第二次违背禁忌的严重后果。最终"巴里公主"包含的神话含义可以概括为：在男性家长制社会女性饱受迫害的情况下，证明了女性的真正价值，纠正了错误的社会观念。

巴里公主是一个不计较父母过错、甘愿牺牲自己为父母尽孝的孝女，记录其事迹的"巴里公主"也是感动无数人的巫俗叙事诗。巴里公主的父亲犯下两次过错，第一次是没有耐心，迫不及待地在预言"将会生下七个女儿"的年份结婚；第二次是无法忍耐愤怒，遗弃了无辜的骨肉。即使在只生女儿的年份执意结婚，如果国王是一个能够为自己的判断和行为负责的人，按理他应该可以接受七公主。但是，国王却将自己无视占卜者预言犯下的过错，发泄在刚出生的女儿身上。如果他懂得人的意志无法决定婴儿的性别的道理，那么理应认识到呱呱坠地的婴儿是无辜的，而他却野蛮地把毫无生存能力的婴儿投入江中。神话中遗弃婴儿的悲壮场面是对残暴男性家长制社会的控诉。

虽然巴里公主无辜地被父母遗弃，但是当举国上下的大臣以及她的六个姐姐没有人愿意帮助父亲时，她却毅然为了父亲前去寻找神泉水。在对神泉一无所知的情况下，巴里公主仅凭着挽救父亲的孝心出发上路，经历了危险，在遥远的"异界"找到了神泉，为了得到神泉水又忍受了九年的辛苦劳作，甚至与守护神泉的神仙结婚，还生下了七个儿子。为了挽救出生后就将自己抛弃的父母，巴里公主甘愿以艰辛的劳动和生命般珍贵的贞操作为代价，牺牲自己的一切。"巴里公主"就是这样一个年幼女子为父母牺牲自己的故事，在以"孝"为最高品德的韩国古代社会，子女尽孝理所应当，同时也值得赞扬。所以巴里公主被称颂为实践孝道伦理的英雄，这一神话也具有了教育子女恪尽孝道的重要功能。不过，在强调巴里公主不畏牺牲的崇高行为的同时，国王的愚昧残暴也遭到了批判。国王生不出继承王位的子嗣，辅佐的大臣们也救不了病入膏肓的国王。这些大臣先前只顾一味逢迎国王赞成举办婚礼、而后又成为遗弃婴儿的帮凶，这种对男权社会无能的讽刺应该出自权力卑微的女性群体的观念主张。

巫俗社会是以女性为中心、由女性掌握主导权的社会。巫俗仪式的主持者为女性，参与祭祀的观众也多为女性，可以说"巴里公主"神话是传统社会遭受压迫的女性意识的产物。

分析巴里公主最终成为什么神灵可以更加明确"巴里公主"的神话功能。巴里公主以挽救父亲生命的不凡事迹成了"巫神"或"阴间神"。

> 巴里娘娘您有什么愿望啊？给您一半汤，给您一半布。您要汤我们就给汤，您要布我们就给布。因为父母的缘故，您没能吃好，没能穿暖，但您成了"万神身体之主"①，得到了银河蒙头里②、七星珠铃③、内袄、上衣、小唐鞋、红缎带……
>
> ——金东旭收藏资料，第508页

此处叙述了巴里公主成为"万神身体之主"，也就是巫俗神，并因此享受到巫俗从事者的祭拜。这是因为巴里公主事迹涉及巫俗从事者负责的三种工作之一的医治疾病。

> 死去的父母再次复生，会给我半个国家吗？还是能给我半个晚霞峰？半个国家我也不要，晚霞峰我也不喜欢。在阳间活着大逆不道，死了以后到阴间该下地狱的人们，我会拿着铃铛给你们引路。好啊，

---

① 万神身体之主（만신의 몸주）：万神是女性巫堂的尊称，身体之主指巫堂被初次神灵附体时灵魂力量的主体，即巫堂灵魂力量的主体。——译注

② 银河蒙头里（은하몽두리）：宫女参加"呈才"（宫宴歌舞）时所穿服饰，也是巫服的一种。——译注

③ 七星珠铃（주세방울）：黄铜铁条尾端挂着七个珠铃的巫俗道具。——译注

就这么办吧。按照我的愿望，摆上满盘佳肴，在银盘里面摆上猪头，围着转上几圈。好啊，就那么办吧。

——精神文化研究院所藏资料手抄本，第571页

此处可以看出，巴里公主已经成为巫俗的"阴间统治神"（저승차지신），是把亡者从阳间引向阴间之神，在"镇恶鬼巫祭"（진오귀굿）等亡者祭祀中拥有专门的"道灵环绕"① 仪式，并享受"镇恶鬼祭祀"。因为巴里公主穿过阴间寻找神泉水的途中曾经帮助过许多亡灵，使他们得以安息，她因为这段事迹经历而被崇拜为"超度亡灵之神"。

钵里得纪啊，到底是把天下给你好呢，还是把地下给你好呢？看看钵里得纪的意思，既嫌弃天下，也讨厌地下，那就听听我的愿望吧。如果去庙里面做了和尚，和尚都会接受施舍供养，人如果死了，每个死人都会享受"恶鬼祭祀"，父亲、母亲是恶鬼判官，我把接受"恶鬼祭祀"的灵魂交给您，我在前面开路，请您把这"恶鬼祭"的灵魂引向光明西天的"十王世界"，请为他打开"佛渡之门"吧。

——安东宋熙植（音）口述版本，第21页

以上片段之中，巴里公主是接受"恶鬼巫祭"之神，"恶鬼巫祭"是巫俗中超度亡者的祭祀活动，所以巴里公主已经成为引导、掌管亡者灵魂之神。

因为巴里公主曾经将死者起死回生，所以她是巫堂中拥有治疗疾病的神异能力的人物。治疗疾病的最高境界是治疗致人死亡的病症，但即使能够治疗绝症也比不上让死人重获新生，所以巴里公主是最好的医生。另外，巴里公主在经过阴间时超度了许多冤鬼，蒙冤而死的人备受煎熬，巴里公主把受苦的魂灵引向了极乐世界，所以巴里公主又成为享受抚慰死者灵魂巫祭祭祀之神。巴里公主既是拯救死者之神，也是安抚痛苦亡灵之神。

祭祀可以让死者复活之神，源于希望死者可以复生的期待心理；抚慰死者亡灵的祭祀，则是出于断绝死者与生者联系的目的，因为只有使生者不受死者亡灵的滋扰，才能够恢复内心的平静。

（三）"巴里公主"之叙事文学史意义

"巴里公主"是按照记述英雄一生的叙事类型展开情节的叙事诗。虽然被称

---

①道灵环绕（도령돌기）："도령"指进行祭祀仪式的道场，"道灵环绕"原为佛教仪式，后来引入巫俗祭祀之中，指首尔地区"亡灵巫祭"（새남굿）中，环绕祭祀场所绕圈的仪式，一般分为"外场道灵环绕"与"内场道灵环"。——译注

为身份高贵的"公主",但一出生就被遗弃,之后被人搭救得以长大成人,最终完成了拯救死去父亲的不凡经历,获得巫俗神的荣誉。这种叙事与高句丽建国神话"朱蒙神话"中记录朱蒙一生的男性英雄传记属于相同的文学叙事类型。但是,巴里公主并非继承了神的血统,她一出生就被遗弃的原因仅仅因为她是女孩,并且所创功绩也不是为了自己,而是为了救治父亲,由于救父亲而被赋予了神性。因此,巴里公主应该是在男性家长制确立之后实践孝行的附属英雄。一般而言,巫俗神话叙事文学的形成时间普遍早于英雄神话。早期巫俗神话中的人物缺乏爱情、友情等人类情感,建功立业依靠的并非人类能力,而是神秘的咒术力量。但是,在"巴里公主"中却表现出强烈的父母与子女间的情感,同时女性得以成就不凡成绩的关键在于付出了极大的真诚与忍耐,所以这与早期巫俗叙事文学截然不同。反映为父母牺牲主题的"孝女知恩传说"①、小说《沈清传》等曾经带给韩国民众无限感动。巴里公主与沈清都是为父牺牲的女性,她们从为家人的角度出发,为社会、国家做出了巨大贡献,她们是令韩国人骄傲的女性。巴里公主挽救了国王父亲的生命并在阴间帮助了饱受痛苦的冤魂,最终成为拯救国家和人类的女神;沈清牺牲自己成为"印塘水"②的祭品,保护了对国家有益的海上贸易,并且使父亲等无数盲人重见光明。

"巴里公主"是为遭到韩国传统男性家长制压迫的女性意识代言的巫俗神话,神话中刻画了拥有极致真诚与隐忍美德的韩国传统女性形象,作为韩国本土叙事诗具有重要的文学价值。

四、城主巫神歌研究

目前流传的"城主巫神歌"有两种类型:京畿道南部地区流传的关于黄友

---

①孝女知恩传说 (효녀지은실화):《三国史记》卷四十八载:"孝女知恩,韩歧部百姓连权女子也。性至孝,少丧父,独养其母。年三十二,犹不从人,定省不离左右,而无以为养,或佣作或行乞,得食以饲。日久不胜困惫,就富家请卖身为婢,得米十余石。穷日行役于其家,暮则作食归养之。如是三四日,其母谓女子曰:'向食丑而甘,今则食虽好,味不如昔,而肝心若以刀刃刺之者,是何意耶?'女子以实告之。母曰:'以我故使尔为婢,不如死之速也。'乃放声大哭,女子亦哭,哀感行路。时孝宗郎出游,见之,归请父母,输家粟百石及衣物予之,又偿买主以从良。郎徒几千人,各出粟一石为赠。大王闻之,亦赐租五百石,家一区,复除征役。以粟多恐有剽窃者,命所司差兵护守。标榜其里曰'孝养坊',仍奉表,归美于唐室。"——译注

②印塘水 (인당수):《沈青传》中出现的海中深水处的地名,经过此处必须要投下祭物方能安全通过。沈青为换取能够让盲父复明的三百石佛祖贡米,将自己卖给中国商船作为祭物,在印塘水海献祭。——译注

阳氏的"城主本歌"和庆尚南道东莱地区流传的"成造巫歌"。二者都讲述了家宅神"城主神"① 的来历，共同表达了夫妻间的别离与相逢，但是具体内容存在不少差异，两者属于不同的文学叙事类型。

（一）"城主本歌"考察

1. "城主本歌"资料

从京畿道高阳、华城、安城等地收集整理的六篇"城主本歌"资料（﹡标注的名称均为音译）

名称	传承地区	口述者	口述时间	采录者	发表处	发表年度
城主本歌	高阳	裴敬载﹡	未详	赤松智城、秋叶隆	《朝鲜巫俗的研究·上》	1937
城主巫祭	华城	沈福顺﹡	1973.11.3	金泰坤	《韩国巫歌集3》	1978
城主巫祭	华城	金寿姬﹡	1973.1.10	金泰坤	《韩国巫歌集3》	1978
城主巫祭	安城	宋基哲﹡	1981.7.18	曹喜雄	《韩国口碑文学大系1-6》	1982
城主巫祭	安城	宋基哲﹡	1981.7.18	曹喜雄	《韩国口碑文学大系1-6》	1982
城主巫祭	安城	宋基哲﹡	1988.10.3	徐大锡 朴敬伸	《安城巫歌》	1990

从此六种资料版本来看，这一巫歌的流传区域局限在京畿道南部，"安城宋基哲版本资料"占了三个，不计重复的版本，各口述者实际传唱的资料版本仅有四个。虽然不确定"高阳郡裴敬载"属于何种类型的巫堂，但与其一起进行巫歌口述的李钟万属于"世袭巫"，因此可以判断裴敬载是与世袭巫较为亲近的人士。裴敬载口述巫歌资料的具体时间也未说明，但从发表年代来看，应该在1937年以前。"华城沈福顺"属于"世袭巫"，口述时年已七十，她从二十八岁开始从事巫俗行业，存在保存年传承20世纪30年代的巫歌资料的可能性。

---

① 城主（성주）：建造房屋之神，也是掌管一个家庭所有事情的最高神，又名"成造"（성조）。本书将"城主巫神歌"的两种版本类型分别译为"城主本歌"和"成造巫歌"。——译注

金寿姬属于"降神巫"①，三十一岁时向"水原高马奈巫堂"②学习巫歌，不过并未说明高马奈巫堂的实际情况，口述表演时已经四十五岁，那么学习巫歌的时间应该在1959年。宋基哲也属于"降神巫"，十七岁时接受了京畿道安城郡大德面名为"小满伊堂骨"③的女巫主持的"降神巫祭"并学习了巫仪。宋基哲，1937年出生，由此可以推测他学习巫歌的时间应在1950年以后。宋基哲曾经学习过的当时的巫俗从业人士有"宝盖面新长里韩春基巫堂""大德面三闲里尹鹤园巫女""宝盖面加士里赵东浩男巫"等，他们都是"氏堂骨"（씨당골，世袭巫）。可见，以上提供巫歌资料的口述者虽然既有降神巫，也有世袭巫，但是其中很可能保存原来世袭巫传承的相关资料。以上四个资料版本中，裴敬载版本、沈福顺版本为20世纪30年代以前资料，宋基哲版本、金寿姬版本为20世纪50年代以后资料。

2. "城主本歌"的叙事内容与版本变异

"城主本歌"是"城主巫祭"中口述的巫俗神话。城主巫祭的祭祀对象是城主神，城主被认为是家宅之神。家宅是家庭成员的住所，所以家宅之神城主神拥有主宰家庭成员运气与福祸的职能。家庭之神包括城主神男神、宅地神女神和祖上神，城主神与宅地神夫妇掌管着家庭的幸福。

（1）男主人公的血统及诞生经过

裴敬载口传版本中，"天上宫"的"天代木神"与"地下宫"的"地脱夫人"结为百年之好，生下"黄友阳氏"；沈福顺本、金寿姬口述版本中，"天下国"的"天舍郎氏"与"地下国"的"地脱夫人"结婚生下"黄爱阳氏"；宋基哲口述版本中，"天下宫"的"天大将军"和"地下宫"的"夏别王氏"生下"夏友黄"。这里出现的人物名称有所不同，男主人公名字有"黄友阳氏""黄爱阳氏""黄友阳""夏友黄"等④，这应该是流传过程中名字发音变化所引起的变化差异，本文将"黄友阳氏"视为人物本名。各版本的共同点为：天神男神与地神女神结合生下男主人公黄友阳氏。（*天父地母结合诞生黄友阳氏）

---

①降神巫（강신무）：指被神灵附体的巫师，能够直接表达神的意志，需要具备得过神病、有专门场所神堂、从事专门仪式巫仪三个条件，主要分布于南汉江以北地区，分为巫堂型、命豆型。——译注

②高马奈巫堂（꼬마네무당）：按照韩文音译，韩国水原地区的某个巫俗从事者。——译注

③小满伊堂骨（소만이당골）：按照韩文音译，韩国安城郡的某个巫俗从事者，"堂骨"（당골）是全罗南道表巫堂之义的方言。——译注

④音译韩文名称依次为：황우양씨、황에양씨、황우양、하우황。——译注

（2）男主人公的能力

裴敬载版本中将男主人公描述为："颜面如冠玉，风采若杜牧，口才似苏秦，上通天文，下晓地理，六韬三略，九宫八卦，遁甲藏身，随意自如。"这是一种对拥有神异能力人物的惯用描写，应该是受到了常见的有关英雄的"人物致礼套词"①的影响。沈福顺口述版本描述得更为详细："只见他颜面似冠玉，风采如杜牧，叫声好似龙吟，坐姿如在龙床，走路步态优美，教他认一字，就能识十字，草木、岩石、泥土都为他睁了眼，说他日后必成大器。"金寿姬口述版本的描述为："面如冠玉，腰赛熊腰，就座如在龙床，那孩子长大之后，才能举国无双。"宋基哲口述版本描述为："那孩子刚一降生，仪表不凡，天赋异禀，细看那面容，实乃万古绝色之美男。小时候玩的游戏都是伐木建房子、夯土打地基。"对男主人公描述的共同点为：容貌俊美，才能出众，特别是宋基哲口述版本中除了一般神异能力外，还添加有木匠修建房屋的能力。（*男主人公容貌俊美，才能出众）

（3）天下宫召唤黄友阳氏

裴敬载口述版本：天下宫的"一千阑干楼阁"被强烈的东风吹倒，为了恢复宫殿原貌，有使者前来征黄友阳氏上天修缮宫殿。沈福顺口述版本：天下宫的"一千阑干楼阁"被强烈的东风刮成废墟，满朝百官焦急万分，家住西大门的"邝处士"（音）上疏举荐"黄山庭黄友阳氏"并派遣使者前来。金寿姬口述版本：正当天下宫破烂不堪、片瓦无存之时，听说地下宫黄友阳氏建造才能出众，便派遣使者前去。宋基哲口述版本：天下宫要建造宫殿，所以派遣使者征黄友氏阳入宫。以上各版本的共同内容可简述为：天下宫要修复损毁的宫殿，所以派遣使者来找黄友阳氏。（*天上为建造宫殿派使者征召黄友阳氏）

（4）男主人公的抵抗

派来征召黄友阳氏的天上使者遭到了男主人公的抵抗，之后在灶王神的帮助下成功抓住了黄友阳氏。裴敬载口述版本：使者因黄友阳氏身材高大无力抓捕，灶王神告诉使者趁黄友阳氏如厕时抓捕，最终得以成功。沈福顺口述版本：黄友阳氏做了个怪梦，于是穿上了盔甲，天下宫使者因盔甲过于沉重无力抓捕他，但是得到了受黄友阳氏薄待的灶王神的帮助，使者等黄友阳氏放下武器、脱下盔甲迎接曾娘娘时，成功将其抓获。金寿姬口述版本中出现了灶王爷爷对黄友阳氏的不舍，使者在履行天下宫命令时并未遭到抵抗，可能是口述者遗忘了部分内容。宋基哲口述版本：天下宫使者因黄友阳氏身材高大无力抓捕，三

---

① 人物致礼套词（인물치레사설）：韩国传统民俗乐盘索里中有关人物形象的固定唱词。——译注

更时趁黄友阳氏到庭院看鲤鱼时将其抓获,但并没有灶王神的协助。神话原本应该存在灶王神协助使者的内容,只不过口述者的遗忘,导致部分相关内容消失。(*迫于黄友阳氏之体魄,天下宫使者无力抓捕,后得到灶王神协助得以完成天下宫旨意)

(5)女主人公帮助准备工具

天下宫使者传唤黄友阳氏,给他三日期限,黄友阳氏因没有修理工具而焦急忧心,茶饭不思,这时黄友阳氏夫人为丈夫置办了木工工具。

裴敬载口述版本:使者给了黄友阳氏三日期限,黄友阳氏因为没有工具和服装焦虑万分,茶饭不思。黄友阳氏夫人见此情形,服侍丈夫休息之后,烧了一张烧纸抛向天下宫,天下宫降下五斗铁锭、五斗铜锭、五斗铁片;夫人在大山架起大风箱,在小山架起小风箱,造出斧子、锯子、钵子、刨子、墨斗等各种木匠工具,并且为黄友阳氏准备了四季衣服鞋袜。

沈福顺口述版本:夫人准备了工具、斗笠、头巾,还为马套上青红辔头,披上虎皮。金寿姬口述版本:黄友阳氏与鸡龙山"莫莫夫人"(音)成婚,夫人听了黄友阳氏的烦恼,向上天烧纸祈祷,为丈夫准备了木工工具。另外,还叙述了夫人准备了绸缎衣裤,并在衣袍上刺绣了青龙、黄龙齐飞,青鹤、白鹤共舞的图案。宋基哲口述版本:夫人向四海龙王求助祈祷,忽然不知从哪里来了背着风箱的工匠帮助打造了工具,并在衣袍上绣了青龙、黄龙与青鹤、白鹤。

各资料版本中黄友阳氏的妻子并没有固有名字,而是统一以"夫人"之名代称,但是金寿姬版本中出现了"莫莫夫人"的名称,这很可能是口述者随意编造的名称。综合来看,夫人比黄友阳氏更加富有智慧和才干,展现了妻子对丈夫的真诚与爱。在具体刻画这一主题时,各个口述者对描述套词灵活使用而产生了一些差异。宋基哲版本中并非是向天下宫烧纸祈祷,而是求助于四海龙王并得到了帮助,工具也并非夫人直接制造,而是出现了风箱匠人代为制造。值得注意的是,这些内容变异是由于神话含义的变化所导致的,也就是宋基哲版本反映了从天神崇拜到水神崇拜的转变,于是弱化了夫人自身所具有的铁匠职能特征。(*夫人为黄友阳氏制造木工工具、衣服等)

(6)夫人的叮嘱

黄友阳氏出发时,夫人叮嘱道:"途中不要和其他人说话。"裴敬载口述版本:"去的路上不管遇见谁和你问话,千万不要回答。如果你回了别人的话,你的爱妻就会被别人夺走,千万不要和别人说话!"沈福顺口述版本:"无论是小孩还是大人,有人问话你都不要回答;到了天下宫建造宫殿时,千万别小看老旧的木料,也不要对新木料太贪心。"金寿姬口述版本:"不管小孩还是大人向你问话,你都不要回答。"但是黄友阳氏却严厉地呵斥了妻子:"大丈夫出门,妇人家哪里这么多话?"宋基哲口述版本:"如果去了黄山庭,见到了叫作苏尘郎(音)的人,你千万不要搭理,默默地走开就好。如果你去黄山庭的路上回了别人的话,你夏友黄的性命可能不保。赶自己的路就行了!"

这一部分的共同点是途中不要和别人对话,如果违反就会惹祸上身。金寿姬版本中黄友阳氏对夫人的斥责表现出丈夫的自负,不过黄友阳氏并非轻视夫人之人,所以这应该是口述者个人编造的内容。(＊妻子叮嘱丈夫途中不要和他人说话)

(7) 与苏尘郎对话

黄友阳氏路过苏尘庭遇见苏尘郎并与其对话,苏尘郎提议二人换穿衣服。裴敬载口述版本:苏尘郎辱骂不答话的黄友阳氏为"无父野种",黄友阳于是开口说话,苏尘郎乘机欺骗黄友阳氏要有厄运,与其换穿衣服。沈福顺口述版本:苏尘郎教给黄友阳氏佛教"四法印"①,并与其互换了衣服和马。金寿姬口述版本:黄友阳氏听说苏尘郎修佛三年于是放下了戒备。宋基哲口述版本:苏尘郎答应教给黄友阳氏建造房屋的道法,于是穿上黄友阳氏的道袍长衫。

以上资料中称呼反面人物的名称有很多,如苏尘郎、苏尘王、苏尘晚、苏智奈、苏尘奈、苏尘幸、苏尘杨、苏智猛、苏尘央等②,这些应该都是由于口述者的不同发音和采集记录者的听音标记不同所导致的,本文以裴敬载版本的"苏尘郎"为标准名称。(＊黄友阳氏与苏尘郎对话,为防厄运与其换穿了衣服)

(8) 苏尘郎胁迫黄友阳氏夫人

与黄友阳氏换穿衣服的苏尘郎来到黄友阳氏家中抢夺其妻。裴敬载口述版本:黄友阳氏夫人送走丈夫后,带着侍女去后山赏花,途中听见马蹄声马上回家并锁上了大门。苏尘郎自称黄友阳氏欺骗其夫人开门,但夫人没上当。苏尘郎脱下上衣扔进院中让其开门,夫人说气味不同仍不开门。苏尘郎念咒语打开大门劫持了黄友阳氏夫人。夫人同意随苏尘郎走,在绸衣上写下血书藏在柱子底座下面,跟随苏尘郎去往苏尘庭。

裴敬载版本中,苏尘郎念着"再归呀,再归呀"(재귀야,재귀야)的咒语打开了大门;沈福顺版本中,苏尘郎写了个"乙"字贴在门上打开了锁住的大门;

---

① 四法印(사개법):指佛教的四法印,即诸行无常、诸漏皆苦、诸法无我、涅槃寂静。——译注
② 对应韩语名称依次为:소진랑、소진왕이、소진왱이、소지넹이、소진넹이、소진행이、소진양이、소진맹이、소진앙이。——译注

金寿姬版本中，苏尘郎砸破了东墙进入；宋基哲版本中，苏尘郎喊了三声咒语"折古呀，折古呀"（적구야，적구야）后打开了锁住的大门。（*苏尘郎劫持黄友阳氏夫人带回苏尘庭)

（9）黄友阳氏夫人借"吃斋三年"拖延嫁给苏尘郎。

黄友阳氏夫人对苏尘郎说，自己刚刚祭祀了祖先，有七种鬼神附在身上，最好先吃三年祭饭把鬼神驱除后再与其结婚。裴敬载版本：夫人在泥地里挖了地洞住进去，吃了三年斋饭；沈福顺版本：夫人住在后山建了祠堂，吃了三年斋饭；金寿姬口述版本：夫人在后山上挖洞住进去，吃了三个月零十天的斋饭；宋基哲口述版本：夫人为驱除七种鬼神在泥地里挖了地洞住进去，外面围上荆棘篱笆，吃了三年斋饭。（*夫人执意吃完三年斋饭、驱除鬼神后再结婚，拖延嫁给苏尘郎)

（10）黄友阳氏天下宫做噩梦后找人占卜

裴敬载版本中，黄友阳氏在建造天下宫栏杆时做了噩梦，于是找算命人问卜，得知家宅已成废墟，夫人改嫁他人，急忙完成工作回到家中；沈福顺版本描写了黄友阳氏在天上打地基、立柱子、上房梁等建造场面，完工之后回家途中做了一个梦，之后向人问卜，并详细记述了梦的内容和算命者的解梦过程；金寿姬版本中省略了噩梦相关内容；宋基哲版本中，黄友阳氏花了九年时间用小石子修建城池，做了噩梦后问卜于法师，得知家园被毁、夫人已为他人妻。（*黄友阳氏做噩梦，得知妻子被劫走)

（11）黄友阳氏回家见到夫人血书，前去苏尘庭救妻

裴敬载口述版本：黄友阳氏回到变成废墟的家中，听见类似"下石笔"（하석필）的乌鸦叫声，在家中柱子下面发现了夫人所写的血书："夫君生回还，相见苏尘庭。夫君若客死，携手赴黄泉。"于是前往苏尘庭。沈福顺版本：黄友阳氏听见西北的乌鸦叫声好像"家中家中"（까옥까옥），东南的乌鸦叫声好像"夹着夹着"（끼우끼우），于是在家中柱子底下发现了妻子的血书。金寿姬版本：黄友阳氏在变成废墟的家中枕着柱子底座睡觉，梦见了夫人，发现了写有"不让你和人说话，你和谁说了话？你为何要说话？（辟受话，受谁话，何须话）"的血书。宋基哲版本：黄友阳氏回到家里抱着柱子痛哭，梦中得到玉皇指示，在柱子下发现了夫人血书绸衣。（*黄友阳氏在动物或神的帮助下发现妻子血书)

（12）黄友阳氏去苏尘庭寻妻

裴敬载版本：黄友阳氏坐在清阁楼井边松树上发出声响，与出来打水的夫

人重逢。沈福顺版本：具体描述了夫人梦境，夫人骗苏尘郎说去洗澡，来到井边见到了黄友阳氏。金寿姬版本：夫人吃完三个月零十天的斋饭，来到村前小溪打水时与黄友阳氏相见。宋基哲版本：省略了黄友阳氏与夫人重逢的场面。黄友阳氏与夫人重逢的场景，一般都是黄友阳氏躲在井边树上把树叶扔到夫人水罐里，夫人通过水里的倒影见到了丈夫。类似男女相逢的场面是"地下国大贼除治传说"①中常见的片段。（＊黄友阳氏在苏尘郎家井边与妻子重逢）

（13）黄友阳氏惩罚苏尘郎

黄友阳氏见到夫人后，得知夫人坚守贞洁的经过，惩罚了苏尘郎。裴敬载口述版本：黄友阳氏化身为青鸟、红鸟，躲进夫人九层裙中，用大钳、小钳废掉了苏尘郎的手脚，将其关入石盒内，将其家人压在石碓之下，做成"城隍"（성황，用石块垒砌的石堆，是山神的象征）。沈福顺口述版本：黄友阳氏变成青鸟、红鸟躲进夫人裙内，趁着夫人把苏尘郎劝醉，黄友阳氏将其关入石盒做成"长栍"②，又把苏尘郎的子女变为狍子、鹿、山鸡、鸽子等猎人的猎物。金寿姬口述版本：黄友阳氏变成尘土躲进夫人的十二层裙内，之后把苏尘郎捆绑起来指责罪行，后将其做成"山王"③。宋基哲口述版本：将苏尘郎做成"山王"，苏尘郎之父被做成"长栍"。以上惩罚的共同点是把苏尘郎做成"山王"。（＊黄友阳氏在夫人帮助下惩罚苏尘郎，将其做成"山王"）

（14）黄友阳氏回到黄山庭成为城主神，夫人成为宅地神

裴敬载口述版本：黄友阳氏夫妻回到黄山庭收拾整理之后，用夫人的九层衣裙支起帐幕，夫人养蚕织锦为丈夫做了一袭礼服，最后夫妇二人分别成为城主神和宅地神。沈福顺口述版本：夫妇来到芦苇地，把夫人的衣裙挂在芦苇上搭起帐幕。黄友阳氏炫耀在天下宫建造宫殿的才能后，成为城主神，夫人成为宅地神。金寿姬、宋基哲版本仅提及夫妇成为城主神和宅地神。（＊黄友阳氏成为城主神，夫人成为宅地神）

比较以上四个版本内容可以发现：20世纪30年代流传的裴敬载版本和沈福顺版本资料内容更加充实，而20世纪50年代流传的金寿姬版本和宋基哲版本资

---

①地下国大贼除治传说（지하국대적제치설화）：传说内容为勇士击败地下国怪物救出被绑架的女子并与其成婚。主人公经历诸多困难，击败怪兽与恶人后获得幸福，是民间故事的代表性类型。——译注

②长栍（장승）：用树或石头雕刻成的人形的守护神图腾，立于村庄、寺院入口或山岭等地。——译注

③山王（서낭）：用碎石垒砌的大石堆，象征守护村庄安宁之神。其意义说法不一，有学者认为源自"山王"（선왕），有学者认为源自"城隍"（성황）一词。本书统一译为"山王"。——译注

料与原来神话相比，内容产生了一些改变和变异。

3. 叙事结构与含义

"城主本歌"的叙事核心在于叙述黄友阳氏夫妇的分离与重逢。

① 黄友阳氏诞生。

②黄友阳氏结婚（仅发现于金寿姬版本）→夫妇结合，家庭诞生。

③ 黄友阳氏去往天下宫→夫妇分离。

④ 与苏尘郎对话→出现第三者。

⑤ 苏尘郎来袭，劫持夫人→第三者劫持夫人。

⑥ 夫人施计拖延，吃斋饭三年→夫人用计守护贞洁。

⑦ 黄友阳氏归来，惩治苏尘郎→惩治第三者，救出夫人。

⑧ 夫妇重逢，成为神灵→夫妇再次结合。

"城主本歌"中心段落的叙事结构可以概括为：夫妻组建的和睦家庭因天下宫的强行征召导致丈夫离家；妻子独居期间，有男性第三者劫持夫人，家庭遭到破坏；丈夫回来后惩治第三者，救出夫人，家庭得到复原。

可见，"城主本歌"展现了以夫妻为中心的家庭的幸福与磨难。神话中的黄友阳氏夫妇是理想的夫妻形象，鲜明地描绘出夫妻的真挚情感与夫妻各自应该坚守的价值。黄友阳氏不仅外貌俊美，还拥有一家之长的威严与不凡能力。天下宫使者见到威风凛凛、全副武装的黄友阳氏也不敢近前，而且连天下宫都知道黄友阳氏的建造手艺，可见其是天下闻名的工匠，拥有为家庭幸福而努力工作的能力。

而黄友阳氏夫人是比黄友阳氏更加完美出色的女性，是一个兼具美貌、智慧、才能和强烈贞洁观念的人物。苏尘郎也是听传闻说黄友阳氏夫人的"倾城绝色"而起了邪念，可见夫人的貌美绝非一般。而且，夫人在黄友阳氏接到天下宫使者征召但缺少建造工具一筹莫展时，毫无怨言地安抚丈夫，并在丈夫不知情的情况下，烧纸祭祀后得到十五斗铁锭，用风箱迅速制造了木匠使用的各种工具。夫人竟然能够得到冶铁的原材料，还能造出丈夫使用的工具，可见其能力比黄友阳氏更加优秀。拥有如此超群能力却对无能丈夫毫无怨言，安静迅速地把事情办妥，黄友阳氏夫人正是这样一位既能给人安慰又能为夫解忧的完美妻子。

不仅如此，她还拥有预知未来的超人能力。她曾叮嘱前往天下宫的丈夫途中千万不要和任何人说话，如果说了话，自己就会被别人抢走，结果一语成谶，可见黄友阳氏夫人早已料到苏尘郎对自己心怀不轨，伺机霸占。但是丈夫却不顾嘱托，不仅与苏尘郎对话，还交换了衣服。后来苏尘郎假扮丈夫来到黄山庭，夫人只好面对现实，以女性特有的机智应对危机。黄友阳氏夫人见苏尘郎前来，先紧锁大门加以防备。苏尘郎脱下衣服扔进院中，谎称自己是黄友阳氏，夫人拿到衣衫发现是自己制衣的手艺，但从衣服的气味判断明显不是丈夫，所以拒绝开门。可见其是一个对丈夫了解细致入微、在危急状况下能冷静判断的机智女性。

苏尘郎破门而入，强迫黄友阳氏夫人嫁给自己，夫人此时并没有为了守住贞洁而一味地反抗，而是机智地应对，一边安抚苏尘郎，一边把写有血书的绸衣藏在柱子下留给丈夫，再利用苏尘郎的弱点，以吃斋饭作为缓兵之计等丈夫前来救援。夫人说自己因为祭祀被七种鬼神附体，需要居住在地洞中吃三年斋饭才能把鬼神驱除，苏尘郎之所以信以为真，是因为黄友阳氏夫人爽快地答应要和他回家享百年之好。另外，夫人已经知道苏尘郎在做事之前有占卜吉凶的迷信习惯，所以才找了这样的借口将其说服。夫人一边吃下难以下咽的斋饭，一边忍受痛苦、坚守节操，都是为了自己见到丈夫时可以问心无愧。如果她找借口贪图享乐屈从于淫威，后来将难以下决心惩罚苏尘郎，甚至有可能被丈夫怀疑有失节操。所以在"城主本歌"中，黄友阳氏夫人被塑造为美貌、智慧、贞洁的完美妻子形象。

黄友阳氏在天下宫修复宫殿时梦见不吉之兆，问卜之后得知夫人已改嫁他人，于是他一年做完三年工，一个月做完一年工，一天做完一月工，可见他对夫人的牵挂。黄友阳氏回到变成废墟的黄山庭时，妻子已不知去向。曾经的家园变成废墟，这又一次证明了妻子对家庭的重要性。黄友阳氏在柱子底下发现夫人写有"夫君生回还，相见苏尘庭。夫君若客死，携手赴黄泉"的血书，妻子对贞洁的坚守与爱情的忠贞跃然纸上。这一血书是黄友阳氏夫人在遭受苏尘郎胁迫的危急情况下，咬破手指在布衫上写下的，表现出夫人对丈夫至死不渝的爱情。

黄友阳氏来到苏尘庭，坐在井边老松树上发出声响，夫人做了怪梦正出来打水，在井口看见树上的倒影，对丈夫的倒影说："你要是死了就哭着下来，要还活着就笑着下来吧。"黄友阳氏笑着从树上下来说："这段时间你没有寂寞难耐而做出对不起我的事吧？"夫人说自己至今都在躲着苏尘郎，两人没有任何瓜葛，希望丈夫赶快惩治恶人。丈夫最关心妻子是否托身恶人或是改变心意，黄友阳氏通过寥寥数语便知道妻子依旧守身如玉，两人情好如初。

黄友阳氏和夫人合力严惩苏尘郎后回到黄山庭，曾经的家园成了废墟，连夫妻容身之地都没有。不过久别重逢的夫妻情感非同寻常，收拾整理之后，二人用夫人的衣裙搭起帐幕，得以互诉衷肠，共度长夜。经过患难仍情深似海的夫妇，即使在颓垣断壁之间，一片瓦砾之上，依旧是两情相悦，爱意绵绵。相反，即便高楼广厦、绸缎锦衾，如果夫妇之间没有爱情，又何谈家庭幸福？所以，"城主本歌"是一个以讲述夫妻爱情为主的家庭故事，神话中"两男一女"的三角关系也构成了爱情故事的基本模型。

城主神是保护家人、掌管家庭幸福之神。家庭之爱始于夫妻之爱，但是为了使爱情故事更具趣味性，叙事中需要出现第三者、爱情考验以及克服困难的过程。相爱之人结为夫妻一帆风顺地幸福生活，这样的故事情节索然无味，所以爱情故事一般除相爱男女之外，还会出现爱情竞争者和妨碍者引起的风波，为男女主人公的爱情增加考验。"城主本歌"正好具有这种"两男一女"构成的爱情三角关系。可见，这种以三角关系作为基本结构，讲述主人公克服重重磨难的爱情叙事文学基本内容元素也对记录文学产生了深刻的影响。

4. 神话特点

（1）夫妻为主的家庭关系

黄友阳氏是天下宫天舍郎氏与地下宫地脱夫人所生之子。如果天舍郎是天神，地脱夫人是地神，那么这种血缘关系就类似于"天父地母型"建国神话。但是，在神话中并未出现黄友阳氏父母结缘的内容，仅以黄友阳氏夫妇结婚开始，之后也没有叙述其子女的内容。所以与建国神话相比，这一神话混合了北方神话与南方神话的特点。北方神话"檀君神话""朱蒙神话"叙述了始祖父母的结合过程与始祖诞生，但未记述始祖的结婚；而南方神话"朴赫居世神话""首露王神话"等讲述了始祖的诞生和结婚。"城主本歌"的内容依次为：黄友阳氏父母结婚、黄友阳氏诞生、黄友阳氏结婚。可见，这一神话混合了南方神话和北方神话，完整地表现出父母结合、主人公诞生、结婚等内容。

但是，由于"城主本歌"重点叙述的不是父子关系，而是夫妻关系，其特征更加接近南方神话。北方神话"檀君神话"的开头出现了桓因、桓雄的父子关系，桓因赐给关注人世的桓雄三枚天符印，并选定了"弘益人间"的国土，在帮助儿子建国的过程中发挥了重要作用，但是神话中并未介绍或出现桓雄的母亲。桓雄的家庭关系以父子关系为主轴，而檀君的家庭关系并不明确，但从桓雄实现熊女祈愿将其幻化为人并与其结合来看，桓雄只是使熊女受孕，应该并未在檀君建国过程中发挥父亲的作用。

另外，"朱蒙神话"中柳花为儿子制造弓箭、挑选骏马并授予五谷种子，对儿子建国贡献巨大，但父亲解慕漱并未出现，也没有给予朱蒙任何帮助，可见"朱蒙神话"中的家庭关系是以母子关系为主的。无论是父子关系还是母子关系，共通点都是凸显父母与子女间垂直的家庭关系。

南方神话并不重视父母与子女间的家庭关系。帮助朴赫居世、首露王的人物是六村长和九干，他们之间并非家人。相反，夫妻关系成为神话的中心。朴赫居世与阏英夫人、金首露与许黄玉的结合过程在神话内容中占有很大比重，所以南方神话重点表现了以夫妻关系为主的家庭关系。

由此可见，"城主本歌"的家庭关系更加类似于南方神话以夫妻为主的家庭关系。"城主本歌"中并未出现黄友阳氏与夫人生儿育女的内容，苏尘郎作乱以前夫妇也没有子女，惩治苏尘郎之后，夫妇重逢也没有子女出生的内容。因此，"城主本歌"是具有南方神话特点的以夫妻关系为主的神话。

（2）城主集团与山王集团间的较量

"城主本歌"是黄友阳氏与苏尘郎为争夺其夫人展开较量的故事。苏尘郎趁黄友阳氏不在时闯入家中并劫持了夫人，最后遭到黄友阳氏的惩罚，变成石块垒砌的"山王神"。神话主人公成为城主神，与其竞争的反面人物成为山王，可见这一神话包含着城主信仰与山王信仰之间的矛盾。有鉴于此，应该考察城主信仰与山王信仰的特点和渊源，并剖析神话中隐含的现实含义。

关于城主信仰的特点与渊源，已有学者提出了值得关注的观点。学者李能和在《朝鲜巫俗考》中引用《神檀实记》，相关内容有：

> 每十月农事毕。以新谷蒸大甑饼，兼设酒果，而赛神者，曰成造。成造者，成造家邦之意。此檀君始教居处之制，造成宫室故。人民不忘其本，必以降檀月报赛神功也。[1]

这一观点将城主信仰的渊源追溯到檀君建国，也就是在百姓纪念檀君建造宫殿的仪式中形成了城主信仰。此观点同样出现在《巫堂来历》"成造段落"的相关解释之中。

> 檀君时每岁十月，使巫女祝成造家之意，人民不忘其本，致诚时依例举行耳。[2]

此处记载檀君命令巫女举行祭祀家屋主神——城主神的巫祭。虽然以上观点反映了崇拜檀君的大倧教[3]团体意识很难判断当中所具有的学说价值，但是至

---

[1] 李能和辑述：《朝鲜巫俗考》，李在崑译注，白鹿出版社1976年版，第178页。
[2] 首尔大学校奎章阁：《巫堂来历》，民昌社1996年版，第41页。
[3] 大倧教（대종교）：以檀君崇拜为基础的民俗信仰，崇拜造化神"桓因"、教化神"桓雄"、治化神"桓俭"三位一体的"韩魂神"（한얼님）。1909年由大倧师罗喆创建，信奉"性""命""精"三真归一，"止""调""禁"三法为本的教理，以《三一神诰》《天符经》为经典。——译注

少可以证明"城主信仰"的渊源可以追溯到国祖檀君,并且是韩民族自生的原有信仰。

另外,李能和在引用《神檀实记》之后,阐述了自己的观点:

> 李能和曰:今将城主释之巫歌,试译其义而观之,则如安东燕院。曰神本乡,种松子兮,于彼高岗,而生而长,为栋为梁,伐材伐木,上山之阳,作伐作栲,下水之梁,云云等语。盖有成造家舍之义,虽然神名城主土主,当作如是解释,盖主者即主管城池人民之称,即如城隍神之义也,故巫之妥灵。呼请山川神祇为主要点。由是推测,可知其义。又如人民若有祖先坟墓之乡,则对其郡守称呼城主,若无祖茔而但有住宅,则对其郡守称呼土主。盖城主义广而大,土主狭而小。家宅神之称城主称土主亦复如是而已。①

李能和以杂歌"城主巫歌"的内容为依据,指出"城主祝愿"的中心内容为建造家宅的过程,并将城主的含义理解为城池主人。虽然他并未详细解释一城之主与家宅之神是如何联系起来的,但是将城主信仰视为一种与城池主管官员或城之主人相关的信仰,这为探索城主信仰的渊源提供了启发。只是李能和当时将城主与城隍等同视之,可能是因为并不知道"城主本歌"的存在。

学者边德珍、金泰坤先前已对城主信仰的特点进行了论述。边德珍把庆尚北道等地作为家宅神信仰的"城主坛位""祖上坛位"② 视为相同信仰,并且认为"城主"的名称源于"祖上",而"祖上"(부루 buru)本义为"火"(불 bul)③ 或"太阳";半岛三国时期表示"国家"之义的"不"(불 bul)"伐"(벌 beol)等字与"火"语源相同,所以表示君王之义的"国主"也被称为"不主""伐主",由此推断"国主""伐主""城主"是同义词,此处的家宅神"城主"一词也起源于此④,这种观点同时也更进一步论证了城主信仰起源于檀君。

与此相反,学者金泰坤综合整理韩国的城主信仰情况后,认为"城主"源

---

① 李能和辑述:《朝鲜巫俗考》,李在崑译注,白鹿出版社1976年版,第178—179页。
② 坛位(단지):家宅信仰中供奉崇拜诸神的神体象征,其形态为短颈凸腹的小缸或坛子。根据供奉神体的不同,有大监坛位(대감단지)、三神坛位(삼신단지)、神主坛位(신주단지)、城主坛位(성주단지)、祖上坛位(부루단지)等各种名称。城主坛位是城主神的象征,通常是把第一次收获的新米放入坛子内供奉。祖上坛位是祖上神的象征,坛内装满谷物,通常放置于住宅大厅接受供奉,是保佑家庭安宁之神。——译注
③ 韩文的"火"(불)与"부루"词形和发音类似。
④ 边德珍:《韓國의 民間信仰에 있어서의 城主信仰에 대하여》,见《晓星女子大学研究论文集》,1968年版,第165—170页。

自"上主"一词，意为"天神"。① 虽然说城主神具有天神特征的观点可以被认可，但从词源上讲，很难把"城主"的起源生硬地联系为"上主"这一在韩语中不太常用的汉字词，何况"城主""上主"的发音并不相同。如果在汉字中寻找"城主"的渊源，李能和、边德珍等人的观点较为妥当。

学者金泰坤为阐明城主信仰的特点，从五个方面展开了论述：

①供奉城主神的时间为十月。
②供奉城主神的场所为家宅中轴位置的上方。
③城主神台用刚采伐的松树枝制作。
④城主神的祭祀巫服是"红天翼"② 搭配"红斗笠""黑斗笠"。
⑤联系"城主巫神歌"内容加以分析。

祭祀城主神的时间并不固定，十月举行的"城主巫祭"实际是在秋收之后用当年所产新米举行的"告祀"或"安宅"仪式。城主神祭祀一般在建好新房入住时或者乔迁时举行，但新房竣工、乔迁搬家并没有固定时间。在家庭定期举行的"告祀""安宅"的"迎接城主"（성주받이）仪式中，城主神是家宅神也是家庭守护神，一般会用当年产的新米制成祭品举行谢神祭祀，因为秋收在十月结束，所以通常在十月举行告祀仪式。因此，根据城主的名称为"上主"，就将十月称为"上月"（상달）的观点并不具有说服力。

有观点认为，由于城主神被供奉于柱子或房梁等家宅高处，因而具有了天神的特征，但是并非神位在高处的神都是天神。"城主男神"与"宅地女神"作为夫妻神受到崇拜，家人的居住空间可以分为家宅和土地，城主神和宅地神分别是家宅和土地的主神。宅地神供奉是把谷物装进坛子放在房屋后院；城主是家宅神，因而被供奉在房屋中心高处，为了不被损坏、不被孩子触碰。

用松木制造"城主神台"，正如"城主祝愿唱词"中叙述的一样，是因为韩国木制建筑的主要材料是松木。因为有"'安东燕子院'③ 内得树种，松树长大成材好建屋"的唱词，所以在韩国民间已经确立了用松木建造房屋的观念。而且松树冬季常青，也是气节的象征，所以松树被当作神木用来制作城主台。

---

①金泰坤：《성주信仰俗考》，见《后进社会问题研究论文集·第二集》，庆熙大后进社会问题研究所，1969年。
②红天翼（홍천릭）：巫堂祭祀时所穿的红色巫服。——译注
③安东燕子院（안동제비원）：位于韩国庆尚北道安东市泥川洞，新罗善德女王时期曾在此创建燕尾寺；"院"是指高丽、朝鲜时期国家为外出差地方的官员配置的住宿设施，曾被称为"燕飞院"，后改名"燕子院"。燕子院在"城主巫神歌"（성주풀이）中是城主的本乡。——译注

城主巫祭的巫服是"官员服饰",说明城主神有可能起源自"城邑长官",因为有研究认为,城主神是管理城市居民或掌管城邑的郡守官员之神,所以在祭祀时才会出现官员服饰。之后随着巫俗仪式由郡县城邑的集体仪式降格为家庭祈福的祭祀,城主神也渐渐转变为家宅的主宰神。

城主信仰源自哪个群体,可以通过考察城主神话内容找到线索。

"城主本歌"中黄友阳氏成为城主神,黄友阳氏是建造房屋的木工,他被天下宫叫去修复被东风吹倒的"一千阑干楼阁"说明他从事的是建造职业。宫殿是统治者的住所,是都城中的建筑,而都城是统治者居住、管理统治事务的空间。所以黄友阳氏在负责建造都城、宫殿的同时,也可以被看作履行统治职能的人物。黄友阳氏居住的地上空间黄山庭也具有作为固定统治空间的特征。由此推断,"城主信仰"与"城隍信仰"是由同一源头发源而来的。

不过,黄友阳氏将劫持其夫人的苏尘郎治罪,将其做成"山王",反映了山王和城主之间存在矛盾。那么,山王信仰有何特点?又源于何处呢?

一般认为,"山王信仰"与"城隍信仰"相同,山王堂和城隍堂一般建于村口或山脊,都具有守护村庄的职能,都是接受村民祭祀的神庙。笔者以李能和于《朝鲜巫俗考》中整理的资料为主,考察文献记录中的"城隍信仰"。李能和将中、韩两国的"城隍信仰"视为同一形态的信仰,并将其解释为一种"城池神"信仰。

> 李能和曰:按城隍犹言城池。易云城复于隍,神名礼八蜡,水庸居七,水庸即城,是为祭城隍之始。北齐书有慕俨祷城隍获佑事,唐张说、张九龄均有祭城隍文,后并坛以祭,加封。府曰公,州曰侯,县曰伯。洪武二十年,改建庙宇如松公廨,设座判事如长吏之状,清因之,例入祀典,是为支那城隍史。而我东则高丽文宗时,于新城镇,置城隍神祠,加号崇威,盖唐宋化也。至于李朝城隍神祠,官私皆祭,最为普遍,而巫觋聚会淫祀之处也。[1]

此处的"城隍信仰"指形成于中国的"城池信仰",一般以府、州、郡、县为单位建造神庙并加以祭祀供奉。韩国的"城隍信仰"源自中国,高丽文宗时期最先在新城镇建造城隍神庙,高丽之后的朝鲜时期,国家曾经赐予所有山川"城隍神"的封号。《朝鲜王朝实录》记载:"太祖元年(1392)壬申八月,礼曹典书赵璞等上书曰:'诸神庙及诸州郡城隍国祭,只称某州某郡城隍之神,设置位板,各其守令每于春秋行祭。'"

---

[1] 李能和辑述:《朝鲜巫俗考》,李在崑译注,白鹿出版社1976年版,第153页。

太祖二年（1393）癸酉春正月丁卯，吏曹请封境名山大川城隍海岛之神，松岳城隍曰镇国公，利宁、安边、完山城隍曰启国伯；智异、无等、锦城、鸡龙、绀岳、三角、白岳诸山、锦州城隍曰护国伯，其余皆曰护国之神。冬十二月戊午，命吏曹封白岳为镇国伯，南山为木觅大王，禁御大夫士庶不得祭。①

可见朝鲜朝初期，国内的名山都被封为城隍神，并且除王、地方长官外，禁止其他人随意祭祀。这种国家祭祀的"城隍"是一种"护国神"，是当时统治者接受了中国"城池信仰"而推行的，不同于民间自然产生的"山王信仰"。

不过，当时在民间有一种被称作"淫祀城隍"的"城隍信仰"，成为士大夫阶层指责批判的现象。

李朝中宗十一年（1516）五月癸丑，御昼讲，恭赞官金安老启曰：所谓"淫祀"，如外方城隍堂之类也。有时城隍神下降云，则一道嗔咽奔波，安有如此无理之事乎？记事官柳成春曰：安老所启外方城隍堂之事甚为怪妄。称城隍神下降之时，虽士族男女，无不奔波聚会，其中罗州锦城山城隍尤甚焉云云。②

此处被指责为"淫祀"的外方城隍信仰，不同于中央政府赐予封号祭祀的城隍信仰，是一种民间自然产生流传的信仰，被当时士大夫视为骇俗惊异之举。不过，朝鲜文人李瀷③在其《城隍论》中表达了自己的观点：

李瀷《星湖僿说》云：国俗喜事鬼，或作花竿，乱挂纸钱。村巫恒谓之城隍神，以为惑民赌财之计，愚氓畏慑竟输之。官无禁令可异也。④

可见，不同于官方的城隍祭祀，"惑民赌财"的城隍信仰由巫俗从事者主持，其祭祀方式类似于今天的"山王巫祭""别神巫祭"。

另外，李圭景认为，韩国城隍信仰的渊源来自马韩的"苏涂信仰"。李圭景在《华东淫祀辩证说》中记载：当时各处山岭都有"仙王堂"（선왕당），这一名称应该是"城隍"（성황）的误称，应该起源于过去的"丛祠"（총사）。这有些类似于中国山中的"关索庙"，或是建造神庙加以供奉，或是在树木底部堆

---

①李能和辑述：《朝鲜巫俗考》，李在崑译注，白鹿出版社1976年版，第174页。
②李能和辑述：《朝鲜巫俗考》，李在崑译注，白鹿出版社1976年版，第160页。
③李瀷（1681—1763）：朝鲜英祖时期学者，字自新，号星湖，继承了柳馨远的学风，是广泛涉猎天文、地理、医学、律算、经史等方面的实学大家，著有《星湖僿说》等。——译注
④李能和辑述：《朝鲜巫俗考》，李在崑译注，白鹿出版社1976年版，第160页，"李瀷论城隍"。

砌石块以为"祠",行人路过拜会时会行"唾之"之礼,或是挂起丝带,或是挂起纸钱,装饰神庙祠堂,这一风俗按照《通典》记载应该是马韩在大树下举行的"苏涂"遗俗。《演繁露通典》中记载：马韩在祭祀鬼神时,立起苏涂和大树,并摇铃击鼓。①

此处李圭景所说的"仙王堂"指的就是今天村庄盛行的"山王信仰"。在村口处有石堆砌大树建成的山王,山王是保护村庄的守护神。这种"山王信仰"与在祠堂中供奉牌位的城隍的起源并不相同。李圭景将"山王信仰"追溯到马韩"苏涂",说明山王并非中国城隍信仰,而是韩国固有的一种信仰。

此外,学者孙晋泰结合各地区实例对累石坛形式的仙王堂进行了分析,论证其与蒙古族的"敖包信仰"存在类似之处。孙晋泰指出韩国仙王堂与蒙古族敖包有三个相同点：一是由乱石堆砌而成；二是有通行者系挂的物品；三是坐落于村落边界。从这些相同点可以推断,韩国"山王信仰"与蒙古族"敖包信仰"② 有着共同起源。孙晋泰在论述附记中添加了英国学者道格拉斯的记录：蒙古族敖包是带给狩猎者幸运并保护家畜之神,祭祀时由喇嘛或巫师主持仪式。

综合上述研究,在州、郡、县、名山修建的城隍庙是受到了中国"城池信仰"的影响,是当时国家直接管理的"城隍信仰"。而以村庄为单位,在村口山脊上用石头堆砌在大树底部形成的"山王信仰",可被理解为韩民族自然产生的"村庄守护神信仰"。但是,这种村庄集体举行的"村祭""洞祭"活动,由于朝鲜官方的批判和压制,逐渐转变为将巫俗从事者排除在外的祭祀形态,也就逐渐具有类似中国"城隍信仰"的神庙形式与仪式形态。换言之,传统的"山王信仰"借鉴了中国"城隍信仰"后,最后定型为村庄的"堂信仰"(당신앙)。

那么,"城主信仰"与"城隍信仰"有什么联系呢？如果将城主理解为"城邑的主人",那么城主信仰与中国城池信仰渊源颇深。城池作为地理上的国

---

① 李能和辑述：《朝鲜巫俗考》,李在崑译注,白鹿出版社1976年版,第160页,"李圭景论城隍"。李圭景《华东淫祀辨证说》云：我东八路岭岘处,有仙王堂,即城隍之误,古丛祠之遗器欤。是如中国岭上之关索庙也。或建屋以祠,或垒砂石,成磊碛于丛林古树下以祠之。行人必膜拜唾之而去,或悬丝纬,或挂纸条髦发累然。而其积磊以祠者,或沿通典马韩祭鬼神立苏涂之遗俗也欤。《演繁露通典》云：马韩祭鬼神,立苏涂建大木以铃鼓。

② 敖包信仰：蒙古语意为"堆子",遍布蒙古各地,人工堆成的石堆、土堆或木块堆。过去各地有在夏秋两季将敖包视为神灵住地祭祀的风俗,尤以秋季最为隆重。敖包原本是草原上人们用石头堆成的道路或边界的标志,后来逐步演变成祭祀山神、路神和祈祷丰收的象征。——译注

家要冲，一般建立在交通中心地带。在城内居住的是权力的支配者，相对于散居在山谷、野地的百姓而言，他们属于统治阶层。"城主巫神歌"（성주풀이）也被称为"黄帝巫歌"（황제풀이），这是因为城主是住宅之神，而最初建造住宅的人传说是中国古代帝王黄帝，而黄帝作为古代帝王生活在都城中统治着天下百姓，所以"城主信仰"与国家主导的"城隍信仰"有着紧密的关联。

相反，山王是散居在山谷、野地的居民在居住区域的边界供奉的保护村庄之神，其"神体"特征表现为村口山坡上大树下堆砌的石堆。越过村庄的山坡既是村庄出入口，也是村庄的边界。在此处累放石头是为了预防外敌入侵，一旦有敌人出现可以投掷石头将其击退。此外，山王神还有驱除闲杂鬼神或"病魔"（传播疾病的鬼神）的职能。住在山中接受山王保护的村民与住在城市的居民有着明显的文化差距，"城主本歌"中过分贬低山王神的观念也来自文化差异，即如果说在城市之中行使国家统治权的集团具有"城主信仰"，那么"山王信仰"就是被统治阶层的信仰。史料文献中记录的接受国家赐封祭祀的"城隍信仰"与"城主信仰"有关，被朝廷官方打压的"外方城隍""淫祀"的"山王信仰"则是在民间自然产生的村庄共同体信仰。这样看来，"城主信仰""山王信仰"分别与两种"城隍信仰"有关。不过，随着"城池信仰"的城邑之神的权力范围缩小为家宅之神，城主成了家宅守护神，而山王成了村庄守护神。"城主信仰"是寓于人工建筑的信仰，除城墙、宫殿、家宅外，船舶上也供奉着城主神。

可以说，"城池信仰"是一种在城里居住并统治周边民众的群体信仰。"城"既是人建造的建筑，也是文化的产物，所以"城池信仰"是在统治集团规模扩大、统治体制较为完备的历史阶段形成的一种信仰。

山王崇拜集团主要生活在山间、旷野，以狩猎、畜牧为生，是拥有自然神信仰的群体。城主信仰与山王信仰的矛盾实际上是统治阶层与被统治阶层信仰间的对立与较量，也是从中国传入的城隍信仰与本土的山王信仰的对抗。最终黄友阳氏成功惩治苏尘郎并成为城主神，以神话内容暗示着"城池信仰"的得势与"山王信仰"的衰退。"城主本歌"的流传区域集中在京畿道南部地区，这应该也与神话形成于都城周边不无关联。建立朝鲜的士大夫阶层一边打压"山王信仰"等村庄的巫俗信仰，一边引导百姓接受中国的神祠规矩，在这一过程中"山王信仰"逐渐变化为"城隍信仰"，最先出现这种变化的正是首都及其周边地区。但是，由巫女主持的为村庄、渔村祈求丰收的"村庄巫祭"并未消失断绝，所以"城主本歌"的传承地区仅仅局限在京畿道南部的部分地区。

（二）"成造巫歌"考察

学者孙晋泰在釜山市东莱地区得到盲人团体组织者崔顺道的巫俗书籍，并将"成造巫歌"资料发表于《朝鲜神歌遗篇》向学界公开。因这一巫歌仅流传于釜山东莱等庆尚南道部分地区，所以应该属于特定地区的流传类型。

1. 叙事结构及含义

"成造巫歌"的核心叙事段落由对各个场景的描写片段构成，现将其中心内容段落整理如下：

①西天国"天宫大王"和"玉真夫人"虔诚求子后生下"成造"。（成造诞生）

②玉真夫人为儿子观相，预言其十八岁时因薄待前妻发配黄土岛三年。（预言流放）

③成造得知地下宫百姓们没有房屋，便把松子种在"无主空山"。（准备木材）

④成造十八岁与桂花夫人结婚，但他薄待桂花夫人。（夫妻不和）

⑤成造酒色放荡，父王将他发配黄土岛三年。（夫妻分离）

⑥成造在黄土岛以草根树皮为食，受尽苦难，让青鸟带信给父母。（成造请求）

⑦父王看到成造来信，将其释放，让他返回家中。（成造回归）

⑧成造回来后与桂花夫人和好，生下五男五女。（夫妻重逢）

⑨成造活到七十岁，得知少年时种的松树已经成材，于是到溪边淘取铁砂制造了各种工具，采伐松木建造房屋。（建造房屋）

⑩建成房屋后，成造成为"立柱成造"（音），桂花夫人成为"身主成造"（音），五个儿子成为"五土地神"，五个女儿成为"五方夫人"。（获封神职）

此神话资料中包含了交织在一起的两个故事：一是关于夫妻矛盾与和解的故事，成造因无缘无故薄待夫人被发配黄土岛，归来后夫妻和睦生下五男五女；二是建造房屋的故事，成造少年时种下松树，等到七十岁松树成材后伐木造屋。但是成造建造房屋应该是从十八岁一直到七十岁，持续了五十二年，期间包括了夫妻的矛盾与和解并生下五男五女等事件。

成造巫歌的中心内容包括两个叙事主线。一是播种松子→制造工具→建造家宅→成为成造神，二是薄待夫人→成造被发配→成造回归→生下五男五女。

那么，"夫妻的矛盾和解"的叙事内容与家宅建造过程有什么关系呢？家庭住宅是家人的生活空间，成造结婚生下子女是家庭的形成过程。成造神是家宅神，也是掌管家庭幸福之神。家庭由家庭成员和家人生活空间构成。如果说家宅是成造神掌管的空间范围，家庭成员就是其实质管理的对象。因此，家宅的建造过程与家庭的形成过程代表着成造神掌管的"内在对象"与"外在对象"。

"成造巫歌"的叙事内容十分简单，但是描写场景的唱词段落十分丰富，语言简洁明快。笔者将各个段落的部分唱词做简单整理，分别考察其特点。

①忽然天地开辟后→教导有识无识之人。（源自《史略》开头部分的祝愿唱词）

②名山大川灵神堂→极致虔诚地祈求。（致诚唱词）

③初更时做了一个梦→来赐给你孩子。（胎梦唱词）

④初更时两只黑鸟→别去想令人烦恼的梦。（解梦唱词）

⑤从当月起就有胎气→怀胎十月。（受孕唱词）

⑥给孩子观相→发配黄土岛三年。（观相唱词）

⑦成造平安成长→聪明如师旷。（成长唱词）

⑧鸟儿也能开口说话→摘下各种果实。（太初唱词）

⑨所有的树都有→绳子绕树一周。（树打令唱词）

⑩蜀国杜鹃鸟→传信是青鸟。（鸟打令①唱词）

⑪清江绿水鸳鸯鸟→赤壁火战成冤鸟。（鸟打令唱词）

⑫见到那船真高兴→不知是不是巢父、许由乘过的船。（船打令唱词）

⑬举行告祀→准备了所有祭品。（摆祭品唱词）

⑭问到什么时候？秋天七月十五→水波不兴。（"赤壁赋"唱词）

⑮白频洲的海鸥→黄陵哀怨，远浦归帆。（"潇湘八景"唱词）

⑯寄蜉蝣于天地→不能重返少年。（"白发歌"唱词）

⑰院落之中挑选木料→柏子木，石榴木。（树唱词）

⑱准备了所有工具→大钉子，小钉子。（工具唱词）

⑲开始盖一间房→二七火是南门。（盖房唱词）

⑳拿出罗盘辨别二十四方位→一定可以实现愿望。（明堂唱词）

㉑写下"立春"贴门上→膝下儿孙万世荣。（立春唱词）

以上各段唱词中，按照内容融合了节选自巫歌、民谣、杂歌、盘索里等口

---

①鸟打令（새타령）：打令是一种民谣曲调，此处指巫歌中以歌唱各种鸟为内容的固定唱词。——译注

传表演形式中的多段内容，进而分析这些唱词的引用来源。

①开始部分的祝愿唱词源于"开场祝愿巫歌"，一般是将中国《史略》开始内容改为唱词演唱；②"致诚唱词"与盘索里"沈清歌"中沈清出生之前的"致诚祈子"的唱词一致，应该是一种共用的表达套词；③"胎梦唱词"和④"解梦唱词"并未在其他资料中出现，应该是"成造巫歌"口述者的原创，具有叙事功能；⑤"受孕唱词"也曾出现在"回心曲"等佛教歌词中；⑥⑦"观相唱词"和"成长唱词"灵活编排了固定套词创作的唱词；⑧"太初唱词"源自创世巫歌或民间故事；⑨"树打令唱词"源自巫歌"城主祝愿"；⑩⑪"鸟打令唱词"与盘索里"赤壁歌"中的"鸟打令唱词"相似，并且接受了杂歌"鸟打令"的内容；⑫"船打令"源自民谣或杂歌的唱词；⑬"摆祭品唱词"节选自"祝愿巫歌"；⑭"赤壁赋唱词"将"赤壁赋"的部分内容改写成了歌词；⑮"潇湘八景唱词"中包含有盘索里"沈清歌""水宫歌"的部分内容，同时接受了杂歌"潇湘八景"的内容；⑯"白发唱词"应该是受到歌词"白发歌"的影响创作而成的；⑰"树唱词"应该源自巫歌"城主祝愿"的内容，受到了民谣的影响；⑱"工具唱词"是本资料口述者的原创内容；⑲"盖房唱词"接受了歌词"玉楼恋歌"的部分内容，受到了歌词的影响；⑳"明堂唱词"和㉑"立春唱词"接受了"城主祝愿"唱词的内容。

通过分析可知，"成造巫歌"与盘索里类似，在其情节展开过程中，根据具体情形借用了现有其他艺术样式中的固定唱词，对叙事过程进行了修饰。这一巫歌典型地表现了口传叙事诗的叙述原理与创作技巧，反映了盘索里对叙事诗形式的巫俗神话创作所产生的影响。从"插入唱词"的特点来看，"成造巫歌"的部分唱词应该创作于比盘索里更晚的年代。

2. 神话特点

"成造巫歌"中有关成造出生与血统的叙述受到佛教、巫俗的影响。从成造的血统来看，其祖父母为"国饭王"（音）和"月明夫人"（音），外祖父母为"净饭王"和"摩耶夫人"，其外祖父母的名字与释迦牟尼父母相同，说明成造的血统里含有佛教的神圣性。成造的父母年近四十没有子嗣，所以前去问卜，占卜者让他们去佛殿虔诚祈祷就能"富贵得子"，从中也能看出佛教的影响。成造父母来到云门寺在诸佛菩萨弥勒殿虔诚发愿后有了胎梦，梦中兜率天宫之王显灵答应赐给他们子女。所以在佛教传入后，佛教的神圣性成为能够证明神圣血统的重要因素。

"成造巫歌"不仅具有佛教因素，还具有巫俗因素。在"虔诚祈子"过程中，曾经为"堂山"①"处容"② 等巫俗神举行"地神祭"，而且在胎梦中，发现金盘上有三颗红珠在滚动，这种表达同样出现于江界版本或杨平版本的"帝释巫神歌"中怀上三兄弟时的胎梦唱词之中，应该是源自巫俗神话的叙事表达。

由此可见，成造神的血统包含佛教的神圣血统和巫俗的神圣血统。

3. 家庭关系

"成造巫歌"中的夫妻矛盾并非由于第三者的介入，而是因为成造本身的心思变化导致的。成造无故疏远薄待妻子桂花夫人，生活放荡，犯下罪过，结果受到了发配无人岛的惩罚。成造被流放黄土岛是命中注定的磨难，在其出生时观相者已经做出了预言。值得关注的是，夫妻的矛盾不和源于当事者本人的内心，这与"城主本歌"因外来者苏尘郎导致的家庭危机具有不同性质。不过，夫妻分离之后重逢、重建幸福家庭的内容与"城主本歌"没有差别。

"成造巫歌"中妻子的作用十分被动、微弱，夫妻矛盾是由丈夫成造单方面的生活不检点导致的，惩罚成造的主体也是他的父王，而妻子桂花夫人从未表达自己的主张。夫妻和解的过程中，成造以忏悔解决了一切矛盾，夫人的主体意识完全没有展现。解决夫妇间矛盾的也并非夫妇二人，而是依靠父王、母后对成造的严厉管教。另外，"成造巫歌"中出现了"城主本歌"中没有的"生儿育女"和"子女封神"，五男五女的出生反映了这一神话重视妻子多产的观念。"成造巫歌"与"城主本歌"的不同之处在于更加重视父母和子女间的垂直型家庭关系。因此，"成造巫歌"是充分反映出男性家长制社会价值观的巫俗神话。

五、七星巫神歌研究——神话特点及叙事诗结构

（一）前言

"七星巫神歌"在各个地区的名称有所不同，关北地区（咸镜南道）称其为

---

① 堂山（당산）：韩国传统信仰之一，为村庄守护神，一般在农历三月、九月的十五日举行祭祀活动，祈祷村庄的丰收与平安，祭祀开始前会在堂山树（당산나무）附近拉起禁绳、撒下黄土等，以清除不净之物。——译注

② 处容（처용）：《三国遗事·纪异第二》"处容郎、望海寺"条中记载，新罗第四十九代王宪康王东巡视时，东海龙王携七子献上舞蹈，其中一子处容随王回到京城，王将美女许配给处容，并赐给他"级干"的官职。处容的妻子很美，瘟疫之神钦慕其姿色，在夜晚变为人形来到处容家，与其妻子共眠。处容回家发现两人，竟然唱着歌、跳着舞退出了家门。于是，瘟疫之神现出原形跪倒在处容面前祈求宽恕，发誓只要处容在，自己绝不会出现。自此以后，全国民众把处容画像贴于自家门上以吓退瘟疫。——译注

"煞巫歌"（살풀이），关西地区（平安南道、黄海道）称其为"星神巫祭"（성신굿），湖南地区（全罗道）称其为"七星巫神歌"（칠성풀이），济州道地区称其为"门前巫神歌"（문전풀이）等。目前收集记录的叙事巫歌名称大多与其神话功能相关。之所以各个地区巫歌名称有所不同，是因为即使神话内容相同，各个巫俗祭典所具有的实际功能也并不相同。"七星巫神歌"在咸镜道被叙述为"煞神诞生故事"，在全罗道被叙述为"七星神起源故事"，在济州道被叙述为"门神起源故事"。不同地区的神话功能彼此不同也是韩国巫俗神话的特征之一。①

不过，从文学角度考察神话内容，"星神巫祭""煞巫歌""七星巫神歌""门前巫神歌"等都可以被视为同一叙事类型。各个地区流传版本的内容细节多少有些差异，但讲述的都是前妻所生的儿子们被后妻谋害，经上天神助揭露后妻恶行，从而免除了危机。这不免令人产生疑问：这一故事为何能够成为巫俗神话？这一巫歌又反映了韩国人怎样的世界观？这一内容平凡的神话如何能够在韩国各地演变成不同功能的巫歌？这些疑问都应该通过研究其神话特点加以探讨。

叙事巫歌是巫俗神话，也是韩国的口传叙事诗。如果说神话是在神圣祭祀中作为祭祀仪式的一个程序进行口述的故事，那么换个角度，随着音乐的伴奏向听众们吟唱讲述有趣故事的神话也可以视为一种叙事诗。将故事演唱出来的韩国文学体裁有叙事巫歌、叙事民谣、盘索里等，不过，由于叙事巫歌是巫女在巫祭中吟唱的歌曲，这与其他口传叙事诗的口述环境大不相同。因为口述环境不同，叙事巫歌的文学内容也有其独特的特色，但是其演唱依然会考虑韩国民众的兴趣爱好，所以叙事巫歌同样具有韩国口传叙事诗的普遍特点。特别是叙事巫歌、盘索里等都是由职业从事者演唱，相比普通人演唱的叙事民谣更加复杂，也更加讲求技巧。叙事民谣篇幅较短，内容简略，修辞也极其朴素。而叙事巫歌、盘索里等通常是长篇故事，其唱词也是根据叙事诗的构成原理创作的。目前关于盘索里唱词的文学研究已经取得了显著成果，而关于叙事巫歌的

---

① 除"七星巫神歌"外，"巴里公主""堂锦千金"等在韩国流传的巫俗神话在不同地区其神话功能也都各不相同。巴里公主在首尔是巫祖神，但在庆尚道、全罗道地区是恶鬼神（오구신）或阴间神（저승신），在咸镜道没有神职。堂锦千金在各地区也有帝释神（平壤、咸兴、杨平、水原、华城、鳌山）、产神（蔚珍、盈德、清州）、巫神（济州道）等职能。参见徐大锡：《韓國巫歌의 研究》，文学思想社1980年版。

口传叙事诗研究却仍然是一块"不毛之地"。有鉴于此，笔者将从叙事诗角度对"七星巫神歌"展开研究，并将盘索里研究中取得的成果运用于考察叙事巫歌的叙述结构、唱词内容构成等研究。

为使研究具备充分学术依据，首先应该整理比较已采集的巫歌版本，概括各地区巫歌版本特点，找出各版本的共同情节内容，建立叙事类型结构。再在此基础上，探讨韩国巫俗神话的含义，并揭示出巫歌神话中包含的叙事诗相关叙事技巧。

（二）各地区版本对比考察

1. 各地区流传版本的叙事内容

按照传承地区，将目前采集记录的"七星巫神歌"资料整理如下表：

"七星巫神歌"版本资料一览表

号码	巫歌名称	流传地区	调查者	发表处	发表年度
1	煞巫歌	咸镜南道咸兴	林晳宰、张筹根	《关北地方巫歌》	1966
2	星神祭	平安南道平壤	林晳宰、张筹根	《关西地方巫歌》	1966
3	七星祭	忠清南道扶余	金泰坤	《韩国巫歌集Ⅰ》	1971
4	七星巫歌Ⅰ	全罗北道茁浦	林晳宰	《茁浦巫乐》	1970
5	七星巫歌Ⅱ	全罗北道茁浦	林晳宰	《茁浦巫乐》	1970
6	七星祭	全罗北道全州	崔吉城	《全国民俗综合调查报告书》	1971
7	迎七星	全罗北道全州	崔吉城	《全国民俗综合调查报告书》	1971
8	七星巫神歌	全罗北道高敞	金泰坤	《韩国巫歌集3》	1978
9	七星祭	全罗北道淳昌	金泰坤	《韩国巫歌集2》	1976
10	七星巫神歌	全罗南道长城	崔来沃、金均泰	《韩国口碑文学大系6-8》	1986
11	门前巫神歌	济州道西归浦	赤松智城、秋叶隆	《韩国巫俗研究》（上）	1937
12	门前本	济州道济州市	玄容骏	《济州道巫俗资料事典》	1980
13	南书生	济州道济州市	玄容骏	《济州道的神话》	1976
14	门前本	济州道西归邑	秦圣麒	《济州道巫歌解释辞典》	1991
15	门前本	济州道表善面	秦圣麒	《济州道巫歌解释辞典》	1991
16	门前本	济州道安德面	秦圣麒	《济州道巫歌解释辞典》	1991

由此表可以了解"七星巫神歌"各版本的分布情况，具体为：关北地区（咸镜南道、两江道地区）一篇、关西地区（朝鲜平壤、平安道、慈江道地区）一篇、湖南地区（韩国全罗道及忠清道部分地区）八篇、济州道六篇。即使进

行了广泛的巫歌实地调查，在首尔、京畿等中部地区、庆尚道以及东海岸等地区，并未发现任何"七星巫神歌"的踪影。因此，可以说"七星巫神歌"是在韩半岛西南部、北部地区流传的叙事巫歌。那么，难免会有人提出疑问：这一巫歌为何没有在中部地区或者岭南地区流传呢？要解答这个问题，不能单纯只研究"七星巫神歌"，而是要综合考虑其他叙事巫歌的流传分布地区和神话功能，了解各地区的文化特性。具体解决方法为：先考察各地区流传资料版本的异同点，再看流传地区的地理距离与资料差异幅度存在怎样的关系。根据实地调查结果，湖南地区和济州道地区的版本数量最多，不过这也与这些地区的调查活动十分活跃有关，因为这些巫歌版本内容虽然在人物名称或局部细节上有所差异，但具体叙事片段的差异并不大。因此，笔者将分别概括四个地区流传的"七星巫神歌"版本内容，探讨各地区流传版本的差异。

（1）关北地区流传版本

下文的版本是在姜春玉巫女主持的"驱煞巫祭"① 中口述的资料，"驱煞巫祭"并非大型巫俗仪式，而是一种小规模的巫祭，用以驱除妨碍人们生活的各种"煞气"（对人或事物产生危害的恶气）。姜春玉是传承有许多叙事巫歌的知名巫堂，她传承的资料中融合了各种传说类型，所以不太明确的一点是：这些巫歌资料到底原本就是巫歌神话，还是传说被接受之后又被润色改编成了巫歌？不过和作为传说流传的叙事内容相比，作为叙事巫歌流传的情况更多，所以，应该可以将其视为巫歌固有的传承资料。巫歌内容具体概括为：

①十五岁的"海达王"（音）与十六岁的"丘实夫人"（音）结婚。（父母结婚）

②丘实夫人生下了三个儿子。（三子出生）

③丘实夫人产后死去，上天成为玉帝的打水司祭。（母亲去世）

④海达王又娶了"昧逸夫人"（音），去了后妻家生活。（父亲再婚）

⑤昧逸夫人生下一个儿子。（继母生子）

⑥昧逸夫人为谋害原配之子而装病。（继母装病）

⑦昧逸夫人找到名为"天地卜术"的占卜者并用钱将其收买，嘱咐说："如果海达王来占卜，告诉他治好我的病的药是吃下三个人肝。"（收买卜者）

⑧昧逸夫人又找到"至理巫堂"（音），嘱咐了同样的话。（收买巫者）

⑨海达王被昧逸夫人催促，前去占卜。（父亲问卜）

---

①驱煞巫祭（살풀이굿）：起源于韩国南部地区的传统民俗舞蹈，驱煞除厄的巫祭仪式，以自由奔放的舞蹈解除灾祸，给民众带来心理安定。——译注

⑩海达王为治好后妻昧逸夫人的病，想杀害原配生下的三兄弟，于是和三个儿子相约在过世母亲的坟前见面。（企图杀子）

⑪三个儿子在母亲坟前向玉帝哭诉冤情。（三子陈冤）

⑫玉帝听过三兄弟的冤情，派仙女前去查明真相。（确定阴谋）

⑬玉帝把海达王发配给鬼神，给昧逸夫人降下"傀儡煞""六合煞""废嫡煞""丧门煞""百苦煞"等。①

这一资料的特征在于后半部内容比其他地区流传版本更为简略，后半部仅简要叙述了神惩治继母的恶行，并无具体揭露继母阴谋的内容，也没有介绍前妻三个儿子获得了神职。先考察其他地区资料，再综合各种巫歌版本的变异情况做进一步探讨。

（2）关西地区流传版本

这一资料是在平壤地区大型巫祭的第十段"星神祭"（성신굿）中，由郑云鹤口述传唱的版本。关西地区的大型巫祭是"堂祭"（당굿）"运势祭"② 等祈求家庭、村庄好运的祈福巫祭。"星神祭"也被称作"金天王祭"（금천왕굿），是祈求子孙长寿多福、家庭平安的巫祭，祭祀祈求的对象神并未做具体限定。口述者郑云鹤作为完整传承"三胎子巫歌"等巫俗神话资料的知名巫堂，其口述巫歌具有很高的文学价值。在巫歌开头部分，无论是哪一场祭祀都会口述长篇的"祝愿巫歌"，现将叙事巫歌的内容概括如下：

①"星神大人"十五岁时与"清实夫人"（音）结婚。（父母结婚）

②之后星神大人做官成为"金天王"，清实夫人生下七个儿子。（七子诞生）

③清实夫人偶然得病去世，成为孤魂。（母亲病故）

④金天王再娶"崔氏夫人"，去了后妻家生活。（父亲再婚）

⑤崔氏夫人生下三个女儿。（继母生产）

⑥崔氏夫人为谋害原配所生之子而装病。（继母装病）

⑦崔氏夫人指使三姐妹收买占卜者。（收买卜者）

⑧金天王被崔氏夫人劝说，去找"天文博士"（音）问卜。（父亲问卜）

⑨天文博士告诉金天王："只有吃下七兄弟的肝，崔氏夫人的病才能痊愈。"于是金天王带着儿子们去后山想要把他们杀掉。（企图杀子）

⑩这时出现一位"山中处士"，揭露了崔氏夫人的诡计，将七兄弟送到京

---

①参见任晳宰、张筹根：《关北地方巫歌》，无形文化财指定资料13号，文教部，1966年，第87—97页。煞的名称对应的韩语名称依次为：꼭두살、육하살、폐적살、상문살、백고살。

②运势祭（재수제）：用以祈求家庭平安、财富、昌盛、福寿等运势亨通的一般祭祀。

城，并让金天王用野猪肝来替代，让崔氏夫人吃下。（兽肝顶替）

⑪崔氏夫人假装吃下，实际却把肝丢弃，称自己病已痊愈。（揭露阴谋）

⑫七兄弟进京赶考，及第"太平科"，成为"文武诸臣"。（七子及第）

⑬七兄弟衣锦还乡，用弓箭射死崔氏夫人。（惩治继母）

⑭崔氏夫人死后变成猪，三个女儿变成杜鹃，七兄弟成为名门望族，后成为神。（获得神性）①

平安南道流传资料中详细描述了儿子惩治继母的过程，但是神话之中并未提到父亲的结局，而且母亲也没有为拯救儿子提供任何帮助，另外，也没有明确说明七兄弟具体成了什么神。

（3）湖南地区流传版本

湖南地区流传的版本主要在全罗北道采集记录的巫歌资料中。虽然这一地区版本中的人物名称较为混乱，但是叙事内容段落基本保持了共同特征。现将共同的故事情节进行概括，并对各版本的变异情况做举例说明。

①"七星大人"和"梅花夫人"（音）结婚。（父母结婚）

根据不同版本，父母结婚时的年龄与双方姓名存在差异。父亲姓名多为"七星大人"，结婚年龄有十八岁（忠清南道扶余郡）、十六岁（全罗南道长城郡）和十七岁（全罗北道茁浦村、全州市、高敞郡、淳昌郡）等，除两份资料外，其余六份资料都是十七岁。母亲名字也有变异，包括梅花夫人（扶余、茁浦、全州、淳昌）、玉女夫人（茁浦、长城）、七代夫人（高敞）等，年龄除淳昌版本为十五岁外，其他版本都是十六岁。

②夫妇结婚没有子嗣，所以虔诚求子。（虔诚求子）

③做了神秘胎梦。（得子胎梦）

各版本胎梦内容不同，但是"梦见七星坠落"（茁浦）、"七个青衣童子扑进怀中"（全州）等都象征了怀孕七个儿子，扶余、高敞版本省略了胎梦。

④梅花夫人一胎生下七个儿子。（七子出生）

⑤七星大人得知生下七胞胎后，薄待梅花夫人。（父待母薄）

七星薄待妻子的原因是人竟然像动物一般生下七胞胎。

⑥七星大人再娶"玉女夫人"（音），去后妻家生活。（父亲再婚）

各版本后妻名称存在差异，具体为玉女夫人（茁浦、高敞）、松台夫人（音）（全州）、麻夫人（音）（全州）、梅花夫人（长城）等。

⑦梅花夫人被七星大人薄待后，想要把七兄弟投入河中顺河漂走。（抛弃

---

① 参见任晳宰、张筹根：《关西地方巫歌》，无形文化财调查报告书24号，1966年，第389—446页。

七子)

⑧这时梅花夫人听到上天的训诫,又把孩子带回家抚养成人。(挽救养育)

各版本中警告夫人遗弃孩子的人物有所差异,具体有虚空中的声音(扶余、苗浦1),道僧(苗浦2、高敞),龙王爷(全州1、长城),玉皇上帝(全州2)。

⑨七兄弟长大后上私塾,被同学辱骂为"无父之子",于是向母亲问起父亲下落。(七子受辱)

⑩梅花夫人告诉七个儿子父亲所在。(寻找父亲)

扶余版本里梅花夫人生产后死去,乳母将七兄弟抚养成人,七兄弟通过乳母得知父母的情况。

⑪七兄弟上天寻找父亲,梅花夫人投水自尽。(寻找父亲)

各版本中寻找父亲的经过有所差别,扶余、全州版本中,父亲与后妻商量后把儿子们带来。

⑫七星大人见到七兄弟后,做了多种确认父子血缘的试验。(确认血缘)

此情节在"扶余版本""苗浦版本1""全州版本1"中并未出现。

⑬七星大人只照料原配之子,后妻为谋害七兄弟装病。(继母装病)

⑭后妻收买占卜者。(收买卜者)

⑮七星大人为给后妻治病前去问卜,被告知吃下七个活人的肝才可痊愈。(父亲问卜)

⑯七星大人为给后妻治病,想杀死原配所生七个儿子。(父亲杀子)

⑰此时出现金鹿,揭穿后妻阴谋,献出自己的肝救了七兄弟。(兽肝顶替)

⑱七星大人带回金鹿肝,后妻假装吃下实则扔掉,称病已痊愈。(确认阴谋)

⑲后妻设下宴席。(继母摆宴)

⑳七兄弟参加宴席,后妻病复发。(继母又病)

㉑后妻与原配之子分别咬住剑柄与剑刃接受上天审判。(神之审判)

㉒后妻死掉,化为野兽。(惩治继母)

后妻遭受上天惩罚,死后化为野兽。各版本的野兽或动物种类存在差异,具体为:田鼠(扶余);黑蛇、青蛙、田鼠(苗浦1);田鼠、黑蛇(苗浦2);黑蛇、田鼠、毛虫(全州1);蚊子、蜉蝣(全州2);蛇、田鼠、金龟子(长城)。

㉓七兄弟陪七星大人回到故乡,使坠池而死的母亲复生。(母亲复生)

复活母亲的经过是从莲池中打捞尸体,用"还生花"使其复活,这一情节只在"苗浦版本""全州版本1"中出现。

㉔七个儿子成为七星神。(获得神性)

各版本中分别记述了七兄弟成为"东斗七星""南斗七星""北斗七星"

等，存在"七星神"的共同点。而降七星大人、梅花夫人的神职则有所不同：两人成为牵牛星和织女星（茁浦）；旧草鞋和烈十王（音）（全州1）；迎七星神和三神帝王（全州2）等；其余版本未出现二人神职。

全罗道流传版本详细描述了七兄弟的出生过程（虔诚求子、胎梦、怀孕、生育），七星大人以"一胞七胎"为由薄待原配梅花夫人，续娶了天界的玉女夫人，七兄弟寻找父亲与复活亡母的场景。

（4）济州道流传版本

济州道流传的"七星巫神歌"被称作"门前巫神歌"或"南书生"，共获得版本资料六篇。六篇资料中，玄容骏采集记录的《济州道巫俗资料事典》与《济州道神话》里的资料，与济州市安仕仁的口述版本相同，《济州道神话》中收录的资料并非原本的口述记录，而是将方言修改为较为容易理解的版本，因此不纳入本文的研究对象。济州道流传的各版本共同内容概括为：

①"南书生"和"砺山夫人"生有七个儿子，生活艰难。（开始背景）
②南书生坐船去"乌东国"做贩卖粮食的生意。（父亲外出）
③乌东国"厕神之女①"和南书生下棋打赌，抢走了南书生的全部钱财，并把他关进草棚。（父亲被骗）
④砺山夫人来到乌东国寻找丈夫。（母亲寻夫）
⑤厕神之女诱骗砺山夫人，将其推入莲池淹死。（母亲被害）
⑥厕神之女假扮成砺山夫人，骗南书生说已将厕神之女杀死，二人回到"南先古村"。（继母扮母）
⑦七兄弟与父母相见，识破厕神之女并非亲生母亲。（父亲归来）
⑧厕神之女想要谋害南书生的七个儿子，故意装病。（继母装病）
⑨厕神之女收买占卜者。（收买卜者）
⑩南书生为给后妻治病前去问卜，得知要治好后妻的病需要儿子的肝。（父亲问卜）
⑪南书生磨刀要杀死七个儿子。（父欲杀子）
⑫小儿子"绿豆圣人"听到父亲的话，说要帮父亲去山中取六位哥哥的肝，中途在梦中遇到母亲得到示意。（母亲托梦）
⑬绿豆圣人取出野猪的肝交给厕神之女。（兽肝顶替）
⑭七兄弟透过门缝看见厕神之女收下野猪肝，但并没有吃。（确认阴谋）

---

①厕神之女（노일제대귀일의딸）：韩文音译为"卢伊第代圭伊之女"，意为"厕神之女"。厕神是指掌管厕所的家宅神，性情暴戾邪恶，没有神体象征，通常在厕所顶棚贴一块布或纸。——译注

⑮七兄弟闯入屋内，将厕神之女吊死。（惩治继母）

⑯七兄弟得到"还生花"，从莲池中捞出母亲遗体使其复活。（母亲复生）

⑰母亲成为"三德灶王"，绿豆圣人成为"门前神"，其他儿子成为"五方将军"。（获得神性）

2. 变异情况综合考察

将各地区"七星巫神歌"版本中心内容按照叙事段落整理如下表：

各地区"七星巫神歌"叙事内容要素对比表

关北地区	关西地区	湖南地区	济州道	备考
父母结婚	父母结婚	父母结婚		父母结婚
	父亲的官职	虔诚求子	简述背景	
		得子胎梦		
三子出生	七子出生	七子出生		儿子诞生
母亲去世	母亲去世	薄待母亲	父亲外出	父母分离
父亲再婚	父亲再婚	父亲再婚	父亲落难	继母进家
继母生育	继母生育	母欲弃儿，挽救抚养	母亲寻夫	
		七子受辱	母亲被杀	
		七子寻父	继母扮母	
		七子探父	父亲归来	
		血缘鉴定		
继母装病	继母装病	继母装病	继母装病	继母阴谋
收买卜者	收买卜者	收买卜者	收买卜者	
父亲问卜	父亲问卜	父亲问卜	父亲问卜	父亲问卜
企图杀子	企图杀子	企图杀子	企图杀子	父欲杀子
儿子含冤			母亲托梦	
	野兽顶替	野兽顶替	野兽顶替	野兽顶替
确认阴谋	确认阴谋	确认阴谋	确认阴谋	确认阴谋
	七子及第	继母摆宴		
		再次装病		
		神之审判		
惩治继母	惩治继母	惩治继母	惩治继母	惩治继母
		复活母亲	复活母亲	
		获得神性	获得神性	获得神性

通过对比各神话内容可知,各地区版本内容中儿子与父母分离的原因存在差异:关北和关西地区版本中母亲难产死后父子分离;湖南版本是父亲薄待母亲、续娶后妻后父子分离;济州道版本是父亲为维持家庭生计离家经商后父子分离。母亲去世意味着母子分离,而父亲去别的地方再婚或谋生,对于儿子而言就是父子分离,即北方地区版本是母子分离导致家庭破裂,南方地区版本则是父子分离引起家庭问题。湖南、济州道版本都有父子分离的内容,但湖南资料中父亲因妻子生下七胞胎而抛弃妻儿再娶,济州道版本中父亲为了妻儿生计离家,两者性质完全不同。因此,家庭成员分离的不同原因反映了各地区"七星巫神歌"内容的不同含义。

另外,再婚也表现出不同含义。母亲去世、父亲续娶继母是为了弥补家庭的残缺,于是继母进入以父子为主的家庭。但在全罗道地区版本中,父亲抛弃了妻儿去别的地方再婚,这对儿子而言意味着仅由母子构成的不健全家庭,父亲缺失的同时并没有人来填补;但对于抛妻弃子的父亲而言,和其他女人再婚意味着重新组建家庭,并没有任何不完整。可见,母亲病死父亲再婚与母亲被抛弃后的父亲再婚,两种情况的含义截然不同,因为两种再婚的不同含义进一步导致了各地版本情节的变异。

缺少母亲后由继母弥补的家庭,虽然具有正常的夫妻、父子关系,但母子因为没有血缘而导致关系异常,这种异常随着继母生下子女必将发展为家庭矛盾。咸镜南道版本中继母生了儿子,平安南道版本中继母生了三个女儿。继母生育后建立了父亲、继母、继母子女组成的完整家庭,在新的家庭关系中前妻之子必然受到排斥,于是引发前妻儿子与继母及其子女间的矛盾。

另外,全罗道地区版本中由于父亲娶了后妻,产生了"父亲缺失的母子家庭"与"父亲与后妻组建的新家庭"。家庭是生活于同一空间内的共同体,所以生活在不同空间的两个群体并不属于同一家庭。

各地区流传的"七星巫神歌"中对于缺少父亲的不健全家庭有两种解决方式:其一是试图将其消灭;另一种是试图将其融入父亲组建的新家庭。男性家长制社会中,父亲是家庭的中心,缺少父亲的家庭在男性家长制社会中丧失了存在基础。不过,家庭的存在与否取决于是否存在家庭成员,只要家庭成员存在就无法彻底否定家庭。

梅花夫人面对缺少父亲的不健全家庭,做法是想把这一家庭消灭:将亲生儿子们投入河中,然后自杀。但是上天忽然发声训斥了她的行为,命令她把孩子抚养成人。神训诫梅花夫人是为了纠正错误的社会观念,一胞多胎并非母亲的过错,相反七星大人以此为借口薄待原配又再婚才是大错。同时控诉了男性家长制社会中男性的粗暴蛮横,强调即使被丈夫抛弃的家庭依旧能够存在。

于是梅花夫人能够将儿子们抚养长大。不过因为是缺少父亲的家庭,所以儿子们想要去寻找父亲恢复健全的家庭。儿子找父亲理所应当,但是父亲已经与其他女性组建了新家,无法填补原来家庭的空缺,所以儿子们告别母亲,想融入父亲所在的新家。儿子们刚刚离开,梅花夫人就去世了,没有了丈夫和儿子,即使一个人可以生活,但也丧失了家庭生活的意义。梅花夫人之死清楚表明"七星巫神歌"是一个家庭神话,反映了一夫一妻制家庭的父系社会现象。如果家庭结构以母亲为中心,缺失的父亲应该可以得到补充。梅花夫人之死是父系社会男性的粗暴蛮横酿成的悲剧。全罗道地区的"七星巫神歌"批判了男性家长制社会的弊端,并在某种程度上具有"母性表达"的含义。

济州道流传版本涉及父子分离引起的家庭问题,但在父子分离原因与恢复正常家庭两方面与全罗道版本差别很大。南书生离家去乌东国乌东镇,是为了砺山夫人和七个儿子的生计,并非移情别恋,逃离家庭。并且,接近南书生的乌东国厕神之女,作为南书生家庭的"敌对者",从一开始就被塑造成反面人物。她先是通过下棋打赌夺走了南书生的钱财,又杀害了原配砺山夫人,最终想要杀掉七兄弟而遭到失败。南书生与厕神之女的关系设定并不明确,很难断言是夫妻,不过两人已经在一起同居应该存在夫妻关系,不然不会把失去财产的南书生关进草棚,也不会无故称呼原配砺山夫人为"大夫人"。[①] 综合来看,济州道版本"七星巫神歌"中南书生家庭破裂的原因是因为中了恶毒的厕神之女的阴谋诡计。

南书生被囚禁于乌东国意味着南书生失踪,对于南书生家庭而言则是失去了父亲,为弥补这一残缺应该找到失踪的南书生,于是砺山夫人去寻找丈夫。因此,全罗道版本、济州道版本的"七星巫神歌"都提及了家庭问题,但解决家庭问题的过程则表现出不同的含义。

厕神之女将砺山夫人引诱到"酒泉江"(音)莲池边并将其杀害,然后假冒砺山夫人来到南书生家庭所在的"南先古邑",虽然母亲死后继母加入,但继母与前妻子女并没有血缘关系,于是南书生家庭属于不健全家庭。

可见,各地区流传版本在"正常家庭"蜕变为"不健全家庭"过程中差异

[①] 玄容骏:《济州道巫俗资料事典》,新丘文化社1980年版,第403页。"门前巫神歌"(문전본풀이):"厕神之女进入房内,对南书生说道:'砺山邑的大夫人来找我了。'"

明显。但从结果来看,原来由父、母、子构成的家庭在母亲去世后,都变为由父、继母、前妻之子组成的家庭,各版本的家庭转变过程具有一致性。

"七星巫神歌"后半部分,继母与原配之子间的矛盾以"继母装病""收买卜者""父亲问卜""企图杀子""兽肝顶替""确认阴谋"和"惩治继母"的顺序展开,各地区流传版本基本一致,只在"惩治继母"部分细节略有差异。

在关北地区版本中,天上玉帝听到三兄弟的冤情后直接惩罚了继母,这种情节缺少"以野兽之肝替代儿子们的肝""继母假装吃肝实际却把肝扔掉"等内容,原配之子也并未与继母直接对抗。玉帝将父亲发配鬼神,并给继母降下各种"煞"刑,这反映出子女无法纠正父母的过错,只有神才能施以惩治。但是"收买卜者"情节中漏掉了"唯一能给妻子治病的药是儿子们的肝""儿子们躲避死亡危机"等内容,有可能是口述者记忆不完整导致的结果。

关西地区流传版本中,出现了"山中处士"训斥被继母奸计所骗的金天王,并让其用野猪肝代替儿子们的肝,又将儿子们送入京城参加科举考试。后来七兄弟科举及第回到故乡,用弓箭射杀了继母崔氏夫人。父亲金天王明明知道崔氏的诡计却不管教,前妻之子们当面斥责了继母,小儿子不顾兄长们对继母的顾虑用箭射死了继母。这些内容与济州道流传版本中小儿子"绿豆圣人"承担了惩罚继母的内容一致。而关西地区版本的特点在于七兄弟在科举及第后才拥有惩治继母的能力,七子虽然知道继母装病是要害自己,但却无能为力,只能进京赶考。而且继母在得知原配之子及第还乡后,躲入后园房中的笼屉内。原配之子们在科举及第后与继母的对抗情况发生了逆转,这反映出官员地位比亲缘地位具有更高权力的观念。

湖南地区流传的各版本中,惩罚继母恶行的经过都不相同。扶余版本中"龙艺夫人"(音)假装吃下金鹿肝实际却将其放在座位底下,结果天降霹雳将其变成田鼠。① 并未借助丈夫或儿子之手,而是由上天直接惩治了继母,这与关北地区版本相同,不同点在于添加了"金鹿顶替""揭穿继母奸计"等情节。

除扶余外,苗浦、全州、高敞、顺昌、长城等地版本更加详细地叙述了继母受到上天审判的过程。继母假装吃下鹿肝,说自己病已痊愈并大摆宴席,这时躲在山里的七兄弟饥肠辘辘前来赴宴,继母见到原配之子们仍然活着,假装旧病复发。于是,七兄弟和继母分别咬住剑刃和剑柄,匍匐在地让上天来裁决谁才是罪人,这时天降霹雳将继母变成田鼠(或蛇),七兄弟平安无事。这反映

---

① 金泰坤:《韩国巫歌集Ⅰ》,圆光大民俗研究所,1971年,第129页。

了继母属于父母，儿子们无法直接复仇而只能交给上天裁决的孝道观念。继母虽然可恨，但却是父亲配偶，如果将其杀害则会成为儿子对父亲的不孝。在众人聚集的宴会上让继母接受上天的审判，既维护了子女的本分，又堂堂正正地惩罚了恶人，从而更加能够赢得社会舆论的公正评价。继母遭到天谴而死，父子回到故乡让亡母复生，母亲的复活使七星大人家庭重新成为健全家庭。概言之，湖南地区"七星巫神歌"父亲薄待母亲并离家再娶导致原家庭缺损，经历继母作恶并遭到惩罚，父母子女重新团聚，家庭恢复正常，问题得到解决。

济州道传承版本中，小儿子"绿豆圣人"十分活跃，他凭借勇气与智慧揭穿了厕神之女的恶人身份并惩治了她的恶行。具体惩罚为七兄弟合力将厕神之女杀死，父亲南书生受到惊吓在逃跑途中死去。七兄弟主导杀死厕神之女的行为不同于其他版本，这是因为厕神之女不仅欺骗了父亲，杀害了母亲，还要杀死七兄弟，罪大恶极理应处死。济州道版本中儿子们也复活了亡母，但是没有说明如何处置父亲南书生。南书生被描述成愚蠢无能的家长，他不仅被厕神之女骗去钱财，也不知道原配砺山夫人已被杀害，面对厕神之女装病谋害儿子，自己无所作为。济州道版本将家长南书生描述成反面人物，这与全罗道版本具有相似性，而湖南地区版本的七星大人并非无能，而是生性残暴，薄待无辜妻子，为了给后妻治病甚至试图杀害亲生儿子。"残暴"虽然不同于"无能"，但两地版本在否定父亲的态度方面具有一致性。

以上比较各地区"七星巫神歌"的内容，分析不同情节反映出的神话含义，在一定程度上揭示了各地区流传版本的特点。笔者将以各版本共有情节为主，将"七星巫神歌"与其他神话做进一步比较，并研究其神话含义。

（三）共通类型的神话特点

1. 家庭文学与"继母型"叙事文学

"七星巫神歌"是以家庭为背景讲述继母与原配之子矛盾的巫俗神话。

叙事文学大都以"人际关系"为主要内容，根据人物所处社会可以分为家庭故事、社会故事、朝廷故事。家庭故事讲述家庭内部人物间的关系；社会故事中有来自不同家庭的人物，讲述的是不同家庭关系之间发生的事件；而朝廷故事则以国家为单位，讲述君王与官员的关系。

不过，即便是家庭故事也并非完全不包括家人以外的人物，但主要是以一个家庭为主讲述问题发生、解决的经过，在这一过程中有可能会与家庭外部人员产生联系。社会故事则并不仅仅包括家人构成的家庭，还包括范围更大的社会，在解决问题的过程中，甚至国王也有可能会介入。朝廷故事也并非仅仅讲述一个国家内部的事情，还包括与其他国家朝廷的关系。如果可以根据社会范围来划分叙事文学，那么家庭故事作为最基本的核心类型，从中总结出的类型结构原理应该可以用来解释其他叙事文学。

家庭结构与家庭制度相关，根据"夫妻家庭""父子为主的直系家庭""扩大家庭"等不同家庭制度，其结构也并非固定。不过，直系家庭或扩大家庭也可以视为夫妻家庭的叠加，所以夫妻与其直系子女构成的"夫妻家庭"是最主要的家庭结构。因此，根据夫妻家庭成员之间的相互关系，可以将家庭故事分为若干类型。在夫妻与所生子女构成的家庭中，家人关系类型可以分为夫妻关系、父子关系、母子关系、父女关系、母女关系、兄弟关系、兄妹关系、姐妹关系。

将八种关系根据辈分、性别可以进一步划分为父、母、子、女，根据这些家庭成员关系可以重构家庭故事。"爱情故事"或"烈女故事"讲述的是夫妻关系，"孝子孝女故事"则形成于父母与子女的关系之中，也有讲述兄弟姐妹间的友情与矛盾的故事。这些故事根据辈分可以分为"垂直"与"水平"的关系，根据人际关系特点又可以分为"积极"与"消极"的关系。举例而言，"烈女故事"是讲述"水平—积极"关系的故事，"孝行故事"是讲述"垂直—积极"关系的故事，而"离婚故事"则是讲述"水平—消极"关系的故事。

同理，"七星巫神歌"作为"继母故事"，具有"垂直—消极"关系，"垂直—消极"关系还可以分为父子关系、父女关系、母子关系、母女关系。"七星巫神歌"讲述的是继母与原配之子因没有血缘而引发母子矛盾的消极关系。母子在现实生活中也可能存在多种矛盾，但是在得到民众广泛共鸣并广为流传的口传文学中并不多见。母子矛盾通常表现为儿子婚后的婆媳矛盾，而这是由于家庭结构扩大导致的矛盾，并非产生于基本家庭类型"夫妻家庭"之中。另外，父子矛盾相比母子矛盾更为常见，父子关系中也包括无血缘的养父养子关系，但是养父养子关系却并不像继母与原配之子关系那么消极。这是由于韩国家庭故事形成于男性家长制的家庭结构，即继母与原配子女的母子关系是不正常的，当继母有亲生子女时，原配子女就会受到父亲、继母、继母子女构成的完整家庭的排挤；而在收养养子的家庭中，并没有比养父母与养子更为紧密的关系，所以家人矛盾并不严重。①

---

① 收养养子一般是由于没有亲生子，所以家庭中并不存在比养父母与养子更加亲密的关系。

2. "七星巫神歌" 神话特点

根据"七星巫神歌"共同情节段落,可将其家庭成员关系重新整理为:

①父母结婚。

②生育儿子。

③-1 母亲去世。

③-2 薄待母亲。

④父亲再婚。

⑤继母害子。

⑥儿子避难。

⑦惩治继母。

此为各地区流传版本共有的叙事片段。从"①结婚"到"②生育"意味着家庭形成,家庭的基础是夫妻,夫妻通过婚礼产生,也就是婚礼象征着新家庭的诞生。"七星巫神歌"中的婚礼片段只出现了新郎、新娘,并未出现新郎、新娘的父母。七星大人、梅花夫人作为人来说应该有父母,但其父母并未出现,说明这则故事的神话特点。人类的历史是结婚、生育的循环反复,探讨"结婚在先,还是生育在先"如同"先有鸡,还是先有蛋"的问题一样难有结论。但是如果将这一婚礼理解为最初的婚姻,就不会有"新郎、新娘如何出生?父母是谁?"等疑问,因为如果二人存在父母,那结婚就不会是"最初的婚姻"。最初的婚礼之后的生育也具有"最初生育"的含义,最初的结婚和生育形成了最初的夫妻家庭,说明这是关于家庭起源的神话。

"七星巫神歌"中的家庭结构是夫妻,夫妻与其未婚儿子组成家庭,而且家庭并未扩大,说明传承这一神话的群体认为夫妻家庭是典型的家庭形态。家庭形成后随之而来的是家庭的考验。母亲的空缺由继母填补,引起了母子间的矛盾,父亲、继母、原配之子构成了家庭,继母与原配之子虽是母子关系却无血缘关系,这是一种不正常的家庭关系,可以表示为如下图例:

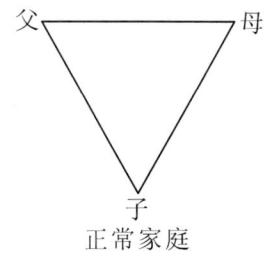

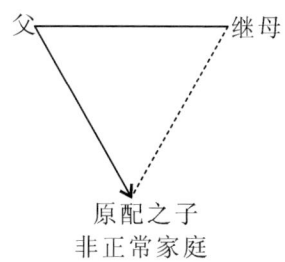

正常家庭中，父母、父子、母子构成完整的三角形，并不会产生矛盾；而包含继母的非正常家庭却因母子不存在血缘关系，导致只能维持父母、父子关系。因此，作为一家之主的父亲应该在继母与儿子中间起到调节矛盾的作用。

"七星巫神歌"中，继母想谋害原配之子而装病，并且收买占卜者欺骗丈夫说只有原配之子的肝才能治病。七星大人作为一家之长，问卜之后陷入妻子、儿子两者选其一的两难境地。放了儿子妻子会病死，不然就得杀死儿子挽救妻子。这一情形并非是单纯利用继母的巧妙计策增加故事的趣味，需要注意的是其中涉及更为根本的问题。家庭是已婚男女及其子女构成的生活共同体，家庭关系可以概括为"水平契约关系"与"垂直血缘关系"。夫妻关系是通过婚礼仪式使两性关系得到社会承认的男女关系①，夫妻关系是成年男女间的契约关系，而父子关系是血缘关系，也是辈分不同的垂直关系。

正常家庭很难遇到妻子与子女谁更加重要的问题，但是家庭存在多种形态，当家庭成员缺失并需要有人填补时，有可能会产生夫妻或父子关系的相互对立。

"七星巫神歌"中，母亲空缺致使继母得以加入，继母与原配之子的矛盾正好涉及妻子与子女谁更加重要的问题。七星大人选择了后妻，子女可以再生，所以缺少子女可以填补，但妻子死去无法复活，所以七星大人为了恢复正常家庭选择牺牲儿子。但是继母的病是假的，其行为被认为是违背伦理的恶行，所以受到了上天的审判，但是也可以将此解读为，强调了父子关系比夫妻关系更重要，强调了血缘关系是比婚姻关系更为绝对的家庭关系。

结婚是一种契约，既可以毁约，也可以重新确立，而血缘关系一旦建立就不能否定。对于子女而言，自己并不能随意选择父母，父母是一种绝对身份。并且父子关系是一种垂直关系，也是人类延续与家庭继承的关系。所以"七星巫神歌"中继母的恶行遭到严惩，而父亲的判断被视为愚蠢行为，这与韩国以父子关系为主的直系家庭结构有一定关系。

朝鲜王朝以前，韩国家庭对待男女的差别较小，男女是属于同一水平结构的不同家庭成员，父亲、母亲的地位也几乎平等，在继承财产、祭祀祖先等方面儿子、女儿的差别也不大。新罗、高丽王系存在许多"近亲婚"，并且盛行"同姓婚"，这也和以父系血缘为主的朝鲜十分不同。后来高丽朝颁布"近亲不婚"法令，到朝鲜朝扩大了"不婚亲属"的范围，最终确立了以长子为中心的

---

① 李光圭：《가족의 정의》，见《韓國家族의 構造分析》，一志社1975年版，第22—29页。

家长权、继承权、祭祀权,作为父系血缘集团的"同姓集团"地位不断提升。重视父系血缘的男性家长制家庭结构也自然产生了重男思想,从而形成了重男轻女的社会风气。①

"七星巫神歌"包含的神话含义为:通过家庭内部夫妻间水平关系与父子间垂直关系的矛盾,描述了家庭成员间的伦理与爱情问题。高丽时期的"异腹男妹婚"② 现象说明同父异母生下的兄妹并非手足,而是可以结婚的"他人",这也从侧面反映了母系血缘比父系血缘更受重视。重视母系血缘的观念与男性中心的家长制两相对立、不可调和。湖南地区流传版本中便反映了"父性表达"意识与"母性表达"意识的尖锐对立。父亲七星大人薄待母亲梅花夫人之后,上天去了后妻家居住。薄待妻子意味着夫妻离婚,男性家长制社会中妻子无权提出离婚,而丈夫却能薄待妻子,而且父母离婚后,子女大都跟随父亲生活。但是,湖南地区流传版本中却反映了异于男性家长制家庭伦理的情况:七星大人薄待梅花夫人的原因在于妻子一胎产下七子,因为一胞七胎并非一般人类生育的情况,而更像野兽,因此十分厌恶妻子而抛弃了她。不过在实际史料中却没有因类似原因妻子遭到薄待的记录,相反有国家对产下三胞胎以上的母亲进行奖励的记录。③ 这说明认为一胎产下多子如同野兽的评价只是巫歌口述者个人的想法。因多产而薄待妻子应该是出于经济上的困难,也就是穷人缺少养育子女的经济能力而忌讳多产。济州道版本中,南书生为了养家糊口而离家去做贩卖粮食的生意。虽然没有证据表明济州道流传版本就是巫歌神话的原貌,但可以说明"多产"导致夫妻分离主要还是经济方面的因素。

可是,又该如何理解夫妻离婚时丈夫离家去别处生活呢?如果丈夫有权薄待妻子,那么离开的应该是妻子,而丈夫还可以迎娶新的妻子。丈夫抛妻弃子只身与其他女人再婚,这并不符合男性家长制的离婚规定。由此推测这一内容应该反映了结婚后住在妻子家的"母处制",即当时的婚姻生活规定为"母处—父处制",具体为结婚后先在妻子家住几年,然后再返回丈夫家。④ 结合这一习

---

① 崔在锡:《韩国家族制度史研究》,一志社1983年版。
② "高丽初期,王室内部的族内婚共出现10组'异腹兄妹婚'。"见李光奎:《韓國家族의 歷史研究》,一志社1977年版,第55—61页。
③ "汉祇部女人,一产三男一女,赐粟二百石。"(《三国史记·新罗本纪第六》"文武王上"条)"秋,牛头洲大杨管部黄知奈麻妻,一产二男二女,赐租一百石。"(《三国史记·新罗本纪第十》"宪德王"条)李光奎:《多胎产母褒赏》,第186—187页。
④ 韩国的居住规定具有"母处—父处制"的特色,朝鲜时期朱子家礼传入后开始举行迎亲之礼,但也不过是缩短了男方在妻子家的居住的时间。参见李光圭:《居住规定》,第145—159页。

俗来看，七星大人的离家出走实际离开的应该是妻子的家。

从七兄弟寻找父亲的经过来看，七星大人到天上的后妻丈人家生活，天上是人类无法自由往来的与地面隔绝的空间。那么，原配与后妻分别居住在不同空间有何含义呢？而且原配之子并无大错，后妻为什么非要杀死他们呢？对神话内容稍做分析便可得知，这一内容反映了前妻集团与后妻集团的矛盾。

梅花夫人受到七星大人薄待后，要把儿子们投入河中，幸好被龙宫龙神保护，后来在儿子离家去寻找父亲后，投水自尽，可见梅花夫人应该与水有着十分亲近的关系。另外，后妻玉女夫人住在天上，其宅院宽敞好像城池，甚至拥有足以收买住在周围远近的所有占卜者，可见其财力和影响力。但是当后妻恶行被揭露之后，遭到上天惩罚变为田鼠，田鼠是害怕阳光的动物，这说明施加惩罚者可能是太阳神，由此推断继母代表的是信仰日神的群体。可见"七星巫神歌"中包含着太阳神信仰与水神信仰的对立矛盾。

太阳神信仰与水神信仰的对抗是"朱蒙神话"中出现的神话内容。既是天神又是太阳神的解慕漱与水神河伯展开较量，后来解慕漱代表的天神崇拜集团与河伯代表的水神崇拜集团，在高句丽建国过程中实现了融合统一，于是诞生了以天神为父亲、以水神为母亲的始祖神朱蒙。但是，两个集团并未完全融合，两种信仰之间的矛盾也在延绵持续。湖南地区是百济故土，百济的统治权被来自扶余、高句丽的移民集团掌握，所以百济故土很可能遗留着扶余、高句丽的信仰。[①]

"七星巫神歌"体现的继母与原配之子的矛盾，正好可以比作温祚母亲与类利的关系。朱蒙逃离扶余来到卒本后再婚，生下沸流和温祚，而原配礼氏之子类利来到高句丽继承王位，于是导致沸流、温祚随母亲南下创建了百济。这里朱蒙的后妻即为类利的继母。温祚离开高句丽是因无法继承王位，这也意味着对抗类利的失败。虽然因为缺少记录无从得知类利与继母温祚母亲较量的情形，但应该是争夺王权的斗争；从类利即位后，温祚和沸流不得不离开高句丽的情况推测，当时的斗争应该十分激烈。将"七星巫神歌"与以上历史事实比较时，让人疑惑的部分是，神话内容是站在类利角度叙述的，这与当时百济民众的观念意识并不一致。因此，无法说"七星巫神歌"与百济人的观念意识有直接关系，也有可能是受到了"东明王神话"的影响。"东明王神话"作为高句丽神话，其中包含"解慕漱神话""朱蒙神话""类利神话"，一直到高丽时期仍然

---

① 徐大锡：《百济神话研究》，见《百济论丛1》，百济文化开发研究院，1985年。

在世间广泛流传。①"七星巫神歌"的内容很可能是由"类利神话"与叙事巫歌结合而成的。

在"七星巫神歌"中，儿子寻找父亲的过程与"帝释巫神歌"中的内容类似。在私塾遭到"无父之子"的侮辱后，儿子向母亲询问父亲的下落，历经艰难路途后与父亲相见，通过了父亲的各种考察检验，最终经过"滴血认亲"得到了父亲的承认。这一寻找父亲的内容与"类利神话"也存在相似之处。②虽然这一内容有可能是作为"共同公式内容"后添加进来的，但是"七星巫神歌"是湖南地区叙事巫歌中备受欢迎、广为传唱的资料，应该是在广为流传的资料中插入了"寻父故事"。换言之，因为"帝释巫神歌"是其他地区的代表性巫俗神话，湖南地区的代表巫俗神话是"七星巫神歌"，所以将"帝释巫神歌"里的片段内容移植到了"七星巫神歌"神话中。为了证明这一解释，首先需要把叙事巫歌视为叙事诗，用以下理论加以证明：在叙事诗的类型竞争中，处于有利位置的流传资料会侵蚀流传不那么广泛的资料内容。并且，在湖南地区，"帝释巫神歌"为何会在与"七星巫神歌"竞争中被排挤、衰退，这一问题的答案应该在巫俗仪式功能与巫歌内容中寻找。③

其次，还有一种解释，"七星巫神歌"里也可能原本存在寻找父亲的内容，其与东部地区流传的"帝释巫神歌"一起，都与"东明神话"存在联系。为证明此观点，应该揭示"七星巫神歌"的功能，并将此联系"东明神话"。不过，"七星巫神歌"只叙述了"七星神"的来历，其对于人有什么功能并不十分明确。因此，需要再进一步深入探讨有关问题。但是，全罗道地区流传的"七星巫神歌"中叙述有，前妻与后妻居住空间不同，原配之子找到父亲到后妻家中生活，而这一内容在其他版本中并未出现，很难将其视为所有版本的共同神话内容要素。

"七星巫神歌"的共同内容中值得关注的神话要素是"野兽牺牲自己挽救七兄弟"。除关北咸兴版本外，此内容在所有地区版本中均有出现。野兽包括野猪（平壤）、金鹿（扶余、茵浦、全州、长城）、山猪（济州道）等，而野兽都是献出了自己的肝挽救了七兄弟。另外，野兽一般都是死去的母亲派来的，或被

---

①李奎报：《东明王篇序》，见《东国李相国全集》卷三，成均馆大学大东文化研究院，1973年，第43页。"世多说，东明王神异之事，虽愚夫骏妇，亦颇能说其事。"

②参见徐大锡：《帝释本풀이研究》，见《韓國巫歌의研究》，文学思想社1980年版。

③笔者认为，全罗道地区之所以没有城主神话，原因在于"七星巫神歌"在全罗地区具有城主神话的功能。

叙述为母亲的分身。

除战争或惩罚的情况外，人为了生存而杀死其他人通常是为了获取"祭物"与"药物"。有时是为了集团的生存将个人当作"牺牲祭物"的献祭，也有为治好父母的疾病，而把自己的儿子杀死当作药物的"孝子故事"。广为流传的牺牲祭物故事有"蜈蚣地传说"①、"蟾蜍报恩传说"，少女献祭风俗反映了当时民众的愚昧无知。另外，还有"童子参"②等"孝行传说"，叙述了夫妇为医治父母疾病不惜杀害子女，最终其孝心感动了神灵，出现了"童子人参"代替了幼子。这些传说的共同点都是有动物或山参代替无辜的人作为祭品，体现了"牺牲祭品"由人变为动物的神话内容转变。换言之，祭祀仪式中改变"牺牲祭品"的变化首先体现于神话之中，后来被民间传说吸收变异成了"药物"。"七星巫神歌"中的"灵药"人肝正好具有祭物与药物的双重特点。

惩治了继母的七兄弟和父亲回到原来的居住地复活了死去的母亲，关北咸兴与关西平壤版本中没有复活亡母的内容，但两个版本中都有母亲死后父亲迎娶继母的内容，而且也没有说明继母被惩罚后儿子们成了什么神，获得了怎样的神性，只是在叙事巫歌中口述祈祷解除了这样的家庭磨难。因此，咸兴版本、平壤版本具有一定缺陷，并非最完整的巫歌版本。

湖南地区、济州道巫歌版本都具有复活亡母的内容，母亲依靠儿子们的帮助得以复活并夺回了失去的家庭权力，这一内容反映了家庭中女性的权力是依靠生育、抚养后代自然获得的。但是，从"七星巫神歌"的叙事结构来看，重新找回被继母夺走的父亲意味着原本非正常的家庭恢复为正常的家庭。因此，"七星巫神歌"展现的家庭神话叙事结构为：家庭诞生→家庭磨难→克服磨难→家庭恢复。

七个儿子成为七星神，七星神作为掌管家人福祉与寿命之神，具有家庭守护神的特点。济州道神话版本中的小儿子"绿豆圣人"成为门前神，"门"指家

---

①蜈蚣地传说（지네장터설화）：少女发现一只饥饿的蟾蜍，给其喂食并养大。少女村庄每年都要给蜈蚣出没的地方献上一个童女，这一次选中了少女。少女被献祭时，蟾蜍突然出现与蜈蚣展开大战并与蜈蚣同归于尽。少女得救，村庄以童女献祭蜈蚣的风俗从此消失。这一传说流传于忠清北道清州"蜈蚣地"（지네장터）或朝鲜开城西北"蜈蚣山"（지네산）等地，具有地名传说的特色。蟾蜍报恩传说内容与蜈蚣地传说类似。——译注

②童子参（동자삼）：年轻夫妇奉养着父母一起生活，老父亲（或老母亲）生了大病，吃了许多种药方都不见效，眼看就要死去。年轻夫妇听路过的和尚说用家里的孩子煮汤喝下可以把病治好，他们以为，子女没了可以再生，父母死了不会再有，于是决定用儿子煮汤医治父亲（或母亲）的病。等到从书堂放学的儿子回家，夫妇二人便以给儿子洗澡为借口杀害了儿子，并把汤给父亲喝下，父亲的病得以痊愈。第二天早上，儿子竟然回到了家中，说昨晚学习太晚所以没有回家。感到奇怪的夫妇打开了煮汤的锅盖，发现锅里漂着一棵童子参。这是一则为给父母治病而用年幼子女献祭的"孝行传说"。——译注

门,是家庭的门户。因此,门前神也是家庭守护神,具有与七星神相同的含义与职能。

(四)叙事诗的叙述结构

"七星巫神歌"是在韩国全境流传的叙事巫歌。叙事巫歌是巫俗神话,同时也是口传叙事诗。在神圣的祭祀典礼中,赞扬神的伟大功绩,宣扬神的巨大权力,增强民众对神的崇仰,因而展现出了神话的面貌。另外,因为它是以吟唱的方式唱出人们感兴趣的故事,所以具有较强的叙事诗意味。神话与叙事诗是一枚硬币的两面,指同一资料既有宗教性的内容,也有文学性的内容。特别是巫俗祭祀仪式,既是宗教仪式,也是一般民众可观赏的形式。"巫祭现场"(굿판)是众人聚集之地,巫祭本身也是民众观看的表演形式。所以"看巫祭"(굿보다)与"观赏"(구경하다)一词有着相同的含义,而"举行巫祭"(굿한다)一语本身也有把众人聚集起来热闹热闹的意思。

如果将巫祭视为人们的一种"观看之物"(구경거리),那么其中吟唱的巫歌则是一种"倾听之物"(들을거리)。"倾听欣赏"由符合人们兴趣、情感的语言要素、音乐要素等构成,而能够引起人们兴趣的语言要素正是文学。因此,不同于非公开的秘密场所偷偷举行的宗教仪式,巫祭是向公众开放的仪式,在巫祭中吟唱的巫歌也并非需要大众回避的神圣咒语,而是具有民众文学的性质。

叙事巫歌是传唱人们喜爱的趣味故事的一种体裁。叙事巫歌的流传地区越广、内容越丰富,就越能使人产生共鸣,并获得更广泛的传播效果。"七星巫神歌"可以说是全罗道地区的代表性叙事巫歌。与"堂锦千金""巴里公主"相比,"七星巫神歌""长者巫神歌"在湖南地区(忠清南道、全罗北道)流传更加广泛,内容也更加丰富。笔者将以湖南地区流传的资料版本为主,剖析叙事诗的叙述结构特点,并将其与韩国代表性叙事诗"盘索里"进行对比。之所以进行类似比较研究,是因为"盘索里"的发源地也是湖南地区。

目前在湖南地区共采集记录了八篇"七星巫神歌"资料,其中,淳昌地区版本内容中断,长城地区版本的口述演绎内容过多,这两种资料并非完整的叙事诗口述资料,所以笔者将集中考察另外五篇资料。"七星巫神歌"的叙述段落内容已经在上文做了整理,在此将重点分析内容最丰富的"茁浦朴昭女(音)口述版本"与"全州崔文顺(音)口述版本"。口传文学版本具有一个完整结构,所以结构分析只能以各个版本为主进行研究,在论述分析结果时也会涉其他口传版本。

1. 茁浦版本

茁浦地区流传的"朴昭女口述版本"中的叙事片段细节可以概括如下。

开场祝愿。

①结婚。包括介绍人物，婚礼步骤（做媒说亲、四柱八字、接受彩礼、挑选吉日），新郎祝词，大礼宴（婚礼）祝词，新房祝词，新娘祝词。

②生育。包括哀叹无子，僧人小调，祈子唱词，胎梦，怀孕，生子。

③丈夫薄待。

④养育七子。

⑤七子寻父。包括七子遭辱，询父下落，告别母亲，梅花夫人自杀，七子见父，亲子确认。

⑥玉女夫人装病。

⑦收买卜者。

⑧七星大人问卜。

⑨七星大人痛哭和七子恳求。

⑩七子蒙冤。

⑪金鹿顶替。

⑫玉女夫人假装吃药。

⑬为七子举行"洗灵巫祭"。

⑭七子出现在祭祀现场。

⑮上天审判。

⑯返回地下宫。

⑰梅花夫人复活。

⑱获得神圣性。

2. 全州版本

开场祝愿。

①结婚。包括新郎祝词，新娘祝词，"奠雁床"（婚礼）祝词，新房祝词。

②生育。包括哀叹无子，祈子唱词，胎梦，怀孕，生子。

③薄待。

④养育。包括抛弃七子，龙王救子，七子上学。

⑤寻父。包括七子受辱，询父下落，祝愿唱词，七子升天，祝愿唱词，询问父亲住处，祝愿唱词，七子见父，亲子确认。

⑥松台夫人（音）遭到薄待。

⑦松台夫人装病。

⑧松台夫人收买占卜者。

⑨七星大人问卜。

⑩七星大人痛哭和七子恳求。

⑪金鹿牺牲自己顶替七子。

⑫松台夫人假装服药后痊愈。

⑬松台夫人大摆宴席。

⑭金鹿葬礼。（丧舆唱调）

⑮七子赴宴。

⑯上天审判。

⑰返回地下宫。

⑱梅花夫人复活。

⑲获得神性。

由以上叙事段落可知，"七星巫神歌"的结构可以分为叙述情节的段落与描写场景的段落。不过，场景描写内容一般由各个版本含有的共同唱词组成。以下以"婚礼场景"为例，对描写婚礼场景内容的共同唱词加以说明。苗浦口述版本与全州口述版本中，共同包含的描写场景唱词有"新郎祝词""新娘祝词""婚礼祝词""新房祝词"等。

（1）新郎祝词

  七星大人奢华的大礼，华丽的杯盏啊。

  穿上颜色如黄瓜籽的"三升布袜"，

  绸缎"通行尘"鞋，南安的被褥。

  看他的肩膀上，

  绿色的毛绡缎，系着金箔扣子，发出朗朗的声音。

  看他的头上，

  戴着盛大的冠帽。

  转眼间，来到大厅，入席就坐。

              ——苗浦口述版本[①]

  再来看看七星大人的祝词吧。

[①] 任晳宰：《苗浦巫乐》，文化财管理局，1970年，第96页。

看他迅速穿上熨帖的上衣和裤子，

伸手披上八大长衫，

将网巾戴在头上，插上玳瑁风簪。

面若商山白玉，

笑脸之上，毫无皱纹，

仿佛盛开的水波莲花。

披上八大长衫，

系上细细腰带，

风度翩翩地穿上"三升布袜"和"通行尘"鞋。

来到庭院之中。

——全州口述版本①

由此可见，不同口述者的"新郎祝词"的具体唱词有所不同，但在描写裤子、上衣、布袜、帽子等服饰方面却有相似之处。全州版本中"披上八大长衫"反复出现两次，应该是受到了"僧人祝词"共用套词的影响，因为新郎的结婚礼服不太可能是僧人的长衫，但是这些编入的唱词恰好证明了这些描写人物外貌的共用套词经常以整句为单位被借用到叙事巫歌中。湖南地区版本中的新郎祝词唱词也出现了许多大同小异的描写外貌的共用套词。

（2）新娘祝词

梅花夫人奢华的大礼，华丽的杯盏啊。

穿上白素裤子，系上明轴绸缎鞋，

丝绸的衬裙，锦缎的内裙。

穿上松花绸缎的礼服，折叠好裙摆的皱褶。

看她的上身，

红丝绸的夹袄，黄丝绸的上衣。

系上胭脂色的飘带，

漂漂亮亮地穿上。

再看她的头上，

散开长长的如龙一般的云鬟。

把乌发美丽地盘起。

---

① 崔吉城：《칠성풀이》，见《韩国民俗综合调查报告书》（全罗北道篇），文化公报部文化财管理局，1971年，第115页。

精巧地扎上簪子,

耳上戴着耳环,手上戴着玉戒指。

——茁浦口述版本①

在茁浦版本中,接在"新娘祝词"之后的就是"哀叹无子",新娘祝词代替了婚礼唱词的整个内容,说明巫歌的叙事不同于小说,更多受到了叙事诗叙述技巧的影响。

再来说说给新娘的祝词,

颜面如商山之玉,

风姿绰约地款款走来。

梳着如甘苔般乌黑亮丽的头发,

静静地坐着。

匀称的身体端端正正,

身上穿着日光缎。

裙摆上的皱褶仿佛天上云彩的纹理,

精美地折叠出十二道纹理,

漂漂亮亮地穿上。

看她的上身,

穿上崭新合身的上衣,

端正地披上日光缎的"八大长衫"。

头戴华丽的"簇头里"(凤冠),

来到了庭院之中。

——全州口述版本②

"新娘祝词"与"新郎祝词"类似,也对新娘的服饰进行了描写,具体的描写唱词主要由口述者传唱的共用套词构成,关于颜面、头发、裙子、上衣等描写都是相同的。全州口述版本"新娘祝词"中也出现了"披上八大长衫"的唱词,新娘的婚礼服装并非长衫而是圆衫,之所以会编入这一句是因为这是口述者熟记的共用套词,但这种表达本身是不正确的。此外,"四四调"③ 格律句式多有不和谐之处,也说明口述者对共用套词的记诵不够顺畅。一般来说,越是

---

① 任晳宰:《茁浦巫乐》,文化财管理局,1970 年,第 97 页。
② 崔吉城:《칠성풀이》,见《韩国民俗综合调查报告书》(全罗北道篇),文化公报部文化财管理局,1971 年,第 115 页。
③ 一句唱词的上下半句都是由四个音节组成的唱词或诗歌句式。——译注

熟练的口述者越能够严格遵循祝词唱词的对仗工整和格律协调。"新娘祝词"同样包含在湖南地区口述版本之中。

（3）婚礼（大礼宴）祝词

  银横梁，铜横梁，藤席光光铺地上，

  屏风之上，名山浮云。

  短颈乌龟瓶，长颈黄鸟瓶。

  梧桐斑竹，冬青木莲，层层叠叠。

  青丝红丝，挂满房中。

  连理根枝，条条相连。

——茁浦口述版本①

  宴席之上，摆放何物？

  青鹤白鹤绸布袋，漂亮整齐放桌边。

  竹叶青翠欲滴，垂下青丝红丝。

  清澈水波，闪着光芒。

——全州口述版本②

每个口述者口述的"婚礼祝词"的具体唱词都有所不同，但相同的是都描述了摆放在结婚仪式供桌上的物品。

（4）新房祝词

  房中祝词，华丽的杯盏。

  贴着青龙画，

  挂着黄龙画。

  厚实地板，脸盆扫帚。

  全州衣柜，义州衣柜。

  贝壳箱子，螺钿柜子。

  人物屏风，花草屏风。

  房间四角，整齐摆放。

  绣花枕，鸳鸯枕。

  软被子，厚褥子。

---

①任晳宰：《茁浦巫乐》，文化财管理局，1970年，第96页。
②崔吉城：《칠성풀이》，见《韩国民俗综合调查报告书》（全罗北道篇），文化公报部文化财管理局，1971年，第115页。

> 铺的盖的，一应俱全。
> 金色夜壶，奢华尿缸。
> 银鸟笼，铜鸟笼。
>
> ——茁浦口述版本①

> 进到新房，仔细一看，
> 人物屏风，花草屏风，围绕两旁。
>
> ——全州口述版本②

茁浦口述版本的"新房祝词"内容较长，而全州口述版本的"新房祝词"内容较短。因为各种祝词唱词主要负责场景的描写，并不具有叙事的主要功能，所以即使祝词唱词较为贫乏甚至被遗漏，也不会导致叙事逻辑出现中断或漏洞。因此，根据口述者记诵共同套词数量与具体口述环境的差异，祝词唱词通常可长可短，也可能被全部省略。但是，如果祝词唱词被完全省略，叙事巫歌就变成了传说故事，而不再是叙事诗。也就是说，巫歌中插入的祝词唱词是确定巫歌叙事诗体裁特点的重要依据。

那么，有必要参照了解古典小说、传说故事中对婚礼的叙述。

> 见到李娘子，两人完成了"异姓之合"的吉祥大礼。（世昌本《申遗腹传》，第18页）

> 丞相知晓张生之意，选择大喜吉日后，把全家聚在一起。正在等待张生之时，只见张生仪表堂堂，来到了"交拜席"，豁达大方，风采凛凛，倾倒天地。小姐姿态美丽，仿佛浸润着晨露的红桃花，又如云间升起的弯月，光彩灿烂，胜过日月。成亲之礼结束后，两人进入洞房，点燃花烛，彼此相对，如同一对鸳鸯戏绿水，恩爱缱绻，深情不可估量。（世昌本《张伯传》，第20页）

> 当场选择了良辰吉日，行了大礼，新郎新娘姿态美丽，如同神仙仙女下凡。大礼结束后，二人进到房间，环顾四周，灯光闪耀。洞房花烛，情深几许，真是一语难言、一笔难书。夜里一对新人结下一生姻缘，当

---

① 任晳宰：《茁浦巫乐》，文化财管理局，1970年，第96—97页。
② 崔吉城：《칠성풀이》，见《韩国民俗综合调查报告书》（全罗北道篇），文化公报部文化财管理局，1971年，第115页。

中之甜情蜜意又怎能用言语测量形容？（完山坊刻本《刘忠烈传》）

以上古典小说中的婚礼场景叙述可以分为新郎外貌描写、新房气氛描写等，不过这些描写的作用在于使读者更加生动地理解情节发展的情况与气氛，具有一种说明功能，也就是描述的核心内容在于描绘新娘的外貌与新婚初夜的气氛与情感。相比之下，"七星巫神歌"的"新娘祝词"并非传达感受，而是更加注重客观描绘，也就是仅有描述，并没有情感的表达。这一差异说明，叙事巫歌中插入的祝词唱词是一种重在引起他人兴趣的独立内容片段。

相比于小说，传说故事中的婚礼内容具有更加明显的说明功能。

话说婚礼之日，选择吉日后大摆宴席，当晚便入了洞房。

——"姐姐救弟弟的故事"（누이가 남동생 구한 이야기）①

来到妻子家，举行大礼，行完大礼后，新婚初夜的洞房定在亲家，入了洞房一看。

——"制服顽劣新娘"（억센 신부 길들이기）②

由此可见，传说故事是以叙述情节发展为主的文学体裁，并不重视场面描写。即使描写了场面，也没有运用现成的描写段落进行简洁流畅的叙述，因为传说故事的口述者并没有为描述场面而记诵现成的套词唱词。

盘索里唱词的面貌又是如何呢？不妨以盘索里中最为知名的"春香歌"为例与"七星巫神歌"做比较。《春香歌》开场是春香与李道令初次见面的场景，此部分可以对应"七星巫神歌"中的婚礼场景，具体唱词如下：

说词③：开场说明

中中莫利（音）④：箕山颖水

说词：男仆说经

自陈莫利（音）：男仆听候吩咐

说词：主仆二人来到广寒楼

陈扬（音）：赤城歌⑤

---

① 徐大锡：《韩国口碑文学大系 1–2》，韩国精神文化研究院，1980 年，第 343 页。
② 曹喜雄：《韩国口碑文学大系 1–1》，韩国精神文化研究院，1980 年，第 127 页。
③ 说词（아니리）：盘索里中大段的其中没有夹杂唱词的语言叙述。——译注
④ 盘索里唱段包括慢节奏的陈扬（진양），一般快速的中莫利（중모리），稍快节奏的中中莫利（중중모리），快节奏的自陈莫利（자진모리），最快节奏的挥莫利（휘모리），用这些快慢节奏相搭配，演绎出叙事情节的紧迫与舒缓。——译注
⑤ 赤城歌（적성가）：李梦龙来到广寒楼看到四周景色，用悠闲的语调演唱的展示男性豪迈气概的唱段，多以平和、坚定的陈扬节奏来演唱。——译注

说词：李道令与男仆对酌

中中莫利（音）：怎么会这样

说词：李道令见到春香，询问男仆

中莫利（音）：李道令与男仆对话

自陈莫利（音）：描写春香的冰雪之姿

——李善有《春香歌》①

以上《春香歌》的唱词内容为李梦龙和男仆一起来到广寒楼欣赏景色，见到春香荡秋千，李公子询问仆人得知春香是月梅之女。除口述的"说词"外，大部分唱词都是在重点描述场景，并非用来叙述情节，这一部分应该是插入的现成套词唱词。特别值得注意的是，用"自陈莫利"节奏演唱的"男仆听候吩咐"部分描写"李梦龙所骑之驴鞍具"以及"李道令服饰"的唱词，与"七星巫神歌"中"新郎祝词"唱词具有相似的功能和修辞。《春香歌》中不仅有李梦龙的唱词，还有关于春香的介绍唱词。以"中中莫利"节奏演唱的"怎么会这样"中，描写了春香荡秋千的外貌，与"七星巫神歌"的"新娘祝词"内容具有相似性。另外，李梦龙与春香相遇后描述春香家的用"陈扬"节奏演唱的唱词"万古名笔"，与名为"四壁图巫歌"（사벽도풀이）的"七星巫神歌"中的"新房祝词"的内容功能十分相似。春香仆人香丹摆好酒宴款待李梦龙，这段用"自陈莫利"节奏演唱的"香丹外出"唱词与"七星巫神歌"中的"婚礼祝词"内容具有相似特点。

因此，盘索里唱词中客观描写场景的独立唱词占有很大比重，反映了不同于小说和传说故事的口传叙事诗的体裁特点。

以上部分考察了全罗道版本"七星巫神歌"与盘索里"春香歌"互相对应的内容特点，两者的对应部分可以概括为：

	七星巫神歌	春香歌
场景	七星大人与梅花夫人结婚	李道令与春香相遇
唱词	七星大人祝词 梅花夫人祝词 新房祝词 结婚祝词	李道令外貌描述 推荐春香的场面 春香家描述 酒宴描述

---

①李善有：《춘향가》，见《오가전집》，大东印刷所，1933年，第1—5页。

由以上对比可知，湖南地区版本叙事巫歌与盘索里叙事结构具有一致性。虽然笔者考察的只是描述婚礼场面的部分内容，但是叙述方式与叙事结构不同，局部的叙述方式可以表现出整体的叙述特点。湖南地区版本的"七星巫神歌"唱词中包含许多共用套词，"致诚求子""胎梦""生育"等部分唱词与盘索里"沈清歌"唱段存在类似之处，并且在多处编入对"上天"的祝愿唱词，这应该是受到了巫歌"祝愿文"唱词的影响；在"金鹿葬礼"部分穿插的"丧舆唱调"则吸收了民谣"丧舆唱调"[①]的内容。

综合考虑全罗道地区的地域共同特性与口传叙事诗的文学体裁的共同特点，巫歌与盘索里中出现上述相似现象是十分自然的。目前关于盘索里体裁的起源理论主要有"裴瓣伊巫祭（音）起源说"[②]与"传说起源说"。（但是，这些理论很明显忽视了盘索里与口传叙事巫歌间的紧密联系。）

（五）结论

笔者综合考察了流传于韩国全境的叙事巫歌"七星巫神歌"的神话特点和叙事诗结构。"七星巫神歌"按照传承地区可以分为关西咸兴版本、关北平壤版本、湖南地区版本、济州道版本等，各版本的重要差异在于由于父亲再婚而导致的作品含义变化，即咸兴、平壤版本是由于母亲病故，湖南地区版本是由于父亲薄待母亲，济州道版本是由于继母杀害了母亲，由此导致的儿子与继母的矛盾含义也有所不同。咸兴、平壤版本中反映了血缘关系与非血缘关系的对抗，属于围绕继承权展开的斗争，而湖南地区、济州道版本中反映了生母集团和继母集团的矛盾斗争。特别是湖南地区版本将生母、继母的居住地分别描述为地上和天上，反映了信仰地神或水神的集团与信仰天神集团之间的矛盾。

"七星巫神歌"作为一个展现家庭的诞生、受难与克服过程的家庭神话，同时也是通过家庭成员关系提出了最为本源的、基本的人际关系问题的巫俗神话。家庭由结婚、生育形成的家庭成员组成，家人关系可概括为结婚形成的"夫妻关系"和生育形成的"父母子女关系"。"七星巫神歌"通过描述继母与原配之子的矛盾，提出了夫妻关系与父子关系哪一个更加重要的问题。虽然在正常家

---

①丧舆唱调（상여소리）：葬礼时抬着棺椁出殡时演唱的曲调。——译注
②裴瓣伊巫祭（배뱅이굿）：咸镜道地区民谣，通常由一个说唱艺人和着长鼓伴奏演唱，将演唱、唱词、身体动作相结合，讲述裴瓣伊的故事，因其与盘索里表演方式类似，故有学者认为盘索里起源于此。——译注

庭中不可能产生这种问题，但这一难题在不健全的家庭发生了，而问题的最终解决也证明了父子关系更加重要，这种结局与韩国家庭结构转变为重视父系血缘的男性家长制有一定关系。

湖南地区流传的"七星巫神歌"版本具有以整段通用套词描述叙事场面的描写特点，这一特点主要出现于描写婚礼场面的祝词唱词中，这种特点并未出现于其他地区流传的巫歌版本中。湖南地区"七星巫神歌"这种特殊的叙述形式特色与盘索里具有相似性，这种现象符合在叙事诗体裁中经常出现的共用套词唱词特点。虽然本部分仅仅局限于部分内容的对比考察，但是论证了盘索里和全罗道叙事巫歌在叙述形式上的共同特色，这与笔者之前提出的解释盘索里形成起源的相关研究观点一致。

六、长者巫神歌研究

"长者巫神歌"是在全罗道地区流传的巫俗神话，不过因为其主要的神话内容为款待"阴间使者"得以延长寿命，与咸镜南道咸兴地区的"亡魂巫祭""黄泉魂"、济州道的"命监巫神歌"等具有类似的叙事类型，所以也可以视其为在韩国全境流传分布的巫俗神话。

（一）各地区版本变异情况及含义

现将目前收集记录的"长者巫神歌"类型叙事巫歌版本整理如下（标记＊的内容均为音译）：

序号	巫歌名称	流传地区	口述者	采录年月	采录者	发表处	发表年度
1	黄泉魂	咸兴	金双道＊	1926.3	孙晋泰	《朝鲜神歌遗篇》	1930
2	亡魂巫祭	咸兴	姜春玉	1966.12	任晳宰 张筹根	《关北地方巫歌》	1966
3	长者巫歌	扶余	鲤鱼姻缘＊	1966.1.7	金泰坤	《韩国巫歌集1》	1971
4	长者巫歌1	苗浦	金氏	1970.12	任晳宰	《苗浦巫乐》	1970
5	长者巫歌2	苗浦	朴昭女	1970.12	任晳宰	《苗浦巫乐》	1970

续表

序号	巫歌名称	流传地区	口述者	采录年月	采录者	发表处	发表年度
6	长者巫歌	全州	崔文顺	1970.1.20	崔吉城	《韩国巫俗志1》	1992
7	长者巫歌	高敞	裴圣女*	1969.8.20	金泰坤	《韩国巫歌集3》	1978
8	命豆巫祭	高兴	吴福礼*	1969.1.25	金泰坤	《韩国巫歌集2》	1976
9	长者巫歌	群山	黄芬顺*	1982.8.28	朴顺浩	《韩国口碑大系5-4》	1984
10	长者巫歌	井州	吴判善*	1985.4.16	朴顺浩	《韩国口碑大系》	1987
11	延命巫祭巫歌	海南	朱平端*	1984.8.18	李贤洙	《韩国口碑大系》	1985
12	苦巫歌	新安	陈金顺*	1984.7.5	崔德源	《韩国口碑大系》	1985
13	长者巫歌	和顺	赵桃花*	1984.12.17	金均泰	《韩国口碑大系》	1987
14	苦巫歌	宝城	金莫礼*	1986.7.9	崔德源	《韩国口碑大系》	1988
15	命豆苦巫歌	宝城	金幸妍*	1986.5.7	崔德源	《韩国口碑大系》	1988
16	四万伊	济州道	安仕仁		玄容骏	《济州道神话》	1976
17	命监巫神歌	济州道	李春娥*		秦圣麒	《济州道巫歌解释辞典》	1991
18	命监巫神歌	济州道	卞信生*		秦圣麒	《济州道巫歌解释辞典》	1991
19	命监巫神歌	济州道	韩泰洙*		秦圣麒	《济州道巫歌解释辞典》	1991

以上资料版本根据流传地区可分为关北、湖南、济州道三个地区。接下来整理各个地区流传巫歌版本的情节段落,并考察神话内容变异情况。

1. 关北地区流传版本

(1)"黄泉魂"(황천혼시)

①宋童子、李童子、司马童子三兄弟去看田地,收集了四方谷物来供奉土地神、山神、灶王神后,开始耕种土地。

②三兄弟发现一具白骨,带回家朝夕供奉,家里的器物日渐增多。

③五六年后的一天,白骨突然哭泣并预言:"阎罗大王会在三天内来捉拿三兄弟。"

④三兄弟询问如何避难,白骨说杀一头家里的黑母牛,备好酒菜摆在金旺山桥头,藏在路旁等阴间使者们享用完酒饭,赶快向他们祈求饶过一命。

⑤三兄弟按照白骨所说,来到金旺山桥头向阴间使者求饶。阴间使者命令宋童子、李童子、司马童子分别带来一头黄牛、一件油衫、一个黄铜罐,用这些东西顶替三兄弟带回阴间。

⑥阴间使者们对阎罗王说:"四处都找遍了,也没有找到宋童子、李童子、司马童子,于是就把黄牛、油衫、黄铜罐带了回来。"

⑦于是,三兄弟活到八十一岁才去世,死后成了"魂灵圣人"。

这一巫歌通常在孩子生病时或祭祀"三兄弟神"时吟唱。

(2)"亡魂巫祭"(혼쉬굿)

①松林童子、牛首童子、司马童子三兄弟父母早逝,以砍柴为生。

②松林童子十五岁时,三兄弟在树上发现一个白骨,称为"爷爷",带回家中供奉。

③松林童子二十九岁时,某天梦见白骨说地府的阴间使者要带走三兄弟,白骨让三兄弟到名山桥头准备三碗饭、三件衣服、三双鞋、三支烟,躲在路旁等到阴间使者收下这些祭物后,再向使者求饶。

④三兄弟按白骨所说去做,果然出现了三个地府鬼卒,吃完饭后收下了衣服和鞋,并要寻找摆下宴席之人。这时三兄弟现身求饶,鬼卒们到庆尚道带走了与三兄弟姓名年龄相同的三个人顶替。

⑤后来三兄弟活到了八十一岁。

此关北咸兴版本巫歌记述的细节内容虽然在各个版本中有所差异,但是共同内容包含:父母早逝的三兄弟供奉白骨,听从白骨所说款待了阴间使者,最后得以延长寿命。这里的白骨指死人的头骨,头骨被挂在树上反映了将尸身放在树上安葬的习俗。头骨信仰起源于相信头骨内存在灵魂的观念，三兄弟因为供奉了没有子嗣祭祀的亡魂，所以得到了好运并延长了寿命。这一内容应该与蔑视薄待没有子嗣祭祀的"客鬼孤魂"的巫俗观念有一定关系。即使与鬼神没有血缘关系，只要尽心供奉就会有回报。而且，阴间使者也如同人世衙役官僚一样易于收受贿赂，这种阴间使者的形象与巫俗神观念有关。

2. 湖南地区流传版本

湖南地区共收集记录了十二个"长者巫神歌"资料版本，采集地区分布均匀，包括忠清南道的扶余，全罗北道的全州、茁浦、高敞、群山、定州，全罗南道的和顺、宝城、新安、海南等地。笔者将重点考察内容最丰富、叙事结构最完整的"茁浦金氏口述版本"和"全州崔文顺口述版本"。

（1）茁浦金氏口述版本

①从前有牛马长者、司马长者、帝释长者三位长者。

②牛马长者为人孝顺友爱，而司马长者吝啬不孝，作恶多端。

③祖先神饥饿难耐，不得已写下诉状，把饭桌上的瓢和灶台上的菜刀变成了可以传信的青鸟和黄花鹦鹉，向阎罗大王状告司马长者的不孝罪行。

④阎罗大王为确认是否属实，命令使者扮成僧人去司马长者家中打探情况。

⑤司马长者用鞭子抽打前来化缘的僧人，并把粪肥倒进化缘的钵盂。

⑥僧人说自己是阎罗大王派来的使者后愤然离去，司马长者的儿媳拿着大米、钱财、棉布追上了僧人，恳求僧人原谅公公。

⑦僧人让司马长者儿媳和自己同行，儿媳斥责僧人怎么能对有夫之妇无礼！

⑧僧人将事实如实禀告阎罗大王。

⑨阎罗大王派人前去捉拿司马长者之前，先托梦扰乱了司马长者的梦境。

⑩司马长者说出自己的梦，大女儿、小女儿都说要中举，而儿媳却说公公将去世。

⑪司马长者把儿媳赶回娘家，儿媳躲在婆家暗中观察。

⑫司马长者得了大病，行将死去，让邻村的"苏康节"（音）给自己算命。

⑬苏康节说司马长者将死，劝司马长者散尽家财救济穷人，并准备三套衣服、三双鞋、三千铜钱、三张饭桌，去桥底举行款待阴间使者的巫祭。

⑭使者们到了桥头，听见祭祀之声，祭祀巫堂并没说设宴人的姓名就招待了使者。

⑮使者们享受完款待，来到司马长者家，长者哀求使者道："你们既然吃了我备好的酒菜，收了我的钱财，又何必如此呢？"

⑯使者问司马长者:"有谁与你同日同时出生?"长者回答:"牛马长者。"

⑰使者们传召牛马长者,"城主祖先神"跑来大声呵斥道:"如果把积有善德的牛马长者抓走,我就去向阎罗王告状。"

⑱使者们再次来到司马长者家中抓人,儿媳跑出来说"公公变成了马",并让阴间使者把公公所骑之马抓走顶替司马长者。

⑲使者们给马穿上司马长者的衣冠,抓去了阴间。

⑳阎罗王给马带上枷锁,关入地狱。

㉑马受到冤枉,怨恨司马长者,经常托梦给司马长者。

㉒司马长者命儿媳向苏康节问卜,按照苏康节所说,举行了"马洗灵巫祭"。

㉓祭祀进行了五日,马得以洗脱罪名,重入轮回。

茁浦的朴昭女口述版本与金氏口述版本内容基本一致。

(2) 全州崔文顺版本

不同于茁浦地区流传版本,全州崔文顺版本含有"惩治司马长者"的内容。

①司马长者为人吝啬,作恶多端。

各版本中出现的主人公的姓名有三和长者(音)、司马长者,这应该是记录标记过程中产生的错误,两者应该是同一姓名。牛马长者是与司马长者相对的善良人物,两人姓名互相对应,所以司马长者更为合理。描述司马长者吝啬的内容与盘索里"兴夫歌"中描写哥哥"诺夫"的内容相似。

②司马长者用钱代替祭物祭祀祖先,祖先们饥饿难耐,向"十大王"告状。

③十大王为查明真相,命令三个阴间使者扮成僧人去司马长者家化缘。

④司马长者用鞭子把化缘僧人抽打得鲜血淋漓,并将其赶走。

⑤僧人临走时对司马长者说:"你如果犯下一项罪行,我们会向十大王禀告十项。"

⑥司马长者赶走僧人后做了怪梦并把梦告诉家人,儿媳解梦说公公将死。

⑦司马长者大骂儿媳不会解梦,但儿媳却劝他向尼姑问卜。

⑧司马长者向尼姑问卜,尼姑说阴间的三个使者要来抓司马长者,建议他在潇湘江(洛东江)修桥,在桥上备好食物,放三千两钱、三套衣服、三双鞋,然后祷告。

⑨司马长者以一日三餐、每人五两的待遇雇佣工人建桥,并在桥上准备好食物、银两、衣服、鞋,开始等待。

⑩阴间使者来到潇湘江,看见桥后嘀咕道:"即便这造桥者犯下罪过,也应

该给他赦免。"阴间使者享用完食物后，拿走了钱、衣服和鞋。

⑪这时司马长者现身，声泪俱下地乞求阴间使者。

⑫阴间使者问："有人与你姓名相同吗？"司马长者答道："北边有个牛马长者。"

⑬阴间使者们抓走了牛马长者顶替司马长者。

⑭十大王知道牛马长者孝顺父母，在村里人人称道，便将其送回阳世，再次命令三个阴间使者把司马长者抓来。

⑮司马长者又给了使者们三千两钱、三匹马，向使者求饶。使者们带走了三匹马顶替司马长者，并且向十大王说上天把司马长者抓走了。

⑯十大王把三个使者关进监牢，派江汉道令李春伯（音）前去。

⑰司马长者给了李春伯五千两钱、三匹马，李春伯也同样只带回三匹马，并说没有找到司马长者。

⑱十大王把三匹马关入地狱替代司马长者。马托梦给司马长者，让他举行三次"马洗灵巫祭"。

⑲司马长者举行了三次"马洗灵巫祭"，马得以重入轮回，而司马长者变成了马。

全罗道版本内容大致分为司马长者成功延长寿命和延长寿命失败两种，而这两种类型的神话含义大相径庭。除"全州崔文顺版本"和"井州吴判善版本"外，一般都是阴间使者以马顶替司马长者，司马长者依靠儿媳得以延长寿命，全罗南道地区有很多版本省略了后半部分。从神话整体内容来看，存在与"茁浦金氏版本"内容相同的类型，即吝啬的司马长者痛改前非，散尽钱财救济饥民，尽心侍奉祖先，并大方款待阴间使者得以延长寿命。这一类型反映了即便罪孽深重，只要好好侍奉神灵、举行巫祭就能免于一死的巫俗观念。

与之相反，结局为司马长者受到惩罚的版本可以解释为：恶人用钱财虽能一时避免神的惩罚，但终究无法欺骗神灵，犯下的罪恶终会付出代价。

虽然很难轻易判断哪种版本与巫俗观念的联系更为紧密，但从巫俗神更重视人的本能欲望来看，散尽钱财款待使者、马代替人受罚的版本应该是本来的巫俗神话。

这一神话很好地反映了巫俗伦理观。巫俗之中，虔诚祭祀神灵者会得到福报，对神不敬则会遭到惩罚。阴间使者们来抓司马长者的途中肚子饿了，某个使者自言自语说："赶上这个时候，谁要是给我设下三桌酒宴，即便是死罪我也给他免了。"听见此话的其他使者都担心此话被别人听到，让他不要乱讲。使者的自言自语反映了无心处理公务、一心贪赃枉法的官僚形象。阎罗王把使者抓来的顶替司马长者的马关进地狱治罪，使其饱受折磨，这又反映了由于行贿导致冤假错案的官场现象。由此可以看出重视人情的巫俗精神。

另外，此神话还说明了丧事习俗祭祀程序中的"使者饭"（사자밥）的起源。在家门外摆放三碗饭、三双草鞋是为了款待前来带走鬼魂的阴间使者，意在祈求使者发善心可以让死者死而复生。

3. 济州道"命监巫神歌"

学者秦圣麒在济州道采集记录了三个"长者巫神歌"版本，其中内容最丰富的是"韩泰洙口述版本"，内容概括为：

①"周年国"（音）的"苏四万"（音）本是巨富，但早失父母，沦落为乞丐。

②苏四万在街上遇见南方赵政丞之女，两人一同行乞，到十五岁时结婚。

③孩子出生后，两人背着孩子继续行乞。后来苏四万借债一百两打算经商，但是为了给贫困的老人孩子买衣服食物，花光了所有的钱。

④妻子剪掉头发让苏四万卖掉并买米回家，而他却用卖发的钱买了把猎枪。

⑤苏四万带着猎枪外出打猎，但却空手而归，路上遇见中枪而死的首都白政丞之子的百年骸骨，骸骨请求苏四万供奉自己。

⑥苏四万将百年骸骨供奉之后，打猎时运气极好，收获许多猎物，成为巨富。

⑦百年骸骨要求苏四万把自己供奉在凉快一点的地方，但是苏四万的妻子却拿烧火棍堵住骸骨之口，并将其扔到大麦田里。

⑧苏四万听到百年骸骨的哭声，又将其重新供奉起来并向其谢罪。骸骨说阴间的三个差使要来抓苏四万。

⑨苏四万询问骸骨自己该如何躲避，骸骨让四万散尽钱财，准备各种食物、衣服、绸缎、钱、马，用以款待阴间差使。

⑩阴间三差使出现，享用完四万备好的食物，拿走了衣服。四万夫妇哀声求饶，使者抓走了吴满村的吴四万顶替苏四万。

⑪阴间十大王见到三差使抓来四万五千六百岁的吴四万顶替周年国三十三岁的苏四万，于是要治三差使的罪。

⑫三差使把从苏四万那里得到的钱财分了一半给阴间的熟人，托他们修改判官记录人类寿命的《人物苦生册》（인물고성책）。

⑬熟人给判官讲故事，趁审判官打盹的时机，把苏四万的寿命改成了四万

五千六百岁,把吴四万的寿命改成了三十三岁。

⑭审判官正要治罪三差使,熟人让审判官再对照一下《人物苦生册》,三差使得以无罪释放,苏四万最终活了四万五千六百年。①

资料的情节内容比其他版本更为丰富,不仅具体描述了苏四万行乞的情况,叙述了夫妇结婚生子的过程,还包含了其他版本里没有的"为救济贫困老人孩子花光了借来的钱","用卖妻子头发的钱买来猎枪出去打猎,但却一无所获"等内容。款待阴间使者部分也具体描述了各种财物、大量衣服绸缎。还出现了三差使抵不过苏四万的人情抓走吴四万顶替,结果被十大王知道想惩罚三差使,三差使通过买通熟人修改记录寿命的花名册从而苏四万得以释放等内容。

"命监巫神歌"讲述了供奉骸骨而成为富人并延长了寿命的故事,与咸镜道"黄泉魂"属于相同故事类型。全罗道"长者巫神歌"并未出现骸骨,是在儿媳的帮助下得到了占卜者的预言和对策,通过款待阴间使者得以延长寿命,这与济州道、咸镜道的资料不同。不过,各版本相同的内容是富人散尽钱财,款待阴间使者,最终得以延长寿命。

疑问在于咸镜道与济州道资料为何如此相似呢?如果这些巫歌从同一源头形成并传播,那么,距离较近的巫歌版本之间应该会比距离较远的巫歌在内容上具有更多共同点。济州道与咸镜道位于韩半岛距离最远的南北两端,而全罗道位于半岛西南,是什么原因导致济州道、咸镜道的巫歌内容更加类似呢?在探讨这一问题之前,首先应该考察各地区巫歌版本的差异。

"黄泉魂"与"命监巫神歌"的共同点为:主人公年少时境遇艰难、受尽苦难,通过供奉捡来的白骨成为富人。相反,全罗道"长者巫神歌"里的司马长者开始就是吝啬的富人,而且内容之中并没有介绍司马长者变富的过程,更为不同的是,作为延长寿命的主角司马长者是一个反面人物。在"黄泉魂"与"命监巫神歌"中,三童子与苏四万都是生活贫困而心地善良的年轻人,他们答应了白骨的请求,把白骨带回家供奉,因而得到了福气和好运。而"长者巫神歌"里的司马长者虽然家财万贯,却爱财如命,并且吝啬于祭祀"祖先神""灶王神"等家神,之后因对阴间大王派来的使者暴力相向而自取灭亡。所以,咸镜道、济州道版本的主人公是善良的人物,而全罗道版本中的主人公是恶人。

---

①秦圣麒:《濟州道 巫歌本풀이 辭典》,民俗院1991年版,第175—193页。

再来比较帮助主人公延长寿命的人物特点。"黄泉魂"与"命监巫神歌"中，白骨预言了主人公的死亡，并给出了如何避难的建议，白骨受到主人公的供养，帮助主人公躲避灾祸也是合情合理。白骨作为在家中供奉的神，与"城主神""灶王神"等家神的性质类似。家神掌管着家庭成员的幸福，当有灾祸降临时会告诉家人如何躲避。不过，本该属于"城主神""祖先神""灶王神"等家神职责的事情为什么会被白骨代替了呢？这里的白骨信仰与"多怪比"①、"王神"②信仰十分相似。"多怪比""王神"并不属于正常的家神体系，不过韩国到处流传着因为供奉"多怪比""王神"后交了好运、一夜暴富的信仰与传说。只不过这些神的性格顽皮、不够严肃，经常会与家庭成员闹别扭，受到家人薄待后还会离家出走，"命监巫神歌"中的白骨神与忠清道地区流传的王神传说也有相似之处。

"长者巫神歌"中，儿媳劝长者去问卜并按照占卜者所说款待阴间使者。从"长者巫神歌"中长者与儿媳的关系来看，其内容与"长者池塘传说"③十分类似，两者可能存在内容上的联系。除长者、儿媳等人物设定方面十分相似以外，两个巫歌的类似内容还有：主人公虽然家财万贯却很吝啬，虐待并赶走前来化缘的僧人，儿媳瞒着长者施舍僧人，从而听说公公将死的预言。不过，"长者巫神歌"中的长者通过款待阴间使者得以成功延长性命，而在"长者池塘传说"中，长者家道中落，儿媳化为岩石，表现出完全不同的神话含义。因此，"长者巫神歌"中被否定的长者与儿媳的形象特点应该受到了"长者池塘传说"的部分影响。

长者为人吝啬，不敬神灵，仅仅通过奸诈的手段得以延长了寿命，这种情节作为神话的内容恐怕并不合适，所以咸镜道、济州道的版本应该更接近神话原貌。白骨信仰源于相信人死后灵魂会保留在头骨之中的观念，在外国原始民

---

①多怪比（도깨비）：多怪比也被称为"独脚鬼""狐魅""虚主""魍魉"等，其外形特征为只有一只脚，具有爱捉弄人、没有心机、常健忘、能歌善舞、爱玩游戏等性格特点，并且讲求欠债还钱、有借有还等逻辑，还具有自由变化的魔力，是韩国民间信仰中的超自然神。——译注

②王神（왕신）：民间将王神格化崇拜的神。民间信仰的王神包括檀君、新罗敬顺王、高丽恭愍王、朝鲜太祖李成桂、端宗大王、世祖大王、思悼世子等，这些王神都具有英雄神特点。——译注

③长者池塘传说（장자못설화）：从前有一个十分吝啬的长者，一天一个和尚前来化缘，正在垒牛圈的长者直接把牛粪当作米倒在了僧人的钵中。见此情形的长者的儿媳，偷偷拿了米施舍给了僧人。于是僧人对长者儿媳说："你要想活命现在就跟我走，千万不要向后看。"于是长者儿媳就离开了家，在上山的时候听到身后有奇怪的声音，她忍住没有回头，之后突然身后一声巨响，长者儿媳不由自主地朝身后望去。长者儿媳见到自家的房子变成了一个池塘，自己也变成了一块石头。——译注

族的祖先崇拜信仰中，经常也能见到将祖先头骨长久保存并进行祭祀的风俗，可以说在咸镜道、济州道地区，仍然保存着这种头盖骨信仰的痕迹。

（二）"长者巫神歌"反映的巫俗神观念

"长者巫神歌"是一篇具有鲜明巫俗观念特点的神话。巫俗神与世俗人的性格类似，有着强烈的本能欲望并且希望欲望得到满足，经常会理直气壮地向人提出诸如吃穿享受等要求。在巫俗信仰中，虔诚侍奉神的人会得到福报，亵渎神的人则会遭到惩罚，"长者巫神歌"中长者死亡的直接原因就是未能恭敬地祭祀祖先神、城主神、灶王神等家神。祖先神因为没能得到祭祀而饥饿难耐，于是向阎罗王告状要求惩治长者，这才让阎罗王知道了长者的恶行。祖先神为了自己能吃饱而状告子孙并要求严惩，这也是源于巫俗神重视自身享受的观念。祖先神的这种行为，甚至比不上为了子孙而牺牲自己的世俗人。阎罗王收到祖先神的告状，并未只听信一方之言，而是命令阴间使者扮为僧人前去长者家一探究竟。可见，长者的祖先神在阎罗王那里并未获得神灵应有的尊重，被当作会撒谎的人类等同视之。如果说阎罗王是法官，那么状告司马长者的祖先神只不过是原告，法官为了公正审判，也要考虑被告司马长者的立场。

扮为僧人的阴间使者因遭到长者毒打而破口大骂，从而泄露了长者将死的秘密，无法忍受愤怒同样是凡人的行为。不仅如此，阴间使者受阎罗王之命来抓司马长者，路上不停抱怨路途遥远、疲乏饥饿等等，甚至还透露出谁要是这时能给摆下一桌酒菜，自己就能帮其延长寿命的想法，旁边的其他使者还提醒其说话要当心谨慎。从这些内容反映的形象来看，阴间使者的形象与人世听命于县官抓捕犯人的差使或衙役无异，巫俗神的形象甚至影射了只用几杯酒款待或是些许金钱贿赂就能将有罪改为无罪的世俗官僚社会的情形。

阴间使者将司马长者抓走可谓颇费周折，使者的任务是夺走长者的生命。人最宝贵的是生命，生命无法用钱财计算，财产再丰厚，失去生命就没有意义。司马长者十分富有，以世俗观念来看，阴间使者想要带走一个富翁的生命是件大事。阴间使者职责重大，权力不可小觑，那么为了向使者要回性命所要举行的祭祀规模与诚意也要感动天地才行。"长者巫神歌"中，司马长者给为自己解梦占卜者的占卜费用就有三升黄金，为款待祭祀阴间使者置办了年糕、酒、猪、牛、三套衣服、三双鞋、三千两钱等，而"命监巫神歌"中款待使者的祭品包括一千石小米、一千石大米、各种海鲜、三杯甜酒、三罐新茶、三套衣服（包括内衣、裤子、官服、角带、唐鞋）、三匹白马、一万两银、三千卷纸钱、一捆绸缎、冥钱、福米、命巾、福巾、棉布等。如此丰盛的祭品反映了重视阴间使者的巫俗观念。巫俗祭品越多越好，因为人们相信神的回报与祭物的数量和品质成正比。为了使阴间使者因为丰盛的祭品和款待而屈服，所以人们通常为其提供能想到的最优款待。这种对待阴间使者的观念，也是受到世俗社会想要以贿赂的手段逃避犯罪惩罚逻辑的影响而形成的。

阴间使者享受了超规格的款待，于是抓走牛马长者，而放掉司马长者，或者抓走吴四万，放掉苏四万，这也是巫俗从业者们常说的"有钱连鬼也能骗"。这也应该是源于相信巫俗神灵喜欢盛大祭祀，神灵接受祭祀一定会给人回报的信仰。

接受了款待的阴间使者想要欺骗阎罗王却被发现后治罪。"命监巫神歌"中的三差使本来被十大王判了刑，但差使拿苏四万给的钱贿赂熟人修改记录凡人寿命的花名册，最终得以无罪释放。熟人在给判官讲故事的过程中，趁其睡着修改了花名册，调换了苏四万和吴四万的寿命。巫歌中反映的阴间社会情形真切地描画了世俗社会里堕落官员的丑态。

"长者巫神歌"的各个版本叙述内容不尽相同。在茁浦版本中，阴间使者用马顶替了司马长者，结果马被关进地狱，阎罗王也被阴间使者欺骗。后来因为马在地狱遭受折磨，托梦给司马长者，让其寝食难安，最后司马长者不得不举行"马洗灵巫祭"使马得以解脱。全州版本中，阴间使者用牛马长者顶替司马长者，阎罗王知道使者抓错了人，最终又把司马长者抓来治罪。不过，这一情节变化有可能是口述者意识到社会正义而后来改编的结果。如果司马长者遭受了惩罚，这一神话的含义就成了无论怎样款待祭祀阴间使者都无法骗过神灵，犯下的罪过都无法被赦免。但是，这种结局否定了花钱举行巫祭祭祀的效果，相当于否定了巫俗观念。司马长者被塑造为反面人物，反映了"长者巫神歌"与"长者莲池传说"内容的相互影响，司马长者被惩治的结局也应该是受到了后者的影响。

"长者巫神歌"系列神话的中心内容是大方款待祭祀阴间使者得以延长寿命，这类似于"延命传说"的主题。虔诚款待之后没能成功延长寿命的故事情节难以成立，因为理所当然的逻辑无法成为故事的情节。寿命由天注定，非人力可左右的观念被看作真理，那么无论怎样努力也无法延长寿命的故事恐怕很难引起人们的兴趣。因此，司马长者最终被阴间使者抓走的情节，有可能是口述者意识到社会正义而进行的改编，而这种改编版本实际不过只有一篇，可见这一结局并非原来巫歌的情节。

"长者巫神歌"神话对韩民族的生死观念和神灵观念产生了巨大影响，如在丧葬习俗中，韩国人为了款待阴间使者会把三碗饭、三双草鞋等"使者饭"或"使者宴"（사자상）祭品装进簸箕放在门前。人之所以会死是因为使者把人抓走了，因为使者是三人，所以要摆上相应的"使者宴"。不过，祭祀款待的意图是希望使者能够回心转意，不要把死者带走。为了表达诚意当然会置办丰盛的祭物，并且还要有引导使者来到祭桌前，恳求其让死者生还的祭祀仪式，只是这种巫祭的实际效果很少灵验。"长者巫神歌"与"命监巫神歌"等巫歌中，保留有巫俗人或神房将阴间使者引导至长者准备的祭桌前的内容，这说明为了使将死之人生还会为其举行巫祭仪式。但是，在现实习俗中，丧事发生后对使者的祭祀款待仅仅保留有作为"延命巫祭"（연명굿）痕迹的"使者宴"。

韩国神话整体特点研究

一、探析韩国神话中的鼓——兼论"三符印"之含义

(一) 绪论

神话研究的一大重要任务是理解神话传承部族的观念意识,解决这一问题主要有两种研究方法:其一是以"神话类型论"观点综合分析神话全篇内容,概括其含义,并结合当时社会进行解释;其二是选择特定神话内容要素,通过横向考察包含这一神话内容要素的多篇神话来确定其含义。神话中的神圣观念反映了传承神话部族的意识,虽然一般需要从整体上考察神话内容才能理解其精髓,但有时也可以通过研究神话中体现的特定器物意识达到对神话的理解。出现在多个神话中的神圣器物也可以被视为一种狭义上的神话内容要素。

鼓是经常出现在韩国神话中的特定器物。鼓作为一种乐器至今仍然被广泛使用,但在古代社会,除了乐器功能外,鼓也是一个部族神圣性的象征,具有一种神秘的咒术力量。有迹象显示,在三千多年前的新石器时代,人们已经开始使用鼓,在驱逐恶灵、聆听神的启示、实现人神沟通的宗教仪式中,鼓被视为神圣之物和拥有咒术力量的神器。各个种族的鼓观念各不相同,按照鼓的形态、制作过程、部族地区而千差万别。太平洋、南美等土著居民相信,水神制造了鼓,认为鼓象征着富饶,与男女的两性生活以及水、雨等密切相关;亚洲的萨满祭司通常将鼓身与鼓槌分别比喻为女性与男性的生殖器;非洲人则认为鼓的声音是神的语言。[①]

因种族、地域、生活方式、信仰的不同,鼓的观念可谓多种多样,但是,一直以来有关韩民族对鼓的观念的研究并未引起学界的关注。本部分内容旨在考察韩国神话中的鼓形态,探讨韩民族对鼓的观念和认识。这并非是对于乐器鼓的研究,而是希望通过考察鼓的观念来理解韩民族的固有观念意识,这种研究同样也是韩国民族神话研究的重要组成部分。进行本研究的同时,兼而论证

[①] Maria Leach (ed.): *Standard Dictionary of Folklore*, Funk &Wagnalls, New York, 1972, pp. 325-329, [Drum] 词条。

鼓是否有可能就是"檀君神话"中的"三符印"之一。

(二)相关资料解读

1."朱蒙神话"之鼓

高句丽建国神话"朱蒙神话"中包含以下与鼓相关的内容:

> 王曰:"以国业新造,未有鼓角威仪,沸流使者往来,我不能以王礼迎送,所以轻我也。"从臣扶芬奴进曰:"臣为大王取沸流鼓角。"王曰:"他国藏物,汝何取乎?"对曰:"此天之与物,何为不取乎,夫大王困于扶余,谁谓大王能至于此,今大王奋身于万死之危,扬名于辽左,此天帝命而为之,何事不成?"于是扶芬奴等三人,往沸流取鼓而来,沸流王遣使告曰:"王恐来观鼓角,色暗如故。"松让不敢争而去。①

此处出现的鼓有两个特点。第一,"鼓角"应在迎接、欢送他国使者等国家仪式时使用,鼓的规模和制造年代可以体现一个国家的国威与尊严。朱蒙在卒本建立国家之后,与松让争霸时,曾感叹没有鼓角威仪无法体现王权威严,证实了鼓的这一特点。

第二,鼓的制造时期和国家的建立年代关系颇深。即使没有威严的鼓角,制造一面大而华丽的鼓应该并非难事,但是为何非要盗取松让国鼓角,之后将其改扮一番来夸耀本国的威严呢?并且,扶芬奴还故意粉饰行窃他国之事,称建国是"天帝命而为之",这究竟反映了什么意识?从上述内容来看,鼓角并非仅仅是用于国家典礼的乐器,其本身也是王权神圣性的象征,同时也可以了解到拥有年代久远的鼓角即为获得上天认可的王权的集体意识。松让是一国之君,朱蒙也是高句丽之王,两国都拥有自己的领土与部族,本来各自拥有鼓角便可相安无事,但是双方势不两立,必须有一方要服从于另一方。这正好说明,象征王权的鼓角只有一个,取得鼓角是国家内部认可君王权威的唯一方法,所以朱蒙才夺走了松让的鼓角。在争夺统治权的斗争中,用实力与智慧夺取圣物的一方即为胜利者,至于夺取的方法正当与否、道德与否并不重要。可见"朱蒙神话"中的鼓是神圣王权的标志,制造年代越久远就越具有权威性。

鼓是象征神圣统治权的标志,不免让人联想起"檀君神话"中的"天符印",天符印是桓因赐给桓雄的最早的象征王权的神圣标志。从神话内容可知,

---

① 李奎报:《东明王篇》注释,见《东国李相国集》卷三,成均馆大学大东文化研究院,1973年。

天符印是象征古代社会统治权与祭祀权的器物,但学者们对于天符印的具体所指有不同见解。学者李丙焘认为,天符印是可以统领风伯、雨师、云师的符印。①崔南善认为,天符印是三大巫俗道具:神镜、神帽、神剑。②玄容骏认为,天符印是镜子、神剑、铃铛。③

学者大多参考了日本神话中象征天皇统治权的镜子、剑、曲玉三种神器,同时考察了现今巫俗道具,得出了天符印的结论,不过这些观点的论证是否严密依旧存疑。三个符印之中,学者们对于镜子、剑没有异议,争议主要在于余下的一种符印到底是神帽,是铃铛,还是玉?笔者认为,三种天符印中除神镜、神剑外,第三个应该是神鼓。因为"檀君神话"与"朱蒙神话"有类似的神话结构,由此推断高句丽敬重的神器在古朝鲜也应该被视为神器。

鼓的形态本身象征着大地的丰饶,鼓的声音可以感应神灵的存在,也拥有驱赶恶神的咒术力量。高句丽将鼓角理解为国家的神圣器物,乐浪的"好童传说"中鼓是守护国家的神器。三个天符印,如果说剑是军事方面的神圣标志,那么鼓应该就是祭祀者的神圣标志。另外,鼓作为一种丰饶的象征与水、月亮有一定关联,鼓声与雷声也十分相似。因此,如果说天符印与风伯、雨师、云师有关,那么用鼓来象征云师或雨师也十分贴切。

2."好童传说"之鼓

《三国史记·高句丽本纪》"大武神王"条中记载了王子好童的传说,这是关于乐浪国"自鸣鼓"的一段故事。

> 夏四月,王子好童,游于沃沮。乐浪王崔理出行,因见之。问曰:"观君颜色,非常人,岂非北国神王之子乎?"遂同归,以女妻之。后好童还国,潜遣人告崔氏女曰:"若能入而国武库,割破鼓角,则我以礼迎,不然则否。"先是乐浪有鼓角,若有敌兵则自鸣,故令破之。于是,崔女将利刀,潜入库中,割鼓面角口,以报好童。好童劝王袭乐浪,崔理以鼓角不鸣不备,我兵掩至城下,然后知鼓角皆破,遂杀女子,出降。(或云:欲灭乐浪,遂请婚娶其女为子妻,后使归本国,坏其兵物)④

---

① 李丙焘:《韩国古代史研究》,博英社1979年版,第31—32页。
② 崔南善:《檀君古记笺释》,见《思想界》,1954年2月。
③ 玄容骏:《檀君神話의 文學적 考察》,见《民俗语文论丛》,启明大学出版部1983年版,第24—25页。
④ 金富轼:《三国史记》,金钟权译,先进文化社1969年版,第255页。

这则传说记述的乐浪国自鸣鼓是一个可以守护国家的具有咒术力量的宝物，在外敌入侵时鼓可以自己响起。以现代思维加以判断，这种现象似乎并不合理。因为鼓声大于人的喊声，如果将其理解为一种哨兵发现敌人入侵后击鼓预警的防卫方式，应该具有一定历史可信性。由此可以推断：乐浪国将鼓视为国家守护神的象征，将放置鼓的武器仓库视为神圣的神庙，其国民具有国家自豪感，并共同约定一旦鼓声响起所有人都要积极守卫国家。不过，将鼓理解为国家守护神并非出自统治者的个人智慧，而是源于长久流传的传统国家共同意识。联系高句丽建国时朱蒙想要拥有鼓角威仪来宣扬国威，那么临近的乐浪把鼓视为神圣之物，并信仰鼓拥有守护国家的咒术力量也是很自然的事情。乐浪统治者见到鼓角被毁，杀掉女儿向高句丽投降，虽然可以理解为遭到高句丽军事攻击之后无力抵抗而战败，但也存在其他解释：鼓角损毁本身即意味着国家守护神已死，见此情形乐浪统治者早已丧失了继续抵抗的斗志。

与神话不同，好童王子传说表现出强烈的个人情感。乐浪公主为获得好童的爱情而背叛了国家与父母，或者说好童利用爱情实现了国家对外征战的策略，这正反映出那个时代强烈的男女爱情意识。在为了个人爱情不惜背叛国家与父母的年代，让人多少有些难以相信鼓的神圣观念可以有效维持国家的共同意识。大致来看，在神话时代，和男女爱情相比，渴望后代种族的存续本能更为强烈，部族安全与繁荣优先于个人情感，所以好童与乐浪公主的故事应该发生于与神话时代不同的历史时期。即便如此，传说中乐浪自鸣鼓依然被视为守护国家的神圣咒术宝物，可见鼓的神圣观念经过长久的传统因袭已经深入人心。

3. 巫俗神话之鼓

韩国各地流传的巫俗神话"帝释巫神歌"中也出现了鼓。堂锦千金生下的三个儿子，长大后去寻找父亲，可是父亲并不承认他们是自己的孩子，还对三兄弟说：证明身份的方法是用稻草编成鼓和公鸡，然后敲响草鼓，再让草编的公鸡打鸣。尤其是东海岸地区流传的帝释巫歌中，草鼓更加常见。

要让我当你们的爸爸，你们要想找到爸爸，就去找来一捆稻草，用稻草编一面大鼓，编完大鼓挂在房檐下，再编一只公鸡，把公鸡放在屋顶上，能把草鼓敲响，能让草编的鸡打鸣，那才是我的儿子。

儿子们取来稻草，做了稻草大鼓，挂在屋檐下，编了稻草公鸡，放在屋顶上。大儿子敲鼓，鼓声震天；二儿子敲鼓，鼓声震地；三儿子敲鼓,鼓声雷鸣。稻草公鸡打起鸣来,稻草鼓儿咚咚作响。①

这里出现了以鼓来确认父子血缘关系的内容。堂锦千金和僧人结合生下的三个儿子,他们与父亲从未谋面,所以父亲才进行了一系列确认亲子关系的验证,程序之一便是要求儿子敲响稻草做的鼓。那么,敲响草鼓证明亲缘关系的神话内容有着怎样的含义呢?

笔者曾经整理韩国各地流传的"帝释巫神歌",选取各版本的共同段落内容探讨"帝释巫神歌"的神话特点,研究结果表明"帝释巫神歌"与"朱蒙神话"具有类似结构,两者很可能有着共同起源。② 换言之,"帝释巫神歌"中的僧人本来并非僧侣而是类似解慕漱的天神,堂锦千金则更像是柳花一样的村庄守护神或谷神,而且帝释巫歌中的亲子确认内容也与朱蒙检验类利血缘的神话情节相似。所以帝释巫歌中必须敲响鼓才能证明父子血缘,可以从某种程度上解释为:僧人确认儿子的身份并非是仅仅承认血缘,还有选定未来统治权、司祭权继任者的含义。敲响草鼓类似于类利见到朱蒙时将断剑合并证明自己的血统,或者乘着窗户飞向太阳展现作为天神后裔拥有继承政治、宗教权力的正统性。

因为高句丽将鼓角视为象征国家权力的神圣标志,所以敲响鼓角自然是君王后裔的最好证明。击鼓除了可以展示感应神灵的能力,还代表着主持祭祀典礼的能力。这不仅是展示身份血统的依据,也是继承部族集团祭祀权必要的程序。神圣的鼓并非人人都能敲响,只有得到部族守护神认可之人击鼓时才能发出声音,稻草制作的鼓能够被敲响,说明神感应到了击鼓者的祈愿。大儿子敲鼓响声震天,二儿子敲鼓响声震地,三儿子敲鼓响声如同雷鸣,说明击鼓者得到了天神、地神、雷神或雨神的感应。

另外,为何非要用稻草来制造鼓呢?草鼓被敲响时,稻草编的鸡也开始鸣叫,这又有什么含义呢?

稻草象征着农作物。虽然一般将水稻叶片称为稻草,但是收获农作物时谷物脱去后剩下的草梗才算是真正的稻草,所以用稻草编的鼓象征着农业社会祭祀仪式中使用的神圣祭物。制造鼓的材料因部族群体的生活情况而异,捕鱼部族用鱼皮制鼓,狩猎部族用禽兽皮制鼓,也有不用皮革而用树皮制作的木鼓,后来人们用牛、马、羊等动物皮革覆盖在木质框架上制鼓。"帝释巫神歌"既是

---

① 崔正如、徐大锡:《东海岸巫歌》,萤雪出版社1974年版,第108页。
② 徐大锡:《帝释本풀이研究》,见《韩国巫歌研究》,文学思想社1980年版。

农业生产神神话，也是地区守护神神话，堂锦千金成为产神（삼신），最小的儿子成为城隍神（성황신）等神话内容都体现出生产神、守护神的特点。因此，敲响草鼓，一方面象征着共同体社会对击鼓者神秘能力的认可，另一方面由于鼓是农业社会的圣物，所以也代表着击鼓者作为司祭主持部族的祭祀仪式。

稻草鸡鸣叫则反映出人们对鸡的神性的观念认识。"朱蒙神话"中柳花因与解慕漱结合而被河伯将嘴拉长三尺并被流放到优渤水，新罗神话中的阏英故事也有类似的内容。

> 是日沙梁里阏英井边，有鸡龙现，而左肋诞生童女，姿容殊丽，然而唇似鸡嘴，将浴于月城北川，其嘴拨落，因名其川曰拨川。①

此处记述的阏英嘴唇与鸡嘴相似，在水边沐浴后才脱去了喙嘴，说明阏英是鸡龙后裔，为了加入新部族而接受了类似宗教洗礼的仪式。柳花在优渤水被渔夫救起后被东扶余金蛙王收留，为让其开口说话，金蛙王命人把柳花的嘴唇剪短三次，这与阏英故事有一定关系。只是柳花嘴唇因为遭到惩罚而被河伯拉长，很难将其视为神圣性的标志。但是"朱蒙神话"并非单一神话，而是由多个神话复合而成，所以从金蛙王的角度来看，发现柳花时的情况与阏英故事并没有根本上的差别，即两个女人从水中来到地上，之前都有着鸟一般的长嘴，但在融入新部族之后，原来的长嘴特征被抹去了。这些记录内容虽然有所差异，但都证明了当时的确存在关于鸡的信仰。因此，稻草鸡鸣叫代表着感应神明的能力，也可以将其理解为司祭者展现出的通神能力。

此外，"帝释巫神歌"的济州道版本"初公巫神歌"与东海岸地区版本的内容有所不同，当中详细记述了作为巫俗道具的鼓的起源。

"朱子和尚"（주자 선생）与"自旨明王千金"（자지맹왕아기씨）生下的三个儿子长大成人，击败三千书生后科举及第。落榜的书生们心生奸计把"自旨明王千金"关入三天帝释宫，并欺骗女仆使其连日痛哭。得知母亲失踪的三兄弟放弃了科举，为了寻找母亲按照外祖母所说去找父亲"朱子和尚"。父亲说你们的母亲现被关在三天帝释宫，用牛皮做鼓，一直击鼓就能找到她。不过，想要做鼓先要请求佛道之地的"罗萨摩讷之子"（너사메너도령）的帮助。三兄弟找到"罗萨摩讷之子"并与其结义为兄弟，砍倒深山中的梧桐树，剥掉马皮做成圆鼓与长鼓。之后带着鼓来到帝释宫，大喊着："可怜的母亲进了深宫，

---

① 《三国遗事·纪异第一》"新罗始祖赫居世王"条。

快把我们的母亲放出来!"连续两个七天一直敲鼓高喊。帝释宫内听到鼓声询问缘故之后,便把他们的母亲放了出来。三兄弟建起大屋奉养母亲,把圆鼓、长鼓交给"罗萨摩讷之子"保管,所以"罗萨摩讷之子"后来成了掌管乐器之神。①

此处制作鼓是为了拯救母亲,但是三兄弟进入帝释宫敲鼓高喊十四日要求释放母亲,这种行为正是通过敲击乐器向神祈祷、表达诉求,从这个意义来说,也可以将其理解为一种巫祭仪式。举行救母仪式之前,三兄弟从父亲那里获得了巫祭巫师的资格。"朱子和尚"见到三兄弟,在黄铜上刻下"天地门"三字,为他们制造了称为"天文"的占卜工具,之后又主动帮助大儿子接受了"初监祭"(초감제),又让二儿子接受了"迎初神祭"(초신맞이),让三儿子接受了"十王祭"(시왕맞이)。② 于是三兄弟获得了被独立巫俗仪式祭祀的巫俗神资格,同时学习了通过击鼓与神灵沟通的方法,并以此救出了被困的母亲。不过罗萨摩讷之子与三兄弟制造的鼓最后都由罗萨摩讷之子掌管,报了三千书生之仇的三兄弟开始从事巫俗祭祀活动。因此,济州"初公巫神歌"中的鼓解释了巫俗祭祀中巫师使用的巫术道具的来历与功能。

那么,巫俗器物的鼓与古代国家神圣象征的鼓,两者有什么关系呢?

鼓是古代国家的神圣标志,它之所以与王权有关,正是由于鼓是国家祭祀使用的礼器。虽然难以断言古代国家的祭祀典礼就是今天的巫俗祭祀,但至少应该承认两者存在许多相通之处。在儒教、佛教传入韩国以前,对国家守护神或祖先神的祭祀已经出现在土俗信仰之中,其祭祀特点与巫俗一脉相通。因此,"初公巫神歌"记述的巫俗祭祀的鼓的来历与功能,不可能与将鼓角视为圣物的高句丽、乐浪传说毫无关联,同时与东海岸地区流传的"帝释巫神歌"中鼓的特点也基本一致。

4. 传说故事之鼓

上文对建国祖先神话、巫俗神话中鼓的功能的考察结果表明:鼓是祭祀仪式中使用的神圣乐器,被视为国家的神圣器物。

还有一些出现了类似的鼓的功能的传说故事也值得关注,如江原道春城郡北山面"水游村"(물노리)一带流传的"韩天子传说"和"五囊狗传说"。

春城郡北山面内坪里水游村有一个叫"韩"的穷苦青年,平时善

---

① 玄容骏:《济州道神话》,瑞文堂1979年版,第37—61页。
② 玄容骏:《济州道神话》,瑞文堂1979年版,第59—60页。

待僧侣，将父亲安葬在有着"天子明堂"的风水宝地。后来他离开故乡去中国谋生，结婚生子，四处漂泊。一天到了某地，恰巧当地天子驾崩，正在选拔继任者。只见有一面用稻草做的鼓，当地人说如果谁能用拳头敲响这面草鼓，谁就会被推举为继任天子。韩的儿子用拳头一触碰鼓面，草鼓立刻发出巨响，于是他的儿子成为了天子。①

这个传说作为一则"风水传说"，其有趣的情节在于寻找"天子明堂"②风水宝地的经过以及明堂风水的灵验，不过在选拔天子过程中出现了稻草鼓，情节与东海岸"帝释巫神歌"相似。虽然笔者尝试对这一传说的内容进行合理化解读，但历史记录中，中国历代帝王并没有人因敲响草鼓而获得帝王之位，所以这一传说应该不存在可信的历史依据。不过，在江原道春城郡北山面水游村进入加里山的地方，的确有名为"天子明堂"的墓地。传说葬在此处的某人后代成为天子时，墓中的尸体变为巨龙飞出，击碎了水游村前江的山峰，岩石坠入江中，现在江边依然有一座坍塌的山峰。因此，传说讲述者强调的并不是主人公偶然成为中国天子，而是原来曾有过在部族首领葬礼上以敲响草鼓推选新族长的风俗，主人公成为部族首领后，该部族势力扩张并占领了中国。这种解释是笔者在田野调查时，从口述者水游村村长朴致宽（音）口中听说的，其他口述者补充说韩天子传说发生于朱元璋建立明朝以前。

这种解释也算差强人意，因为传说的真实性本就无法确认，只是成为天子必须敲响草鼓的要求不免令人生疑。其实用拳头敲响草鼓就能被拥立为统治者的传说并非毫无依据，某部族将鼓视为圣物，民众认为能够把鼓敲响就具备了治理国家的能力，类似神话内容要素应该是在这种环境下产生的。

不过，传说发生的背景是在中国，只有中国有"天子"的称号，韩国并没有天子。相信"韩天子传说"的民众会认为，中国的王朝除汉族以外，也曾有过少数民族执掌政权，所以按照这一逻辑当然也有可能出现自己民族的天子。但在单一民族的韩国，人们很难接受这样的情节，因为韩国的历史太过简单明了，甚至在开国始祖传说中编入些许虚构内容都会被一眼看穿，于是这个传说才选择将中国作为背景讲述。这一传说在吸收韩民族对鼓的神圣观念的同时，

---

① 徐大锡：《韩国口碑文学大系2-2》（春川市春城郡篇），韩国精神文化研究院，1981年，第663—669页。

② 明堂（명당）：阴宅风水之中可以为子孙后代带来好运的墓穴位置，天子明堂指可以为子孙带来成为天子运势的极好的祖先墓穴风水。——译注

为使内容更加合理，又将叙事背景设定在了中国。

情节中出现鼓的传说的还有"五囊狗①传说"。

> 有个宰相只有一个独生女，到了女儿该出嫁的年纪，宰相对女婿的人选挑了又挑，都不太满意，于是想出一个办法。他用藤条皮做了一面鼓挂在路口柳树下，并在下面贴了一张告示："凡敲响此鼓，声可被闻者，嫁爱女为妻。"但是，并没有人能把鼓敲响，因为只要稍微用力，鼓面就会被戳破。
>
> 一个月光明亮的夜晚，远处传来了阵阵鼓声，宰相连忙起身跑了出去。只见一只狗正摇着尾巴敲鼓，鼓声大作。宰相见此情形把狗带回家，一纸承诺无法违背，只能不顾妻子的阻拦，让女儿与狗成了亲。女儿顾及父亲的威信也只能听从父命。
>
> 狗与新娘成了大礼后进了洞房，谁知这狗与正常人无异，到了晚上对新娘又咬又抓，新娘不胜其烦。宰相左想右想，最后找来布袋和网，分别套在狗的四肢和嘴上，结果狗的四脚被套上四个口袋，嘴上系着网，被罩上了"五囊"。不久，新娘竟然生下了一个孩子，宰相又羞又恼，将孩子赶到了北方，后来这个孩子成了北方民族的始祖，人们就把这个民族称为"五囊狗"的后代。②

正如学者成耆说所说，这则故事反映了韩国民族对女真族的复杂心理。③ 但是有两点值得注意：一是狗敲响鼓的行为成为获得新郎资格的前提；二是狗成为一个民族的祖先。从今天韩国的角度来看，称为"狗的后代"是一种极大的侮辱，但是此处的狗应该是一种神圣的灵性动物。因为传说中狗能敲响人无法敲响的鼓，又能和人成亲，做出许多人的行为。这个故事类似中国"盘瓠神话"④的变形，只是用厌恶感代替了神话的神圣感。

另外，将狗称为民族祖先无疑是将其视为神圣，狗能把鼓敲响也可以看作狗的一种神异行为，即敲响鼓在使其获得新郎资格的同时，也使其成了被崇拜

---

①"五囊狗"的韩国语发音为"oh nang gu（오낭구）"，这一发音之后逐渐演变为对满族的另一种称呼"oh rang kae（오랑캐）"。——译注

②成耆说：《說話'오랑캐'의경우》，见《韓國口碑傳承의 研究》，一潮阁1976年版，第9页。

③成耆说：《說話'오랑캐'의경우》，见《韓國口碑傳承의 研究》，一潮阁1976年版，第20—22页。

④盘瓠神话：根据《后汉书·南蛮传》记载，盘瓠原为远古帝王高辛氏饲养的一条有着五色花纹的狗，当时高辛氏讨伐犬戎之将吴将军，立下承诺说如果有人能取吴将军头颅，将赏赐黄金两千两、食邑万家，并把自己的女儿许配给他。结果盘瓠把吴将军的头叼了回来，最终高辛氏把女儿嫁给了盘瓠。盘瓠繁衍的后代被称为"蛮夷"，这一传说在中国瑶、苗、黎族中广为流传。——译注

的始祖神。因此,"五囊狗传说"中的鼓与其他资料中的鼓一样,都拥有神圣标志的功能与含义。

(三) 结语

本部分内容考察了韩国神话中鼓的特点并尝试解释鼓的功能与含义。"朱蒙神话"中的鼓是一种神圣器物,象征了国家的威严与正统性;"好童传说"中的鼓是一种咒术宝物,发挥着乐浪国守护神的职责。"帝释巫神歌"中的鼓是确认父子血统的工具,击鼓是对继任者是否拥有继承统治权、祭祀权能力的一种测试,这与古代国家将鼓视为神圣之物的观念一致。尤其是对济州"初公巫神歌"的分析揭示出:鼓的原形是巫俗道具,击鼓是一种感应神灵的方式,鼓是一种祭祀仪式所用的法器。

在口传传说中,鼓被用作验证是否具备获得统治者资格的工具,能击响用草、木头做的鼓被视为具备天子或宗族首领的能力。

综上所述,本部分内容再次论证了鼓一直以来被韩国民族视为神器的传统,鼓象征着统治权与祭祀权,由此推断"檀君神话"中出现的三个天符印中很可能包含鼓。因为鼓与铃铛都能发出声音,两者具有类似的功能,所以笔者认为,三符印所代表的三种法器应该是镜子、剑、鼓。

二、韩国神话中天神与水神的关系
——天神水神矛盾与和解探析

(一) 绪论

韩国神话由建国神话、巫俗神话、姓氏始祖神话构成,判断这些神话是否具有神圣性主要通过分析其始祖起源,即通过研究国家始祖的父系、母系的身份,进而了解传承这一神话的部族崇拜怎样的神灵。古朝鲜建国神话"檀君神话"中,檀君的父系血统是天神;高句丽建国神话"朱蒙神话"中,朱蒙的父亲是天帝之子解慕漱;新罗建国神话"朴赫居世神话"以及伽倻国始祖神话"首露王神话"中,都可以见到天神下凡为王的内容。所以,韩国建国神话都具有国祖父系是天神的共同特征。另一方面,除"檀君神话"外,始祖的母系或妻子大多与水十分亲近。在高句丽"朱蒙神话"中,朱蒙的母亲是河伯之女柳花,新罗始祖朴赫居世的妻子阏英是在井中鸡龙的左肋下诞生的,而伽倻国首露王王妃许黄玉是从阿逾陀国乘船到达伽倻的。可见，韩国建国神话通常把父系血统设定为天，把母系血统设定为水，这种设定反映了韩民族自古以来的天神、水神两大神性信仰。

与国家始祖神话不同，在姓氏始祖神话中，父系通常是水神，母系常常具有地母神特征。平康蔡氏、昌宁曹氏、南平文氏的始祖神话都属于"夜来者神话"的故事类型，其中的父系或是池中之龙，或是水獭、蛇之类与水很亲近的形象。① 此外，百济武王诞生故事"薯童传说"与后百济始祖甄萱的诞生故事都属于"夜来者传说"类型。因此，在姓氏始祖神话中存在着与天神相比更加崇拜水神的观念。

基于此，可以继续提出以下若干疑问：

第一，天神信仰与水神信仰是所有古代原始部族自古就有的信仰，还是部族统一后产生的观念？

第二，如果分别存在天神信仰部族与水神信仰部族，那么它们具体有着怎样的部族信仰？

第三，神话内容中的天神与水神的矛盾与和解，具有怎样的历史含义？

第四，天神与水神的矛盾与和解，在后世传说故事中发生了怎样的流传和变异？为什么会产生变异？

为解答以上疑问，首先应该考察建国神话中出现的天神、水神矛盾与和解的具体情况，并理解相关内容的神话含义，再来分析佛教传说中出现的高僧与龙的矛盾与和解情况，结合建国神话中天神、水神的关系进行分析。最后，再以高丽建国始祖神话中的"作帝建神话"为主，探讨天神、水神关系的后续变化发展。

（二）建国神话中的天神水神关系

1. 解慕漱神话

高句丽建国神话"东明王神话"中，天神、水神之间出现了激烈的矛盾。"东明王神话"可分为"解慕漱神话""朱蒙神话""琉璃王神话"，其神话资料记录于《广开土好太王碑》（414）、北魏《魏书》（554）、高丽仁宗二十三年金富轼所编《三国史记》（1145）、高丽僧人一然所编《三国遗事》（13世纪末）等文献。不过就神话内容而言，最为详细且富有条理的资料当属高丽高宗二十

---

① 徐大锡：《百济神话研究》，载《百济论丛》第1辑，百济文化开发研究院，1985年。

八年刊行的李奎报文集《东国李相国集》(1241)，当中收录的《东明王篇》注释中引用了10世纪以前编撰的《旧三国史·高句丽本纪》的内容。此外，《世宗实录地理志》《应制诗注》等文献也记载了"朱蒙神话"的相关内容，只是这些资料基本都以《旧三国史》为参照，内容并无太大差别。① 有鉴于此，下文将主要参考《东明王篇》注释内容，分析高句丽神话内容。天神与水神的尖锐矛盾在"解慕漱神话"中表现得尤为突出，现将文言记录内容翻译如下。

① 汉神雀（神爵）三年（壬戌，前59），天帝让儿子"解慕漱"下凡到夫余王都城游玩。解慕漱下凡时乘坐五龙车，率领骑着白鹄的百官，天上飘着彩云，云中回荡着仙乐。他来到熊心山，停留了十余日才下山，头戴乌羽之冠，腰挎龙光宝剑。清晨治理人世政务，晚间返回天界，被世人称为"天王郎"。

② 城北青河河伯有三个女儿，大女儿"柳花"，二女儿"萱花"，三女儿"苇花"。三女从青河出发，来到熊心渊游玩，神态姿色艳丽妖娆，身上佩戴的玉饰叮当作响，仿佛仙女一般。

③ 解慕漱见此情景，对身边人说："如果能娶到这样的女子为妃，必能生下继承大业的子嗣。"三女见到解慕漱，慌忙跳到水中。于是身边人对王说："您为什么不建造宫殿，等少女们进入后再把门关起来呢？"王听从了属下的建议，于是用马鞭在地上作画，顷刻变幻出雄伟的宫室，宫中摆放了三个座位并备好了美酒与酒杯。三女进屋入座，彼此劝酒纷纷喝醉。王等三女大醉，忽然冲出把她们拦住，三女惊慌逃走，最后长女柳花被王俘获。河伯大怒，派遣使者对解慕漱说："你是什么人？胆敢抢我的女儿？"王回答道："我乃天帝之子，现在想与河伯结为亲家。"河伯又派使者说："你若是天帝之子，想要与我家结为婚姻，按照礼节应该派遣媒人前来说亲。现在就这样抓住我的女儿，何其失礼！"王感到羞愧，想去拜见河伯，但因为无法下水到河伯家中，决定释放柳花回去。但是，柳花已经与王定情，不愿归去。于是劝说王："如果有龙车，就可以进入河伯国。"解慕漱指着天空大喊，

---

① 虽然有学者指出高句丽建国神话的相关资料可分为《三国史记》系列与《旧三国史》系列两种（参见洪起文：《朝鲜神话研究》，지양사1989年版，第47页），但是由于《三国史记》记录相对简略，目前还无法确定这些记录到底是取材于《旧三国史》或其他史料，还是金富轼依据其合理主义史观对原内容进行了缩略改编。不过，笔者认为，两种系列的不同资料所反映出的含义并无太大差别，所以在此以内容较为详尽的《东明王篇》为主进行研究。

不久五龙车便从天而降。王与柳花坐上龙车，一时间风起云涌，来到了河伯的宫殿。河伯以礼相迎，坐定之后河伯说："婚姻之道，全天下的规矩是一致的，你怎么能这么无礼地抢去我的女儿，侮辱我家名誉呢？你说自己是天帝之子，可有什么神异本领？"王说："愿意和您比试切磋。"于是，河伯在庭院的水池中化为鲤鱼，随浪而游，王则化为水獭去捕鱼；河伯又变化成鹿，王于是化身为豺狼追赶；河伯又变身为野鸡，王跟着幻化成鹰继续追击。最终，河伯承认解慕漱是天帝之子，想要合乎礼仪地把女儿嫁给他，但又害怕解慕漱无心娶自己的女儿，于是摆下酒宴，劝解慕漱饮酒，待其喝醉之后把他与女儿关进皮革做的轿子，放在龙车上，希望他们一同返回天上。龙车还没有出水，解慕漱的酒已醒，取下柳花戴的金钗，刺破了皮革轿子，独自返回了天上。河伯大怒，斥责女儿说："你不听我的告诫，侮辱了家族的声誉。"于是，命令左右抓住柳花的嘴，把她的嘴唇拉长三尺，把柳花贬到了优渤水，仅让两个奴婢跟随。

④ 渔师"强力抚邹"向金蛙王禀告："最近河中的鱼经常被盗，不知道是什么野兽在作乱。"金蛙王于是命令渔师用网抓捕，结果渔网破裂，又造了铁网抓捕，最终抓到了一个坐在石头上的女子。女子因为嘴巴太长不能说话，金蛙王让人把她的嘴巴剪短了三次，女子才能够开口说话。金蛙王得知她是天帝之子的王妃，把她安置在别宫中，女子被日光照射，得到感应而怀孕。神雀四年（癸亥）夏四月，女子生下一子，名为"朱蒙"，朱蒙啼哭声十分洪亮，生来一副英雄之姿。①

这一神话作为高句丽建国神话的一部分，讲述了朱蒙的出生经过，神话的主角是天帝之子解慕漱和河伯之女柳花。

①描述了解慕漱的外貌，是将太阳比作解慕漱的拟人化描写。乘坐五龙车，头戴乌羽冠，身佩龙光剑，正是高句丽壁画中的太阳神形象。② 清晨理政、晚上回归天上也与太阳早上升起、傍晚落下的规律一致，说明解慕漱代表的天神正是太阳神。③

②中青河河伯的女儿柳花是河神之女，相关描述也展现出对水的拟人化。

---

① 李奎报：《东国李相国集》卷三，成均馆大学大东文化研究院，1973年，第33—37页。
② 松原孝俊编：《朝鲜神话》，神田外国语大学，1991年，第9—13页。吉林省集安满沟出土的古墓群约建于公元5世纪末到6世纪初之间，在4号墓室顶部发现的壁画《乘鹤图》中出现了类似的形象。
③ 此观点已经被崔南善论证。参见崔南善：《조선의 신화와 설화》，熹星社1983年版，第35—36页。

青河是今天的鸭绿江，河伯也就是鸭绿江水神，这说明河伯族是生活在鸭绿江流域信仰水神并以捕鱼为生的部族。柳花去熊心渊游玩，中了解慕漱的圈套，喝下备好的酒，结果被解慕漱擒获。可见解慕漱族与河伯族都在鸭绿江、长白山地区居住，两族之间并无交流，信仰和生活方式也不同。解慕漱应该是居住在熊心渊（长白山天池）周边地区，崇拜太阳神的部族首领。古代部族经常将首领视为部族崇拜守护神的儿子。柳花也并非简简单单的未婚女子，而是具有河伯族特点的人物。因此，解慕漱与柳花两个神话人物的接触，意味着解慕漱族与河伯族之间的接触与矛盾。

③中当河伯得知柳花被劫持，派出使者抗议，解慕漱前往河伯宫殿想要与柳花成婚，这一内容表现出太阳崇拜部族解慕漱族与水神崇拜部族河伯族之间的矛盾与和解过程。不过，还有几个疑问值得思考。第一，解慕漱为什么不按正常的婚姻程序而是使用计策绑架柳花？第二，为了验证解慕漱天帝之子的身份，河伯与解慕漱展开了变身术的斗法，这有着怎样的含义？第三，为什么河伯担心解慕漱抛弃柳花？解慕漱为什么要独自逃走升天？第四，河伯呵斥柳花辱没家族声誉的理由是什么？河伯惩罚、驱逐柳花具有什么含义？第五，为什么柳花怀孕后，神话便没有了任何关于解慕漱的内容？第六，解慕漱族与河伯族、金蛙族三个部族有着怎样的关系？这与历史上的哪些国家存在联系？

至今为止，现有研究还无法圆满解答这些疑问。然而，虽然难以求得实证，但是从远古时期开始就一直生活于东北亚地区的天神崇拜部族和水神崇拜部族经过多次统一和分裂，建立起新的国家并形成了建国神话。在理解这一历史情况的基础上，重新思考以上疑问，相信至少可以获得若干较为接近的答案。

解慕漱劫持柳花是为了生下继承人，②的内容展现了解慕漱的这一意图并最终付诸实施。不过，为了获得子嗣与女性结婚是人类的一般行为，解慕漱有意识地回避必要的婚姻程序，必然有其无法正常结婚的理由。其中的原因与问题二、问题三密切相关。结婚之后夫妇共同生活是基本的婚姻原则，但是解慕漱拒绝与柳花共同生活，而且河伯早就料到解慕漱的这一行为。为了防止这种情况出现，他故意将解慕漱灌醉并将两位新人关进"革舆"，也可以说是有所准备，但是最终还是失败了。由此可以推测，解慕漱族有着独特的婚姻习俗，即男性使女性受孕后离开，让女性独自承担养育子女的责任。与之相反，河伯族的婚俗是女性婚后离开娘家跟随男性生活。由于两部族的婚姻习俗差异过大，导致无法正常结婚，在解慕漱和柳花之前，两部族之间应该不曾通婚。

解慕漱族的婚姻习俗也可以在"朱蒙神话"中找到依据。朱蒙与东扶余女子礼氏结合生下儿子类利，但在朱蒙逃离东扶余时，并没有带上母子离开，一般都把朱蒙的这一行为解释为事出紧急不得已而为之。然而，这不过是今天的理解，笔者认为这其实是解慕漱部族的一贯婚俗使然。朱蒙在告别母亲时，并未表现出格外留恋，对妻儿也并不十分在意。虽然朱蒙也曾叮嘱等儿子长大之后找到隐藏的宝物后再来与自己相认，却没有约定与妻子再次团聚，神话中也没有类似内容。这一内容并不能简单归咎于解慕漱的薄情，而是源于解慕漱族婚俗的整体特点。不妨结合《三国志·魏书·东夷传》中介绍的高句丽婚俗加以分析。

  其俗作婚姻，言语既定，女家作小屋于大屋后，名小屋，日暮至女家，户外自名，跪拜乞得就女宿，如是者再三，女父母乃听使小屋中宿，傍顿钱帛，至生子已长子，乃将妇归家。①

  虽然无法确定这种高句丽婚俗到底是源于解慕漱族还是河伯族，但是如果认为高句丽是由这两个部族整合后共同建立的国家，那么高句丽的婚俗明显应该具有这两个部族婚俗的特点。不过，河伯在柳花与解慕漱结婚时、孩子出生之前就希望解慕漱把柳花带回天上，可见两部族的婚姻习俗存在根本性矛盾。那么，高句丽应该并没有完全继承河伯族的婚俗，不过解慕漱未获亲家允许就占有了柳花，可见高句丽也并没有接受解慕漱族的婚俗。从史料记载来看，新郎征得新娘父母同意后，在女方家中生活很可能是河伯族的婚俗，而子女长成后丈夫带着妻子回到自己家中，很可能是源自解慕漱族的婚俗。在古代以狩猎为生的部族中，男子因为经常出门打猎而不能留在家中，为了保护家中妻儿，便将妻儿留在娘家。这便在某种程度上解释了"解慕漱神话"中的疑问。解慕漱为了得到后代而接近柳花，用法术变出宫室和酒宴，这些都是为女性提供房屋和食物从而使女性能够安心生产的狩猎部族婚姻习俗。另外，河伯斥责解慕漱违背了婚姻常规，原因是其没有征得新娘父母同意，没有遵守结婚后在女方家生活的河伯族习俗。解慕漱坚持结婚后把妻儿留在亲家自己独自生活，而河伯坚持自己部族的婚姻习俗，认为女儿婚后应该跟随丈夫生活。最终，由于解慕漱单独逃走，柳花遭到了惩罚，解慕漱族与河伯族的婚姻以决裂收场。

  从解慕漱族与河伯族的矛盾与和解来看，两部族的对立与矛盾关系更加突出。河伯与解慕漱变身斗法可以视为两部族展开了全面的战争，结果失败部族向胜利部族表现出屈服的姿态。解慕漱受到河伯斥责后，告于上天，招来五龙车，乘龙车抵达河伯国，这一内容也可以解读为解慕漱招来军队做好了战争准备。解慕漱

---

① 韩国文化人类学会：《韩国上古史资料》，1969年，第30页。

独自造访愤恨自己的河伯国是件危险的事情,所以他想放弃柳花,然而柳花已经站在解慕漱一边,将决胜的秘诀告诉了解慕漱。河伯迎接解慕漱并以变身术一试高下,这次较量并非单纯地比试能力,更多是一种胜负已定的战斗。变身为鲤鱼的河伯被变身为水獭的解慕漱所捉,化身为野鸡的河伯被化身为老鹰的解慕漱追击,这些都是借描述变身展现战争。输掉战争的河伯不得不向解慕漱屈服,同意举行婚礼。河伯把解慕漱灌醉,把他和柳花一起装进皮革制成的轿子放到龙车上,想让他们一同升天。这段内容可以进行多种解读。比如可以理解为在战争中失败的河伯无法用正常手段压制解慕漱,于是使用计谋将其围困,胁迫对方答应对自己有利的婚姻条件或强制缔结某种部族条约;也可以解释为两部族尝试统一,或者河伯想用诡计杀害对方等。但是,有关高句丽神话的所有史料中,建国始祖无一例外都很自豪地自称天帝之孙、河伯外孙,可见河伯族与解慕漱族之间的关系并非杀气腾腾的敌对关系,而更像是两个在统一过程中时有摩擦的部族。

  无论是何种解释,两部族关系中存在着矛盾与和解,同时"解慕漱神话"的结局明显以决裂收尾。这种矛盾最终表现为柳花被流放,不过之后柳花又成为高句丽的"国母神",所以令人怀疑的是,这是否意味着使国母柳花受难的河伯的行为得到了后人的原谅。

  被河伯流放的柳花在优渤水被金蛙王手下的渔夫发现,值得注意的是柳花的流放地点优渤水,这条江是金蛙王国中渔师撒网捕鱼的地方。河伯显然是想把女儿柳花嫁给文化水平高于自己部族的解慕漱族,但却以失败告终,于是他把柳花送到了和自己部族生活方式较为接近的金蛙部族。从金蛙王出生神话以及救出柳花的过程来看,金蛙部族应该信仰水神并以捕鱼为生。

  在记载高句丽建国的文献中,东扶余的起源一般被记录在最前面。《三国史记·高句丽本纪》中的东扶余起源内容有:

> 扶余王解夫娄老无子,祭山川求嗣。其所御马至鲲渊,见大石,相对流泪。王怪之,使人转其石,有小儿,金色蛙形。(蛙,一作蜗。)王喜曰:"此乃天赉我令胤乎!"乃收而养之,名曰金蛙。及其长,立为太子。后其相阿兰弗曰:"日者,天降我曰:'将使吾子孙立国于此,汝其避之。东海之滨有地,号曰迦叶原。土壤膏腴,宜五谷,可都也。'"阿兰弗遂劝王,移都于彼,国号东扶馀。其旧都有人,不知所从来,自称天帝子解慕漱来都焉。及解夫娄薨,金蛙嗣位。[1]

---

[1] 金富轼:《三国史记》,金钟权译,先进文化社1969年版,第237页。

金蛙出现在名为鲲渊的池塘的巨石之下,外貌如青蛙,可见他明显与水十分亲近,与自称"天帝之子"的解慕漱部族应该是对立的关系。解慕漱族是从别处迁移而来的天神崇拜集团,他们用武力将解夫娄部族驱赶到别处,控制了熊心渊周边地区。所以,解慕漱和解夫娄的关系表现了天神崇拜部族与水神崇拜部族之间的较量,这类似于解慕漱与河伯的关系。从这个意义上讲,河伯对柳花的惩罚就是对私下与天神族结合的水神族人的惩戒,可见当时水神族人认为,只有信仰水神的部族之间才能联姻。

可是水神族成员柳花却与天神族解慕漱生下孩子,这使得天神族与水神族之间的矛盾发展到了新的局面,即在朱蒙建国过程中出现了金蛙部族对朱蒙的迫害以及朱蒙征服松让等内容,这些都体现出不同世代天神部族与水神部族间的冲突矛盾。

2. 朱蒙神话

朱蒙为天神之子解慕漱与河伯之女柳花所生,继承了天神与水神的血统,所以朱蒙经历的苦难与抗争并非解慕漱的翻版。不过,分析神话的内容可以发现,朱蒙的水神神圣性逐渐褪色变弱,而天神神圣性逐渐得以增强。朱蒙母亲柳花是被河伯以有损家族声誉的罪名驱逐流放的,柳花所犯的罪过正是孕育了朱蒙,也就是说朱蒙的诞生是一种"罪恶的结果"。因此,水神族无法将朱蒙视为神圣,朱蒙在东扶余金蛙王宫中遭受的苦难与迫害便是证明。朱蒙一直强调自己是天帝之孙,高句丽起源于解慕漱北扶余也被记载于许多文献之中,所以朱蒙部族应该是与解慕漱族具有血缘关系并信仰天神的部族。

柳花是水神族成员,在水神族金蛙王的宫中怀孕并生下了天神族解慕漱的儿子。朱蒙因生于卵中被抛弃,牛马避让、鸟兽庇护,这种奇异的现象证明了他的天神族血统。朱蒙自幼善射,长于狩猎,与金蛙王的儿子们相比,朱蒙擅长狩猎似乎意味着优越的个人能力,但事实上应该是继承祖辈狩猎部族自古以来的生活方式。

朱蒙在金蛙王宫中喂马,后来得知王子带素一干人等密谋加害自己,便骑上事先选好的骏马逃往南方。无论是朱蒙离开东扶余时母亲柳花的建议,还是他带领乌伊、摩离、陕父三人逃亡,这些都意味着这次出逃并非个人行动,而是东扶余内部反对势力的集体分裂。

> 朱蒙到达淹滞河,想要过河而无桥。金蛙王的追兵将至,朱蒙举鞭指天,慨叹道:"我乃是天帝之孙,河伯外孙,今为避难而逃到此地,皇天后土,可怜我孤苦无依,请赐予我桥梁、舟船帮我渡河!"说

完以其弓击打河水。随后鱼鳖浮出水面组成桥梁,朱蒙等人得以渡河。片刻之后,追兵已到,而鱼鳖纷纷游离,桥梁消失不见,已经上桥的追兵,掉入河中被淹死。①

此处为了强调朱蒙的高贵血统和作为祭祀者的权力,描述了神对朱蒙的帮助。朱蒙表明自己河伯外孙的身份后得到了鱼鳖的帮助,实际是其作为水神后裔得到了水神的帮助。不过,如果将金蛙军队掉入河中解释为水神帮助了天神族,水神族遭到了水神的惩罚,这种观点有些过于武断,还需要更为详细的论证资料。此处的朱蒙已不再是普通人,而是一个拥有祭祀权和统治权的王者。朱蒙以鞭指天,以弓击水,喊出自己的身份正是与神沟通的一种仪式,也可以看作运用神秘力量的咒术。不过,追击朱蒙的士兵只是一些并没有特殊能力的普通人,所以士兵溺死只是因为没有举行任何仪式对神不敬,盲目踩到水神搭建的鱼鳖浮桥导致的后果。追兵溺死的内容虽然记载于《东明王篇》和《世宗实录地理志》,但并未出现在《三国史记》《三国遗事》《应制诗注》等文献中。这个神话片段的核心在于刻画朱蒙异于常人的神圣权力,而天神与水神的矛盾并非叙述的焦点。

朱蒙到达卒本川建立了新的国家,定国号为高句丽。沸流国国王松让外出打猎遇见朱蒙,在了解彼此身份之后,双方都想使对方臣服于自己。于是,朱蒙先与松让比试射箭将其战胜,又偷走了松让的鼓角,最后捕获了一头白鹿,将其反挂,用咒术使得天降大雨,终于降服了松让。那么,松让到底是何许人也?《三国史记》中记载朱蒙在沸流河中看到有菜叶顺流而下,得知上游必定有人居住,于是中断狩猎向上游寻找,这才发现了松让的沸流国,这与《旧三国史》所说的松让外出狩猎遇见朱蒙的说法存在一定差异。而且文献中记载,在征服松让后,朱蒙将沸流国国土重新命名为"多勿都"并分封给松让管理,因为高句丽语中把"恢复旧土"称为"多勿"。②《旧三国史》中说松让是仙人后裔,生活在海边,世代为王。沸流国处于沸流河上游,是仙人后裔在朱蒙迁到此处很久之前建立的部族国家。

朱蒙西行狩猎捕到一头白鹿,将其倒挂于蟹原,并且说道:"如果上天不下雨淹没沸流王都,我一定不会饶你。想要免于受难,赶快祈求上天吧!"白鹿悲伤呼号,声音直达天上。大雨下了整整七天,冲毁了松让国都。朱蒙骑着鸭马,

---

① 李奎报:《东国李相国集》,成均馆大学大东文化研究院,1973年,第35页。
②《三国史记·高句丽本纪第一》"始祖东明圣王"条。

横置草绳，百姓纷纷抓住绳索得救。朱蒙又拿出神鞭在水上一划，洪水便消退了。到了六月，松让举国投降。

这部分神话记述了朱蒙求得水神的力量降服了松让，说明朱蒙不仅拥有天神族的权力，还展现出水神族的能力。从朱蒙求雨的方法中可以发现其作为天神族祭祀者的形象，他威胁白鹿向上天呼救求雨的咒术，明显是天神崇拜部族掌握的巫术。不过，骑着鸭马救出洪水中的灾民，用神鞭退去洪水并非仅是天神族的权力，因为调节气候、治理洪水、救济百姓等是农业社会统治者理应具备的基本能力。

朱蒙逃离东扶余时，母亲柳花给了他五谷种子，这说明朱蒙不仅是农耕部族的首领，同时也代表着农耕部族的生产神。在农业生产中，日照时间和降雨量决定了丰收与否，朱蒙之所以拥有太阳神之孙的父系血统和水神外孙的母系血统，正是因为他是农业社会的君王。这正是朱蒙与解慕漱的不同之处，同时也是后代将朱蒙而不是解慕漱奉为国家始祖的原因之一。换言之，与北扶余不同，高句丽是以农耕为主的国家，因为高句丽统一了天神族与水神族，所以建国神话接受了这两个部族所信仰的神性。不过，高句丽国家内部的主导权争夺始终没有停止，虽然在神话内容的表面一再强调天帝之孙、河伯外孙的身份，但在神话折射出的历史中，依旧存在着天神与水神相互对立的关系。

3. 朴赫居世和阏英

新罗始祖神话与高句丽神话不同，很难找到天神、水神的竞争与对立。新罗始祖朴赫居世诞生于阳山下的萝井旁，当时一束如同电光般的奇异之气降落到萝井中，白马下跪行礼，朴赫居世从一枚紫色的卵中诞生。因为并未出现朴赫居世父母的具体叙述，所以很难分析其神圣性特征。不过，综合从天而降的电光、卵生，身体发出光彩，"朴赫居世"名字的本义是以光明统治世界，拥戴朴赫居世为王的六村长祖先都是降落到山上的神明等内容，可以推断出朴赫居世与天神之间有着密切的关系，所以也可以将朴赫居世理解为类似天神的人物。

另外，朴赫居世的王妃阏英诞生于沙梁里阏英井中的鸡龙左肋之下，她的嘴唇长似鸡喙，在月城北川中沐浴后，她的喙嘴便脱落了。因为阏英从井中的鸡龙体内诞生，所以与水也很亲近，明显是类似水神的人物，并且她的嘴很长这一特点与柳花也有相似之处。因此，朴赫居世与阏英的结合正是天神与水神的结合。

朴赫居世治理国家六十一年后返回天上，七天之后，他的身体又散落地面。新罗人想把他的尸体合在一起安葬，却被一条巨蛇阻止，最终只能将"五体"

分别葬于五陵之中。① 朴赫居世死前重返天上说明天上是他的故乡，他领导的部族是崇拜天神的部族。升天后尸体又散落人间，可以证明朴赫居世作为农业神的身份。学者金烈圭将朴赫居世尸体的分散解释为模仿月亮盈亏的神圣性②，但是月亮的盈亏变化与朴赫居世身体分为五部分之间并没有什么联系。笔者认为，朴赫居世身体的分散更像是在模仿谷物的散播，如共生于同一谷穗的谷粒为了长成新的植株，需要各自分散成一粒粒的种子埋于泥土之中。希腊神话中的生产神欧西里斯死后，尸身分为十四块散落在广阔的区域，他的妻子艾西斯每发现一处欧西里斯的尸体就在原地将其埋葬，于是出现了欧西里斯的许多墓地，这正是因为欧西里斯是谷物之神的缘故。③ 由此可以确定，朴赫居世是新罗的农业生产神，同时也是一位天神和男性神。阏英作为国母神与祖朴赫居世一起成为新罗人信仰的对象，就连守护祖朴赫居世分散在各地尸体的蛇也被视为神圣。不过，虽然水神阏英、象征丰饶的蛇等都与水有很强的亲缘性，但是新罗的始祖神、生产神明显不是阏英，而是朴赫居世。

新罗神话中并未出现天神与水神间的矛盾，只展现了两者的结合状态，这可能是因为这一神话形成于天神崇拜部族定居之后并开始形成农业社会的时期。六村的始祖神话中应该记述了天神族迁移、定居的内容，但是根据流传至今的资料，仅仅可以了解到六村始祖神从天降落到山顶，至于他们在定居过程中发生了怎样的对立与矛盾，今天已无从知晓。

（三）佛教传说中高僧与龙的关系

1. 《三国遗事》"龙传说"特点

《三国遗事》中收录了许多龙的传说，当中出现的龙的特点，大致可以总结为三种：护国龙、护法龙、恶毒龙。④ 不过，这些传说有的来自于印度佛教经典，有些则与佛教无关，只是以佛教文化对一般口传故事进行了某种程度的润色修饰。笔者将要探讨的内容并非《三国遗事》中龙传说的起源问题，即使有些龙传说出自佛教经典，但传说的传承口述者也并不会明确说明传说的起源，因为为了引起人们的兴趣，在与龙相关的传说中需要把龙的功能与之前时代的神联系起来。

---

①《三国遗事·纪异第一》"新罗始祖赫居世王"条。
②金烈圭：《한국민속과 문학연구》，一潮阁1971年版，第249页。
③弗雷泽：《金枝》，金相日译，乙酉文化社1975年版，第452—458页。
④金文泰：《삼국유사 소재 '용' 전승 연구》，成均馆大学大学院博士学位论文，1990年。

龙的职责很多，最基本的是作为水神掌管降雨。人类进入农业社会之后，迫切需要雨水来从事农业生产。在农业生产方式出现以前，人们为了寻找食物而不断迁移，发生干旱时也不会留在原地求雨。但是随着农业生产的发展，人类开始在固定地区等待播下的种子生长成熟，遇到干旱时，为了挽救自己辛苦栽培的作物，人们便会念咒或者举行祭祀仪式来祈求降雨。所以，无论是守护佛法的护法龙，还是守护国家的护国龙，这些观念都源于农耕民族生产神之水神的龙信仰，龙的观念信仰与佛教传入以前的水神信仰有着紧密的联系。

2. "鱼山佛影"

《三国遗事·塔像第四》"鱼山佛影"条中记载了一则故事，梗概如下：

① 万鱼寺旁有一个驾洛国，由从天而降的首露王统治。

② 驾洛国中有一个名为"玉池"的荷塘，里面有一条毒龙。毒龙与万鱼寺中五名罗刹女串通勾结，使得雷雨大作，驾洛国连续四年五谷颗粒无收。

③ 首露王想用咒术阻止毒龙作乱，以失败告终。

④ 首露王向佛祖求助并聆听佛祖讲法，使罗刹女接受"五戒"，灾害才得以消失。

⑤ 东海的鱼龙化为洞中巨大岩石并发出了钟磬的声音。

此传说内容在《三国遗事》中得到演绎，与佛经《观佛三昧经》中佛祖教化毒龙的故事如出一辙，只是变换了时空背景，将其改编成了首露王的故事。不过，此处需要注意的是：为什么佛祖能够做到天神下凡的首露无法完成的事情？这说明佛祖处于比天神更高的地位。佛教传入以前，天神是地位最高之神，作为天神后裔的解慕漱、朱蒙等无论与谁较量都不曾失败，朱蒙能够降服河伯与松让，意味着天神拥有最强大的权力和能力。但是，佛教传入半岛之后，情况发生了变化。毒龙与罗刹女在佛教中代表着邪恶，在威胁人类生存的诸多要素中，破坏气候所产生的危害，不仅仅危及个人，还有整个国家，所以气候破坏者往往成为被严厉惩治的对象。农耕部族尤其恐惧农作物的收成受到影响。因此，毒龙、罗刹女应该是佛教传入以前就存在的扰乱气候的精灵或妖怪，传说中不过是给它们取了新的佛教名字。由于很多佛教传说都借鉴改编自佛教传入以前的故事，所以不能仅凭记载于佛经来断定相关内容就是佛祖的事迹。

首露王作为天神后裔行使统治权，那么他必定拥有治理恶劣气候的权力，所以他才想用天神族秘传的咒术制服作乱的毒龙。掌控调解天气能力已经成为古代君王的必要条件，朱蒙求得大雨降服松让便是一例。可是，首露王却败下阵来，他不得不向佛祖低头求助。在这个佛教传入以后由佛教徒创作的传说中，首露王的失败恰好说明佛祖已经取代了天神成为当时最崇高的神。

如果将传说中的毒龙视为佛教传入以前的水神，首露王与毒龙的较量即为天神与水神间的对决。但是毒龙是给人类带来灾难的反面形象，它不同于为农业生产提供必要水源、养育鱼类的正面的水神形象，所以也可以将这种负面的水神理解为反抗当时统治层的被统治的水神信仰部族。这一问题可以留待下文进一步探讨。

3．"惠通降龙"

《三国遗事·神咒第六》"惠通降龙"条的主要内容可以概括如下：

① 惠通在家东边的小溪中捉到一只水獭并将其杀死，之后把水獭的骨头扔在东山，后来他发现那只水獭又回到了原来生活的洞穴，抱着自己的五个幼崽。见此情形，惠通决定出家为僧。

② 惠通来到唐朝，成为"无畏三藏"的弟子并得到了"印诀"真传。

③ 在三藏的推荐之下，惠通得以为唐高宗公主医治疾病。惠通把一斗白色的豆子装入银碗，口中背诵经文，豆子变成了身穿白色盔甲的神兵与病魔展开激战，却没能获胜。惠通又把一袋黑色的豆子装入金碗，口中背诵经文，豆子变成了身穿黑色铠甲的神兵。于是，惠通用两种颜色的神兵赶走了病魔，忽然见到一条蛟龙飞出逃走，公主的病得以痊愈。

④ 龙怨恨惠通，来到新罗"文仍林"，继续残害人类。

⑤ 郑恭请惠通除去恶龙。

⑥ 龙得知此事，对郑恭怀恨在心、伺机报复。龙来到郑恭家门外化身为一棵柳树，郑恭对这株柳树格外喜爱，可是孝昭王为了举行神文王的葬礼，修路时，阻碍道路的柳树需要砍掉，郑恭阻挠砍树犯下忤逆王命之罪，被处以死刑。

⑦ 朝廷得知惠通与郑恭关系亲近，便出动军队抓捕惠通。惠通在王望寺看见前来抓捕自己的士兵，登上屋顶，手拿砂瓶、朱笔，以法术吓退了军队。

⑧ 国王之女突然生病，王召唤惠通为其医治，疾病得以痊愈。

⑨ 惠通对王说出郑恭遭毒龙陷害、蒙冤受罚、最终死去的实情，王悔恨不已，免除了郑恭的罪名，并将惠通奉为国师。

⑩ 龙向郑恭报复之后，又来到机张山化为熊神，作恶多端，危害百姓。惠通来到山中劝服了恶龙，对龙施以"不杀之戒"，这才解除了恶龙之害。

这则传说主要讲述了高僧惠通与水獭、蛟龙的矛盾与较量。惠通出家前杀死一只水獭，然而水獭死而复生，又回到自己的洞穴抱着五个幼崽，这件事成为促使惠通出家的主要原因。虽然难以推测惠通见到水獭后的所感，但从他决心出家来看，应该是顿悟到了生死的无常。不过，此处的动物为什么是水獭呢？传说中看不出惠通杀死水獭与后文的蛟龙存在内容上的联系。水獭与水有着很强的亲缘性，应该是一种象征水神的动物。如果认为水獭没有神性只是普通动物，那么死后骨头被遗弃在东山，水獭何以能够回到自己的洞穴？清太祖努尔哈赤的相关传说中，水獭是清太祖之父。① 所以可以把惠通杀死的水獭理解为水神的象征。虽然不清楚惠通为什么杀死水獭，但联系其与蛟龙的对立关系，很可能暗示着某种部族间的矛盾。

惠通为了医治唐高宗公主也与蛟龙产生了矛盾。惠通以白豆、黑豆分别变化出"白甲神兵"与"黑甲神兵"击败了蛟龙，这应该是一种基于古代神话意识的驱除恶鬼的神秘方法，与佛教教义并无关系。白色是太阳与天空的象征，白色神兵敌不过蛟龙意味着天神权威的动摇；黑色神兵象征着大地，并且豆子本身也是农耕收获的谷物之一。惠通的咒术正是在农业社会中的太阳神与大地神的帮助下惩治了给人类带来疾病的蛟龙。不过，惠通也仅仅是把蛟龙从公主体内赶走而已，并没能阻止蛟龙逃往新罗继续为害作乱。蛟龙在世只惧怕惠通一人，所以在惠通前往唐朝时来到了新罗。但是，郑恭把蛟龙在新罗仍旧害人的消息告诉了惠通，龙再次被赶走。十分有趣的是，龙被驱赶后，并未向惠通报仇，而是报复了郑恭。蛟龙知道自己与惠通的正面对抗没有胜算，所以选择了向惠通亲近的郑恭下手。蛟龙的报复可谓迂回狡诈，其狡猾程度不亚于智力高超之人。无论惠通还是郑恭，都是新罗的子民，不得不服从于新罗王的命令，蛟龙正是利用了人类社会的上下秩序。不过，蛟龙并没有直接借用新罗王的权力，而是变成柳树赢得了郑恭的喜爱，再诱使其触怒国王，可见蛟龙的狡诈。与其说故事中的蛟龙是龙，不如视其为人类形象。龙的计策得逞，郑恭被处以极刑，惠通也遭到了士兵的攻击，可是惠通并没有对君王屈服，而是用法术击退了军队，可见高僧的能力已经超越了国王。愚昧的国王中了龙的奸计而处死了无罪的郑恭，而惠通却能超然洞察一切真相，说明佛教传入之后，国王已经不再拥有最强大的力量，取而代之的是通晓神秘佛法的高僧。伟大的高僧不仅弘扬佛法，还能保护人间百姓的安危，只要危害社会，无论是谁都会受高僧的严惩。

后来蛟龙逃到机张山变为熊神为非作歹，其中龙化为熊神的内容值得关注。

---

①孙晋泰：《朝鲜民族 說話의 研究》，乙酉文化社1947年版，第203—204页。

龙与熊为什么能够相互转换？"檀君神话"中桓雄把熊变为女子并使熊女怀孕产下了国家始祖檀君，也就是说熊在檀君朝鲜具有母系祖先神的特点。然而在高句丽"朱蒙神话"中，解慕漱与河伯之女生下了国家始祖朱蒙。"檀君神话"与"朱蒙神话"中对应的母系神分别是熊女和河伯女，联系《三国史记·地理志》"龙山本古麻山"的记录①，可知"惠通降龙"中的"龙"应该可以解释为代表着天神族移入前就已经生活在半岛的熊女族、河伯族等土著部族。换言之，被桓雄、解慕漱等天神族征服、同化的熊女古麻族、柳花河伯族是信仰水神的土著部族。天神族统一之前流传于水神土著民族的水神神话，在统一之后形成的国祖神话中继续宣扬始祖的母系血统，这些神话同时作为姓氏始祖神话得以流传。不过，无论在统一的过程中，还是统一之后，天神族与水神族间的矛盾对立依旧存在，这些矛盾隐晦地被表现为高僧与恶龙的斗争。

惠通最终驯服蛟龙并授以"不杀戒"，制止了龙对人类的危害，不过即便惠通拥有高强的法术，也未能果断、坚决地消灭恶龙，这应该与龙本身具有代表部族的象征意义有关。

4."宝壤梨木"

《三国遗事·义解第五》"宝壤梨木"条中与龙相关的故事梗概如下：

① "宝壤大师"（或祖师知识）从中国取经归来途经西海，有龙将他迎接至龙宫请其诵读佛经，后馈赠一套金色袈裟，并让龙子"璃目"护送宝壤大师回国，说："你与我子一同回国，在名为'鹊岬'之地建造寺庙就能躲过敌人，不出几年便会有保护佛法的明君出现，他将统一三国。"

② 宝壤大师告别神龙，来到鹊岬，挖土烧砖，立塔建寺，将寺庙命名为"鹊岬寺"。

③ 璃目一直在寺庙旁的池塘中暗中帮助佛法教化。某年大旱，庄稼蔬菜都干枯而死，宝壤大师让璃目帮忙降雨，立刻得到了充足的雨水。

④ 天帝斥责璃目越权要将其处死，宝壤于是把璃目藏在了床下。不久，天上使者前来要求宝壤大师交出璃目，宝壤大师用手指了指院中的梨树，天上使者降下雷电劈断梨树，返回天上。

⑤ 折断的梨树被龙（或宝壤大师）抚摸后重新复活。

⑥ 宝壤大师帮助高丽太祖出谋划策，制服了"犬城"山贼，太祖因此将附

---

①《三国史记·杂志第六·地理四》："三国有名未详地分，龙山本固麻山。"金文泰：《삼국유사 소재 '용' 전승 연구》，成均馆大学大学院博士学位论文，1990年，第128—129页。

近城邑缴纳的租税五十石粮食赐给宝壤大师作为香火，于是在奉圣寺中开始供奉太祖与宝壤大师。

故事中出现了高僧宝壤、西海之龙和龙子璃目，但其内容与"惠通降龙"不同，龙与高僧不再是敌对关系，而是彼此协作并欺骗了天帝。这里的西海之龙明显是守护佛法的"护法龙"，得知宝壤大师在中国求得佛法回到新罗振兴佛教，西海之龙主动把宝壤请到龙宫让他诵佛，并预言新罗佛法将会兴盛，由此推断，西海之龙明显是比宝壤大师地位更高的神。道教中一般存在四海龙王受天帝统治的等级体系，但在这一故事中却找不到西海之龙被天帝统治的证据，可以将此理解为受佛法教化的护法龙守护佛法的行为不受天帝支配。

龙子璃目托身寺旁池塘暗中帮助佛法教化，又未经天帝允许接受宝壤大师请求在干旱时降雨，后来因此遭到上天使者的惩罚。璃目违背了龙应该接受天帝统治的秩序规范，按照高僧宝壤大师的指示降雨。干旱时是否降雨本应由天帝掌管，而璃目却代替履行了天帝的职能。大旱是导致农业歉收的严重灾难，是君主应该负责的重大事项。古代君王作为天帝后代，被认为具有调节气候的能力，任何人都不能代替君王行使这一职责。然而一介僧侣竟然代替了君王为天下降雨，意味着佛教传入后，原来的天神信仰逐渐消退，而佛教信仰的影响逐渐增强。质言之，佛教中的佛祖相当于天神信仰中的天帝，通晓佛教教义的高僧相当于天帝后代也就是君王。如此看来，宝壤大师正是代替君王发挥了保证农业生产并调节气候的职能。

宝壤大师为何没有亲自降雨，而是指使龙子璃目代替执行呢？天上使者要惩罚璃目时，宝壤为何无缘无故地用手指向梨树？璃目是西海之龙的儿子，如果西海之龙是护法龙，他的儿子璃目也应有护法职能。那么守护佛法和为百姓降雨之间又有什么关联呢？宝壤用手指向梨树后，天上使者用雷电劈断了梨树，梨树为什么可以代替璃目受罚？为解开这些疑团，还需要探讨一下其他神话中的"求雨咒术"特征。

提及"求雨咒术"，可以让人联想起朱蒙为战胜松让所实施的"白鹿咒术"。朱蒙在海原捉住一只白鹿，将其倒挂并威胁："你若不能让天降雨淹没沸流王都，我绝不会饶你。想要不受倒挂之苦，赶快祈求上天吧！"白鹿向上天悲鸣，大雨下了整整七天，松让都城全被淹没。[①] 对比朱蒙和宝壤大师的降雨方法，可以发现：首先，从求雨目的来看，前者是出于征服沸流国的政治目的，也就是

[①] 参见李奎报：《东明王篇》，见《东国李相国集》卷三，成均馆大学大东文化研究院，1973 年。

把降雨当成军事征服的手段，后者是为了阻止干旱导致的农业灾害。农作物对于耕种者而言是赖以生存的食物，宝壤拯救了作物也就拯救了百姓。因此，朱蒙降雨意在杀生，宝壤大师降雨是为了救人。

其次，朱蒙是自称天帝之孙的君王，与之相比宝壤只是一介僧侣，二者在身份上差异显著。朱蒙使用白鹿求雨，白鹿的白色象征天空，朱蒙用咒术威胁白鹿，祈求上天，也可以将其视为掌管降雨的天神。与此不同的是，宝壤故事中的西海龙子璃目背着天帝偷偷实施了降雨。璃目是西海之龙的儿子，托身于池塘明显带有水神的特点，而从其欺瞒天帝又遭到惩罚的情节来看，明显与天帝是一种对立关系。所以，"朱蒙神话"的咒术降雨是古代天神崇拜社会征战过程中的产物，而宝壤故事中的降雨是佛教传入后维持农业生产的农业社会的产物。值得注意的是，佛教传入后主管降雨之神不再是天神，而是佛教僧侣或龙神。这种变化是随着时代发展产生的，还是仅仅是个别情况？为解答此疑问，还需对朝鲜王朝之后一直持续至今的韩国祈雨民俗活动加以探讨。

朝鲜王朝时期，宫中曾经举行过"蜥蜴祈雨"（석척 기우법），方法是将数十只蜥蜴放进浸泡着杂木、树叶的装满水的坛子，选出数十名童子穿上绿衣，用绿色油彩涂抹手脚，再让他们手拿柳枝洒酒求雨。童子们不分昼夜围着坛子连续念咒："蜥蜴啊，蜥蜴啊，快快吞云吐雾吧！赶快下场大雨吧！不下雨来别想回家！"① 这里的蜥蜴是一种用来替代龙的水生动物，咒语内容类似朱蒙祈雨，都是通过威胁咒术媒介动物达到祈雨的目的。只不过把动物从白鹿换成了蜥蜴，而威胁咒术媒介动物的手法却如出一辙，这不同于宝壤大师让璃目降雨的方式。可见，之前时代向天神祈祷降雨的观念到了后世转变为向水神或龙神祈祷。

在中国小说《西游记》插图中，也可以找到天帝与龙神因为降雨之事产生矛盾的情形。泾河龙王为战胜算命先生袁守诚违背天帝命令，改变了雨量的多少和降雨时间，导致唐太宗并惩罚处死了大臣魏徵②，从中可以看出在以中国道家思想为基础的故事中，严格遵守以玉帝作为最高神的诸神等级秩序。但是在"宝壤梨木"中，宝壤大师和璃目不但欺骗了上天使者，还救活了雷电劈死的梨树，可见天帝并非拥有至高无上的绝对权力。这也说明在佛教传入

---

① 金烈圭：《한국민속과 문학연구》，一潮阁1971年版，第246页。
② 吴承恩：《西游记》"第十回 老龙王拙计犯天条，魏丞相遗书托冥吏"，台湾文源书局1973年版，第100—114页。

之后，韩民族的神圣观念得以重新塑造。不过，这一现象主要存在于佛教最为盛行的统一新罗与高丽时期，到了士大夫阶层掌权的朝鲜王朝，天神权威再次得以恢复。

那么，璃目与梨树又有何关联呢？韩国语"梨树"一词对应的词汇为"梨木"，而"梨木"与"璃目"的韩国语发音是相同的，宝壤大师正是利用名字发音相同这一点，用梨树代替璃目接受了上天使者的惩罚。另外，龙子名字"璃目"也可能来源于韩语的"이무기"（螭，无角之龙）一词，梨树的发音与其十分相似。不过，这种欺骗手法之所以能够成功恰恰是利用了天上使者对职责敷衍了事、玩忽职守的弱点，这与"长者巫神歌"等巫俗神话中出现的接受丰盛款待而为人延长寿命的阴间使者的行为有相似之处。① 一般认为，类似观念的形成是由于天帝、阎罗王等绝对神的权威衰退之后，形成了以人为主的世界观，不过这种观念形成的时间与原因还需进一步研究。

在民间举行的祈雨祭祀中，并没有急迫地祈求神灵降雨，而是经常营造一种逼迫神不得不为人降雨的气氛，如在神的居所外面撒尿或涂上血迹，迫使神不得不通过降雨来洗刷污迹；有时也会在山顶放火，逼迫神为了灭火只能向人间降雨。据说在忠清北道丹阳郡大岗镇龙夫院村，村民会前往名为"龙沼"的池塘举行祈雨仪式，把狗、猪、牛等动物的头浸泡在池水中，因为村民相信龙沼变脏会触怒龙神，龙神不得不降雨清洁潭水。在庆州地区的祈雨祭祀中，女巫会跳起疯狂的舞蹈，掀起裙子，她们认为导致干旱的原因是"阴力"（음력）不足，掀动裙子的行为正是为了补充"阴力"；男人们则不分昼夜地聚集在山顶点火，因为他们相信神会为了灭火而降雨。② 这些祈雨习俗中，对神的观念产生于人们对人类社会统治阶层的联想，人们对佛教神较为依赖，而对天神往往表现出一种逼迫的态度，所以高僧降雨传说应该是佛教鼎盛时代的产物。

（四）高丽国祖神话中的天神水神关系

高丽国祖神话记载于《高丽史·高丽世系》，是关于高丽始祖王建之前的六代祖先传说，后被转录于金宽毅《编年通录》。学者张德顺、李康沃的相关研究

---

① 参考徐大锡：《巫歌》，见《韩国民俗大观6》，高丽大学民族文化研究所，1982年，第517—519页。
② 李景福：《岁时风俗》，见《韩国民俗大观4》，高丽大学民族文化研究所，1982年，第208页，（5）祈雨祭。

已经分别探讨了《高丽世系》接受了"山神传说"、"风水传说"、"旋流梦传说"①、"买梦传说"、"龙女娶妻传说"等故事素材,分析了有关高丽初代祖先虎景、二代祖先康忠、三代祖先宝育、四代祖先辰义(唐肃宗)、五代祖先作帝建、六代祖先龙建相关传说的素材起源的神圣性特点。② 但是,目前为止还没有研究真正讨论过高丽国祖神话是如何接受天神水神关系的,笔者将以"作帝建神话"为主做深入探讨。

传说作帝建是辰义与唐肃宗结合生下的孩子。辰义与唐肃宗的结缘过程直接取材于新罗金庾信③的妹妹文姬与金春秋④相恋的传说,这是隐藏在传说中的新罗意识的表达。⑤ 不过,相关研究并未充分解释为何会将唐朝天子编入高丽祖先世系这一问题。即始于康忠的王建王室血统到作帝建时,其父系发生了改变。如果以父系血统来看高丽王氏政权,王建相当于已经成为唐太宗李世民的后代。所以有必要探讨,唐王朝作为参与征服百济、高句丽的外国,其血统融入高丽君王家族系统又表达出了怎样的神性意识?

关于此,高丽文人李齐贤⑥在高丽末期就已经提出了强烈质疑。

> 李齐贤曰:"金宽毅云:'圣骨将军虎景,生阿干康忠,康忠生居士宝育,是为国祖元德大王,宝育生女,配唐贵姓而生懿祖,懿祖生世祖,世祖生太祖。'如其所言,唐贵姓者,于懿祖为皇考,而宝育皇考之舅也,而称为国祖,何也?"⑦

李齐贤所言之意,即如果王建的祖父是作帝建,作帝建是唐肃宗之子,那么作帝建应是宝育的外孙,如此一来宝育以及宝育以上祖先康忠、虎景怎么能够被称为父系国祖呢?《高丽世系》将从康忠到王建都视为高丽王朝的父系血统,那么高丽世系既无法被称为单一血统,也不能被看作母系血统,原本为彰

---

① 旋流梦传说:女性主人公做了一个梦,梦见自己在高山上小解,结果水流滔天,淹没了国家。——译注
② 张德顺:《고구려국조신화의 연구》,载《东亚文化》5辑,东亚文化研究所,1969年。
③ 金庾信(595—673):驾洛国始祖首露王第十二代孙,新罗太宗武烈王七年(660)与唐朝将苏定方一同平定了百济,文武王八年(668)灭掉高句丽,为新罗统一三国立下了赫赫战功。——译注
④ 金春秋(604—661):新罗第二十九代王太宗武烈王(654—661)的本名,曾多次冒死赴唐朝和高句丽进行外交活动,其妻子文明夫人为金庾信妹妹文姬。——译注
⑤ 李康沃:《고려국조신화〈고려세계〉에 대한 신고찰》,载《韩国学报》第48辑,一志社1987年。
⑥ 李齐贤(1287—1367):高丽末期文臣、学者,字仲思,号栎翁、益斋,官至门下侍中,高丽时期的文豪之一,为程朱学在高丽的发展做出了贡献,曾多次出使元朝,著有《益斋集》《栎翁稗说》等。——译注
⑦ 东亚大学古典研究室:《译注高丽史》第一"世家1",太学社1982年版,第14页。

显高贵血统而记录的神话产生了混乱。那么,高丽统治者为什么宁愿冒着混淆血统的风险,也要把唐朝天子编入家族谱系之中呢?这有可能源于当时将唐代皇帝血统视为最高贵血统的观念意识。在之前的时代,"神圣血统"大都被理解为"天帝之孙",到了这一时期,"神圣"的含义被中国强大的唐王朝统治者血统所取代。正如学者李康沃说言,这种血缘的替代源于王建建立高丽、统一了后三国①之后,把在新罗历史上留下丰功伟绩的金庾信、金春秋的相关事迹神圣化,如金春秋向唐朝请兵、统一三国,与做了"旋流梦"的文姬结婚等传说,最终将这些传说附会、改编成了唐肃宗与辰义相恋的传说。② 问题在于创作这一"结缘传说"③的作者是否存在有意贬低高丽王室血统的意图?金宽毅是一个在《高丽史》列传中未被记载的无名之辈,他所编写的《高丽世系》之中多是将许多传说拼凑组合,穿凿附会的痕迹十分明显,多有不合常理、前后矛盾之处,所以这种记录很难被视为奉高丽王室之命编写的彰显高丽王朝神圣性的历史文献。《高丽世系》大部分都是把流传于世的传说编造成王建祖先的事迹,而口头流传的故事必定会表现出随着时间积累产生的内容变异,所以将三国的建国神话、英雄传说附会于王建祖先,应该是王建成为高丽建国君王之后的事情。之前半岛三国时期出现的高句丽、新罗、百济等集团的神话表达,在唐与新罗联合统一三国之后,逐渐演变为新罗与唐朝的神话表达,这些内容要素又被高丽始祖神话吸收借鉴,唐肃宗与辰义的结缘传说正表现出了唐朝的神圣性。只是,值得思考的是将唐朝天子视为神圣的集团到底是哪一群体呢?

三国时代以前,时有迁移、漂流而来的中国人到此定居。三韩之中辰韩的中国移民最多。④ 对这些移民来说,中国本土的王权具有神圣性,这种观念随着

---

①后三国:新罗末期中央政权统治力量薄弱,各地方豪族割据为王,先后出现了甄萱建立的后百济,弓裔建立的后高句丽,之后弓裔部下王建于918年建立高丽,并与935年推翻新罗,936年灭亡百济,统一了后三国。——译注

②李康沃:《고려국조신화〈고려세계〉에 대한 신고찰》,载《韩国学报》(48),一志社1987年。

③《高丽史·高丽世系》:"有新罗术士见之曰:'居此,必大唐天子来作婿矣。'后生二女,季曰辰义,美而多才智。年甫笄,其姊梦登五冠山顶而旋,流溢天下。觉与辰义说,辰义曰:'请以绫裙买之。'姊许之。辰义令更说梦,揽而怀之者三,既而身动若有得,心颇自负。唐肃宗皇帝潜邸时,欲遍游山川,以明皇天宝十二载癸巳春,涉海到浿江西浦。方潮退,江渚泥淖,从官取舟中钱,布之,乃登岸。后名其浦为钱浦。遂至松岳郡,登鹄岭南望曰:'此地必成都邑。'从者曰:'此八真仙住处也。'抵摩诃岬养子洞,寄宿宝育第,见两女悦之,请缝衣绽。宝育认是中华贵人,心谓:'果符术士言。'即令长女应命。才踰阈,鼻血而出,代以辰义,遂荐枕。留期月觉有娠,临315云:'我是大唐贵姓。'与弓矢曰:'生男则与之。'果生男曰作帝建。后追尊宝育为国祖元德大王,其女辰义为贞和王后。"——译注

④《三国志·魏书·东夷传》"辰韩"条:"辰韩在马韩之东,其耆老传世自言,古之亡人,避秦役,来适韩国。马韩割其东界地与之。"

唐朝势力介入三国统一战争得以增强。所以《高丽世系》中不仅表达了新罗、高句丽、百济的观念意识，也流露出中国移民的唐朝观念意识，而这一神话正是在之前各部族独立意识没有充分融合统一的情况下形成的。

唐肃宗与辰义的孩子作帝建从小勇猛出众，是一位射箭百发百中的神射手。他向母亲问起父亲的身份，得知父亲是唐朝人，为寻找父亲乘上商船前往中国。经过西海时受西海龙王所托，射死了折磨龙王的老狐，并娶龙女为妻，于是作帝建和龙女回到了开城。龙女为他生下四个儿子，他们在松岳山建造房屋定居下来，后来龙女变身为龙想要返回龙宫，被作帝建察觉后，龙女消失不见。作帝建于俗离山长岬寺以读经度日直到离世。①

这则传说可以视为高丽王室是龙神之后的"龙孙神话"的起源，在"居陀知传说"②、高句丽"类利神话"中可以找到其素材来源。其中拯救西海龙王于痛苦之中，并迎娶龙王之女的内容与"居陀知传说"类似，作帝建的人物特点和身世与高句丽类利太子相似，但他放弃前往中国返回开城的情节改变了神话的含义。居陀知拯救西海龙王后，得到了龙王的保护，到达了唐朝并得到礼遇，宣扬了新罗国威，可以说居陀知是新罗的英雄。相反，作帝建救了龙王之后迎娶了龙女，并得到神猪、七宝等龙宫宝物，又在神猪的指引下在松岳山建造了居所，直到死去也没有为国家做出太大的功绩。结婚、建房、挖井、生育等都是为了个人的幸福，并非为国家做贡献。神话主人公所追求的并非个人幸福，而是为了部族整体而奋斗并取得成功，所以才会被视为神圣。因此，作帝建生下龙孙虽然可以称之为传宗接代的贡献，但是其人生成就并不符合一个神话主人公的特点。

那么，作帝建放弃前往中国回到新罗表现了怎样的神话含义呢？作帝建作为唐肃宗的后裔从小擅长射箭，暗示着这一技能与其父系血统存在联系。朱蒙、类利没有向任何人学习，天生擅长射箭，这一才能应该是天帝后裔原本具有的一项优秀能力，前文提到唐肃宗后裔也属于天帝子孙。但问题在于作帝建并未见到自己的父亲，仅仅保留了西海龙王女婿的身份，说明神话中的中国神性表达被削弱，而龙神的神性表达得以增强。事实上高丽王室常以自己的龙孙身份而自豪，龙神就是水神。也就是在佛教传入之后，之前时代的水神演变成了龙

---

①东亚大学古典研究室：《译注高丽史》第一，太学社1982年版，第6—11页。
②居陀知传说（거타지설화）：新罗真圣女王时期有名的弓箭手居陀知的相关传说。居陀知随新罗王子去往唐朝，中途在海岛之上帮助西海之神"西海若"射杀了假扮成僧人的老狐，西海若将自己的女儿许配给了居陀知，并保佑新罗王子一行顺利到达了中国。——译注

神，龙神与天神时而产生矛盾，并保持有自身的神圣性。作帝建后来在寺庙诵经度日意味着他成了僧侣。那么，作帝建与龙女的结合类似于宝壤大师与龙子璃目的关系，可以解释为之前时代天神、水神结合的一种变化形态。宝壤大师的地位高于璃目并可以帮助璃目，说明佛教信仰取代天神信仰的同时，其地位依然高于水神信仰。但是到了高丽国祖神话时期，传统的天神表达转变为唐朝皇室，其神圣性也被大幅减弱，变身为龙神信仰的水神表达逐渐取得了神性的优势。这一变化随着半岛建立了统一王朝而逐渐显现出来，同时与当时高丽民众的信仰观念密切相关，即曾经从属于天神部族的水神部族神性观念在王朝更迭时期逐渐开始盛行。不过为严谨起见，在彻底厘清高丽民众各种部族、氏族的渊源联系之前，以上观点仅是笔者的一种学术假设。

（五）结论

首先，韩国国家始祖神话可以分为北方神话和南方神话，北方神话一般是男性天神与女性水神结合诞生国家始祖；南方神话中则经常是拥立男性天神为国家始祖，之后迎娶女性水神为王妃。不过，本部分内容在考察了天神、水神的关系之后发现，两者并非是完全友好的结合，其中也存在不少矛盾与冲突。特别是高句丽建国神话中这一现象更加明显，解慕漱与河伯、朱蒙与金蛙王、朱蒙和松让之间的对立与较量正体现了天神与水神之间的矛盾，这也正是天神崇拜部族与水神崇拜部族在统一过程中产生的部族间的矛盾与对抗。高句丽总是强调其开国祖先具有天帝之孙、河伯外孙的血统，这是由于高句丽建国后进入农业社会，天神、水神已经成为民众的共同信仰。新罗始祖朴赫居世神话中也可以找到天神、水神的统一过程，天神朴赫居世与水神阏英结合，两者被国人当作神圣崇拜，朴赫居世死后升天，其尸体被分为五块且被分别埋葬，表现出农业生产神的特点。

其次，探讨了"鱼山佛影""惠通降龙""宝壤梨木"三个记述佛教高僧与龙的传说。"鱼山佛影""惠通降龙"讲的都是高僧与恶龙的对抗与矛盾，而"宝壤梨木"中，高僧与龙联合起来对抗天帝，说明原来国祖神话中的天神、水神的矛盾与和解关系，在佛教传入后开始转变成佛教传说的形态。换言之，曾经的最高神天神在佛教传入后被佛祖取代，传统的水神则变为龙神，天帝之孙成为高僧，女性的水神后裔则变为龙子，与天神对立的水神变为恶龙，从而进一步演绎为高僧与龙之间的矛盾与和解。

最后，高丽始祖神话也吸收了许多之前时代的传说，经过加工改编表现为唐肃宗与辰义的结合、作帝建与西海龙女的婚姻等新的天神、水神结合形态。唐朝武力介入半岛促成三国统一之后，新罗逐渐产生了一种轻视父系血统的意识，之前被崇拜的古代天神被唐朝天子取代，之前的水神则被描述为西海龙女。然而，将唐朝皇室视为神圣的观念很可能源于辰韩时迁入半岛定居的中国移民群体，而移民群体的神性观念表达明显弱于新罗、高句丽、百济等的神性观念。高丽国祖神话中的神圣观念可以称为龙神后裔的"龙孙观念"，这暗示了水神信仰在与天神信仰的神性观念竞争中暂时处于优势地位。

韩国神话比较研究

一、韩国神话与中国满族神话比较研究

（一）研究方向

韩国的神话大致可分为国家始祖神话、巫俗神话、姓氏始祖神话。其中国家始祖神话因记载于《三国遗事》等汉文文献而得以流传，而巫俗神话则是20世纪以后借助学者们收集整理巫俗祭祀现场资料或口头念诵的资料才得以出版。虽然这些资料形式不一，整理成文的过程也有差异，但因为这些韩民族的神话都同根同源，因此都是展现韩民族神性表达的珍贵资料。

近来虽然对巫俗神话的研究十分活跃，但是由于学者个人的研究视角不尽相同，加之主观解读较多，以致得出的研究成果对于其他研究领域的发展贡献甚微。神话研究的方法论虽然很多，但作为韩国学研究的分支，为更好参与韩民族文化研究，首先应向历史学靠拢。简言之，研究神话需要将神话与神话信仰集团联系起来进行解读。譬如讨论国祖神话时，需要考虑传承这个神话的部族有着怎样的信仰，过着怎样的生活等问题。这种对于部族特点的理解，既可以通过分析神话了解，也可以援引其他领域研究成果来加以分析。像这样把神话学与历史学、人类学等其他学科联系起来，才能为解决诸如民族文化源流等韩国学领域的共同课题提供新的思路。

国祖神话大致可分为以檀君、朱蒙等为代表的北方地区神话，以及以朴赫居世、金首露等为代表的南方地区神话。北方神话记述了始祖出生前其父母的结合过程，是一种"结婚→出生"的神话模型。南方神话中并未出现始祖父母，而仅记述始祖的诞生、结婚过程，神话模型可以概括为"出生→结婚"。这两种神话的建国过程也有所不同，北方神话始祖建国之前当地已经存在国家概念；而在南方神话中，始祖是由各部落首领推举产生，从而展现出初始国家的面貌。由此可以看出北方与南方神话反映出的不同历史情况。

从空间来看，北方神话形成于包括现今朝鲜在内的东北亚一带。这里曾经生活的民族不仅有韩民族，还有满族和契丹族。因此，要更加客观、深入地研究韩国神话，有必要将其与北方民族神话进行比较考察。特别是满族，曾与韩民族一起长期在长白山、图们江周边地区生活，还一度加入高句丽、渤海等国，还曾建立金国与大清，两次逐鹿中原执掌政权，所以流传至今的满族神话资料也十分丰富。"三仙女""天鹅仙女"等满族神话作为清太祖的祖先神话，属于国祖神话的范畴，"尼山萨满""女丹萨满"等资料属于巫俗神话，此外"女贞定水"则属于满族英雄神话。

笔者将以韩国与满族的同类型的神话为对象展开比较研究，具体包括：国祖神话"朱蒙神话"和"清太祖神话"、巫俗神话"巴里公主"和"尼山萨满"、英雄神话"天池神话"和"女贞定水"等。

（二）国祖神话对比——"朱蒙神话"与"清太祖神话"

满族的国祖神话讲述了清太祖爱新觉罗的出生和建国故事，并以"天鹅仙女""三仙女""布库里雍顺""天女浴躬池"等名称流传至今。这些神话最早记录于《东华录》《钦定满洲源流考》等清代刊行文献中，之后收录于《满族古神话》（内蒙古人民出版社，1986）、《满族民间故事选》（春风文艺出版社，1981）、《满族三老人故事集》（春风文艺出版社，1984）、《吉林省民间文学集成》（民间文学集成编委会，1987）等书中出版。笔者将以《东华录》所载资料为主，对各版本故事差异进行考察。

> 先世发祥于长白山。山之东，有库布里山，山下有池，约布尔湖里。相传有天女三：曰恩古伦，次正古伦，次弗古伦。浴于池，浴毕，有神雀衔朱果置季女衣，季女爱之不忍置诸地，含口中，甫被衣，忽已入腹，逐有身。告二姐曰：吾身重，不能飞升，奈何！二姐曰：吾等列仙籍，无他虞也。此天受而娠，俟免身来，未晚。言已别去。弗古伦产一男。生而能言，体貌奇异。及长，母告以吞朱果而有身之故。
> 因命之曰：汝以爱新觉罗为姓，名布库里雍顺。天生汝以定国乱，其往治之。汝顺流而往，即其地也，与小舟乘之。母逐凌空而去。①

收录于《钦定满洲源流考》中的神话内容与这一神话几乎一致。与《东华录》版本相比，其不同之处在于没有出现三个仙女的名字，而是添加了名为"爱新觉罗·布库里雍顺"的孩子到了"三姓之地"，平定了三姓部族的纷争，

---

① 孙晋泰：《朝鲜民族传说의 研究》，乙酉文化社1947年版，第197—198页。

然后被推举为贝勒,在鄂多里城建立了满族国家。①

另一方面,相关口传神话的内容展现出更加丰富的变化。如:"布库里雍顺"中记载弗古伦三姐妹早失父母,在长白山脚下以打猎为生;布库里雍顺到了三姓之地,帮助三姓部族和解从而被推举为族长;在柳树下和一个少女相遇然后结婚;在布库里湖竖起"天女浴躬碑"等情节。② 不过,这种资料内容明显自相矛盾:在人类女子沐浴的湖边竟然竖起了名为仙女沐浴的石碑。因此,将弗古伦三姐妹描述为以打猎为生的人类女子应该是口述者的误传。类似的变异在"天鹅仙女"神话中也可以找到原因。"天鹅仙女"故事中,弗古伦三姐妹变成天鹅降临到阿林山天池,脱下身上的羽毛后在池中沐浴。这时在当地以打猎为生的三兄弟将她们的羽衣藏了起来,并与三姐妹结婚,仙女们在人间生活了一年,各自生下一个儿子之后返回天上。此后仙女的儿子们不断繁衍生息,他们的后代一起生活在三姓之地但纷争不断。地上一年,天上一天。天上的仙女过了九百九十九天之后,才知道自己的子孙们在互相流血争斗,而此时人间已经过去了九百九十九年。三仙女为此感到痛心,于是来到人间的天池沐浴,吞下了喜鹊掉下的朱果而生下了布库里雍顺。③ 这里出现的仙女羽衣被藏之后结婚的情节与流传于世界各地的"天鹅仙女传说"属于同一类型,不同的是神话中藏羽衣的男人在韩国成了樵夫,在蒙古等亚洲北方地区神话中被描绘成猎人。而"布库里雍顺"故事将生下布库里雍顺的女子的身份设定为猎人应该是和"天鹅仙女"故事中藏起羽衣的男人的身份发生了混淆所致。

这一关于清朝始祖努尔哈赤的神话成型于16世纪末至17世纪初。努尔哈赤出生、建国的时间为1559年和1616年,但是努尔哈赤神话必定形成于更加久远的年代。并且,这一神话中除受"天鹅仙女传说"影响外,还保留有"夜来者传说"与"朱蒙神话"的影响痕迹,特别是该神话的整体框架与"朱蒙神话"十分相似。两者的共同点为:

①两神话的空间背景均为长白山周边地区。
②三姐妹沐浴之后,其中一位少女被选中。
③怀孕后的少女不再被天庭接受。
④母亲待儿子长大讲出其身世秘密,之后指示儿子前往他地建立国家。

---

①《钦定满洲源流考》卷1部族"按满洲本部族名恭考"条。
②中国民间文艺研究会:《满族民间故事选》,春风文艺出版社1981年版,第4—9页。
③张基卓、董明:《天鹅仙女》,见《满族三老人故事集》,春风文艺出版社1984年版,第15—20页。

即使两神话存在以上共同点，但"清太祖神话"和"朱蒙神话"展现出的神话本质等神性表达还是存在差异，即"朱蒙神话"中朱蒙的父系是天神，母系是水神，而"清太祖神话"中清太祖的母系被设定为天神，其父系的身份很模糊。国祖神话中始祖的血统具有十分重要的意义，因为始祖的血统可以表现出这个部族的神性表达。所以想要了解满族的神性表达，就必须明确清太祖父系的身份。满族神话中的父系主要以"朱果"或者"猎人"的形象出现，特别是"朱果"在大多数神话版本中都曾出现，因此有必要搞清楚红色果实的含义。就朱果本身来说，不论是飞鸟将其衔来，还是其火红的颜色，或是浑圆的外形，这些特点都和太阳形象密切相关。不过，如果将其解释为"太阳的精气"会产生如下疑问：太阳本在天上，生活在天上的仙女何必降临地面吞下朱果使自己怀孕呢？即父系、母系如果都是天神，在天宫结婚应是顺理成章，仙女是没有必要下凡的。另外，仙女由于吞下朱果而身体沉重无法返回天上，这也说明朱果是一种十分异于天界或太阳的东西。

那么，朱果象征的父系到底是什么呢？始祖出生的场所是湖泊，始祖的名字也是用湖泊名字命名的，另外始祖出生后乘小船顺流而下建立了国家，由此可以看出始祖和水有着很强的亲缘关系，那么朱果象征水神的可能性就很大了。在水中出生，顺水迁移并建立了国家，将这种神话情节理解为接受了水神的保护是较为合理的解释。

这种解释的合理性可以通过分析韩半岛流传的"清太祖神话"内容加以证实。在从咸境北道会宁地区收集整理的资料中，清太祖努尔哈赤被记述为李座首之女与鳌池岩池水中的水獭结合所生；城津地区调查的资料当中有少女和山中之龙结合生下的孩子成为清朝天子的内容。这些资料都属于"夜来者传说"的类型。"夜来者传说"既出现在韩国姓氏始祖神话（昌宁曹氏、平康蔡氏）之中，也出现在薯童、甄萱的出生传说中，这种传说具有水神父系血统的特征。不过，会宁"努尔哈赤传说"中展现出的努尔哈赤与水的亲缘性尤其值得关注。

> 在鳌池岩诞生的努尔哈赤渐渐长大，每天在池边游泳，守护着水獭的坟墓。有一天，一个远行客找到他说："我通晓风水之说，此处有块风水宝地，但奈何那地方在莲池之中。这池中有一块卧龙石，其左角有天子之气，右角有王侯之气。将先人遗骨挂于石角上，可以福泽子孙。你将吾父遗骨挂在左角，将乃父遗骨挂在右角，我们便可各偿所愿。"于是努尔哈赤左手拿地师之父遗骨，右手拿自己先亲遗骨潜入莲池中，然后将其交换位置挂于石角之上。地师知道真相后无可奈何

地说，大概天意如此罢，便叹息着离开了。①

在这一资料中，努尔哈赤作为水獭的后人生活在水中，天生具有在水中自由往来的游泳本领。另外，努尔哈赤先亲的遗骨所葬之地是象征水神的龙形岩石，也可以佐证清太祖的父系是水神。

如果清太祖的父系是水神的假设成立的话，那么满族就是水神的后裔了。女真族的族源传说中也提到，满族是天女和天池龙王的后裔。

> 古时长白山一带荒无人烟，只有一个小阿哥，每日在长白山天池捕鱼为生。一天，他正在抓鱼，从五色彩云中飞下九个仙女，游到小阿哥眼前，其他八仙女见有凡人，一齐飞走，只有九女走不了。由于天界有个规矩，第一次遇到的凡人如果是男的，就要和他结婚。天神曾派天兵天将来抓九女，被池中黑龙搭救。后来小阿哥与九女婚配，繁衍子孙，称呼女真族，女真者，女即天女，真即真龙，女真后裔满族。②

这里记载的女真族是生活在长白山天池附近的少年和天女的后代，从少年捕鱼为生、天女得到天池黑龙保护等内容来看，女真族的父系显然应是水神。"女真"一语本身就意味着天女和真龙，所以女真族是以天神为母、水神龙神为父诞生的民族，同时也表现出女真族父系的水神属性与母系的天神属性。

相比于"天父水母型"的高句丽"朱蒙神话"，满族的始祖神话或民族起源神话应该是"水父天母型"，虽然两者都具有将天与水视为神圣的共同点，但在父系血统、母系血统上存在一些差异。"朱蒙神话"中的父系血统显然是从天帝到解慕漱，同时强调了解慕漱优于河伯的地位；而"清太祖神话"重点描述了母系的天女身份及其活动，却并未明确道出父系的血统和功绩，由此可以看出韩国神话与满族神话所表达的神圣性存在差异。

（三）"天池神话"与"女真定水"

介绍长白山天池由来的传说，并非单纯描述其地理环境是如何形成的，而是记述了长白山周围生活各民族的神话。该传说在《长白山传说》一书的"天池"篇下有用韩文（朝鲜文）记载的版本，以及《吉林省民间文化集成（上）》中收录的题为《天池水》的中文神话版本。首先了解这一传说的内容，待分析

---

① 崔常寿：《韩国民间传说集》，通文馆1958年版，第468—469页。
② 陶阳、牟钟秀：《中国创世神话》，上海人民出版社1989年版，第257页。

其神话特点后,再与满族英雄神话"女真定水"做比较研究。

很久以前,在长白山附近有一个小国家。国王叫作"称凤王",称凤王有一个美丽的公主。很多国家的王子都向公主求婚,但都被公主拒绝了,公主说自己只跟打败长白山黑龙的英雄结婚。那时,长白山有一条恶龙,挥舞火刀,四处作恶,寸草不生,生灵涂炭。见此情形,一位英雄下决心要打败恶龙,他就是"白将军"。公主找到白将军说:"要想打败恶龙,先要养精蓄锐。"于是她把白将军带到了"玉浆泉",让他连续一百天饮用这里的泉水。气力大增的白将军来到了长白山顶,与黑龙展开了一场血战。得到公主帮助的白将军获得了胜利,以万斤刀斩下了黑龙的火刀,失去火刀的黑龙逃向了东海。赶走黑龙的白将军为了获取水源,用铁锹在山顶挖土撒向空中,这些土成了今天长白山的十六座奇峰,土坑里冒出来的水变成了天池。公主和白将军结婚后,为防止黑龙再次来犯,在天池中建起水晶宫,过着幸福的生活。①

将这一故事视为神话的依据在于白将军和公主并不是为了自己的利益,而是为了国家百姓与黑龙展开了英勇斗争,并成为受民众崇敬的人物。所谓神就是被民众视为神圣并崇拜的对象,这种崇拜通过具体的祭祀活动表达出来,所以神也是被祭祀的对象。白将军和公主为了防止黑龙再次作乱生活在天池水晶宫中,说明他们已经成为天池的守护神。如果存在对于天池的祭祀活动,无论是国家祭祀还是个人祭祀,祭祀的对象都很有可能是白将军与公主这对夫妇神。

天池神话含有怎样的神圣性呢?这一神话中的白将军和黑龙分别象征着什么呢?白将军是一位姓氏为"白"的男性英雄,同时也是长白山的守护神。白将军的姓氏"白"和长白山之"白"的含义一样,象征着"白光"与"光明",所以白将军象征着天神。而黑龙之"黑"则象征着黑色的大地,黑龙挥舞火刀使水干枯,象征着长白山地区的火山活动,同时也代表着地上的灾难。天池神话中的"白"与"黑"代表着天神与地神的对决,也是一种水与火的战争。白将军斩下黑龙的火刀并使得天池涌出泉水,这一情节也可以解释为白将军是天神与水神结合后诞生的建国始祖。帮助白将军的公主也具有水神的特点,公主让白将军饮用玉浆泉泉水使其气力大增,之后又生活在天池水中守护天池。由此可见,"天池神话"与"朱蒙神话"都是以天神、水神两种神性为基础,将父系设定为天神、母系设定为水神的神话。

---

①李天录、崔龙宽:《长白山传说》,延边人民出版社1989年版,第1—7页。

进而探讨满族英雄神话"女真定水"。"女真定水"收录于《满族民间故事选》，记述了完达、女真夫妇合力击败使黑龙江泛滥的黑龙、白龙、青龙三条恶龙，让黑龙江重新恢复平静、造福人间的故事。不过值得关注的是，这个神话中也提到了长白山天池的由来。

完达和女真在黑龙江边务农为生，但是黑龙作乱使得江水泛滥、风雨大作，于是他们逃到山顶，扔下巨石与黑龙作战。此时，有一块闪着金光的巨石突然裂开，出现了一把威力无比的"七星斧"，夫妇二人用这把斧头击退了黑龙。到了冬天，完达和女真攻入黑龙江里的龙潭府，抓住黑龙砍掉龙角，抢走了黑龙吐出的宝珠，然后用绳子把黑龙绑在黑石上便回到了陆地。完达和女真误以为他们从黑龙那里抢来的宝珠是"定水宝珠"。为了祈求风调雨顺与江水安定，他们将宝珠投入了江中，结果黑龙江再次泛滥。完达、女真这才知道被黑龙欺骗，只好再去寻找白龙宝珠。他们乘着龙角飞到了长白山，与用寒气将龙角吸走的白龙展开了一场血战。完达和女真打破冰墙，来到白龙藏身的洞穴中，女真抓住龙尾，完达手持七星斧将白龙拦腰斩断，从白龙的脖子里取出了红色宝珠。此时女真感到腹部隐隐作痛有生产的征兆，两人祈祷可以永远消除龙给人间带来的灾难将宝珠投入江中。但是这颗珠子也不是定水宝珠，而是可以点火的宝珠，这颗火珠所到之地都着起大火，火焰蔓延融化了长白山的积雪引发了洪水，女真被洪水冲走。完达为寻找女真来到山下，发现洪水在这里汇聚形成了一个湖泊，在彩虹升起的地方传来了孩子的哭声。完达仔细一看，原来女真已经生下了孩子，正躺在湖面的莲叶上，旁边的莲花中躺着一个男婴和一个女婴。完达将女真和孩子们拉上岸，莲叶和莲花就变成了祥瑞的彩云升入天空，而这湖水就是长白山的天池。

完达给男孩取名兴凯，给女孩取名牡丹，他将妻儿安置在长白山后，为拿到青龙的宝珠，独自出发前往青龙所在的龙王池。完达排除万难来到龙王池，经过三天三夜的殊死搏斗杀死了青龙，得到了定水宝珠，然而完达最终也力竭而亡，死后变成一座可以阻挡洪水和大风的高山，这座山就是完达山。

女真一边抚养孩子一边等待丈夫完达的归来，但却一直没有他的消息，于是女真来到长白山顶大声呼喊完达的名字，这时一只喜鹊飞来将完达的死讯告诉了她。女真带着孩子来到完达山，向着山拜了三次。女真知道黑龙没死依然还在作乱，于是她来到黑龙江将黑龙抓住钉在江底，并将定水宝珠投入江中，平息了泛滥的江水。①

这个传说被认为是生活在长白山和黑龙江周围的女真族英雄神话。女主人公的名字正是满族的民族名称"女真"，以男主人公名字命名的完达山，以孩子名字命名的兴凯湖、牡丹江等都是实际存在的名词，可见这则神话资料的来历渊源颇深。神话中出现的三条恶龙应该是由于洪水导致的江水泛滥等威胁人类生活的自然灾害。神话将洪水、寒潮、干旱分别描绘成黑龙、白龙、青龙，而完达和女真有可能作为克服这些灾害的神而得到民众的祭祀。完达化身为山守护一方百姓，由此推断他后来可能成了山神；女真最后平定了黑龙江的水害，可以推测其被崇拜为黑龙江江神。另外完达和女真守护了女真族生活的一方水土和安全，他们还具有创世神的特征。作为山神的男神与作为水神的女神被崇拜为部族守护神，这一点与"天池神话"十分相似，但是从天池水的起源来看，两个神话中的神圣性表达是不同的。

"女真定水"神话中的天池是长白山积雪被火焰融化为雪水汇集而成的，因为长白山积雪是从天空降下的，所以天池水也可以说是从天而来。这种认为天池水来源于上天的认识与认为始祖母系血统来自于上天的想法类似，因为女性与水都象征着生产和孕育的能力。

相反，"天池神话"中的天池水是白将军挖土而出，所以源自土地，这与"女真定水"中的天池水的来源形成鲜明对比。即"天池神话"中的天池水源自大地，水神又是女神，这与"天父水母"的后裔后来成为始祖的"朱蒙神话"的神话意识是一致的，而"女真定水"中的天池水来自于上天，这与始祖是"天母水父"的后裔成为始祖的清太祖神话意识存在共同点。

（四）"巴里公主"和"尼山萨满"

满族巫俗神话中比较具有代表性的是"尼山萨满"和"女丹萨满"，其中"尼山萨满"记述了萨满前往阴间夺回死者灵魂并使其起死回生的故事，这与韩国具有代表性的巫俗神话"巴里公主"较为类似。

1913年俄国满语教授A.格列宾希科夫从满族满语教师德克登额处得到了"尼山萨满"满语手写本，该资料于1961年被翻译出版，尼山萨满神话得以公

---

① 中国民间文艺研究会：《满族民间故事选》，春风文艺出版社1981年版，第26—37页。

之于世。① 1974年韩国成百仁教授将其译成韩语版《满洲萨满神歌》出版。

"尼山萨满"是口头流传的满族萨满故事，20世纪30年代中国学者凌纯声教授调查了黑龙江一带的赫哲族居住地，出版的《松花江下游的赫哲族》一书中收录了"一新萨满"故事。1961年内蒙古大学的金启琮教授考察了齐齐哈尔市东北三家子村的满族社会与历史后，出版的《满族的历史与生活》中收录了"女丹萨满"的故事。②"尼山萨满""女丹萨满""一新萨满"都是记述满族萨满奇闻逸事的同类型故事。但到目前为止，还没有专门的研究来讨论这些故事到底是神话，还是是口传叙事诗，或民间故事，抑或是萨满传记。季永海、赵志忠在《萨满教与满族民间文学》一文中将其称为"作为满族史诗的尼山萨满传说"，并探讨了此处插入的神歌，得出满族萨满教、满族神话、满族祭神歌三者"三位一体"具有紧密关系的观点。③ 其后他们又在《满族民间文学》一文中介绍了尼山萨满，称其为"满语长篇故事"或"满族史诗"。④ 另外，沈阳出版的《尼山萨满传》中又将尼山萨满解读为一种"民间说唱故事"⑤。综上，中国学界并未将"尼山萨满"视为神话，仅仅将其视为故事、传记或口传叙事诗。之所以出现这种情况，与"尼山萨满"具有多重复合特征相关，但归根结底是因为研究者并没有真正发现其体裁特点中存在的问题。体裁特点一般可以从传承情况、流传环境、传播方式等作品外部背景进行讨论，但最切实有效的方式还是对作品内在的结构、意义加以分析。首先了解"尼山萨满"的内容，再来探讨其体裁特点。

很久以前，在一个叫罗洛的村子里住着一个有钱的员外，名为"巴尔都巴延"。他中年得子，可是这个儿子在十五岁那年去横廊山打猎途中生病死掉了。之后员外夫妇为能够再生养一个儿子，不停地向神灵祷告、救济穷人等，做了很多好事，终于在员外五十岁时又生了一个儿子，取名为"赛尔古岱费扬古"。孩子长到十五岁时，请求父母

---

① 20世纪初，俄国满学家A.格列宾希科夫（1880—1941）三次前往中国东北找到"尼山萨满"三种手稿版本：第一种1908年采集于齐齐哈尔东北；第二种是1909年从瑷珲城名为德新格的满族人手里得到的两种不同抄本；第三种1913年从海参崴名为德克登额的满族人手中得到。前两种（共三本）手稿均为残本，第三种保存完整，20世纪60年代以前这些手稿一直保存在列宁格勒（圣彼得堡）苏联科学院东方研究所。参见季永海：《〈尼山萨满〉的版本及其价值》，载《民族文学研究》1994年第3期。——译注
② 赵展译：《评介尼山萨满传》，见《尼山萨满传》，辽宁出版社1987年版，第1—15页。
③ 季永勇、赵志忠：《萨满教与满族民间文学》，载《中央民族学院学报》1989年第1期。
④ 赵志忠、季永海：《满族民间文学》，见《中国民族民间文学》，中央民族学院出版社1987年版，第425—430页。
⑤ 赵展译：《评介尼山萨满传》，见《尼山萨满传》，辽宁人民出版社1987年版。

让他上山打猎。虽然员外一开始进行了阻拦，但是儿子执意要去就同意了。费扬古在狩猎山中打猎时，突然感觉浑身发冷，之后发了高烧陷入了昏迷。费扬古把仆人阿哈勒吉和巴哈勒吉叫过来，最后留下了给父母的遗言就咽气了。得知儿子死讯，员外夫妇痛不欲生，正在这时一位长者走上前来，向员外夫妇推荐了住在尼希河畔的尼山萨满，说尼山萨满可以救费扬古，说完长者就消失了。巴尔都巴延立刻去找尼山萨满，并恳求她救救自己的儿子，尼山萨满被巴延的真诚感动，于是来到他家开始做祭祀法事。尼山萨满牵着一只三年老母鸡和一条狗，肩上背着陈酱和白纸，在众神的围绕之下前往阴间。在一条河边，尼山萨满遇到一个跛子，从他那里打听到"蒙高勒代舅舅"带着赛尔古岱费扬古过了河。于是尼山萨满将手鼓投向水面，站在手鼓上面过了河，来到了阴间的城门前，又将三块陈酱和三团纸给了守门小鬼才过了关，来到了蒙高勒代舅舅门前。尼山萨满要蒙高勒代舅舅放了费扬古，但是蒙高勒代以阎罗王之命为由拒绝放人。尼山萨满怒而念咒，召唤来一只大鸟抓起费扬古飞走了。阎罗王得知费扬古被救走，怀疑是蒙高勒代舅舅的诡计，蒙高勒代说此事是人间最厉害的萨满尼山所为，自己要去找尼山洗脱罪名。蒙高勒代舅舅追上尼山要人，尼山把自己带来的鸡和狗给了蒙高勒代舅舅，让他把费扬古的寿命延长到九十岁。

尼山萨满带费扬古回去的路上，遇到了正在烧油锅的丈夫，尼山丈夫因为尼山救了费扬古而没有救自己而怀恨在心，准备将尼山下油锅。尼山大怒念了咒语，召唤来一只大鹤，把她的丈夫抓起来扔到了丰都城。尼山又进到一栋楼阁中，遇见了"福神妈妈"，听她讲述了阴间的各种刑法、法度。又来到了红色的河边，尼山将手鼓扔到河里，两人乘着手鼓过了河回到了巴尔都巴延的家。尼山立即用二十担水泼到费扬古的鼻子上，又拿四十担水浇在他的脸上，然后烧香祷告，赛尔古岱费扬古醒了过来。巴尔都巴延喜出望外大摆筵席，并将自己一半的金银衣物赠予了尼山。

尼山萨满的婆婆听说尼山没有救自己的儿子，反而将其投到了丰都城，于是到京城官府状告尼山。官府把尼山叫来对质并让其供述，发现婆婆的控诉与尼山的陈述一致，于是太宗皇帝下令把尼山的神帽、摇铃、手鼓等祭祀法器全部扔进乡村井中，没有皇帝的允许任何人不准取出使用。

　　此后，赛尔古岱费扬古承袭父业，继续济贫扶弱、积德行善，子孙后代全都官至显贵，福泽不断。①

　　"尼山萨满"资料来源于名为德克登额的俄国西部某大学满语教师用满文记录的手稿，之后成百仁教授将其翻译成韩语出版，以上是该资料的内容概括。这份资料是用文字记录的萨满传记，所以也可以将其视为记录个人生平的东方文学体裁——传。但是该资料并非一开始就被记录为文字流传，而是将在满族人口中流传的故事加以记录，所以难以将其定义为传记文学。那么该资料属于口传文学形式的传说吗？其内容具有人物传说的特点。不过，从这一资料是通过歌唱的方式流传下来的角度来看，称其为口传叙事诗比传说更为贴切。但是歌唱流传的叙事形式不仅有口传叙事诗还有神话，所以有必要探讨这一资料到底是神话，还是叙事诗。实际上，神话与叙事诗如同硬币两面，区分起来并不容易。只是叙事诗中既有神话，也有非神话；神话之中既有以歌唱形式流传的韵文神话，也有以话语形式流传的散文神话。但是，神话需要具备其作为神话的要素，特别是巫俗神话中，不仅需要叙述主人公作为神的事迹，还要包含其如何一步一步成为神的经过。成为神的标志是其受到民众的祭拜和供奉，因此"尼山萨满"的体裁特点，取决于其内容之中是否具有神话特点，以此为标准就可以很容易判断出来。

　　比之神话而言，这一资料的传说特点更强。首先，作品的时间与空间是具体的历史时间与现实空间，并且尼山的悲剧结局也说明该资料的传说特征。相反，资料当中并未出现萨满成为神的经过或被人祭拜等反映其神话特征的内容。即使如此，这一资料依然可以被认为是神歌或神话，因为"尼山萨满"让死人复活的情节描写得惟妙惟肖，其中还插入了很多一般人无法理解的咒术神歌，使这一资料展现出不同于一般世俗文学作品的神圣氛围。如果在资料结尾添加尼山萨满因神性而受到人们祭拜的内容，那么这一资料的神话特征将十分明显，因为在韩国许多巫俗神话中都能发现主人公被人们祭拜的神话特征。

　　与"尼山萨满"同类型的资料"女丹萨满"却在后半部分出现了上述神话特征。如果"尼山萨满"与"女丹萨满"是同类型资料，那么两者的文学体裁自然也应该相同，所以如果"女丹萨满"是神话，那么"尼山萨满"也可以被视为神话。1961年内蒙古大学金启孮教授来到黑龙江省富裕县三家子满族村进行社会调查，发现村里所有人都知道女丹萨满故事，不过歌曲的唱词部分几乎

---

①成百仁译注：《滿洲샤먼神歌》，明知大学出版部1974年版。

被淘汰掉了，内容变得十分简单明了，只留下以喇嘛与皇帝迫害萨满为主的情节。金教授同时还指出，"女丹"与"尼山"存在同音的可能性，有可能在喇嘛受到清太宗宠爱而打击萨满教时期，相关情节内容被修饰从而发生了变化。①

这一观点认为"尼山萨满"和"女丹萨满"是同一类型作品的不同版本。以下考察"女丹萨满"的内容，探讨其神话特点，比较其与"尼山萨满"是否属于同一类型。

女丹萨满二十岁死了丈夫，一直守寡到老。她学习萨满法术给人治病，还能在人死后到阴间去把人的灵魂带回来使其复活，于是女丹萨满的高超法术逐渐人尽皆知。一次皇帝的太子生了重病，皇帝请来两名喇嘛僧侣为太子医治，结果太子的病反而愈加严重竟然不治身亡，皇帝痛心疾首。之后皇帝听说女丹萨满可以把死人灵魂从阴间带回来，于是派人去请求女丹萨满的帮助。得知这个消息的两个喇嘛躲在皇宫大门后面，准备在女丹萨满进宫时将其杀害。女丹识破了他们的奸计，直接飞到皇宫拜见了皇帝，然后去了阴间将太子的魂魄带回使太子起死回生。皇帝又请求女丹萨满救活三年前死去的妹妹。女丹对皇帝说虽然魂魄可以带回来，但是尸首已经腐烂，所以无法使其复生。听到这话的喇嘛偷偷向皇帝告发女丹说她明明可以救活公主却偏偏不救，于是皇帝把女丹囚禁于水井中将其溺死。女丹死后的三天里，天昏地暗、日月无光。皇帝命人调查原因，一位大臣经过仔细察看说是一只大鸟用翅膀遮住了太阳，请求让人用箭将其射下。放箭之后巨鸟的尾巴掉了下来，其翎羽巨大无比。大臣说这是女丹死后的怨气所致，需要为其举行祭祀，于是女丹成了萨满始祖，并接受人们的祭祀。②

这一神话内容虽然简略，但与"尼山萨满"内容几乎一致，差别仅在于萨满拯救的不是员外独生子而是皇太子，没救的不是丈夫而是皇帝妹妹，以及被皇帝杀害的原因不是自己的婆婆的告发而是喇嘛僧的陷害。这种内容差异是否会出现在同一种叙事资料之中还需仔细斟酌，不过从狭义来看，即使两者不是同一叙事类型，至少可视其为同一文学体裁。两资料的共同点在于都是在叙述萨满能够使人起死回生的超凡能力，但是，女丹萨满故事中包含含冤而死变成大鸟遮天蔽日，而后成为萨满祖先受世人祭拜等内容，所以"女丹萨满"应为

---

① 金启孮：《尼山萨满传·序言》，见《尼山萨满传》，赵展译，辽宁人民出版社1987年版，第1页。
② 爱新觉罗·乌拉熙春：《满族古神话》，内蒙古人民出版社1987年版，第89—106页。

东北地区萨满的祖先神话。

相反,"尼山萨满"中尼山死后并无神异事件,结尾并没有体现神话特征,因此资料本身只能被视为萨满英雄传说。但是如果说两者是同一类型的不同变异版本,那么"尼山萨满"也可以被视为萨满的祖先神话。至于其神话功能和内容是否是后人演绎的,还是本来就有的,或者是在流传过程中被省略了,这些现在都已经难以考证。但是考虑到满族口传资料内容的多样性在不断削弱并且存在逐渐消失的趋势,资料后半部的神话结尾很可能是被人为略去的。从这个意义上来说,"尼山萨满"原本应是满族的巫俗神话,也是萨满的祖先神话。

这则神话记述了名为"尼山"的萨满为拯救富翁巴尔都巴延十五岁早夭的儿子赛尔古岱费扬古而去阴间走了一遭,这与为救父母而前往阴间的韩国巫俗神话"巴里公主"的内容十分相似。

"巴里公主"是从引导死人灵魂去往阴间的"死灵祭祀"(사령제)巫俗仪式唱词中整理出来的巫俗神话。目前韩半岛全境采集整理到相关资料四十余篇,根据流传地区各个版本的差异也很大。比如咸境道地区版本已经褪去了神话的本来面貌,沦为街谈巷尾的滑稽趣谈①,首尔地区流传版本大致保留了神话的原来面貌,笔者将以首尔地区版本为主展开讨论。"巴里公主"的内容概括如下。

从前,李氏王朝某个国王登上王位准备迎娶王妃。他找占卜师算了一卦,结果卦象显示今年成婚则见七公主,明年成婚才得三东宫,但是国王没有听从占卜师的建议,当年就成婚了。结果连续生了六个公主,国王这才知道占卜师所说千真万确,于是为了生下王子虔诚祷告。不久国王做了一个吉梦,之后王后就怀上了第七个孩子,等到生下来后发现依然是个公主,国王一气之下就把第七个公主遗弃了。大臣们把七公主放在木盒中随河水漂走,因七公主被遗弃的身世,所以人们叫她"巴里公主"。巴里公主在盒中顺流而下,被"叫花子功德爷爷奶奶"救下并抚养长大。国王因为遗弃巴里公主犯下罪过患了重病,想要医治必须找到被抛弃的公主,喝下她取来的仙界的"神泉水"才可痊愈。无计可施的大臣最终找到了巴里公主,巴里公主为求得泉水前往仙界。巴里公主不得不给守护泉水的神仙出力干活,先后砍柴三年,打水三年,烧柴三年,又为其生下三个儿子,方才得到"神泉水"。当巴里公主带着"神泉水"回来时,国王已经去世正在举行葬

---

① 徐大锡:《바리공주연구》,见《韓國巫歌의 研究》,文学思想社1980年版。

礼。巴里公主用"神泉水"和"神仙花"救活了已死的国王，后来巴里公主成了掌管阴间之神。

从上述内容可知，"巴里公主"和"尼山萨满"都是记述女性主人公"赴阴取魂"的巫俗神话，但在细节方面两者存在不少差异，特别是其中人物的特点以及作品中反映的各种观念都不尽相同。

首先来比较两者的人物特点。巴里公主是一国公主，不是巫师萨满，不同于尼山萨满的巫师身份。因为是凡人而不是巫师，巴里公主求取神泉的行为多少有些懦弱，但也是执着于真诚孝心得到的善果。巴里公主自身能力并不突出，之所以能够做出伟大的事情，在于她的孝心感动了他人与神灵，从而得到了帮助。相反，尼山萨满本身具有超凡能力可以解决一切难题，她在阴间遇到的种种难关都通过吟唱神歌、施展咒术等方式得以顺利解决。

巴里公主为救父亲，在寻药途中与神泉守护者武藏丞结婚并生下孩子组成家庭，之后全家一起返回。而尼山萨满在阴间遇到丈夫，拒绝其重生的要求，更将对自己无理的丈夫投入永世不得超生的丰都城独自返回。从这种差异可以看出，韩国女性具有重视家庭的观念，相反，满族人有着与家庭相比更加重视个人名誉的观念。两则神话中主人公的性格与身份形成了鲜明对比。

再来比较巴里公主之父与巴尔都巴延。两人都拥有财富与地位，但巴里公主之父身为国王，是通过权力获得财富；而费扬古之父巴尔都巴延则是通过积累财富获得了名誉和权力。两人虽然存在身份差异，但是最根本的差别来自于两人的行为。巴里公主之父抛弃了孩子之后，又为了自己的生命"牺牲"了孩子；相反，巴尔都巴延则是通过自身努力挽救了孩子。因此"巴里公主"是孩子拯救父母的故事，"尼山萨满"是父母拯救孩子的故事，只是前者父母与孩子存在直接的"利益交换"行为，后者父母通过萨满解决了孩子的危难，两则神话在此处并不存在完全的对应关系。

姑且将"巴里公主"与"尼山萨满"两则神话中体现的各种观念综合称为"世界观"，以下对两则神话的世界观做对比考察。"巴里公主"中死去的是年迈父亲，竭尽全力施救的是最年幼的女儿；"尼山萨满"中死去的是年轻的儿子，努力施救的是年迈的父亲。世间万物包括人在内，都是在生老病死中延续着世代，死亡面前先长后幼乃自然规律，所以年轻的子女为拯救年迈父母而牺牲虽符合人之伦理，却悖于自然法则。"巴里公主"体现的孝道观念并非自然常理，而是到了一定时期圣贤所提倡的人为伦理。相反，"尼山萨满"中出现儿子先于父亲死去的违背自然规律的内容，尼山萨满作为可以和神灵沟通的媒介，对掌管生死的神灵违背常理的做法提出抗议并予以纠正,可见其拥护、尊重自然秩序的观念。即两则神话分别反映出尽孝的伦理观念与尊重自然秩序的观念,而在人类社会历史中,尽孝的伦理观念与尊重自然秩序的观念相比其出现时间应该更晚。因此,"尼山萨满"反映了比"巴里公主"更为原始的萨满教世界观。

"巴里公主"中父亲得病死去的原因在于他抛弃上天给自己的孩子而犯下罪过,这种人类违背天意的行动亵渎了神灵,受到了惩罚。这种因亵渎神的意志最终受到惩罚的思维淋漓尽致地反映出韩国巫俗神话的思维方式;而"尼山萨满"中赛尔古岱费扬古之所以死去仅仅是因为注定早夭,使他早夭的也是神灵,但却并未说明其必然的原因。根据内容来看,掌管寿命的阎罗王喜爱费扬古,想把他留在身边,所以早早把他带到了阴间,但尼山萨满却并未纵容这种错误行为。在萨满和阎罗王的较量中,阎罗王一败涂地。这种失败并非是因为能力不足,而应该解释为神灵承认过错并加以改正。可见,满族萨满教并没有无条件尊重神的权威,而是认为胜败取决于对错。

两则神话中使死者复生的方式也存在差异,巴里公主以自身劳动力、成熟女性具有的生育能力以及虔诚孝心为代价换取了神泉水,使父亲起死回生;而尼山萨满发挥自己的神异能力把死者灵魂从阴间夺了回来,从而使费扬古复生。如果说巴里公主作为凡人竭尽全力换取了父亲的生命,那么尼山则是通过自身力量挽救了费扬古的生命。"巴里公主"反映出强调忍耐、牺牲精神的韩国女性观,而"尼山萨满"反映出满族女性无异于男性的重视个人能力的观念。

以上考察使我们了解到,"巴里公主"和"尼山萨满"各自反映出韩民族与满族的神圣观、生死观、女性观等多种不同观念。

(五)结论

第一,国家始祖神话方面,通过比较高句丽"朱蒙神话"和满族"三仙女神话",发现两神话的共同点是始祖父母血统均来自"天"与"水",不同点在于"朱蒙神话"父系是天神,母系是水神;"三仙女神话"父系是水神,母系是天神。

第二,英雄神话方面,通过比较"天池神话"和"女真定水",发现两神话的共同点是都有男女英雄击败恶龙、造福人间的内容;不同点在于"天池神话"中天池水源自大地,"女真定水"中天池水源自天上,由此可以发现英雄神话中具有类似国祖神话中的父系、母系血统差异。

第三,巫俗神话方面,通过比较"巴里公主"和"尼山萨满",发现"巴里公主"十分重视孝道等家庭伦理和女性的真诚奉献精神;从死亡顺序中可以发现,"尼山萨满"更加重视自然秩序、萨满神异力量及活动。这种差异反映了"巴里公主"神话因受到后世伦理价值观的影响而发生了改变,而"尼山萨满"神话却完好地保存了萨满教的世界观。

二、韩国与中国满族巫俗神话比较考察

(一) 绪论

关于韩国的巫俗信仰是否等同于东亚的萨满教这个问题,已有不少论述。大体而言,韩国的巫俗至今为止一直被视为一种区域性萨满教现象。从本质上来看,韩国的巫俗和萨满教都是通过"神灵附体"的巫师直接与神"交灵"来消除人的各种痛苦。但从具体解决方式或社会功能层面来看,巫俗与萨满教的巫师种类、巫仪形态又存在不少差异,很难一概而论。

在东北亚多民族中,中国东北地区的满族萨满教可以被称为萨满教的中心,笔者将概括满族萨满教与韩国巫俗信仰的特点,对比考察韩国巫俗神话与满族神话中的异界观与神圣崇拜的差异。根本而言,这一研究是在比较韩民族与满族的价值观与世界观。以异于儒教、佛教世界观的萨满教世界观为基础,研究韩民族与满族由于不同的民族特性与民族文化所产生的必然差异,具有一定的学术意义。

满族神话近年才被韩国学界所了解。1974年,成百仁教授将具有巫师祖先神话特点的"尼山萨满"译介到韩国[①],进入20世纪80年代满族文化研究开始变得活跃,"天宫大战"等巫俗神话也被介绍到韩国。近来,富育光所著《萨满教与神话》、傅英仁所著《满族神话故事》等资料由李钟周教授翻译介绍到韩国。[②] 下文主要研究的满族巫俗神话有"尼山萨满""天宫大战""他拉伊罕妈妈""多龙格格""阿达格恩都哩""鄂多哩玛发""头辈太爷"等。

韩国巫俗神话资料主要以全国流传的"堂锦千金""巴里公主""七星巫神歌"为主,同时参考济州道流传的"祖上巫神歌"和"堂神巫神歌"等资料。

---

① 成百仁译注:《滿洲샤먼神歌》,明知大学出版社1974年版。
② 李钟周:《滿族創世神話"우처구우리본(天宮大戰)"의 創造와 鬪爭》,载《韩国古典研究》第3辑,韩国古典研究学会,1997年,第367—392页;李钟周、张春植译:《우처구우리본(烏車姑烏勒本,天宮大戰)》,载《韩国古典研究》第3辑,韩国古典研究学会,1997年,第393—420页;李钟周译:《满族神话》,载《韩国古典研究》第4辑,韩国古典研究学会,1998年,第343—382页。

虽然原则上应该通过统计、对比整体资料得出相对客观的结论，但是由于巫歌资料仍在被不断收集整理中，所以并不存在所谓"整体资料"。笔者以为，即使能够对主要资料进行直观认识或解读，从提出问题角度来看已经具有重要的学术价值。因此，本部分内容将根据耳闻目睹的考察资料对以下问题集中展开讨论，即巫俗与萨满是一种以地缘为主的信仰，还是以血缘为主的信仰？神话英雄追求实现的目标是个人价值，还是集体价值？

（二）韩国巫堂与满族萨满特点比较

韩国从事巫俗之人根据其从事巫俗的不同原因，可分为"降神巫"与"世袭巫"；根据不同的祭祀特点可分为巫俗祭祀①的巫堂与读经的经客。巫俗从事者区别于其他宗教人士的神灵感应形式的主要特点有神灵附体、灵魂出窍、人神对话三种。②在这三种方式中，降神巫与世袭巫的巫俗方式存在不少差异，巫俗祭祀与读经过程也存在一些不同要素。"神灵附体"又被称为 Extasy, Trans, Possetion，这些表达的共同含义都有神志异常之义，即巫俗人的自我意识被抹去，变成另一个"自我"，或是被其他灵魂体占据，使其无法发挥本来功能的状态。但实际上，神灵附体的巫俗人并非无法辨识他人或无法听懂他人的语言。他们在传达故去者话语时也知道该向谁表达，在神灵附体状态下也能认出自己的家人和同伴。这意味着巫俗人本身的自我和神灵附体的自我是共存的，并且本身的自我可以对灵魂体力量加以利用或调节。不过，根据巫俗人或神的特点差异，巫俗人控制、召唤神的能力也有所不同。

降神巫一般按照"身体主神"③的指示行动，即使在巫俗祭祀中出于看清神的意图接受其他神灵附体来愚弄神的时候，也只是按照神的指示行事，并不能操纵或驱使神。但是读经的经客或法师因为并非被神附体，所以能够驱使神，也就是召唤神并使之降临在"神将竿"④上，让神将执行捉拿某种鬼的任务。神将按照巫俗人的盼咐完成任务后返回他们原来的居所。另外，世袭巫表现出的神灵附体现象并不明显，虽然他们也可以让神降临在"神棍"上询问吉凶，但是并没有直接让神附体进行沟通的行为。

---

① 巫俗祭祀（굿）：巫堂向神献祭，以歌舞的形式向神祈求改变吉凶祸福等人类命运的原始宗教仪式，简称巫祭。——译注
② 李熙贞：《샤먼의 神靈接觸形式에 관한 연구》，首尔大学大学院宗教学科博士学位论文，1999年。
③ 身体主神（몸주신）：巫堂初次被神灵附体并接受其灵魂力量的神。——译注
④ 神将竿（신장대）：指巫堂使神将降临时使用的棍棒或树枝。——译注

"灵魂出窍"指降神巫在巫俗祭祀途中进入失去神智的状态,占卜过程中巫俗人的"身体主神"也会"出窍",为巫俗人打探相关信息。但就巫俗祭祀形式本身而言,并不存在专门举行"灵魂出窍"的仪式。灵魂游历故事常出现在与神相关的"出行记述"或叙事巫歌之中,但是故事中描绘的是神的游历内容,并非巫俗人灵魂游历的所见所闻。世袭巫、读经巫的仪式中,并没有以"灵魂出窍"解决问题的内容。

　　从人神对话的层面来看,降神巫接受神灵附体之后,通过传达死者语言与祭主进行对话,或通过自问自答的形式完成神与巫俗人的直接对话。相反,世袭巫与读经巫与降临在神棍上的神进行"间接对话"。所谓"间接对话",指通过回答"是"或"不是"传达神的意思。

　　由此可知,与东北亚萨满教相比,韩国巫俗是以巫祭为主的降神巫巫俗仪式。降神巫类似于中国东北或西伯利亚地区的萨满,直接接受神灵附体变成神灵消除困难,并且通过跳舞请神灵降临,还以灵魂出窍的方式出游,通过人神直接对话来克服人类无法解决的问题。

　　韩国的巫堂一般分为降神巫、世袭巫两类①,大致以南汉江为界,江北边是降神巫影响范围,江南边则是世袭巫影响范围。② 可以将巫师细分为巫堂型、单骨型、命豆型、神房型四类③,巫堂型巫师主要在韩半岛北部活动,单骨型巫师主要在南部活动,命豆型巫师遍布除济州道、咸镜道以外的半岛地区,神房型巫师则主要在济州道活动。④ 虽然世袭巫主要在南汉江以南地区活动,但这一区域并非完全没有降神巫。忠清道地区举行巫俗祭祀的巫师中,既有降神巫,也有学习巫;在岭南地区进行占卜巫堂"功澄伊"（공징이）即为降神巫。韩国东

---

①降神巫（강신무）指被神灵附体的巫师,能够直接表达神的意志,需要具备得过神病、有专门场所神堂、从事专门仪式巫仪三个条件,主要包括巫堂型、命豆型;世袭巫（세습무）是没有被神灵附体的降神过程,继承祖上巫师身份通过学习巫业技艺从事巫俗行业的巫师,可以转达神的语言,主要包括单骨型、神房型。——译注

②崔吉成:《한국무속의 이해》,예전사 1994 年版,第 62—68 页。

③韩国巫师分为四种类型:巫堂、单骨、命豆、神房。巫堂指从降神体验中获得灵力,拥有降神的"身体主神"和供奉身体主神的神坛,可以用歌舞主持祭祀,靠灵力占卜;单骨指全罗道、庆尚道地区的世袭巫,按血缘世袭,有从事巫业的特定地区,没有降神体验,没有灵力,因而也没有神坛,可以用歌舞娱神;神房指分布于济州道的世袭巫,重视灵力,对神认识明确,没有直接的降神通灵,只通过媒介物（占卜工具）问神占卜,可以用歌舞主持祭祀仪式;命豆指分布于全罗道、庆尚道地区孩子死后投胎转世而成的降神巫,死去孩子与降神者存在血缘关系,一般死去的孩子占卜,具有死儿灵的招柔术,不能用歌舞主持正统祭祀仪式。参见金泰坤:《韩国巫俗》,金锦子译,载《民族文学研究》1995 年第 2 期。——译注

④金泰坤:《한국의 무속》,大圆社 1991 年版,第 11—18 页。

海岸渔村为祈求渔业丰收的祭祀活动——"别神巫祭"①，以及死灵巫祭——"恶鬼巫祭"②的巫堂与巫觋都是世袭巫；全罗道地区举行的"堂山巫祭"和"洗灵巫祭"的单骨巫师属于世袭巫；此外，在济州道管理"本乡堂"③的神房巫师也是世袭巫。虽然关于以上地区世袭巫的祭祀仪式已经做了很详细的调查，给人一种这些地区都是世袭巫的感觉，但实际上在这些地区，世袭巫与降神巫是共同存在的，关键在于当地社会对于哪种巫堂更认可。如果将主持定期举行的"村祭"的巫堂视为被公众认可的巫俗司祭，那么岭南或全罗道地区主持"村祭"或"洗灵巫祭"的世袭巫应该已经得到了当地社会的认可。相反，降神巫无法被社会认可主持定期"村祭"仪式或"恶鬼巫祭""洗灵巫祭"等巫俗葬礼仪式。但是，那些为治疗个人疾病的"病巫祭"、预测吉凶的"忧患巫祭"以及运势占卜等仪式与世袭巫无关，而是降神巫主要负责的范围。因此，在庆尚道、全罗道地区，司祭、治病、预测三种巫俗职能中，司祭职能由世袭巫承担，余下两种职能由降神巫承担。不过，还有必要注意一下，承担司祭职能的世袭巫有着按照地区活动的地缘性特点。济州道的"乡堂神房"④是专门主持村庄本乡堂集体祭祀的司祭者；韩国东海岸一带主要负责主持"别神巫祭"的世袭巫也会定期承担居住周边地区村子的公共祭祀；而全罗道地区的"单骨巫"则承担着"场内"（管辖区域）村庄的祭祀活动。可见，世袭巫并非血缘集团的司祭，而是所在地域居民的祭祀者，因而有其地缘性。

满族萨满分为神择萨满和人择萨满。各氏族部落的人择萨满主要负责各氏族的家神祭祀，从传承氏族文化的角度来看与韩国的世袭巫有相通之处；神择萨满一般是突然得了"神病"之后被神灵降神附体，主要负责野神祭祀，其特点和韩国的降神巫有些类似。⑤不过即使有这些共同点，因为满族萨满是血缘集团的司祭者，因此不同于韩国的巫俗从事者。满族的人择萨满是从部落中选拔出公认的具有萨满素质的人，选拔的标准是力量强大，聪明伶俐，忠实宽厚，

---

①别神巫祭（별신굿）：祭祀村庄守护神别神的巫俗祭祀。——译注
②恶鬼巫祭（오구굿）：名称源于"恶鬼"（오귀），指消除死者怀有的怨恨与欲望，洗刷所有罪恶，将其引向阴间的祭祀，该祭祀在各地域的名称各不相同，首尔、京畿、黄海道地区称其为"镇恶鬼巫祭"（진오귀굿），东海岸称其为"恶鬼巫祭"，全罗道称其为"洗灵巫祭"（씻김굿），咸镜道称其为"亡默巫祭"（망묵굿），平安道称其为"十王巫祭"（시왕굿）。——译注
③本乡堂：济州道地区特有的管理村庄土地并供奉村庄守护神的场所。——译注
④乡堂神房（당맨심방）：管理本乡堂的巫师，济州道地区称巫堂为神房（심방）。——译注
⑤徐大锡：《한국무속과 만족 비교고찰》，见《燕居斋申东益博士停年纪念论业国语国文学研究》，景仁文化社1995年版。

勤劳正直，恭敬有礼，即具有部族领袖素质才能被选为萨满。

不过，即使有这样的人选，也要征得本人及其父母的同意。被选为萨满的人选将在一段时间里学习背诵神歌和敲鼓的方法，期间成绩低劣者将被淘汰。人择萨满负责主持部落共同活动，人择萨满死后在部落共同墓地举行葬礼。氏族繁荣人口增长后，各分支派别开始安排独立萨满，新的独立萨满将师从部落宗家萨满的"本姓萨满"接受相关训练，之后被派往各个分支氏族部落。分支氏族萨满的人选问题将在本姓萨满与部落族长的共同会议上决定，选出的萨满要供奉氏族祖先神，并为氏族的繁荣幸福而竭尽全力。① 可见满族的人择萨满是氏族部落这一血缘集团的司祭者。

与满族不同的是，韩国的降神巫与世袭巫都并非只服务于某个特定氏族集团。降神巫用感受神灵的力量，为所有人消除忧患、疾苦，世袭巫则为自己居住周边区域的居民服务。并且从巫俗人之间的关联来看，他们并非血缘关系，一般是师徒关系或收养关系。

不过，也有必要了解一下韩国巫俗中体现血缘性的个案。如降神巫得了神病后，经常会听到类似"祖上之灵低头看了我"的表达，意为某位祖先神降临附体后成了降神巫的身体主神。特别是先祖中有人从事过巫俗活动的话，民间信仰会认为巫俗祖先的灵魂会在某一刻降神在子孙的身上，所以也不能说韩国巫俗与血缘联系完全无关。并且，世袭巫依据家族血统世袭巫俗职业或将巫俗视为家族事业，这与父系血统有着很深的关系。不过，问题的重点在于，巫俗人负责祭祀和活动的范围到底是依据血缘关系划分的，还是依据地缘关系划分的？也就是从社会功能层面来看，巫俗人到底是承担了血缘集团的司祭者职能，还是承担了地缘集团司祭者的职能？由此来看，韩国巫俗人明显不是血缘集团的司祭者。虽然依靠血缘关系的世袭巫也可以行使地区部族司祭者的职能，但是并非像满族萨满那样依据不同的血缘姓氏单独安排巫俗者的例子。从朝鲜后期开始，韩国形成了以父系血缘为主的被称为"家门"的家族制度，并且盛行"门中祭祀"②。以在中央担任主要官职的家族为主形成了许多门阀家族，他们以"门中"（共同姓氏祖先）为中心进行儒教式的祭祀，巫俗信仰渐渐遭到疏远排斥。换言之，此时的血缘集团司祭者依据儒教之规由"宗孙"负责主持祭祀，并不需要其他司祭者。

---

① 富育光、孟慧英：《满族萨满教研究》，北京大学出版社1991年版，第102—103页。
② 门中祭祀（문중제사）：姓氏相同、血缘相近的家庭共同举行的祭祀活动。——译注

因此，和韩国巫俗人以地域为中心进行活动相比，满族萨满作为血缘部族司祭者进行巫俗活动，这是韩国巫俗与满族萨满的主要差异。

（三）巫俗神话中的萨满权力比较

一般来说，可以以两种方式衡量萨满的权力是否得到整个社会的认可：一种是通过类似问卷调查的方式了解社会成员的认识与想法，其中既包括巫堂的自身评价，也包括一般人对巫堂的评价。但这种方式的问题在于，在韩国即使不进行调查也能很容易地推测出巫堂的社会地位与权力，而对于满族萨满来说类似调查难以进行，所以本研究将使用另一种方法，即通过探讨巫俗意识和巫歌寻找其中隐含的巫俗从事者的权力。巫歌是从古至今流传下来的文化积累的产物，通过巫歌可以理解巫俗从事者的社会地位与权力，虽然这种研究需要具备一定的解释能力与观点，但却有其研究意义。以下将以叙事巫歌为中心来认知萨满的社会地位与权力。

首先，韩国的巫歌并未过多彰显巫堂的神通与威力，但是满族巫歌或神话却十分强调萨满的奇异能力。韩国的巫歌中，只有济州道的祖先巫神歌出现了表现神房巫师奇异能力的内容，韩国本土资料中很难找到记叙巫师个人奇异能力的神话。与此不同的是，满族神话中的代表创世神话"尼山萨满""头辈太爷"等多种神话中都出现了萨满大显神通的内容。

韩国巫俗神话中强调巫堂神异能力的有济州道的祖先巫神歌中的"高大静巫神歌"①。永川李牧使赴任济州牧使，想要废除济州道的巫神堂和佛教寺庙，所以他走遍前山后山，烧毁了五百所巫神堂，废除了五百座寺庙。之后永川李牧使来到济州三门，叫来了供奉"高大静"神的神房和寺庙僧人，要求他们向自己展示神堂和佛祖的灵验之处。他命令寺庙僧人礼佛，让躺在大殿中的佛像自己站起来；又让叫高大静神的神房作法，让南门外插在"巫女堂"的"兵马旗"②自己走到观德亭东边的大堂来。无论僧人如何念经理佛，佛像都无法站起，佛祖并未显灵，但是高大静神的神房做了七天法事之后，狂风四起，天摇地动，三千兵马旗开始抖动，李牧使十分害怕，不得不承认三门里面的神堂十分灵验，下令停止破坏神堂并离开了济州道。济州道大旱时，高大静在酒馆里

---

① 高大静巫神歌（고대정본풀이）：由济州道三徒洞高万户家子子孙孙流传下来的记述家族守护神来历的巫歌。——译注

② 兵马旗（병마기）：巫俗祭祀中类似"神将竿"的祭祀神器。——译注

说，如果自己主持祈雨祭就会下雨。这话传到了郡守那里，于是叫来高大静让他祈雨。高大静布置好祭祀场地，流着眼泪向神虔诚祈祷，不久天降大雨，甚至漫到了堤坝。①

类似表现济州道神房巫师神异能力的例子在祖先神话中尤为常见，但是其中所谓的巫师能力是用极致真诚感动神灵，通过神调节气候求得降雨。即神房作为司祭者只是向神表达敬意和祝愿，并无法用自己的权力支配风雨。高大静神的神房收到郡守的命令，用七天时间真诚做法，使得风雨大作，兵马旗飘动，但这并非夸耀其神异能力，而是彰显了他感天动地的真诚。济州道本来经常刮风，连续七日作法总能碰到刮风的时候，就连普通人也能预测得到。兵马旗自己走到大堂和因刮风剧烈飘动或移动，这两者之间是有很大差别的。不过，被狂风惊吓的郡守停止损毁神堂，也可以视为他感受到了以神房为首的济州道民众强烈的巫俗信仰的结果。

高大静神房主持祈雨祭求得降雨也是一样，比起神房的权力，重点在于凸显其感动上天的真诚。高大静神房在感天祈雨时的祈祷内容如下：

> 举行了祭祀，神灵们得到了赏赐应该可以平静地离去了，但是神灵的圣房今天不去东边大堂的话，我就要被砍头。洞悉万物的上天怎会如此无动于衷？②

从以上内容可知，神灵已经得到了祭祀与供奉，如果开明的上天不下雨，神房就会因为违反了与郡守的约定被处死，此情此景上天怎能无动于衷。即，神灵得到了祭祀就应该予以报答，怎么能够得到了供奉却置祭祀者于死地？这明显是以世俗人的逻辑道理在向神追问。这种说服神的方式，依照的是人类社会人情报答的思考方式，可见巫俗神话中十分注重普通人的逻辑道理。

在韩国巫俗中，和巫俗人的神异能力相比，更常出现的是巫俗神的威力，展现巫俗神威力的内容在"痘神巫祭"③ 中较为明显。东海岸地区的"痘神巫祭"中，痘神娘娘要过鸭绿江，于是拜托艄公，但是艄公戏弄她说，如果她以身相许就不收船费送她过河，被激怒的痘神惩治了艄公：

> 听了这话，痘神娘娘真是怒火翻滚，愤愤难平。
> 痘神问了艄公的住所姓名之后，就砍了他的头，扔进了义州鸭

---

① 玄容骏：《济州道巫俗资料事典》，新丘文化社1980年版，第811—815页。
② 玄容骏：《济州道巫俗资料事典》，新丘文化社1980年版，第811—815页。
③ 痘神巫祭（손님굿）：祭祀主管天花的"痘神"（손님）的巫俗活动。——译注

绿江。

>又找到艄公家中，见到他三个儿子，
>
>砍了大儿子的头，盛在竹木桶，
>
>砍了二儿子的头，装在橡木桶，
>
>砍了三儿子的头，挂在草帘门，用来喂乌鸦。①

此处痘神将对自己无礼的艄公一家残酷杀害，可见其本性之残忍，亵渎神圣神灵的代价就是艄公父子四人的惨死，这表现了巫俗神的恐怖。令人恐惧的不是神灵有多么广大的神力，而是其报复的彻底与毫不留情，可见巫俗神拥有能够左右人生死的力量。但是，巫俗人并没有强大的实际神力，巫俗人在神灵附体时被视为与神等同的存在，在没有被神附体时，则不过是没有任何权力的身份低贱之人。特别是对于官员来说，巫俗人尤其弱小。

而在满族神话中，萨满被视为神而且神通广大，法力无边。满族创世神话"天宫大战九段"②中记载了萨满的起源神话。

>阿布卡赫赫成为宇宙母神后，派神鹰昆哲勒哺育一个女婴，使她成为世上第一个萨满。昆哲勒用太阳河中生命与智慧的神水喂养萨满；用光之女神卧勒多赫赫的神光启迪萨满，使她通晓星卜天时；用大地之神巴那姆赫赫的皮肉使萨满变得丰润，并教她随心所欲地使用神技。萨满甚至学会了耶鲁里自生自育的奇功，从而传播了男女交合生育的医术。于是，这个少女成为世界上第一个通晓神界、兽界、灵界、魂界的大萨满，成为百聪百灵、百慧百巧的万能神。③

这里所说的满族萨满是由创世神与光明之神的阿布卡赫赫养育，是一个集聪明、智慧于一身的万能神。神话中还揭示了萨满拥有许多技能的缘由，另外为其附加了占卜预测与掌管男女结合生育的权力。因此，萨满不仅是保护、统治氏族部族的统治者，同时也被视为神灵。

满族巫俗神话"尼山萨满"中具体记述了萨满发挥的神异能力。为了拯救赛尔古岱费扬古，尼山萨满去阴间寻找阎罗大王。尼山站在手鼓上度过了冥河，像一阵旋风通过了阴间的两道关门。到达蒙高勒代舅舅的第三道鬼门关时，尼山萨满念出"豪格雅格"的咒语，要求蒙高勒代舅舅交出阳寿未尽的赛尔古岱

---

① 崔正如、徐大锡：《동해안무가》，萤雪出版社1974年版，第244—245页。

② "天宫大战"在通古斯古语中称为"乌车姑乌勒本"，其流传内容分为九个段落。——译注

③ 金在镛、李钟周：《왜 우리신화인가》第三章 "동북아 창세신화《천궁대전》"，图书出版东亚1999年版，232页。

费扬古。可是对方回答说是阎罗王命令将赛尔古岱费扬古抓回来，而且阎罗王将赛尔古岱费扬古当作自己的儿子一样抚养，拒绝了尼山萨满的要求。于是尼山说她会靠自己的能力去向阎罗王要人，之后跑到阎罗王的都城。尼山萨满面对紧锁的阎罗王城门，念出"克拉尼克拉尼"的咒语变成了一只大鸟，抓起费扬古将其带回了阳间。阎罗王因费扬古被尼山抢走责怪蒙高勒代舅舅，蒙高勒代舅舅说这是阳间最知名的尼山萨满所为。之后蒙高勒代舅舅找到尼山，哀求她帮助自己减轻罪名，尼山提出把费扬古的寿命延长到九十岁作为交换条件，蒙高勒代舅舅照办之后，尼山用一只鸡和一只狗代替费扬古给了蒙高勒代舅舅用来赎罪。①

以上神话中，尼山萨满比阎罗王的法力还要更胜一筹，尼山并非借助其他神的力量来克服困难，而是自己直接解决问题。尼山威力强大，以至于阎罗王和蒙高勒代舅舅连再把费扬古的灵魂抢回去的念头都不敢有。尼山萨满的地位高于阎罗王，她以自己的法力前往阴间，指出阎罗王的过错，并亲自予以纠正。尼山萨满的行为显示，她已经不是一个祭祀者，而是一个全知全能之神。

除尼山萨满外，其他满族神话中也出现了许多拥有强大神力的萨满。石姓家的祖先萨满"头辈太爷"，可以指挥往来于日月间、从天而降的按巴瞒尼神。众多萨满之中，还有一鳌姓大萨满的法力与石姓大萨满不相上下，于是他们展开了一番较量。石姓萨满说："我能变成青鱼过河。"鳌姓萨满说："我神神通，你神不灵，我能乘鼓过河。"鳌姓萨满手持金马叉，坐在神鼓上过河。石姓萨满头辈太爷变作青鱼，游至江中要将神鼓掀翻，鳌姓萨满用八只眼睛盯着水面加紧防备，用金马叉猛刺石姓萨满。石姓萨满身受重伤，临死之前对家人说："我死后将我的棺椁放在松阿里乌拉江（即松花江）的沙滩上，七七四十九日后，我便能还魂复活。"可是，他的妻子却把这个消息告诉了自己的娘家鳌家。鳌姓一家老少经过商议，在石姓萨满的棺椁上浇油，烧了三天三夜。结果经此一烧，石姓萨满炼成了金身银身，在大火中变成一道金光飞上了长白山，又修炼了二十余年，附体于二辈太爷身上。②

此处石姓萨满可以施展变为青鱼的变身术，而鳌姓萨满则拥有乘鼓过河的神力。被刺死的石姓萨满还知道自己死后如何复活的方法，虽然最终因鳌姓家

---

① 成百仁译注：《滿洲샤먼神歌》，明知大学出版社1974年版，第146—156页。
② 宋和平：《满族萨满神歌译注》，社会科学院出版社1993年版；《만족의 무속과 무가》，崔元伍译，载《口碑文学研究》第2辑，韩国口碑文学会，1995年，第463—468页，《우주치자란마파》（頭輩太爺）。

族的阻挠没能复活成功，但至少可以知道其拥有复活的能力。由此可见，满族萨满并非借助神力展现自身的神异能力，而是用自己的力量来解决问题。这不同于通过感动神灵、祈求神的力量完成自己使命的韩国巫俗人。

那么，韩国巫俗人神力较弱，而满族萨满神通广大的原因何在呢？笔者认为，这种差异或许源于将人、神区别对待的二元世界观与将人、神等同的一元世界观。满族巫歌中的可以发挥如神一样威力的萨满，正是反映了对萨满与神不加以区别的神人同形的一元世界观。与之相反，在韩国的巫俗中，神与司祭是被区分开来的，巫俗人如果不借助神的力量就只是一个普通人，也无法发挥任何威力。这是一种将人的世界与神的世界区别认识的二元世界观产生的结果，也是以人为中心的世界观的产物。但是，在济州道地区依然流传着展现萨满法力的神话，从这一点可以找到满族萨满教与济州道巫俗的共同特点。与韩国本土巫俗相比，济州道巫俗与满族萨满教具有相同点的原因在于，相比济州道巫俗，韩国本土巫俗已经发生了巨大的改变，济州道巫俗则保留了更为原始的面貌。首尔地区作为韩国巫俗文化的中心，在历史上不断接受儒教、道教、佛教等外来思想文化的影响，其巫俗文化也发生了很多变化。相对而言，济州道地区远离文化中心，并且怀有对中央王权强烈的反抗心理，从而得以完好保留了巫俗文化本来的特征。

（四）异界观对比

韩国巫俗神话中出现的"神界"与"人世"，根据神界的不同特点，其分布情况也有所不同，天神世界一般位于人类世界的垂直上方。在乌山地区流传的"蒸笼巫歌"中，七星神从天上下到凡间与梅花夫人结下姻缘后又回到天上；在济州道的"天地王巫神歌"中，天地王从天下凡与总命夫人结下姻缘后又回到了天上。无论是七星神的儿子先门和后门，还是天地王的儿子大星王和小星王，都是上到天界去找父亲，见到父亲后再回到人间。可见，在韩国巫俗神话中，人世的垂直上方就是天神的居住空间。

不仅在创世神话"蒸笼巫歌""天地王巫神歌"中，在京畿道地区的"成造巫神歌"、全罗道地区的"七星巫神歌"中也可以发现类似的天界与人世垂直分布的情况。在"成造巫歌"中，因为天下宫的一千阑干被东风吹坏，黄友阳氏为了维修宫殿而上到天宫。黄友阳氏居住的地上空间黄友庭和玉皇大帝居住的天宫处于垂直的上下空间。但是黄友阳氏前往天下宫的途中还路过了苏尘庭等地点，大致呈现出骑马水平移动的状态。然而"七星巫神歌"中，七星神疏远了梅花夫人，到天界又娶了玉女夫人为妾，他的七个儿子去天界找他时，乘着鸟巢飞到空中，这体现出天界位于人世垂直上方的认识。可见，韩国巫俗神话中的天界与人世是垂直上下分布的两个不同空间。

此外，还有水平分布的神的世界，神仙世界或佛祖世界是存在于人世的水平延长面上的空间，也就是位于西方的西天花海、极乐世界，或是有神奇泉水的神仙世界。巫俗神话"巴里公主"中，巴里公主为了寻找神药前往神仙世界，而她的移动路线也是在人世的水平延长面上，只不过在人世与仙界之间隔了一条江，渡过这条江才能到达仙界。济州道"元天疆巫神歌"中，名叫"奥娜丽"的少女为了寻找父母去往元天疆①的过程也是一种水平移动。元天疆是与人世不同的神界，居住着掌管人世的神仙。奥娜丽去往元天疆的途中分别向天河大蛇、书生迈一（音）、玉帝仙女等问路，可见其是一种水平移动。人世与元天疆之间隔着一条叫"清水涡塘"②的大河，奥娜丽在名为天河大蛇的巨蟒的帮助下渡河到达元天疆。

被称为"生命花海"的西天花田也被认为是在人世水平延长面上的空间，济州道"二公巫神歌"中，哈尔拉贡（할락궁이）的父亲金秀才身为花监官管理的西天花田也是一个翻山过河能够到达的空间。

济州道"世经巫神歌"中，还出现了一种人世、天界、西天花海等异界空间位于同一维度并且互相连接的空间，主人公可以自由往来其间。玉帝之子文道令居住在天界，紫青妃③居住在人世，花监官和他的女儿们居住在西天花田。文道令为了学习文章下凡来到人世，见到了紫青妃，学业完成后又回到了天界，紫青妃后来坐在天上仙女汲水的桶边也到了天界和文道令相见。此外，紫青妃失手杀死了家丁郑秀男（音），无法忍受父母的责骂，她前往西天花海求得复活之花。像这样的神仙世界或佛祖世界存在于人世的水平延长面上，这种观念应该源自佛教、道教等外国宗教。外国是越过国境可以到达的地面空间，国境常由江河等水域区分。所以，受到外来思想的影响，异界空间通常被认为与外国一样，都在水平地面之上，越过江河就可以到达。

另外，阴间和人间虽然也以水为界，看似水平，却不是处于同一平面上。"巴里公主"中出现的阴间是像仙界一样可以通过水平移动到达的地方，但在

---

①元天疆（원천강）：根据韩语音译，人间四季春夏秋冬的发源地，其守护神是"奥娜丽（오늘이）"女神。——译注

②清水涡塘（청수와당）：根据韩语音译，阻隔于人世与元天疆之间的大河。——译注

③紫青妃（자청비）：济州道"世经巫神歌"中掌管农业的女神。——译注

"差使巫神歌"中，姜林（音）道令为了捉住阎罗大王去阴间的描述中可以发现，路途不仅有水平移动，还要通过垂直移动才能到达。姜林道令经过行气池①水底来到地府大门口，可见阴间世界位于地上世界的垂直下方。

此外，龙宫世界位于海底，但并非整个海底都是龙宫，而是在其中某处有龙王居住的宫殿。但是，在满族巫歌中，天界、地上、水中世界被看作一个立体的整体。满族创世神话"天宫大战"中，生命之神阿布卡赫赫诞生于未分离的类似于水泡的天地之中，阿布卡赫赫下身裂开诞生了地神巴那姆赫赫，然后又创造出了光之神卧勒多赫赫。这里天与地不是另外的空间，上方的大气空间是天，下方的土地空间是地。但是有必要注意的是，最初的一切都诞生于水，大地与光都产生于水之后。这一点说明，万物皆源于水，清气、浊气分开形成了天地，这与中国《列子》等古籍中所说的天地自成理论有着相通之处。只不过，大地之神和光明之神被赋予了神性，大地之神巴那姆赫赫的皮肤之上创造出了山谷溪泉，光明神卧勒多赫赫创造出了日月星辰等天体。这种逻辑可以被理解为：天地分离之前的混沌状态下的神是阿布卡赫赫，之后天地分离，分化出了天神与地神，之后创造出了地上万物与天上日月星辰。此处可以发现这样一种认识，即天与地不是独立的空间而是一个整体，上方空间是天，下方空间是地，天与地合在一起就是人世的生活空间。这种空间观明显不同于将天上世界与地上世界分别设定为神与人的空间的韩国神话空间观。

具体呈现出满族神话的异界空间形象的神话资料是"尼山萨满"。尼山萨满牵着鸡和狗，背着酱和纸，在众神祇的围绕追随下前往阴间去见阎罗大王。走兽精灵跟着奔跑，飞鸟精灵随着飞翔，蛇蟒精灵跟着爬行，尼山一行像风一般前进。转眼来到一条河边，尼山萨满上了跛子赖皮的独木船到了对岸，之后又到了红河岸边，萨满把手鼓扔在河中，自己乘着手鼓渡到对岸，来到了阴曹地府门口。此处尼山萨满到阴间的路途经过了江河并徒步行走，这与韩国巫歌神话中出现的去西天花海或者寻找神泉水的过程十分相似。

尼山在阴间游走，进入福神妈妈居住的楼阁中，见到了邻居那立费扬古得天花而死的妻子，见到了掌管阳间所有事务的福神妈妈，见到了一切生命出生，也见到了死后罪人的灵魂受到拷问的场景。这里描绘的满族的阴间世界与阳间的人类社会一样，都有诞生生命的地方和管理死后鬼魂的地方。这种阴间世界的形象，与其说展现了萨满教本来的世界观，不如说是受到了佛教的影响而形

---

①行气池（행기못）：根据韩语音译，"差使巫神歌"中阻隔于阳间与阴间的水池。——译注

成的。受到佛教、道教的影响，将阴间世界描绘为一个管理惩治阳间罪人的刑讯之地，这是满族神话与韩国神话的共同之处。不过，满族神话的本来面貌应该是根源于天上与地上、神界与人世相统一的空间。

（五）神之特点比较

从神的特点方面来看，韩国的巫俗神多为历史人物神或抽象人格神，动物神、植物神等自然神较少，而满族神话则动物神等自然神较多的。

韩国巫俗一直认为所有的自然现象、人文现象都有相应的神掌管，是一种多神信仰。但并非所有的神都是巫俗神，也不是所有的灵性存在都能成为神。所以，这种在人类生活中具有一定功能履行管理职责，之后得到民众祭祀的灵性存在有必要单独总结分析。重要的巫俗神是可以在单独的巫祭仪式中得到祭祀的神，这些神主要掌管着家庭成员的健康、福禄，以及农业的丰收，如帝释神、城主神、宅地神、祖先神、产神等。除此之外，还有享受村庄巫祭的山王神、除厄护村神、军雄、龙王、天王等。但是需要注意的是，这些神只有在与人有关系的情况下才会被视为神并且发挥神的力量，神之间的地位次序也并不明确。然而在道教中，以玉皇大帝为权力顶点，在他之下有日月星辰之神与山川海岳之神，如同王权社会的官僚组织一样十分体系化，韩国的巫俗神情况恰恰与此相反。巫俗神一般情况下都是保护家庭成员的神，帝释、祖先神、宅神、土地爷、产神等全都是掌管家庭成员寿命与福禄的神灵。

在韩国的巫俗中，想要考察某个神受到多大重视、是否被民众虔诚崇拜，分析现实中举行的巫俗祭祀情况是一种较为实际有效的办法。具体标准为：具有独立巫祭仪式并接受祭祀的神比没有的神更受尊重；巫祭仪式进行时间较长、祝福较多并具有神话的神比没有的神更受信奉。以此标准来看，帝释神、城主神、祖先神是韩国巫俗中受到尊重的神。关于帝释神，有名为"堂锦千金"的巫俗神话，也有"牛戏巫祭"与"抓僧戏"等巫俗傩戏，祈愿词的内容也很丰富。关于城主神，也有名为"城主本歌"的神话，祈祷的唱词也很多样化。关于祖先神，济州道流传有"祖上巫神歌"，祈愿唱词也很丰富。这些巫俗神在韩国所有地区都有独立的巫俗祭祀。不过，这些神一般都具有家庭之神的特征。帝释神虽然拥有农耕生产神的特点，但是在农村，因为农业经营都是以家庭为单位的，所以帝释神最终还是掌管农业家庭丰收的神灵，其职能大幅缩小。城主神是主宰一个家庭居住空间住宅之神，祖上神则保护家庭成员并使之繁盛，所以这些神都有家庭神的特征。

比之于韩国巫俗神话，满族神话中受到祭祀的他拉伊罕妈妈、多龙格格、阿达格恩都哩、鄂多哩玛发等神都是保护村庄居民的部落之神。他拉伊罕妈妈为了村民，与经常发起战争的部落和解，除掉骚扰村民的老狼，为宗族整体的和谐繁荣做出了贡献，体现了部族保护神的特点。多龙格格是弓箭女神，她用神弓射杀了危害尼马察乌拉地区（今绥芬河流域及乌苏里江上游地区）氏族的妖怪鹏鸟，为民族立下功绩。她被称为"多龙姑娘"或"多龙妈妈"，并非某个特定家庭之神而是部族之神，守护着整个村庄。阿达格恩都哩为了伊尔根觉罗氏族的村民，与妖怪战斗并将它们击退，是保护百姓之神。综上所述，满族神话主人公都是为了整个宗族或村子与野兽或妖怪进行战斗并把它们赶走，保护了村民。如果说韩国巫俗神是保护家庭及其成员之神，那么满族的神是保护部族与村庄之神，这正是两者之间的差别。

　　比较考察神的性别。在满族萨满教神话中，创造并主宰宇宙的最高神是女神阿布卡赫赫。阿布卡赫赫是光明之神、温暖之神和养育生命之天母神。阿布卡赫赫下身裂开诞生的地神巴那姆赫赫也是女神，上半身创造出的光明神卧勒多赫赫同样也是女神。天神、地神、光明神是三位姐妹女神，她们创造出了世间万物。所以，满族的信仰是绝对的女神崇拜。相比而言，在韩国巫俗神话中，男神始终处于更为优越的神格地位，创世神话中的创世主角为弥勒、释迦、天地王等男性神，之后一代统治人类世界的先门、后门、大星王、小星王等全是男性神。"堂锦千金""巴里公主""七星巫神歌"的主人公虽然是女性，但她们更多是受难的主角，在威力或权力方面并不强大。而且这些女性都是通过生育儿子赢得了作为母亲的尊重，并以此获得神性。由此可见，韩国巫俗神话中的女性固有权力、地位和神性已经衰退。

　　再来比较巫歌中的动物神形象。满族萨满教中有很多动物神崇拜，特别崇尚以鹰为代表的喜鹊、乌鸦等鸟神。鹰是满族创世神话中出现的神鸟，它是创世女神阿布卡赫赫的保护神，被认为是萨满的精灵。石姓神歌中的"按出兰鸦浑"就是歌颂雀鹰神的巫歌，神歌中描述了雀鹰神居住在长白山，身长超过两艘船，展开翅膀可以遮住天地，抬起尾巴可以碰到星星和月亮。[1] 不过，在韩国的巫俗神话或巫歌中却几乎没有出现鹰，也没有发现关于鹰的赞颂。这是因为雀鹰是狩猎民族十分重视的动物，所以满族将雀鹰视为神灵，而韩半岛上的人

---

[1]崔元伍译：《만족의 무속과 무가》，载《口碑文学研究》第 2 辑，韩国口碑文学会，1995 年，第 486—487 页。

们以农业为生，狩猎只被当作业余爱好，所以人们对鹰的崇拜心理也就减退了。

喜鹊在满族民族起源神话"三仙女"中作为神鹊出现，神鹊衔来一颗朱果被扔给了第三个仙女。在满族神话"沙克沙恩都里"中，以喜鹊的样子出生的沙克沙和喜鹊一起长大，获得了控制喜鹊的能力，是一位能够向人们预言洪水、传染病等吉凶祸福的神。在人们中了魔王的圈套快要被抓走吃掉的瞬间，沙克沙从长白山天池带来了神水击退了魔王拯救了人们，因此被奉为快乐之神①，喜鹊也因此被神化为满族神鸟。韩国将喜鹊视为报喜的吉鸟，但神话中却没有喜鹊获得神性的内容。只是在巫歌中记述喜鹊保护被遗弃的孩子或是给迷路的人们指路。"巴里公主"中，黑喜鹊用一只翅膀托起巴里公主，用另一只翅膀盖住她，当大臣来寻找巴里公主时，喜鹊为他们指引方向。

满族神话中的弓箭之神多龙格格是人面并长有鸟的翅膀的形象，满族萨满之所以信奉鸟神，是因为鸟被视为太阳的精灵、天神的使者。象征太阳的鸟有乌鸦、鸡和凤凰等，生活在太阳里的三足乌是太阳的精灵，天亮时打鸣的鸡也具有太阳鸟的属性，凤凰参考了山鸡的形象，是象征着风与光明的神鸟，这些都是太阳信仰的产物。

韩国的巫俗神话中没有发现有关鸟信仰的单独神话，仅在济州道的"差使巫神歌"中有所描述，巫歌中的乌鸦是阴间神灵的信使，是一个闯下祸端的消极灵鸟形象，这与神鸟信仰有所不同，乌鸦把姜林道令的赤牌旨传错了，以致搅乱了人的死亡顺序。类似的神话只出现在济州道神话中。乌鸦错传赤牌旨的内容为：

> 乌鸦叼着写着人寿命的赤牌旨路过屠宰马的地方，因为想吃口马肉，就"哇哇"叫了两声，结果赤牌旨掉了下去。掉落的赤牌旨被白蟒蛇一口吞掉了，乌鸦却要求老鹰交出赤牌旨，但鹰说没见到。于是乌鸦飞到人跟前说："孩子死的时候，大人也一起死吧；大人死的时候，孩子也一起死吧；父母死的时候，孩子也一起死吧；儿孙死的时候，祖先也一起死吧；祖先死的时候，儿孙也一起死吧。"就这样任性乱叫，搅乱了死亡的顺序。早上的乌鸦预示着孩子要死，白天的乌鸦预示着年轻人死，下午的乌鸦预示老人要死；在屋顶最上面叫的乌鸦表示上层人死，在屋顶中间叫的乌鸦表示中人要死，在屋顶下面叫的乌鸦表示下人要死，聒噪的乌鸦叫预示要打架，东边叫的乌鸦预示有

---

① 金在镛、李钟周：《왜 우리신화인가》，图书出版东亚1999年版，第307—309页。

客来，西边叫的乌鸦预示有消息来，傍晚叫的乌鸦预示有火灾，晚上叫的乌鸦预示有贼上门要杀人。①

"差使巫神歌"中，乌鸦是阎罗王的传信者，是一种告诉人们阳寿的鸟，但它却丢了写着人寿命年数的赤牌旨，结果只能擅自胡说，导致种种意外死亡。乌鸦只是传达阴间统治者的命令而已，根据乌鸦的叫声决定人的寿命有点令人费解。如果因为乌鸦错算阳寿而产生失误，那么应该有相应的对策或纠正办法，但在神话之中并未出现这样的内容。在韩国，乌鸦被认为是可以看见鬼的鸟，是一种凶兆，乌鸦一叫就要有丧事。相反，乌鸦在日本被视为一种灵鸟和吉鸟。

在满族巫歌里，乌鸦和喜鹊会作为神鸟一起出现。《满洲实录》中曾记载了清太祖部下兀里堪将军想要进攻一处山冈，遇到"乌鸦群噪不容前往"②，后得知此处埋伏有九国伏兵，乌鸦挽救了清朝官兵的生命。清太祖努尔哈赤被李成梁的军队追击，一群乌鸦飞过来落在他的身上，把他伪装成死尸，从而使清太祖躲过一劫。③

除乌鸦、喜鹊外，满族神歌中还流传着鹤、金舌鸟、银舌鸟、旷野鸟、天鹅、白水鸟等鸟神神话。

满族萨满教神话中，除鸟类外，还有许多其他动物神灵，如"牙亲娄付"中的黑熊神、"爱打干恩都立"中的野猪神、"札拉胡牛胡"中的豺狼神、"必棱他思哈"中的母虎神，以及"札坤打札破占梅合"中的八尺大蟒神。这种对野生动物神进行独立巫祭并献上祝愿与祭祀的活动，反映了以狩猎为生的民众想要避免被凶猛动物伤害的观念意识。

韩国巫俗中拥有独立祭祀的动物神有龙神、蛇神和虎神。龙神是在"龙王巫祭"④中祭祀的神，与其称之为动物神，更像是拟人化的海洋之神或水神。蛇神在济州道被奉为"七星神"并流传着"七星巫神歌"神话，"兔山堂"⑤的堂神也是蛇神，可见济州道已将蛇视为神灵。老虎主要出现在虎患猖獗的村落所

---

①玄容骏：《济州道巫俗资料事典》，新丘文化社1980年版，第271—273页。

②《满洲实录》"癸巳年九月"条：太祖闻之，遣兀里堪东探约行百里，至一山岭，乌鸦群噪，不容前往，回时则散，再往群鸦扑面。兀里堪遂回，备述前事。太祖曰：可从扎喀向浑河探之，及至，夕见浑河北岸敌兵营火如星密。——译注

③金在镛、李钟周：《왜 우리신화인가》，图书出版东亚1999年版，第307—309页。

④龙王巫祭（용왕굿）：以仁川为中心的韩国西海岸渔村在正月十五举行的祈求捕鱼丰年的祭祀活动。——译注

⑤兔山堂（토산당）：济州道供奉七星蛇神与掌管生育、治病之神的巫俗庙宇，其兔山堂巫祭是济州民俗信仰的特色活动。——译注

举行的属于"祛忧除患巫祭"之一的"老虎巫祭"（범굿）中，不过老虎并未取得神性，而是一种希望被消除的对象或凶恶野兽。因此，从动物崇拜的角度来看，满族的萨满教与韩国巫俗有着显著差异。

在韩国巫俗中十分少见的动物神却大量出现在满族萨满教神话中，这可以视为"万物有灵论"或"图腾崇拜"的一种残留痕迹。韩国巫俗中的动物神之所以较少，是因为韩国巫俗已经脱离了自然宗教的属性，逐渐演化为崇拜具有人格神特点的高级宗教。

（六）巫俗神话作品内容比较

满族神话中记述了许多神的英雄事迹，而韩国巫俗神话则以记述个人和家族内容为主。

韩国流传的"帝释巫神歌""巴里公主"的主人公都是女性，这一点与满族神话相似。但在"帝释巫神歌"中，堂锦千金背着父母和僧人生下三个儿子，也因此受到父母的迫害而遭受苦难，但她克服困难与苦难的方式是所有女性都要经历的怀胎与生产，所以很难将此视为英雄人物的伟大功绩，因此"帝释巫神歌"展现了形成于农耕社会的女性生产神神话的面貌。巴里公主小时候被父母遗弃，幸好被收养搭救，之后为救生父前往神仙异界，克服重重难关，将父亲从死亡中拯救出来，其事迹堪称伟大，所以可以将巴里公主视为实践孝道的伦理上的英雄。况且她的父亲是国王，她救了父亲也就相当于救了整个国家，所以她的行为也是为了部族集团而创下的英雄业绩。不过，从巴里公主的行为本身来看，将其视为孝女的孝行更为恰当。巴里公主解决问题的方式，也并非是发挥了卓越的能力，而是凭借着极大的真诚与忍耐克服了困难，这也不同于英雄行为的特点。因此，"堂锦千金""巴里公主"都可以视为展现家庭内部成员关系的神话。韩半岛西南部地区流传的"七星巫神歌"记述的也是继母与前室所生儿子之间的矛盾，所以也是反映家庭问题的神话。继母通过装病、收买占卜者等手段想要谋害继子，死去的母亲化身为野猪帮助儿子免遭厄运，逃过一劫的继子将继母的恶行公之于众并施以惩罚。这种神话内容显然不同于为了种族与整个部落击退残暴的野兽，或者改变恶劣的气候等英雄业绩。在韩国东海岸一带流传的"沈清"和全罗道地区流传的"长者巫神歌"也是记述孝女与孝妇的故事，大致内容是为了使盲父双眼复明而将自己卖掉，或是为了延长阳寿已尽的公公的寿命而好生招待阴间使者。沈清故事也被改编为"盘索里"传唱，所以沈清的人物形象也可以被放大解读。即沈清为救盲父卖掉自己成为祭品，还使得贸易商船在印塘水龙王的保护下得以安全通过，并因此留下亿万黄金。之后沈清成为王后，救助了天下盲人等穷苦百姓，因而成为国民赞美和仰慕的对象。由此可见，沈清从一个家庭孝女进一步成为对社会有贡献之人，并成为给国民带来巨大恩惠的国家英雄。沈清的英雄形象与满族神话中精于射箭、射杀妖怪鹏鸟、击退豺狼的女性武士多龙格格的英雄形象具有一定共性，但是在有关英雄的认识方面，以武士之超凡能力战胜自然灾害与牺牲自己成为祭物避免灾害发生的两种行为依旧存在巨大差异。

满族神话记述的大部分内容都是神为了种族与民众做出普通人难以完成的英雄业绩。他拉伊罕妈妈是满族的联合氏族酋长，被称为化解众多氏族灾难的英雄神。他拉伊罕妈妈是一个出生在乌苏里江捕鱼区名为"他拉伊"村庄的少女，十岁那年被一场大风刮走，十几年后又再次出现。她通过展示自身超常的力量，平息了两个部落的纠纷，使他们达成和解，并且成为多个村子的联合酋长。她教青年们骑马、射箭、舞枪，教女人们种麻、织布等手艺。他拉伊少女用其智慧击退了联合盗贼骚扰村民的妖狼和狼群，并把四十八个部落联合起来管理统治。① 他拉伊少女既是展现出强大武士能力的战争英雄，也是改善生活、传授知识与技术的智慧之神，还是使氏族和解、使人们走上正途的圣者。类似这种兼备道德、智力、体力各种能力的神是一种理想状态的神，这在信仰唯一神的高级宗教中十分少见。同时，也可以发现神所行使的能力并非仅仅为了个人或家庭，而是为了整个部族集团。

"多龙格格"神话中的多龙格格，身为满族弓箭之神，击退了折磨村民的妖怪鹏鸟，立下功绩。妖怪鹏鸟攻击危害的并非某些特定人群，而是危害所有人，射杀鹏鸟正是为了所有遭到危害的人们。"阿达格恩都哩"神话中，阿达匹是与魔鬼耶鲁哩及妖怪们大战了九次，最终将他们击退的豹神。② 由此可见满族英雄神话的普遍特点，即神拥有普通人不具备的强大力量，能够消灭部族的共同敌人，拯救部族于危难之中，并接受部族的崇拜与祭祀。

满族巫俗神话的焦点在于，获得超人能力的英雄为了部落与种族发挥武士的能力，击退凶狠恶毒的敌人，实现了氏族之间的和解。从中不难发现，满族神话的特征以人与自然的斗争为中心，英雄在氏族间的较量中发挥了巨大作用，

---

① 李钟周译：《满族神话》，载《韩国古典研究》第 4 辑，韩国古典研究学会，1998 年，第 343—355 页，"타라이한마마"。
② 李钟周译：《满族神话》，载《韩国古典研究》第 4 辑，韩国古典研究学会，1998 年，第 355—366 页。

平息了氏族间的矛盾并使之和解。与之相比，韩国的巫俗神话一般是以女性极度的真诚感动神灵，拯救家人于忧患疾苦为主要内容。那么，这种倾向的差异到底是由民族特点不同导致的，还是在适应各自环境与历史进程中形成的后天产物？这个问题有必要加以细致探讨。

韩民族是由檀君建立，由箕子、卫满传承的古朝鲜部族集团，主要由朝鲜族和三韩族构成，后代又混合了濊族与貊族，在韩半岛上以农耕定居生活为主。概言之，韩民族的神话是农耕民族的神话。由于中国儒家思想很早就已传入韩半岛，儒教伦理逐渐成为社会伦理，自从作为"坤道"的女性之德被提倡以来，韩国女性以其真诚与忍耐克服化解了无数的危机。这种后代历史与社会的实际情况反映到神话之中，从而创造出为了家庭忍耐与牺牲的女性形象。

相比之下，历史上，满族按照氏族分散居住，部落间频繁出现争斗，出现能够化解氏族间矛盾的英雄以后，便能够实现部落和平的伟业。满族原本生活在中国东北黑龙江、松花江一带，主要以渔业、畜牧业为生，而不是农业，于是这种现实生活也就反映在了满族神话之中。

（七）结语

第一，韩国巫俗与满族萨满教都可以称之为通过司祭者与神"交灵"解决人类问题的宗教，这是二者的共同点。特别是从"入巫"（成为巫师）的过程来看，韩国的降神巫对应满族的神择萨满，韩国的世袭巫对应满族的人择萨满，但是满族萨满是父系血缘姓氏部族的司祭者，而韩国巫俗人以居住地区为中心从事巫俗活动。韩国巫俗从事者并不能成为特定姓氏家族的司祭者，原因是在韩国姓氏集团的两班家族中，存在由门中宗孙按照儒教形式主持家族祭祀的惯例，因而巫俗文化遭到了排斥。

第二，韩国巫俗与满族萨满在权力地位方面存在差异。满族萨满具有与神相同的神异能力与权力，而韩国巫俗只强调巫俗神的威力与神力，巫俗人并不具有受到尊重的权力。这种不同的倾向源于满族萨满教"神人同形"的一元论世界观与韩国巫俗将神与人相区别的二元论世界观的差异。

第三，比较了韩国巫俗神话与满族神话中出现的异界观。满族神话中天界与地界并非分离的两个空间，而是在同一个世界中，上方空间即为天界，下方空间即为地界。但在韩国巫俗神话中，天界作为天神居住的空间，位于人世的垂直上方，人世的垂直下方是阴间世界，人间与阴间以难以渡过的河水为界。佛祖居住的极乐世界以及神仙居住的长有生命树、生命花的仙界，一般认为在人世的水平延长面上，是如同外国一样可以自由往来的空间。因为佛祖世界和仙界是受到国外传入的佛教和道教影响想象出来的异界空间，所以被视为同一个大地上的类似外国的空间。这种异界观的差异同样反映出满族萨满教的一元世界观和韩国巫俗信仰的二元世界观的差异。

第四，比较考察了巫俗神的特点。满族神话的主人公都是为了种族、村庄与妖怪、猛兽战斗并将其击退，神灵保护的是全体村民的安全；相比之下，韩国巫俗神话的主人公都有结婚并组建家庭的经历，为了家庭幸福而付出了努力。韩国巫俗中十分重视的城主神、帝释神、祖先神都是家庭之神，而满族神话中的他拉伊罕妈妈、多龙格格、阿达格恩都哩等都是村庄与部族的守护神。

第五，满族的神以创世神阿布卡赫赫为代表大部分都是女神，男性神的职责与活动微乎其微。与之相反，韩国巫俗中男性神占据优越地位，女性神只是受难的主角，并非地位崇高、行使权力的主体。

第六，满族萨满教中常常出现鹰、喜鹊、乌鸦等鸟类，还有蛇、野猪、老虎、熊等动物神。但在韩国巫俗中，除济州道蛇神信仰和以阎罗王使者身份出现的乌鸦以外，并没有动物崇拜。满族萨满教神话中经常出现动物神的原因主要因为残留有泛灵论和图腾崇拜思想。而韩国巫俗中很少出现动物神是因为韩国已经脱离了自然神崇拜的原始信仰，而经历了人格神化的演变过程。

第七，比较了韩国巫俗神话和满族神话的作品内容。韩国的巫俗神话以家庭为中心，将重点放在解决家庭成员危机的问题之上；而满族的巫俗神话主要以获得超凡神力的英雄为了部落、种族发挥自己的武士能力，击退凶狠恶毒的敌人，实现氏族部落间的和解等内容为重点。满族神话中反映出的特征以人与自然的斗争为中心，英雄在氏族的较量中为平息矛盾、促成和解而努力，而韩国巫俗神话主要反映出女性以极致的真诚感动神灵、拯救家人于忧患疾苦等内容。

三、日本神话中神之结婚、生产特点研究
——兼与韩国神话及农耕祭祀相比较

（一）绪论

韩日神话比较研究已经取得了很大进展，成果主要集中于神话起源与形成方面，在研究方向上，无论韩国学者还是日本学者都试图证明自己国家在古代

是文化或政治上的宗主国地位。但是在研究神话传播时需要注意的是，虽然神话中类似民间故事的情节可以广为流传，但神话的神圣性本质却不会被传播。换言之，即使神话的故事情节广为流传，但它到底是被接受为神话，还是被接受为民间故事或传说，只取决于接受者的意识及当时所处的环境。仅仅根据相同的故事内容并不足以断定神话的传播，而是应该搞清楚到底在怎样的历史背景下故事被接受为神话。因此，神话传播研究需要像考古学、历史学一样的实证，但是由于韩国神话研究依然缺乏客观性证据，所以目前的研究似乎只是在可能性的层面探讨神话的传播。

与从文学的观点探讨神话的学者不同，依据考古学或古代文献史料进行实证研究的历史学者并不把神话当作真正的研究对象，而是以考古文物、文献史书为依据，通过追踪民族移动的时期和路线，研究两国文化的相似性，从而将日本神话的形成与韩民族的迁移联系起来。① 但是关于神话的研究，由于韩日两国神话资料的基本情况差异过大，想要从中提取共同点着实不易。

目前日本神话研究已经积累了丰富的成果，三品彰英、松村武雄、松前建、大林太良、吉田敦彦等许多学者都尝试从不同角度解读日本神话，探讨世界各国的许多材料并展开广泛的比较研究。不过，广泛比较研究之后得出了日本神话主题中包含世界普遍性的结论，但这些研究并未明确揭示日本神话的特点和起源。②

韩国有关日本神话的研究主要集中于反驳"任那日本府说"③，并将日本天皇国家的起源归结于韩民族迁移的相关历史研究。④ 此外，还有将日本"天日枪神话"⑤"三轮山神话"等与韩国"延乌郎细乌女传说""夜来者传说"等进行

---

① 金锡亨：《古代朝日关系史》，1966 年，参考《古代朝日关系史》，한마당 1988 年版。
② 大林太良：《日本神話의 起源》，角川新书 1961 年版。
③ 任那日本府说（임나일본부설）：日本文献中将洛东江流域的多个属于伽倻国的小国称为"任那"，"任那加罗"一词也出现在《广开土大王碑》碑文中，但韩日学界对于"任那"所指目前仍然存在争议。——译注
④ 主要有金锡亨、千宽宇、文定昌、金圣昊、李钟桓、崔在锡等学者的研究。
⑤ 天日枪神话（천일창신화）：根据《古事记》记载，新罗国有湖名为阿具奴摩，白天一女子躺在湖边睡觉，阳光照在女子阴部，之后女子产下一块赤玉。后来新罗王子天日枪得到这块赤玉，赤玉变成美女，名为阿卡尔毗卖，于是天日枪娶了阿卡尔毗卖为妻。婚后阿卡尔毗卖尽心侍奉天日枪，但终于无法忍受丈夫的肆意打骂而去了日本，成为难波的毗卖许曾神社之神。天日枪追随其妻来到日本，在播磨、近江等地游荡，最后在但马国定居。《播磨国风土记》中有天日枪与大国主神力争夺领土的记载。——译注

比较的研究。① 这些研究以韩国神话的日本传播为前提，仅仅在日本神话中找出了与韩国神话相关的部分加以讨论，很难将其视为从整体上探讨日本神话特点与核心内涵的研究。韩国真正意义上的日本神话研究始于朴时仁和黄泪江。朴时仁全面比较了日本神话与阿尔泰神话，并联系阴阳五行思想来理解日本神话的核心结构，虽然从复杂的神话表现之中提炼出阴阳五行原理特点具有很大的意义，但是并未提及日本神话的形成和改编过程，也没有详细的文献考察，所以该研究只是证实了研究者先入为主的观点，具有一定局限性。② 黄泪江致力于寻找日本神话中的韩国要素，并深入考察了记载日本神话的《古事记》和《日本书纪》的形成及改编过程，是韩国日本神话领域真正意义上的开拓研究。③ 不过，相关研究虽然比较详细地揭示出日本天皇出于政治目的有意改编、歪曲日本神话的过程，但并未通过对神话本身的分析来真正探究到底神话的哪些部分发生了改变，产生了怎样的变化结果等内容。

韩国学者黄泪江通过考察记载日本神话的《古事记》与《日本书纪》的编撰过程揭示出天皇皇权对神话的影响，其主要观点可以概括为：为了确立以天皇为中心的中央集权国家并巩固天皇权威，对各个部族流传的固有神话内容做出了隐晦歪曲与改编。

笔者尝试对日本神话中的核心内容——伊邪那岐（いざなぎ）和伊邪那美（いざなみ）的结婚生产以及天照大神（あまてらす）与素戈呜尊（すさのお）的誓约与生产部分进行考察与重新解读。

日本神话是记录于《日本书纪》《古事记》中流传至今的复杂神话，其中包含从开辟天地、国土诞生到诸神之战、统治权争斗、谷物的起源等许多丰富的资料。从这些记载于《日本书纪》中的资料可以看出，这些应该是多个地区长时间流传下来的资料集合。所以即使是主人公相同的神话，神话主题也可以从多个角度进行不同的解读。以下将重点考察《古事记》和《日本书纪》中记载的伊邪那岐和伊邪那美的创世神话以及天照大神与素戈呜尊的瑞珠盟约神话之中神的结婚和诞生的特点。日本神话中只记录了神的诞生而并未提及普通人的诞生，因为日本的神拥有既是神又是人的两面性，即日本神话描绘的是观念之

---

① 关于"延乌郎细乌女传说""天日枪神话""三轮山神话"等与韩国有确切关联的一部分资料，张德顺、金烈圭、黄泪江、金和经等学者已在研究中多有提及，参见鲁成焕：《한국의 일본신화 연구》（《古事记》中，예전사 1990年版，第235—254页）。
② 朴时仁：《일본신화》，探求堂1980年版。
③ 黄泪江：《일본신화 연구》，知识产业社1996年版。

上的、并未对神与人进行二元划分的一元世界。日本神话中早期的神世七代①诞生中，仅仅只是列举了诞生顺序和神的名字，所以很难通过分析诞生过程的血统来探讨其神圣含义。另外，虽然有许多神诞生，但仅仅只出现了诞生的原因和神的名字，大部分的神都没有具体的活动。《古事记》和《日本书纪》中记载真正意义的神的诞生大致有两处：一处是伊邪那岐和伊邪那美结为夫妇后产下了日本列岛的国土以及天照大神、月读（つきよみ）、水蛭子（ひるこ）和素戈鸣尊；一处则是天照大神和素戈鸣尊在天宫盟誓生下五男三女的故事。

日本神话神的诞生故事中既出现了父母结婚，也描述了夫妻结合之后生下后代等，这些内容具备与韩国国祖神话进行比较的神话结构。众所周知，韩国神话包括记载于《三国遗事》中的檀君、朱蒙、朴赫居世及金首露等国祖神话以及20世纪收集整理的巫俗神话。这些神话有的被记录于文献，有的则以语言、动作等形式融汇在巫堂巫祭、农乐表演、拔河等祈求丰收的农耕仪式中，被代代相传。有鉴于此，本部分内容在比较日本神话和韩国神话时，除了考察国祖神话外，也会全面涉及巫俗神话与农耕仪式。日本神话相关资料主要参考鲁成焕所译《古事记》和田溶新所译《完译〈日本书纪〉》。②

（二）《古事记》与《日本书纪》编撰意识考察

记载日本神话的文献主要有安万侣712年编撰的《古事记》和舍人亲王720年编撰的《日本书纪》。此外，还有记录各地古时风土人情的《古语拾遗》和《新撰姓氏录》等可以作为补充的资料。

安万侣在《古事记》序言中记述了撰述经过：

> （历代天皇）虽步骤各异，文质不同，莫不稽古以绳风猷于既颓，照今以补典教于欲绝。
>
> ....

---

① 神世七代：第一代国之常立（くにのとこたち）神为地上之神；第二代丰云野（とよくもの）神为天地混合时期之神；第三代兄妹神代表泥土之神，兄宇比地迩（うひぢに）神为泥土神，妹须比智迩（すひぢに）神为巢土神；第四代兄妹神为植物根茎嫩芽之神，兄角代（つのぐい）神为角蚀神，妹活杙（いくぐい）神为生野神；第五代兄妹神代表男性和女性，兄意富斗能地（おほとのぢ）神为大殿儿神，妹大斗乃辨（おおとのべ）神为大殿部神；第六代兄妹神代表面貌俊美与令人恐惧，兄淤母陀流（おもだる）神为御面足神，妹阿夜诃志古泥（あやかしこね）神为与之相配的敬畏神；第七代兄妹神，兄伊邪那岐（いざなき）神，妹伊邪那美（いざなみ）神。——译注

② 鲁成焕译注：《古事记》上，예전사 1990年版；《完译〈日本书纪〉》，田溶新译，一志社1989年版。下文引用资料来自以上两书内容的概括整理。

于是天皇诏之：朕闻诸家之所赍，帝纪及本辞，既违正实，多加虚伪。当今之时，不改其失，未经几年，其旨欲灭。斯乃邦家之经纬，王化之鸿基焉。故惟撰录帝纪，讨覈旧辞，削伪定实，欲流后叶。时有舍人，姓稗田名阿礼，年是廿八。为人聪明，度目诵口，拂耳勒心。即敕语阿礼，令诵习帝皇日继，及先代旧辞。然运移世异，未行其事矣。……于焉惜旧辞之误忤，正先纪之谬错，以和铜四年九月十八日，诏臣安万侣，撰录稗田阿礼所诵之敕语旧辞，以献上者。①

从此记录可知，《古事记》是天武天皇下令修正整理了已有资料后，让稗田阿礼口述，之后太安万侣又将稗田阿礼口述内容以文字记录下来得以完成的。不过，对《帝纪》《旧辞》等《古事记》基础资料的错误进行修改，意味着对已有神话进行了大幅改动。改动原因应该是出于树立天皇家族权威的政治考虑。

关于天皇大幅修改之前"记纪资料"的情况，根据黄浿江的研究，可以将其修改目的分析为三个方面：①确立以天皇为中心的中央集权国家；②使"壬申之乱"② 后发生变动的社会秩序（天皇与各氏族、豪族的关系）合理化；③确立天皇权力的同时宣传国家主义理念。③

修改目的中还隐含了一条：为凸显天皇权力的神圣性，尽量删除或掩盖原来神话中受韩国影响的内容。

《日本书纪》没有叙述编撰经过的序言，编撰者也没有明确表明编写的目的，但是在书中有"一书曰"形式的附记，将不同内容多次并列记录，这不同于经过多次流传、记录，被屡次删改的《古事记》，而是一种尊重既有各种流传和记录的象征。只是将各个片段并列起来，也没有明确记载引用书目和作者，对于不尽相同的内容也未给予评论，因此，笔者怀疑该书很有可能客观地汇编整理了彼此不同的多种流传版本的内容。同时也有可能因为经过了将口传资料翻译记录为汉文的过程，翻译者也会对资料内容做一定修改。并且并列记录的各个版本的数字也不尽相同，应该是在一定程度上进行了取舍选择，同时并列记载的资料中也有互相矛盾的部分。首先，卷一有关天地开辟的记述和之后日本国土的诞生的内容就有明显矛盾之处。

---

① 安万侣：《古事记·序》，周作人译，中国对外翻译出版公司2001年版。
② 壬申之乱是发生于672年（天武天皇元年）的日本古代最大规模的内乱，得到地方豪族支持的天智天皇之弟大海人皇子发动政变推翻了天智天皇太子大友皇子的统治，大海人皇子成为日后的天武天皇。——译注
③ 参见黄浿江：《일본신화 研究》，知识产业社1996年版，第45—46页。

> 古天地未剖，阴阳不分，浑沌如鸡子，溟涬而含牙。及其清阳者，薄靡而为天；重浊者，淹滞而为地，精妙之合专易，重浊之凝竭难。故天先成而地后定，然后神圣生其中焉。故曰：开辟之初，洲壤浮漂，譬犹游鱼之浮水上也。于时天地之中生一物，状如苇牙，便化为神、号国常立尊。①

这是书中关于天地开辟的记载，正如朴时仁所说，这里明显照搬了中国《列子》等文献内容，难以将其理解为日本本土的神话。② 如果这是日本固有神话，那么不禁让人怀疑其与伊邪那岐和伊邪那美创造国土的神话有何联系。虽然地球上的人类共有一片天空，但是每个民族都一定会有自己生活的土地。所以日本天地开辟神话中产生的土地指的就是他们自己生活的国土，先叙述其他地方土地的形成过程，再讲述自己国家国土的来历，这在无论哪种神话中都难以找到先例。因此，日本神话虽然综合了各个时代、部族流传的资料，但为凸显天皇的权威性与正统性，后人对这些资料进行了有意的改编和修改。

（三）创世神话分析——以伊邪那岐和伊邪那美婚礼及国土、四神诞生为中心

伊邪那岐和伊邪那美是"神世七代"最后出现的神，不仅创造了日本国土，还生下了天照大神等日本国祖神，可谓是创造了日本民族生活空间与祖先的真正的创世神。③ 虽然也有比他们地位更高的"国之常立神"（くにのとこたち，又称国常立尊）以及"三神"④ 等，但因为这些神没有具体的活动内容，所以很难把他们视为神话的主人公，因此可以认为日本神话开始于伊邪那岐和伊邪那美的创世神话。但是，伊邪那岐和伊邪那美神话的形成年代却不是最早的，男女神的结婚过程中具体描述了性的结合，并有男女二神共同努力诞生了国土及众神，其中反映的意识很有可能是后代加以润色的产物。首先来探讨伊邪那岐和伊邪那美结婚过程的特点。

于是，众天神命伊邪那岐和伊邪那美二神："把浮动的国土固定

---

①《日本书纪》卷第一"神代"（上）"古天地未剖"条。
②朴时仁：《日本神话》，探求堂1980年版。
③有关韩国的创世神话和伊邪那岐、伊邪那美神话的结构相似性的相关论述，可参见朴钟声：《韩国创世叙事诗研究》，太学社1999年版，第381—411页。
④三神：指天地开始时出现于高天原的三位神，即天御中主神、高御产巢日神、神产巢日神。——译注

安稳",并赐给他们一支"天沼矛"(天の沼矛)委任了其他事宜。二神站在"天浮桥"上,把矛头探入海中咕噜咕噜地搅动海水,提起矛时,从矛头滴下来的海水积聚成海岛,这就是淤能基吕岛(淤能碁吕岛)。

二神降到岛上,树起"天之御柱"(天の御柱),建立起"八寻殿"后,伊邪那岐问他的妹妹伊邪那美:"你的身体长得如何?"她回答说:"我的身体已经完全长成了,只有一处没有合在一起。"伊邪那岐说道:"我的身体也长成了,但有一处多余。把我的多余处,塞进你的未合处,让咱们生出国土吧,如何?"伊邪那美回答说:"好。"伊邪那岐接着说:"你我围绕这个御柱转圈,在相遇的地方结合。"约定之后又说:"你从右边,我从左边,绕着相遇。"

绕着柱子走时,伊邪那美先说:"哎呀!真是个好男子!"伊邪那岐也说:"哎呀!真是个好女子!"说完之后,伊邪那岐对妹妹说:"女人先开口不太好。"二神结合后产下孩子,是一只水蛭子(ひるこ)。他们把这个孩子放进芦苇船里让其漂走,之后又生下"淡岛"(淡路),二神也未将其计作孩子。①

此处伊邪那岐和伊邪那美二神站在天浮桥上,将长矛探入海中搅动海水,提起矛时从矛头滴下来的海水汇聚成淤能基吕岛。二神降到岛上,围绕天之御柱开始对话并结合,诞生了日本国土八大洲国、大海和山川草木,并生下了天照大神、月读、水蛭子和速须佐之男命四大神。将日本创世神话与其他国家神话对比可发现以下几个特征。

第一,创世神有男神、女神两位神。大部分神话创世神都只有一个"绝对神",如《圣经·旧约》中的上帝,中国"盘古神话"中也是盘古独自开天辟地,创造万物。韩国的巫俗神话"创世歌"中,弥勒独自将天地分离,调整日月的数量。另外,韩国"檀君神话""朱蒙神话"中也包含男女结合后生育的情节,但这些都是在国家建立后形成的北方国家始祖神话中的内容。

韩国的国家始祖神话,檀君、朱蒙等北方神话中一般都是由男性天神和女性地神结婚生下国家始祖。相反,"朴赫居世神话""金首露神话"等南方神话中一般不会出现国祖的父母,国家始祖从卵中出生。所以,从神诞生于男女神的结合这一点来看,日本神话与韩国北方神话一致。不过,韩国神话是男神从

---

①安万侣:《古事记》,周作人译,中国对外翻译出版公司2001年版,第4页,参考后转译。——译注

天上降临到地上与女神结合，而日本神话是男神、女神一起从天而降。并且，韩国巫俗神话"创世歌"中的创世神诞生于天地分离之时，既不属于天，也不属于地，而是一个兼具天地属性的单一创世神。因此，创世神有了性别分化，从天上降临到地上，二神举行婚礼仪式后诞生了国土和众神的日本神话展现出基于两性结合发展出后续创造的特征。

第二，婚礼过程反映出的男神优越思想观念。日本神话中，由于女神先开口说话导致生下的水蛭子被放进芦苇船中遗弃，之后生下的淡岛也没有被计为后代子嗣，《日本书纪》中也记载了相同的内容。再次举行婚礼时，男神先开口说话然后二神结合，生下了八大洲国。水蛭子是出生三年也无法站起的残疾儿童，之所以会产下这样的病儿是因为女神先开口违背了阴阳的道理。从中可以看出，地位更高的神才能先开口，而男神的地位要优于女神的观念。

韩国神话中的"檀君神话"与"朱蒙神话"有所差别，主要在于"檀君神话"中女性在繁衍后代方面表现得比男性更为积极，但"朱蒙神话"中男性掌握了主导权，更为主动，而女性则更加被动。熊女借桓雄之力将自己熊的外形变为女子，桓雄在与熊女的关系中处于优势地位。但是从檀君出生的过程来看，熊女表现得更加积极主动，因为想怀孕繁衍后代的是熊女而不是桓雄。相反，在解慕漱和柳花的关系中，由解慕漱单方面的行动促成婚事，整个过程并未表达出柳花的意志。类似的过程差异可以用于解读日本神话。

日本神话中女神因为先于男神开口说话而生下了残疾的水蛭子，将其遗弃后重新举行婚礼时，男神先开口，二神生下了天照大神、月读命和速须佐之男命等三贵子，这一神话内容明显表现出当时的社会已经由女性主导转变为男性主导。被放入水中遗弃的水蛭子代表了与水具有亲近性的、信仰水神的原住民部族。原住民集团是由女性掌握主导权的部族，而男性主导的外来部族进入之后，原住民部族受到排挤不得不离开。水蛭子也就是蚂蟥，是水生的低级动物，水蛭子最先出生暗示着在天神崇拜部族到来之前曾有过依靠捕鱼为生的水神崇拜部族，"水蛭子神话"就是水神崇拜部族的神话。而之前流传的"水蛭子神话"在后来的改编过程中被否定并逐渐被抹去，水蛭子被放在芦苇叶中流放遗弃，说明在海岸、江边曾经生活有传承芦苇文化的部族，甚至在今天也用芦苇造船、建房。崇拜水神的原住民集团虽然被天神崇拜部族所征服，但是他们的神话却依旧残存了下来。在神话中抹去水蛭子意味着清除之前流传的捕鱼部族文化，同时也暗示着这些放弃自己神话与文化的集团被强制并入了天皇家族集团。只不过，关于水蛭子集团被吞并的时期，以及水蛭子集团的具体情况还有待进一步更为广泛的研究。

韩国神话中并未明确显示男女的主导权问题，但是如果将"檀君神话"和"朱蒙神话"放在一起分析，可以发现社会主导权从女性转移到男性的迹象。"檀君神话"中熊女主动要求怀胎生子，熊女向神檀树乞求怀上孩子，就是在向檀树神桓雄乞求婚姻，这与伊邪那美主动开口称赞伊邪那岐的行为形成了对比，可是熊女主动怀孕生下的檀君并没有被抛弃而是被拥立为王。

有观点认为，"檀君神话"以神话叙述方式表达出了从外地迁移而来的桓雄领导的天神崇拜集团与熊女带领的熊崇拜原住民部族融合的过程。联系这种观点来看，熊女部族在檀君时代应该依然保持有一定势力。

另外，高句丽神话中也可以发现解慕漱部族不断掌握主导权，河伯族渐渐被征服的痕迹。最早记录高句丽神话的《广开土好太王碑碑文》中将朱蒙父母介绍为"天帝之子母河伯女郎"，即朱蒙的父亲解慕漱是天帝，母亲是河伯之女，那么天帝就是河伯女婿，相当于把太阳神的地位列在水神之下。但是在《三国遗事》中解慕漱是天帝之子，朱蒙是天帝之孙，不知从什么时期开始河伯与天帝又成了同一级。再看稍晚年代的《北史》的记录：

> 高句丽有神庙二所，一曰扶余神，刻木作妇人像；一曰高登神，云是其始祖。扶余神之子，并置官司，遣人守护，盖河伯女朱蒙云。①

这里河伯之女柳花与解慕漱之孙朱蒙被放在同等地位接受祭祀。解慕漱族系地位逐渐上升可以解释为，高句丽逐渐转变为男性主导的社会，天神的权威得到不断强化。类似逐渐强化的男性主导社会同样隐含于日本神话之中。

再来探讨第二个诞生的淡岛也被从神的子嗣中除名的含义。《日本书纪》中的淡岛也被称为"淡路洲"或"淡洲"。创世的男女神结婚后生下了八大洲国，这是一种在岛屿地区经常流传的巨神诞生国土神话。济州道"雪馒头婆婆"② 神话中也能找到巨人神创造岛屿的内容。问题在于诞生的岛屿之所以没有算作子嗣，是因为结婚仪式中女神先开口说话被视为不吉。那么"淡路"又有何含义呢？《梁书·诸夷传》"百济"条记载：

> 号所治城曰固麻，邑曰檐鲁，如中国之言郡县也，其国有二十二檐鲁，皆以子弟宗族分据之。③

---

① 《北史·高句丽传》。
② 雪馒头婆婆（선문대할망）：《耽罗志》《淡水契编》中将其称为"雪馒头姑"。——译注
③ 《梁书·诸夷传·东夷》"百济"条。

这里说的"檐鲁"应该就是日本神话中的"淡路"。"檐"在韩国语古代汉字中可以读作 cheom（첨）、yeom（염）、dam（담）、seom（섬），所以"檐鲁"（cheom ro）和"淡路"（dam ro）很可能不过是同一个词的不同文字标记，也就是说日本神话中被排除在认可子嗣之外的"淡路"与百济语言中表示"城邑"的"檐鲁"是同一个词，淡路有可能是百济人曾经的居住地。韩国学者金圣昊据此主张，建立日本天皇国家的民族主体是从百济东渡到日本的沸流部族。① 按照金圣昊的观点，淡路作为最先诞生的国土却被排除在被认可天神后代之外，这是为了否定日本与百济的亲缘联系而故意篡改的结果。

日本的大和政权从百济吸收了进步文明的要素从而促进了自身文化的持续发展，但到了隋唐时期，随着日本与中国的交流日渐频繁，开始直接吸收中国文化，并且为了提高自身地位有意否定与百济的关系。《隋书·东夷传》"倭国"条记载：

> 于百济求得佛经，始有文字……恒通史往来……其国书曰"日出处天子，致书日没处天子，无恙"云云，帝览之不悦。②

从此记录可知，日本在隋代试图建立与中国对等的外交关系，可见当时日本天皇的强大自信。但是，参照有关记录，也可以发现这种过度膨胀的自信也可能会产生歪曲、捏造事实的倾向。

> 日本旧小国，并倭国之地，其人入朝者，多自衿大，不以实对，故中国疑焉。③

此记录中，日本建立大和政权后，标榜自己是日出之天子国，为提高自身历史自信经常歪曲事实，这一情况已被中国了解。百济被唐朝与新罗联军灭亡之后，日本想要通过改编神话隐藏自己是百济后代的事实，因此在神话中废除了最先诞生的"淡路"这一百济神话流传地区作为神之后代的合法性。

探讨天照大神、月读命、水蛭子和速须佐之男命四位神的特点。

> 二神商议说："我们生的孩子不好，应该去禀报天神。"于是便一同上天向天神请教。天神让他们占卜神意，占卜之后指示说："因为女人先开口说话不好，回去更改之后重新说一次吧。"二神回来，像先前那样绕着天之御柱转动。伊邪那岐首先说："哎呀！真是个好女子！"

---

① 金圣昊：《沸流百濟와 日本의 國家起源》，知文社1982年版。
② 《隋书·东夷传》"倭国"条。
③ 《隋书·东夷传》"倭国"条。

之后伊邪那美说:"哎呀!真是个好男子!"之后二神结合,生子淡道之穗之狭别岛。(之后陆续生下八个岛屿,又生下六个岛屿和三十五个神。)①

日本国土是在伊邪那岐和伊邪那美向天神禀告后,受命男神先开口之后结合而诞生的。这里值得注意的是,伊邪那岐、伊邪那美二神不是绝对的创世主,在他们之上还有天神可以对他们发布命令。这与"檀君神话"中桓雄之上还有桓因,"朱蒙神话"中解慕漱之上还有天帝的情形是一致的。韩国巫俗神话"创世歌"中,创世神弥勒在创造人类时向上天祈祷之后得到了金虫和银虫,这也表现出在创世神之上还存在天神的观念。但是,将女神先开口说话视为不吉,再次由男神先开口后二神结合产下国土的内容明显经过了后代的润饰加工。原来的神话内容很有可能是女神处于更高的地位或者由女神单独创造了国土。这种神话应该是在社会转为男性主导之后,天皇家族男性继承了这种权力,日本神话也随之转变为男性为主的神话。

而且,男神、女神围绕天之御柱进行的对话也应该是后代补充添加的,因为众所周知,比起繁衍种族的生殖需求,爱的情感是在更晚时期才产生的。在"檀君神话"中,熊女只是希望怀胎生子,并未表达对男性的爱情;高句丽建国神话中,解慕漱也不过是见到柳花三姐妹的姿容而想要得到后胤。如此,古代神话中的男女婚姻不过是繁衍后代的形式,并非男女爱情的产物。

关于四位神的出生过程,《古事记》与《日本书纪》的内容有所出入。《古事记》中伊邪那美在生产火神"火之夜艺速男神"(ひのやぎはやおのかみ)时因下体烧伤而死,伊邪那岐前往黄泉国看望妻子,却看到伊邪那美满身蛆虫蠕动,全身满是雷电,男神因恐惧落荒而逃,他的妻子伊邪那美紧随其后追赶并说:"你让我蒙羞!"伊邪那岐逃到黄泉比良坂(よもつひらさか),用千引石堵住黄泉的比良坂,与妻子隔着千引石面对面进行了夫妻诀别的对话。之后,伊邪那岐为了洗去身上的污秽,来到"竺紫的日向国之桔小门之阿坡岐原",在那里举行被禊仪式。伊邪那岐在清洗左眼时诞生了天照大神,清洗右眼时诞生了月读命,清洗鼻子时诞生了建速须佐之男命。②

《日本书纪》与《古事记》有关四神出生的叙述内容出入很大,以下是

---

①安万侣:《古事记》,周作人译,中国对外翻译出版公司2001年版,第5页,参考后转译。——译注
②安万侣:《古事记》,周作人译,中国对外翻译出版公司2001年版,第8—11页,参考后转译。——译注

《日本书纪》开头部分有关四神出生的叙述。

> 次生海。次生川。次生山。次生树木之祖句句乃驰。次生草之祖草野姬,又称野槌。既而伊奘诺尊、伊奘冉尊共议曰:"吾已生大八洲国及山川草木。何不生天下之主者欤?"于是共生日神,号大日孁贵。此子光华明彩,照彻于六合之内。故二神喜曰:"吾息虽多,未有若此灵异之儿。不宜久留此国。自当早送于天而授以天上之事。"是时天地相去未远,故以天柱举于天上也。次生月神。其光彩亚日,可以配日而治。故亦送之于天。次生蛭儿。虽已三岁,脚犹不立,故载之于天盘橡樟船而顺风放弃。次生素戈呜尊。此神有勇悍以安忍,且常以哭泣为行。故令国内人民多以夭折,复使青山变枯。故其父母二神勒素戈呜尊:"汝甚无道。不可以君临宇宙。固当远适之于根国矣。"遂逐之。①

由此可知,《日本书记》的记录与《古事记》存在不少差异。《古事记》中记录四神并非由伊邪那岐、伊邪那美结合而生,而是在伊邪那岐沐浴过程中诞生的。相反,《日本书纪》中记载伊邪那岐和伊邪那美商议生下天下之主,之后诞生了日、月、蛭儿、素戈呜尊。夫妇结合后生子明显是降生过程,如果神和人类一样以男女性的结合出生则会影响神话的神圣性,所以才会在情节上产生一些不同的变化。《日本书纪》"一书第一曰"中记载伊邪那岐手握白铜镜时,诞生了日神、月神、素戈呜尊,而在"一书第六曰"中又记载了与《古事记》相同的内容,即伊邪那岐沐浴时诞生了天照大神、月读尊、素戈呜尊。如果天照大神、月读尊、素戈呜尊三神都由伊邪那岐所生,那么日本神话的主神应该都是从男神身体诞生的。不过,后面又有素戈呜尊哭着要见死去的母亲执意前往根国(阴间),他的母亲明显是已经在根国的伊邪那美,这就说明素戈呜尊是伊邪那美的儿子,素戈呜尊的出生与伊邪那美有关。由此可见,四神出生过程混乱的原因,在于天皇家族在将天照大神、月读尊、素戈呜尊三神奉为始祖神的过程中,为凸显其神圣性而做了编排修改。

将女神排除,使男神独自成为创世的主角,从这一点也可以看出日本社会的主导权在此时期转移到以男性为主。中国的历史文献之中也有许多古代日本社会以男性为中心的记录,如《北史·倭国传》记载:

> 女多男少,婚嫁不取同姓,男女相悦者即为婚,妇入夫家。

---

① 《日本书纪》卷第一"神代"(上)"次生海"条。

可知，日本社会是父系社会，此处的"同姓"指的是男性姓氏，父系血统相同的人不能结婚，女方婚后进入男方家中生活，这反映了父系社会的婚俗。可是，这种婚俗与现代日本同姓堂兄妹间可通婚的婚俗不同。那么，此处所记载的很有可能是从韩半岛传入的父系社会的婚俗。考虑到中国历史文献中的日本记录，大多是根据往来使臣见闻记载的，这很可能反映了日本统治层的婚俗情况。《南史·夷貊传》"倭国"条记载：

其俗不淫，女多男少，贵者至四五妻，贱者犹至两三妻。①

可见当时日本是一夫多妻制的社会，日本社会在向中世纪过渡时逐渐变为男性主导的社会，随着武士成为社会的统治层，男性地位愈发得到巩固。因此，有可能在这种社会变化的影响下，神话记录被改编为由男神单独诞生始祖神。关于三神的特点，《日本书纪》"次生海"条"一书曰（六）"中有如下记载：

然后洗左眼，因以生神，号曰，天照大神。复洗右眼，因以生神，号曰，月读尊。复洗鼻，因以生神，号曰，素戋呜尊。凡三神矣。已而伊奘诺尊勅任三子曰："天照大神者，可以治高天原也。月读尊者，可以治沧海原潮之八百重也。素戋呜尊者，可以治天下也。"是时素戋呜尊年已长矣，复生八握须髯，虽然不治天下，常以啼泣恚恨。故伊奘诺尊问之曰："汝何故恒啼如此耶？"对曰："吾欲从母于根国，只为泣耳。"伊奘诺尊恶之曰："可以任情行矣！"乃逐之。②

另外，《古事记》中记载：

这时候，伊邪那岐非常高兴地说："我生了不少孩子，最后终于得到三个贵子。"于是取下脖子上戴的玉串，摇动得琮琮作响，赐给天照大神，说道："你去治理高天原（天界）"，所以这个玉串就叫作"御仓板举之神"。又对月读命说："你去治理夜之国。"之后对建速须佐之男命说："你去治理海原。"③

此处天照大神和月读命分别诞生于左眼和右眼，并治理天界和夜晚世界，可见他们应是日神和月神。将太阳和月亮与人的双眼联系起来，这在其他国家的神话中也很常见。中国的创世神话"盘古神话"中，盘古死时左眼变成太阳，

---

① 《南史·夷貊传》"倭国"条。
② 《日本书纪》卷第一"神代"（上）"次生海"条"一书曰（六）"。
③ 安万侣：《古事记》，周作人译，中国对外翻译出版公司2001年版，第11页，参考后转译。——译注

右眼变成月亮,已广为人知。① 韩国巫俗神话济州道"初感祭"中记载:

>在没有光的南方国度,日月宫之子"青衣童子"降生于世,额头与后脑勺各有一双眼睛。天上玉皇大帝的两个守门将下凡来,摘下童子前额头的一双眼睛,在东方之地向玉皇祈祷,于是天上出现了两颗太阳;然后摘下童子后面一双眼睛,在西方之地向玉皇祈祷,于是天上出现了两颗月亮。世界从此变得明亮。②

由此来看,将日月与人眼相联系可以说是东方神话的普遍特点。不过,左眼化为太阳、右眼化为月亮的内容在日本神话和中国"盘古神话"中具有共性特征,日本神话很可能受到了"盘古神话"的影响。编写《古事记》的作者应该具有广博的知识,所以他很可能在当时已经知晓"盘古神话"。但是也不能否认,在日本本土神话中存在眼睛变为日月内容的可能性,考虑到日月是光明的源泉,人眼又是感受光的器官,将两者联系起来也具有其自然的逻辑。

但是,《日本书纪》中还记载着其他流传版本,如伊邪那岐双手轮流握住白铜镜时,诞生了天照大神和月读命,这又有何含义呢?这里出现的白铜镜是部落族长拥有的代表神圣权威的神器,在韩国和日本的古墓中出土的众多铜镜都是类似白铜镜的神镜。不过,关于铜镜具有的功能却有多种推测。铜镜有象征司祭者神性的功能,联系今天巫俗的巫具分析其作用会更容易理解。韩国和满族巫俗中都会使用名为"明图"③ 的巫俗道具,这是一种与白铜镜具有类似功能的神器。"明图"刻有日月及七星,日、月、星等天体一同出现象征着天空。"明图"被认为拥有神秘的巫俗力量,也被看作祭祀天神的巫师的标志。此处伊邪那岐正是天神的祭祀者,拥有类似"明图"的神圣铜镜,天照大神、月读命正是从巫俗祭祀仪式的神器中诞生的。

再来看四神的性格特点与能力。天照大神是太阳神,负责管理象征天界的高天原,她为躲避素戈鸣尊的无礼滋事而躲进天石窟,世界一下子变成一片漆黑,说明她具有太阳神的特点。但是,天照大神还拥有天垣田或天狭田、长田等可以耕种的田地,并用当年收成的新谷祭祀天神。所以天照大神既是农耕神,也具有司祭者的特点。一般神话中,主管农耕的女神通常也是大地之神,这种

---

①袁珂:《中国神话传说》,世界图书出版公司2012年版,第53—54页。
②赤松智城、秋叶隆:《朝鲜巫俗의 研究》,大阪屋号书店1937年版。
③明图(명두):也被称为"明斗"(명두)、"明图"(명도),巫堂视为自身守护神的镜子,一般为青铜铸造的圆形,正面凸起,背面刻有日月星辰及日月大明图(일월대명두)等文字。——译注

常被称为"大母神"的神不是天神而是地神。但天照大神同时拥有天神和地神的属性,她作为太阳神拥有土地,并向天神祭祀,这并不符合世界神话的普遍特征。此外,天照大神还亲自制作神衣,具备"织女神"的一些特点。如此来看,天照大神既是太阳神,又是农耕神,还拥有织女神特点,之所以具有这么复杂的神性特点,应该是各个集团神话逐渐融合统一后被人为修改的结果。

月读命是月神,负责管理夜晚世界——夜食国,名字中带有"月"字,《日本书纪》中也有记载其接受了与太阳一起管理天空的使命,这些充分说明月读命具备月神的特点。但是,除了记述月读命的出生及职责外,神话中并未出现其他任何相关内容。

素戈鸣尊神的属性特点十分复杂。《古事记》中素戈鸣尊负责治理海原,海原即大海,所以可以视其为海神。不过,因为素戈鸣尊哭着要去根国见母亲,最终被流放至根国,所以也可视其为根国之神。根国正是死者所在的阴间,可是素戈鸣尊被天界驱逐后又到了出云国,并在出云国击败了八头八尾的八岐大蛇,在须贺建立了宫殿,所以他也具有出云国国家始祖神的特点。不过,素戈鸣尊还和多名女子结婚并生下许多孩子,其作为大国主神活动时还居住在根国。因此,综合素戈鸣尊的各种事迹,其具备太阳神、大地神、黄泉神、出云国始祖神等多重属性。并且,其在向天照大神无礼滋事时还展现出凶神的样子,斩杀八岐大蛇的情节又被描绘成英雄神。素戈鸣尊如此多样的属性特点,应该是将不同部族流传的多个神话综合整理而成的。不过,从素戈鸣尊的出生及职责分配的神话叙述来看,将其视为大地之神是较为合理的。因为日神、月神已经诞生,再增添一个太阳神会导致神性系统的混乱。如果将日月视为具有天的属性,那么其他神应该具有与天对应的地的属性。素戈鸣尊应该拥有大地的属性,虽然因为他管理海原,也可以将其视为大海和江河之神,但是海与江都在大地之上,大体上也可以将其视为地上之神。

水蛭子又该如何解释呢?水蛭是水生动物蚂蟥,"水蛭子神话"可以解释为以捕鱼为生、与水很亲近的部族传承的动物神话的残留,即水蛭子具有水神的特点。如果均衡划分四个神的职责,可以将其较为合理地划分为两个天上神和两个地上神,天上神有日神和月神,地上神有地神和水神。

那么,水蛭子被放进芦苇船中流放,素戈鸣尊被驱逐至根国,这又有何含义呢?这些内容应该可以视为外来的天神崇拜部族赶走了原来的水神崇拜部族后,导致地神丧失其神圣性的神话表达。

(四)"瑞珠盟约"神话分析——以天照大神、素戈鸣尊婚礼及三女神、五男神的出生为中心

素戈鸣尊被逐去根国之前,前往高天原向姐姐天照大神辞行,这时大海摇动,山岳发出巨响。天照大神以为素戈鸣尊是来夺她的国土,所以做好了万全准备并怒斥弟弟的无礼举动。但是,素戈鸣尊表明并无夺权之心,并真心向姐姐发誓,以生子盟誓来表明真心,如果自己生下了少女则表明心地纯洁,如果生下了男孩则表明心思不纯。天照大神首先把素戈鸣尊的十握剑拿过来,折成几段放在嘴里嚼了嚼吞了下去,之后从嘴里喷出的气息化成三位女神。然后素戈鸣尊要过天照大神头及手臂上佩戴的玉串,放在嘴里嚼了又嚼吞下去,吐出的气息化为五位男神。

这里有一些难以用一般思维理解的内容,如弟弟在回到自己国家前,来向姐姐道别,为何姐姐会如此惊慌?向姐姐表明自己没有敌意的盟誓,为何要以生子的方式?天照大神和素戈鸣尊面对面盟誓并生下孩子有何含义?

带着这些疑惑来研读神话内容的脉络,可以发现一部分记述的正是天照大神和素戈鸣尊的婚礼。虽然今天无法得知日本古代的婚俗,但为了迎接素戈鸣尊的到来,天照大神所做的各种装扮准备可以视为结婚前新娘的妆扮过程。

> 乃结发为髻,缚裳为袴,便以八坂琼之五百个御统,缠其髻鬘及腕,又背负千箭之鞞与五百箭之鞞,臂着棱威之高鞆,振起弓弣,急握剑柄,蹈坚庭而陷股,若沫雪以蹴散,奋棱威之雄诰,发棱威之喷让,而径诘问焉。①

将以上叙述视为婚礼中新娘的妆扮准备与婚礼行为也并不为过。将头发梳成高高的发髻是成人礼或婚礼中重要的程序之一,韩国传统婚礼中少女披散的头发会在婚礼时被第一次盘起,当然这有可能是之后产生的仪式,但成年时改变发型并以此作为成人的标志,这是自古就有的风俗。另外,天照大神佩戴的玉串也是成熟女性的装饰品,在神话中是素戈鸣尊之后生子的工具,也是能够展现女性母性美的装饰物,还是具有象征意义的新娘婚礼装饰。人们有时会用箭或针来表现太阳神灿烂的光芒,如同古希腊神话太阳神阿波罗同时也是弓箭之神一样,日本的天照大神也是弓箭女神。如果真是为了打仗做准备,那就无须佩戴玉串这种烦琐的装饰,甚至不应只背着箭筒,而是应该拉弓上箭,严阵

---

① 《日本书纪》卷第一"神代"(上)"于是素戈鸣尊请曰"条。

以待。天照大神要求素戈鸣尊起誓也是验证其新郎资格的一种婚姻誓约。

韩国传统婚礼为了考验新郎才能,有"马上风月"①、"绑新郎"②、"扔灰袋"③ 等习俗。虽然各地风俗不尽相同,随着时代的变化也有所差异,但是测试新郎资格已成为婚礼的程序之一,这些风俗便是这种考验演变出的种种形态。

女性的玉串与男性的刀交换后产下后代,这可以视为男女性结合的神话表达。玉串是谷物的象征,将玉串放在"天真名井"(あめのまなゐ)里洗净,在嘴里咀嚼后喷出的气息化为五位男神。据此可以联想到将稻种先浸泡在水中,再将其播种在苗床之上使其发芽的过程,这里将农作物的播种、结实比作男女性的结合与生产。因此,天照大神应是"谷母神",素戈鸣尊则是"谷种神"。

《三国志·魏书·东夷传》"马韩"条记载:"常以五月下种讫,祭鬼神,群聚歌舞,饮酒昼夜无休。"④ 这里的群舞是祈求播下的种子能结出硕果的祈丰农耕仪礼,其中也可能包含模拟婚礼和生育的表演。韩国东海岸地区经常举行的"别神巫祭"也是一种"丰渔祭"⑤,别神巫祭最后一个场面中有模拟生育过程的表演。不仅是巫俗剧,在"凤山假面舞"等韩国假面舞中也有表现男女结合和生育行为的内容,这种韩国传统戏剧中出现的生育主题明显残留有古代产神神话或祈求农业丰收祭祀仪式的特点。由此来看,天照大神和素戈鸣尊的"瑞珠盟约神话"确实展现了农业社会祈求丰年仪式中的男女生产神结合的内容。只是由于二位神是姐弟关系,难免让人质疑他们是否可以结婚。不过,兄妹或姐弟结婚是神话、传说中十分常见的主题。东方广泛流传的"洪水神话"中记述了洪水灾难中只有兄妹二人幸存于世,兄妹为了繁衍后代而不得不结婚的内容。并且,和现代的认识不同,近亲结婚在古代并不被视为一种禁忌,韩国新罗时期、高丽时期的王室就有许多堂兄妹结婚的记录。但最为重要的是,比起男神女神的兄妹关系,在社会功能层面,男神女神为了生育而结婚是更为原始、更为重要的神话要素。

但是,神话之中为何将天照大神与素戈鸣尊的相遇描写得如同战斗一般呢?《古事记》中记载:

---

①马上风月(마상풍월):新娘家人为考验新郎的才能,让其在马上吟诗作对。——译注
②绑新郎(신랑달기):新娘家的邻居们将新郎吊起来,敲打新郎脚底板的风俗。——译注
③扔灰袋(재봉지놀음):迎接新郎的村民们为了故意戏弄新郎,扔出装满草木灰的纸口袋。——译注
④《三国志·魏书·东夷传》"马韩"条。
⑤丰渔祭(풍어제):在靠近海岸的地区,为水神举行的祭祀活动,祈求渔民平安和渔业丰收。——译注

> 于是速须佐之男命说道:"那么,我去和天照大神告别吧。"便上天去,山川悉动,国土皆震。天照大神听见出惊道:"我弟此来必无好意,恐欲夺我的国土。"①

《日本书纪》"于是素戈鸣尊请曰"条"一书曰(一)"记载:

> 日神本知素戈鸣尊有武健凌物之意,及其上至,便谓:"弟所以来者,非是善意,必当夺我天原。"乃设大夫武备,躬带十握剑、九握剑、八握剑,又背上负鞬,又臂著棱威高鞆,手捉弓箭,亲迎防御。②

天照大神误以为素戈鸣尊来告别是为了争夺国土,所以做好了战斗准备,但是,笔者认为这反映了后来天照大神部族与素戈鸣尊部族产生的矛盾,而神话本来的内容并非国土争夺。那么,记述战争或较量的场面何以被解释为婚礼呢?守护国土的战争和夫妇结合的婚礼仪式可是完全不同的两码事。按照一般常识,将天照大神与素戈鸣尊的盟约解读为婚礼难免令人费解,但在神话和仪式的男女结合场面中可以找到男女对抗或斗争的意味。韩国的农耕祈丰仪礼中,通常在举行象征着男神女神结合的"和解巫祭"③之前,都要先表演"打斗巫祭"④,联系这个例子来看,也就不难理解天照大神与素戈鸣尊的结合了。

女神与男神的对抗与结合,是在农业民族祈求丰年的仪式中常见的神话表达。想要理解日本神话的这种特点,有必要探讨与之对应的韩国祈求农业丰收的祭祀仪式。

在韩国农村举行的"堂神"祭祀,各地的叫法有所不同,有"山王巫祭"(서낭굿)、"堂山巫祭"⑤、"堂巫祭"⑥等。韩国庆尚北道英阳郡日月面注谷洞的"山王巫祭"中,村子的农乐队会分别举着红布与黑布制成的"山王带",先表演"打斗巫祭"的祭祀段落,当然"打斗"只是一种象征性的表达,实际上两组农乐队像举行农乐比赛一样敲击传统农乐器并载歌载舞。这一环节结束后会进行"和解巫祭",人们将红色和黑色的"山王带"缠绕在一起,继续敲击乐器并跳舞祈福,当地居民和祭祀参与者都认为这一环节代表着男女山王神性的

---

① 安万侣:《古事记》,周作人译,中国对外翻译出版公司2001年版,第12页。
② 《日本书纪》卷第一"神代"(上)"于是素戈鸣尊请曰"条"一书曰(一)"。
③ 和解巫祭(화해굿):东海岸别神巫祭中的一个场面,表达了各个村落神之间的和解。——译注
④ 打斗巫祭(싸움굿):展现巫俗神之间矛盾与争斗内容的巫祭。——译注
⑤ 堂山巫祭(당산굿):每年10月举行的岁时农乐的一种,每个村子为象征村庄守护神的神树系上"禁绳"以示神圣,并在神树前举行农乐表演。——译注
⑥ 堂巫祭(당굿):济州道地区"本乡堂巫祭"的略语,一年之中定期举行的祭拜本乡堂神的祭祀活动。——译注

结合。①

这里所说的两位"山王神"是守护村庄、掌管生育的夫妇神。红色是象征太阳的男神,黑色是象征土地的女神。但是在"打斗巫祭"中,红色神同时也代表着夏天炎热的气候,黑色神则代表了冬天寒冷的气候,二神的对决代表着阻碍农作物生长、结实的邪恶气候之神与帮助农作物生长、结实的善良气候之神之间的斗争,人们通过这种斗争祭祀仪式来祈求风调雨顺与丰收。不过,在之后进行的"和解巫祭"中,却出现了二神结合为夫妇并完成生育的情节,即表演完驱赶恶劣气候恶神的"打斗巫祭"后,进行天神与地神结合的"婚礼巫祭"。"打斗巫祭"中代表恶神的黑色神旗在随后的"和解巫祭"中直接用来象征大地女神;"打斗巫祭"中象征炎热气候的红色神旗在"和解巫祭"中直接被用来象征太阳男神,所以很容易让人误以为是男神、女神在斗争之后又达成了和解。产生这种错觉与误会的原因是人们往往以为红色神旗象征着太阳神,又具有能够带来炎热气候的男性生产神特点。但是,"打斗巫祭"与"和解巫祭"原本就是不同属性的独立祭祀仪式。东海岸的"别神巫祭"中就没有"打斗巫祭",只进行"和解巫祭"。可见,这种韩国农村祈求丰收的祭祀中,为了祈求风调雨顺和丰收而表演了神灵之间的斗争与结婚。

此外,从韩国农村举行的大规模拔河活动中也可以发现类似特点。

拔河所用的绳索由稻草制成,直径超过一米,长数十米,分为"母绳"与"公绳",再把两绳相连。拔河时分为两组,每边有数十人到数百人。同一村庄的村民拔河时,分为男女两方,其中女性和未成年者一方,成年男子一方。不同地区互相较量时,助威队长会分别身着新郎服和新娘服为比赛助威。助威队长头戴花冠身穿圆衫新娘礼服的一侧象征着"女队",助威队长身着纱帽冠带等新郎服的一侧象征着"男队"。人们相信男女双方的拔河比赛中,只有女队赢了来年才会迎来丰年。奇怪的是,即使双方拼尽全力,据说每次获胜的都是女队。②

拔河具有比赛双方为获胜进行集体对抗的特点,为了己方的胜利,双方都用尽所有智慧,团结所有力量,燃起所有热情和斗志。拔河的现场就像战场,到处散发着战争的气息,经常有人受伤。这种场面与"打斗巫祭"具有相同特

---

① 赵东一:《假面劇의 喜劇的 葛藤》,首尔大学大学院,1968年。
② 在江原道春城郡,以昭阳江为界,两岸居民会定期举行拔河活动,助威队长会身着新郎、新娘的衣服。(依据1980年7月9日作者调查结果)京畿道骊洲郡芝内里村,分为男女双方拔河,据说女方获胜会带来第二年的丰收。(徐大锡:《韩国口碑文学大系1-2》,韩国精神文化研究院,1980年,第158页。)忠清南道延岐郡西面四方村,男女双方拔河时往往是女方获胜。(依据1983年7月作者调查结果)

点，因为人们相信胜利的一方会拥有财运并获得丰收。不过，拔河双方分为象征男女的两组，并且大部分地区相信女方获胜才会迎来丰年。不同地区拔河时，各队为了自己村子或地区的名誉而竞争，区域利己主义更加优先，但这应该是后世才出现的变化。拔河原本应该是同一集团内部为祈求丰年而举行的祭祀仪式，但因具有比赛性质后演变为地区之间的竞赛。所以韩国传统拔河中反映的两性斗争特点，对于理解日本神话天照大神与素戈鸣尊的对决很有帮助。天照大神代表了炎热气候和降雨之神，素戈鸣尊代表了干旱暴雨等恶劣气候之神，他们的对决则是善良之神——天照大神与邪恶之神——素戈鸣尊之间的较量。即这些神话本来是在为预防恶劣天灾举行的祈求丰年祭祀中形成的，在其本来神话含义褪去后，被编入了王权神话之中。

类似这种"打斗巫祭"过后紧接着举行"婚礼巫祭"，意在用人的结婚生育比喻谷物庄稼的成熟结实，以结婚生育仪式祈求富饶丰收。类似特点也可以在韩国拔河中见到。

韩国全罗道地区举行的全罗道特色拔河中，比赛结束后有"堂山穿衣"的步骤，这是村民们认为祭典中最为重要的部分。所谓"堂山穿衣"，指将拔河所用绳索一圈一圈缠绕在堂山木上。这一仪式结束后，晚上所有村民聚集在一起随着农乐队的音乐欢歌起舞。①

全罗道拔河中将拔河绳索缠绕在堂神木上的"堂山穿衣"仪式，可以看作堂山女神与用绳索象征的男神的婚礼。堂山神是地母神与农业生产神，绳索可以看作男性生殖器官或龙蛇等水神。关于绳索的含义，按照各地民众的神圣观念可有不同解释，但都普遍具有男女神结合祈求丰收的共同特点。

韩国的"山王巫祭"和拔河便是这种祈求丰收祭祀中的一种，与日本神话中天照大神和素戈鸣尊的瑞珠盟约具有很多共同的神话特点。天照大神拥有天狭田、长田等农田并进行耕种，而素戈鸣尊破坏田埂，用粪便污染祭祀用的新米，② 可见，天照大神是一位农业生产神，素戈鸣尊则是妨碍农业的男神。韩国"山王巫祭"中代表恶劣天气妨碍农事的黑色山王树神相当于素戈鸣尊，红色山王树神则可与天照大神对应。并且，韩国传统拔河中的"女队"与"男队"双方也可以分别对应天照大神与素戈鸣尊。只有"女队"获胜才能迎来丰年的信

---

① Christian Deschamps：《한국의 줄다리기》，《재구 한국학회 제 6 차 학술회의발표 논문집》，1982 年，第 329—335 页。

② 田溶新译：《完译〈日本书纪〉》，一志社 1989 年版，第 23—24 页。

仰，也与将天照大神视为善神、将素戈呜尊视为恶神的日本神话有着类似特点。

天照大神与素戈呜尊二神互不相让，两相较量，与为获胜拼尽力量拔河的男女竞赛有着相似之处；二神盟誓后生下三女五男，这与模拟男女结合、生育的韩国山王神或堂山神祭祀仪式也别无二致。

如此看来，日本神话与反映太阳神与地母神结合并生育子女的韩国国祖神话具有同质性。高句丽"朱蒙神话"中，柳花与日神解慕漱结合生下朱蒙，之后在朱蒙出逃东扶余前，柳花交给朱蒙五谷种子，体现出柳花地母神与谷母神的属性。从这种每年举行的天神与地神结合产下新神的祭祀仪式来祈求丰年的角度来看，韩国神话与日本神话具有相似性。

但是，从血统方面来看，日本神话与韩国神话又存在不同点。韩国国祖神话大体都具有"天父地母型"神话特点，而日本神话却是"天母地父型"神话。但是，天照大神却是在名为"高天原"的天国之中拥有可以耕种土地的神灵，高天原既然是天神的国度本应属于天界，但实际上却与人类生活的地上世界并无太大差别。一般来说，天界是日月星辰等天体所在的空间或者包含风、云等自然现象的大气空间，天界与地上是不同的。可是高天原仅仅只是神等统治者居住的神圣空间，并非日月星辰之空间，也非风云气象之空间。

天神司祭者居住的神圣空间可联系到马韩的"苏涂"。《三国志·魏书·东夷传》"韩传"条中对"苏涂"有如下记载：

> 国邑各立一人，主祭天神，名之天君，又诸国各有别邑，名之谓苏涂。立大木，系铃鼓，事鬼神。诸亡逃至其中，皆不还之，好作贼。[1]

此处的"国邑"指国家首都，"天君"指主持天神祭祀之司祭，而"别邑"可视为国都之中单独指定的特别区域，即祭祀鬼神巫女居住的神圣之地。"将铃铛与鼓系在大树之上（立大木，系铃鼓）"之地称为"苏涂"，这应该是类似日本神社的地方。天照大神既是天神，又是天神的祭祀者，古代主管天神祭祀之人正是巫俗司祭，所以天照大神与天君应该都是祭祀天神的巫俗司祭。如果天君居住的圣地被称为"苏涂"，天照大神所在的高天原应该就是日本的"苏涂"。

马韩与日本自古农业发达，所以也应该有着丰富的农业祭祀仪式。掌管农耕的生产神主要是天神、水神与地神，主持这些神的祭祀活动的司祭者也被等同于这些神灵，或者被视为继承了这些神灵血统的后代。当时每个部族应该都

---

[1]《三国志·魏书·东夷传》"韩传"条。

拥有类似的农业生产神祭祀仪式和文化，只不过随着国家的形成，这些文化被建国神话或王权神话吸收并重新改编。因此，日本的天照大神与素戈鸣尊的瑞珠盟约神话，正是一种为了神化天皇国家的王权，而将包含有善恶二神决斗与女神、男神结合生产的祈求丰年的农业生产神神话重新改写的结果。

（五）结语

综合以上内容，以《古事记》《日本书纪》为主重新解读了日本创世神话中神之结婚生产的相关内容。日本神话中诞生了许多神，但并非所有神都有记载其事迹的神话，许多神在神话中仅仅提到诞生、名称而已。日本创世神话中最为核心的内容是伊邪那岐和伊邪那美的结婚以及国土和四神的诞生，四神之中最为活跃的当属天照大神与素戈鸣尊。因此，本部分研究的伊邪那岐、伊邪那美、天照大神、素戈鸣尊等相关神话，虽然只是日本神话的一部分，但却堪称日本神话的核心内容。

如先前学者们的研究所述，《古事记》《日本书纪》里记载的神话是日本大和政权建立后，依照天皇国家的政治理念重新改编的神话。为凸显王权之神圣性，这些神话整合了众多相异的部族神话材料并加以润色改编。那么，日本神话的原貌究竟如何？改编过程中又经历了何种变化？希望本部分的研究能够为解开这些疑问提供一些启示。

伊邪那岐与伊邪那美的结婚过程体现出男神的优越地位，男女神结合后诞生了国土和众神，表明该神话是在建国后男性家长制社会确立之后产生的。最先出生的淡路洲被剥夺了神之后代的身份，这有可能是因为"淡路"一语与意为"城邑"的百济语"檐鲁"含义相同，为抹去日本神话中包含的百济移民文化而故意改动神话内容。四神分别掌管天界、地界。天照大神是太阳神，月读命是月神，二者均为天界之神；素戈鸣尊是地神，水蛭子是水神，二者都可视为大地之神。从水蛭子被放在芦苇船中遗弃的内容来看，水蛭子代表的应是具有水神信仰的以渔猎为生的部族，这一神话表达暗示着对水神信仰部族神性的否定。

另外，本文尝试以新的视角，将天照大神与素戈鸣尊的瑞珠盟约神话和韩国的村祭、拔河等民俗活动进行比较。从神话内容来看，二神较量一番之后，为证明彼此没有敌意而盟誓，但这一神话的本来面貌应是象征恶劣气候的恶神与掌管生产与丰收之神的对决与结合，并包含女神、男神性的结合。这种神话表达可以在韩国祈求丰年的农业祭祀生产神神话中找到类似的神话原型。

综上分析，本研究通过研究日本神话内容发现，出于彰显天皇王权神性等政治意图，《古事记》《日本书纪》中记载的日本神话被故意改动而产生了变化，因而其具有一定意义。但是，为了更加有力地证明这种推论，还需对日本神话及民俗资料进行更为广泛的考察。

四、东亚英雄神话比较研究

（一）英雄神话之概念范畴

东亚地区民族众多，每个民族都拥有本民族的英雄神话，想要比较东亚英雄神话，就必须对资料加以限定。因此，将迄今为止东亚地区流传较广的几个民族的代表神话做比较研究并探索其整体特点，这对于开拓比较神话学的研究视野是十分必要的。

研究英雄神话，首先要定立英雄神话之概念。所谓英雄神话，指以英雄为主人公，通过英雄事迹刻画其英雄性的神话。不过，还有必要进一步界定，英雄是怎样的人物？英雄事迹是怎样的活动？英雄性又是什么？英雄即为拥有超越普通人能力的人物，但也不能将所有能力超群的对象都称为英雄，重点在于这种超人能力最终发挥于何处。所以，英雄可定义为：将超凡能力用于维护集体公共利益，而非追求个人利益并成功得到部族推崇的人物。为追求个人幸福或谋求自身安全而发挥的能力，无论多么优秀，也难以获得他人的崇敬。成为英雄的前提至少不能出于一己私利，必须是基于利他的牺牲与奉献。另外，根据不同部族集团的英雄事迹，可以对英雄加以界定。如果将集团范围分为氏族、部族、民族，便会有氏族英雄、部族英雄、民族英雄；如果将空间范围划分为村庄、城市、国家，便会有村庄英雄、城市英雄、国家英雄。当然也包括超越特定地域或集团，改善了人类生活的文化英雄。

然而，所谓神话是指拥有神圣性本质的故事。神圣性通过对神的祭祀活动得以实现，于是英雄神话的概念得以进一步具体化。所谓英雄神话，指具有超凡能力的人物为了集团的公共利益发挥其能力并为集团带来利益，从而得到集团的推崇而被承认为神的故事。这种神话一般通过英雄神的祭祀活动得以传承，同时英雄神的事迹也得以流传。

那么，英雄神话区别于其他神话的主要特征是什么？实际的神话资料又有哪些呢？建国神话是建立国家的开国君王的故事。成为国王统治国家是一种为了国家集团进行的活动，所以可以将其评价为一种超越个人幸福追求、谋求集体公共利益的活动,因此国祖神话具备英雄神话的特点。但是,并非主人公为集体所做的事迹都能称之为英雄神话,还必须发挥出相应的英雄能力。满怀真诚、造福大众之凡人多矣,概如史书中的名臣、名将,但他们的事迹记录都属于历史人物事迹,并非英雄神话。因此,有必要对英雄神话的范畴加以限定,即英雄神话的主人公必须具备英雄之非凡能力,通过英雄事迹获得集团崇拜,并在具体的文化形式"祭祀仪式"中得以体现。不过,随着时代变迁,祭祀典礼有可能会消失,只有英雄事迹记录于文献或被民间口口相传。本部分将要研究的神话材料,虽然其神圣性已经泯灭,但其产生时间并非当代,而且这种神性获得过程通常会产生某种特定叙事形式,从而构建了英雄神话的叙事结构。不过,所谓"英雄传记"的叙事类型虽然源于英雄神话,但却并非英雄神话专有的特点,也有许多虽是英雄神话却脱离这种类型的资料,所以很难将其作为英雄神话的判定条件。有鉴于此,一般谈到英雄神话大体会包含以下具体资料。

典型的英雄神话有"珀尔修斯神话"[①] 和"赫拉克勒斯神话"[②],但这些都是希腊神话,亚洲的英雄神话并非典型的英雄冒险故事。东亚的英雄神话主要有韩国的"朱蒙神话"、中国的"后羿神话"、中国满族的"他拉伊罕妈妈神话"、日本的"素戈鸣尊神话",这些神话都具有典型的英雄神话特征。下文将以上述韩国、中国、日本的英雄神话为主,从神话内容、英雄血统能力、英雄功绩、成神过程等方面进行对比分析并总结各神话特点,探讨这种特点得以产生的民族文化背景。

(二)东亚英雄神话之地域特点

1. 韩国英雄神话:朱蒙神话

韩国英雄神话包括文献记载的"朱蒙神话"和济州道口头流传的"怪奈基

[①]珀尔修斯(Perseus)神话:阿尔戈斯国王阿克里西奥斯得到神谕,称其外孙将夺取他的王位,于是他将未婚的女儿达那埃囚禁入铜塔之中。宙斯化作金雨和达那埃相会,生下珀尔修斯。珀尔修斯小时与母亲被外祖父装入木箱投入大海,母子被塞里福斯岛渔民搭救。塞里福斯国王爱慕达那埃的美貌,想要除掉珀尔修斯珀,让其去挑战美杜莎。珀尔修斯在诸神帮助下,杀死女妖美杜莎,在归途中拯救了埃塞俄比亚国王克甫斯之女安德罗墨达并娶其为妻,返回塞里福斯解救了母亲。在一次参加拉里萨地区的体育比赛中,珀尔修斯投出的铁饼误伤了外祖父并致其亡故。他因此离开阿尔戈斯,成了梯林斯的国王。——译注

[②]赫拉克勒斯神话(Hercules)神话:赫拉克勒斯是宙斯与阿尔克墨涅之子。他神勇无比、力大无穷,完成了十二项"不可能完成"的任务,解救了被缚的普罗米修斯,帮助伊阿宋取得了金羊毛。后被妻子得伊阿涅拉嫉恨,穿上涂有毒血的衣服,痛苦自焚而死,死后升入奥林匹斯圣山成为天神,娶青春女神赫柏为妻。——译注

堂巫神歌"①，但是后者虽然有着超凡的威力并在战场上立下了赫赫战功，不过，怪奈基堂神到底是被哪个集团以何种名义加以崇拜尚不明确，而且崇拜该神的地区与其英雄事迹发生地并非同一地点，其资料的可信度依旧存疑，因此不将其纳入研究范围。现将韩国具有代表性的英雄神话"朱蒙神话"内容以朱蒙生平为主进行概括，以便与其他国家英雄神话做对比考察。

①柳花在金蛙王宫中受太阳照射受孕，后产下了一枚巨卵。（异常出生）

②金蛙王将卵抛至山野，鸟兽护之；抛至马厩，马不踩踏，反而保护。（弃儿身世）

③一个月后巨卵孵化，产下一个男婴。（以卵诞生）

④男孩幼时请母亲为其造弓箭，并能射中织布机上的苍蝇，人称朱蒙。（神奇力量）

⑤朱蒙擅长狩猎，遭到金蛙王众王子的打压和妒忌。（经历磨难）

⑥朱蒙负责养马，之后骑着母亲柳花为其挑选的骏马逃往东扶余。在淹滞水附近遭遇追兵，幸有鱼鳖为其搭桥得以成功渡河。（神助脱险）

⑦朱蒙与母亲分别时，得到五谷的种子。（获得五谷）

⑧朱蒙到达卒本地区后，建立了高句丽。（建国即位）

⑨朱蒙见到沸流国国王松让，在射箭较量中获胜。（弓箭竞赛）

⑩朱蒙捕获白鹿施展降雨咒术，水淹松让国都后解救百姓，降服松让。（征服沸流）

⑪朱蒙于鹘岭建立新城并筑造宫殿后升天，太子将王留下的玉鞭葬于龙山。②（神异死亡）

可知，"朱蒙神话"中包含了"高贵血统→异常出生→弃儿身世→经历磨难→神助脱险→获得五谷→建国即位→弓箭竞赛→征服沸流→神异死亡"等反映英雄一生的传记，因而具备完整的叙事结构。虽然从内容上来看朱蒙的斗争似乎并非为了百姓，而是为了自己，但是因为朱蒙成了高句丽之王，为了扩张国家势力而进行斗争，所以朱蒙并非是为了个人而是为了集团利益而斗争的英雄。因此，"朱蒙神话"记述了主人公的神异出生，克服了磨炼，以箭术和咒术赢得了胜利，建国称王并扩张势力，最后神异升天，这样的内容具备了完整的英雄神话条件。

本部分内容将从主人公血统、英雄能力、英雄功绩、成神过程等方面考察"朱蒙神话"的英雄神话特点，并以此作为与其他地区神话比较的基础。

---

①怪奈基堂巫神歌（괴네깃당본풀이）：又被写作게네기당본풀이，济州道济州市旧左邑金宁村地区流传的堂巫神歌，怪奈基堂是村庄守护神，其实体是一座神庙，在2000年被台风损毁。——译注

②此处"朱蒙神话"以李奎报所著《东国李相国集》中《东明王篇》资料为主。

朱蒙的血统是以天神解慕漱为父，以水神河伯之女柳花为母，但按照"朱蒙神话"的不同文献记录来看，其血统也有所差异。柳花与解慕漱私会之后，被河伯驱赶至东扶余金蛙王属地，柳花在金蛙王宫受到阳光照射而有了身孕。如果把阳光视为解慕漱的化身，那么朱蒙的父系血统明显是太阳神。朱蒙称自己是天神之子，日神之子或之孙，河伯外孙或外甥。这里的天神和日神是否相同？朱蒙自称天帝之孙与河伯外孙的神话含义又是什么？这些问题都需要探讨。

虽然天神有时也可称为太阳神，但一般指掌管与地上世界相对的天界之神，而且还掌管日月星辰、风雨气象，所以可以将天神理解为天地及整个宇宙最高的绝对神。但是，"朱蒙神话"中的天帝具有太阳神的特点，并与地上水神河伯存在对立关系，这意味着当时同时存在着崇拜太阳神的解慕漱部族与崇拜水神的河伯部族。但是解慕漱和柳花结合生下朱蒙，朱蒙之后成为高句丽之王，这代表着两个部族后来统一为同一集团，一个全新的民族由此诞生。由此，之前分别独立存在的天神信仰和水神信仰在朱蒙建国过程中得以合并统一，这种综合的神性观念主要体现在建国神话朱蒙的神圣血统之中。

朱蒙的英雄能力首先体现于擅长弓箭，朱蒙甚至因此而得名。朱蒙可以用弓箭射中织布机上的苍蝇，百步之外可以用箭射碎玉指环。逃往东扶余途经淹滞水时，因无法过河，他一边以其弓击水一边叹息，可见弓箭对于朱蒙的重要程度。朱蒙除了箭术高超之外，也擅长驾驭马匹。金蛙王让其负责养马，母亲柳花为其挑选良马，说明朱蒙与马十分亲近，应该是一位擅长骑马的英雄。而射箭骑马等能力在狩猎社会是十分必要的。

此外，朱蒙还具备施展神秘咒术的能力。朱蒙的诞生得到了鸟兽的庇护，到达淹滞水边鱼鳖搭桥助其渡河，后来又捕获白鹿实施降雨咒术，水淹松让都城时，还能以神秘力量在鸭岭上建造城市与宫殿。这些神奇的能力并非武士所能做到，只有具备巫师身份的英雄才能实现，即朱蒙是拥有萨满司祭咒术力量的国王。由于这种咒术能力是英雄神话出现之前的巫俗神话主人公所施展的能力，由此可见"朱蒙神话"中还残留有巫俗神话的痕迹。

朱蒙拥有完成高句丽建国并使之振兴的功绩。朱蒙在卒本川边说道："形胜开王都，山川郁巍岿。王自坐茀菝之上，略定君臣之位。"[①] 这表示朱蒙建立了国家，但这里并未提及国家的建立过程和规模。建国之后朱蒙的功绩主要在于

[①] 李奎报：《东明王篇》："王自坐茀菝之上略定君臣之位。"此处"茀菝"与"茅菝"相同，指用芦苇编织而成的座席，表示皇帝与臣子朝会时的座位。

降服了松让,盗取沸流国鼓角,建造都城、宫殿等,这些活动与武士英雄为了百姓勇斗恶兽或击退外敌入侵的事迹相比,明显具有不同的含义。

一般来说,为了人类整体利益克服自然灾害是比建立国家权威更加伟大的英雄事迹,特别是文学作品中描绘的英雄形象更能引发读者的感动。这样看来,朱蒙似乎是在努力实现个人的政治野心,但是因为建国称王也具有公共属性,所以他为自己的同时也是为了国家和百姓。朱蒙在与松让的较量中胜出,提升了国威;朱蒙征服了松让,充实了国力;筑造宫殿既是为君王建造住所,也是在树立高句丽的权威,因此,朱蒙的活动是一种具有强烈政治意味的英雄事迹。

高句丽在第三代王大武神王时期建立了东明祠,奉朱蒙为始祖并进行祭祀,朱蒙由此成为国家始祖神。《三国史记》"祭祀"条记载高句丽将柳花奉为国母神,将朱蒙奉为始祖神。① 对于朱蒙的祭祀由继承王位的后代进行,这种祭祀既具有祖先神祭祀的特点,同时又因为祭祀者的君王身份而具有护国神祭祀的特征。

2. 中国英雄神话:后羿神话

中国的英雄神话"后羿神话",中有关"羿"的记录以片段的形式出现在多个文献之中,并没有综合记载其活动事迹的长篇叙事记录。羿多以弓箭制造者和擅长射箭之人的形象出现,《管子》记载:

羿,古之善射者也,调和其弓矢而坚守之。其操弓也,审其高下,有必中之道,故能多发而多中。②

《路史》有关于后羿善射逸事的记载:

(羿)尝从吴贺北游,见雀焉,贺命之射。羿曰:"生乎,其杀之乎?"贺请左目。羿中厥右。耻之,由是每进,妙中高出天下。③

此外,《山海经》记载:

帝俊赐羿彤弓素矰,以扶下国,羿是始去恤下地之百艰。④

有关后羿的记录表现出不同的特点。《路史》中后羿作为吴贺的部下,吸取了失败的教训,刻苦努力,最终成为弓箭名手。但在《山海经》中,后羿

---

① 《三国史记·杂志第一》"祭祀"条:"北史云:高句丽,帝以十月祭天多淫祠。有神祠二所,一曰夫余神,刻木作妇人像,二曰高登神,云是始祖夫余神之子,并置官司,遣人守护,盖河伯女朱蒙云。"
② 转引自刘城淮:《中国上古神话》,上海文艺出版社1988年版,第471—472页。
③ 转引自刘城淮:《中国上古神话》,上海文艺出版社1988年版,第471—472页。
④ 转引自刘城淮:《中国上古神话》,上海文艺出版社1988年版,第472页。

被天帝俊从天界派往人间，成为具有神性的人物。可见，后羿的记录存在许多差异。

后羿是有穷族之神。有穷国位于今中国的安徽、山东、河南地区，是东夷族曾经生活的地方。后羿也被称为"夷羿"，可见他是东夷族的英雄。并且后羿是射箭名手，经常与猛兽搏斗，因此可以推测"后羿神话"应该形成于渔猎社会时期。①

袁珂综合整理各种文献记录编成《后羿神话》②，"后羿神话"虽有文献出处，但并非出处前后一致的整篇神话，不同时期、不同地域流传的神话内容零散地记录于各种文献之中。袁珂以这些文献记录为基础，发挥想象适当添加内容，使"后羿神话"具有了叙事结构，在其著作《中国神话传说》中整理出《羿禹篇》。本部分研究将参考《羿禹篇》中的后羿神话，但对袁珂添加的修饰内容不做学术考察。现将具有文献依据的"后羿神话"的内容予以概括，并探讨其神话特点。

①尧舜时期东部天帝帝俊之妻羲和产下十个太阳，它们原本生活在东海之外的汤谷。那里有一棵名为扶桑的大树，其高与合抱可达数千米。太阳们每天按照严格规定的路线有序地升起落下，却逐渐对日复一日的生活感到厌倦，共同商议一番之后一起出现在了空中，于是大地变得酷热难当。人们按照习俗将一名叫作"女丑"的巫女带到宫廷附近的小山上，让她接受阳光的照射。据说只要女丑骑着龙鱼巡游九州草原，天空就会降雨，结果女丑在山上祈雨时被酷热的阳光暴晒致死。尧帝每日祈祷天帝帝俊解救苍生，帝俊命令天神后羿下凡惩治太阳，后羿受命背着帝俊赐予的红色弓箭带着妻子姮娥一起来到凡间。后羿见到尧帝并目睹了百姓遭受的炙热之苦，怒不可遏，拉开帝俊赐予的弓箭开始射日。被射中的太阳化为"三足金乌"从空中落下，尧帝偷偷将后羿的一支箭藏起，这才留下一个太阳为人间带来光明。③（后羿射日）

②后羿还为人们消灭了猛兽。当时中原地区有一只名为"猰貐"的人面、牛身、马蹄的怪兽常常吃人作乱，后羿杀掉猰貐为民除害。④（消灭猰貐）

---

① 刘城淮：《中国上古神话》，上海文艺出版社 1988 年版，第 474—475 页。
② 袁珂：《中国神话传说》，全仁初、金善子译，民音社 1992 年版，第 435—496 页。
③ 有关后羿射日的神话收录在《山海经·海外西经》《淮南子·天问·本经训》等古籍中。
④ 后羿除去猰貐的故事记载于《淮南子·本经训》。《述异记》中记载的猰貐是百兽中体型最大的猛兽，头似龙，尾似马，其利爪可达四百尺，擅长奔跑，以人为食。参见刘城淮：《中国上古神话》，上海文艺出版社 1988 年版，第 477 页。

③后羿又前往寿华平原用箭射死了名为"凿齿"的怪兽。凿齿是一只兽面人身的怪兽，经常以三尺獠牙发动攻击，最终被后羿制服。①（消灭凿齿）

④后羿又在"凶水"消灭了"九婴"，九婴是有九个头的水火之怪。②（消灭九婴）

⑤后羿消灭九婴返回途中，路过北方的奚禄山，在崩塌的山中获得一枚玉戒指，这枚玉戒指可以用于拉开弓箭。归途中又路过青丘水塘遇到一只名为"大风"的恶鸟，后羿把绳子系在箭上，射箭捕获了大风，用刀将其处死。③（消灭大风）

⑥后羿又来到南方洞庭湖，这里有一条名为"巴蛇"的巨蟒常常吞食当地的渔夫，后羿激战巴蛇，将其大卸八块，传说巴蛇的骨头堆成了一座小山。④（消灭巴蛇）

⑦后羿到达桑林，杀死了一只巨大的野猪。⑤（消灭野猪）

⑧后羿除去了危害天下的七个猛兽，百姓将其奉为最伟大的英雄。但因为他杀死了天帝之子太阳，即使用杀死的野猪献祭天帝，最终也无法返回天庭。（惹怒天帝）

⑨于是后羿四海漂泊，行至洛水遇到了水神宓妃。宓妃是水神河伯之妻，河伯又被称为"冰夷"或"冯夷"，其下半身为鱼。河伯得知妻子宓妃与后羿相爱，化身为龙跃出水面掀起了滔天洪水，此举激怒了后羿，后羿用箭射中了河伯的左眼。于是河伯向天帝哀诉，天帝得知河伯假冒白龙发起洪水，反而斥责了河伯的过错。宓妃与后羿之后也没有再相见。⑥（对决河伯）

---

①《山海经·海外南经》："羿与凿齿战于寿华之野羿射杀之在昆仑虚东。"高诱注《淮南子·本经训》："凿齿，兽名，齿长三尺。"刘城淮：《中国上古神话》，上海文艺出版社1988年版，第477页。

②《淮南子·本经训》："（羿）杀九婴于凶水之上。"高诱注《淮南子·本经训》："九婴，水火之怪，为人害。"刘城淮：《中国上古神话》，上海文艺出版社1988年版，第482页。

③《太平御览》卷八〇五《随巢子》："幽厉之时，奚禄山坏，天赐玉玦于羿，遂以残其身，以此为福而祸。"《淮南子·本经篇》："（羿）缴大风于青丘之泽。"袁珂：《中国神话传说》，全仁初、金善子译，民音社1992年版，第451—452页。

④《淮南子·本经编》："（羿）断修蛇于洞庭。"《路史·江源记》："羿屠巴蛇于洞庭，其骨若陵，因曰巴陵也。"袁珂：《中国神话传说》，全仁初、金善子译，民音社1992年版，第454页。

⑤《淮南子·本经篇》："（羿）擒封豨于桑林。"袁珂：《中国神话传说》，全仁初、金善子译，民音社1992年版，第455页。

⑥王逸注《楚辞·天问》："洛嫔，水神，谓宓妃也。羿又梦与洛水女神宓妃交接也。"参见袁珂：《中国神话传说》，全仁初、金善子译，民音社1992年版，第458页。"河伯化为白龙，游于水旁。羿见射之，眇其左目。河伯上诉天帝，曰：'为我杀羿。'天帝曰：'尔何故得见射？'河伯曰：'我时化为白龙出游。'天帝曰：'使汝深守神灵，羿何从得犯汝？今为虫兽，当为人所射，固其宜也。羿何罪欤？'"参见袁珂：《中国神话传说》，全仁初、金善子译，民音社1992年版，第470页。

⑩后羿回到家中与妻子姮娥过着凡人的生活，但后羿惧怕凡人的死亡，又向西王母求得长生不老之药。可是妻子姮娥瞒着后羿独自吃下全部仙药，以致身体过轻飘到了月宫之中。后羿难掩心中的悲伤从此孤独一生。①（姮娥奔月）

独居的后羿性格变得暴戾，他将自己的箭术全部传授给了家臣逢蒙，但最终却遭到逢蒙暗害而死。后来百姓将后羿奉为"宗布神"。②（悲剧死亡）

后羿能力非凡，为了百姓创下伟大功绩，死后被奉为神灵，可见"后羿神话"是具备英雄神话诸要素的典型神话资料。但是，这些并非属于英雄传记叙事类型的材料，因为资料中并未涉及后羿的出生与身份。不过，在《太平御览》中可以找到有关后羿父母的若干记载。

> 羿年五岁，父母与入山，其母处之大树下，待蝉鸣，还欲取之。群蝉俱鸣，遂捐去。羿为山间所养。③

记载可知，后羿是凡人之子，五岁时被父母遗弃山中独自长大，这是有关后羿出生与弃儿身世的资料。除此之外，几乎找不到关于后羿成长的其他资料。现将后羿神话内容按照生平记录的形式整理为：

①五岁时被遗弃在山中的大树下，后独自长大。（弃儿身世）
②拥有非凡的弓箭使用能力。（英雄能力）
③射下十个太阳中的九个，为人间留下一个太阳。（调定日数）
④消灭危害人间的猰貐、凿齿、九婴、大风、巴蛇、野猪等恶兽。（消灭恶兽）
⑤与宓妃私下交好，射伤河伯。（结怨河伯）
⑥从西王母处求得仙药，妻子姮娥独吞之后飞往月宫。（姮娥奔月）
⑦被弟子逢蒙杀害，百姓将其奉为宗布神。（含冤成神）

有关后羿出生的各篇资料的特点都不相同。有的资料说，后羿最初并非凡人，而是侍奉天帝俊的天神；袁珂将后羿记述为接到天帝命令，带着妻子姮娥下凡，消除人间"十日在天"之苦的人物。但《史记》将帝羿记载为有穷氏部落的酋长，《墨子》将后羿记载为制造弓箭之人。④此外，《路史》记载后羿因射箭失误，刻苦努力，最终成为射箭名手。因此，《山海经》中记载的后羿接受

---

① 《淮南子·贤明篇》："羿请不死之药于西王母，嫦娥窃以奔月，怅然有丧，无以续之。"参见袁珂：《中国神话传说》，全仁初、金善子译，民音社1992年版，第470页。
② 袁珂：《中国神话传说》，全仁初、金善子译，民音社1992年版，第435—496页。
③ 刘城淮：《中国上古神话》，上海文艺出版社1988年版，第474页。
④ 刘城淮：《中国上古神话》，上海文艺出版社1988年版，第471页。

帝俊命令下凡解救炙热困难百姓的故事，很难被视为"后羿神话"的源头，后羿成为天神也应该是被百姓奉为宗布神之后的事情。

类似这种神话插画式结构是神话学者将后羿活动的单独片段故事聚集到一起，并以此为基础尝试概括英雄一生的传记，但是这种努力显然是徒劳的，是原本就行不通的。即使最初存在传记形式，之后解体单独流传，将各部整合之后也应该能够反映出原貌。换言之，"后羿神话"中原本关于后羿神秘出生、父母血统、成长磨难等内容就寥寥无几。当然也有可能为了让后羿发挥出英雄能力，而将其身份设定为天神。可是，随着时间推移作为神的后羿慢慢变为凡人，又与女性相爱，甚至惧怕死亡，最终被杀害。因此，笔者推测后羿神话是由人的故事演变为神的故事，之后又经历了从神变为人的流传过程。这些后羿神话的零散片段是经历了多个朝代而逐渐积累的产物，这完全不同于地中海一带流传的英雄神话的形成过程。所以，"后羿神话"并不符合"祭仪学派"学者们主张的"形成于英雄祭祀过程中的英雄一生传记是英雄神话普遍结构"的理论[1]。

后羿以天神身份出场，之后用弓箭射杀了天帝之子太阳，因为后羿是天神，所以其神话中并未交代如人类英雄传说中英雄获得非凡能力的过程。后羿在射日过程中展现出巨大的威力，面对如此天灾凡人只能被活活烤死，而后羿却能凭借不凡能力用箭将太阳射下，而且后羿还痛痛快快地消灭了多个恐怖的吃人猛兽，后羿是为百姓除害的天下无双的武士。不过，后羿与姮娥结婚，从神沦为凡人，惧怕死亡，虽得到长生不老的仙药，却被妻子独吞，姮娥奔月之后，后羿竟然落得孤独凄惨的鳏夫境地，最后甚至被弟子逢蒙杀害，结束了悲剧的一生。可见，射日时作为天神的后羿与被逢蒙杀害的凡人之间有巨大差距。另外，后羿擅长射箭拥有强大的战斗力，从这点来看他与高句丽开国始祖朱蒙的善射存在相似性，并且两者高超的箭术都是一种天赋，而非向他人学习所得。

后羿为人间百姓做了许多贡献，但却几乎没有得到什么回报。无论是消灭了七只吃人猛兽，还是射下九个骄纵的太阳拯救了世界，人们并未给后羿以回报，而后羿还要承担射杀天帝之子遭到的天帝怨恨。后羿与洛水女神宓妃相爱，只不过是短暂的邂逅并未修得正果。可见，后羿的一系列英雄活动虽然受到百姓的歌颂，却并未得到美人、名誉、官位等回报，这与其他英雄神话存在差异。不过，后羿死后被奉为宗布神接受祭祀符合神话的普遍特点。"宗布"又被称为"禜醋"，具体指两种祭祀活动，"禜祭"指对洪水、干旱之神的祭祀，"醋祭"

---

[1] Lord Raglan, *The Hero: A Study in Tradition, Myth and Drama*, New York: Vintage Books, 1956.

指对危害人与牲畜之神的祭祀。① 后羿射下九个太阳消除旱灾，消灭了猰貐、凿齿、九婴、巴蛇、大风等猛兽，将其奉为宗布神理所应当。问题在于，原本是天神的后羿再次成为神灵。不过，起初的天神并非接受民众祭奉之神，而是居住在天界的一般天神，而真正意义的神必然接受人的祭祀。

3. 中国英雄神话：满族"他拉伊罕妈妈"

中国满族的英雄神话有"他拉伊罕妈妈""多龙格格""阿达格恩都哩""鄂多哩玛发"等，这些神话起初都是由萨满司祭流传的巫俗神话，之后整理成文字形式。以下考察满族英雄神话的代表作"他拉伊罕妈妈"。

①他拉伊出生在乌苏里江捕鱼地区的"他拉伊"部落，是渔夫"费扬古"的独生女。（正常出生）

②十岁那年他拉伊被大风刮走，此后十余年音信全无。（离奇失踪）

③某一年，他拉伊部落因一张渔网与另一部落开战，争斗持续了九天九夜。（纷争）

④当双方手拿刀枪要决一死战时，出现了一个骑马的女将军阻止了战争。（回归）

⑤女将军正是消失数十年的他拉伊。她双手合十高喊，只要有人能将其双手分开就任凭打斗继续。石匠毕拉和力士纳尔汉上前挑战，都以失败告终。（发挥神力）

⑥他拉伊让二十个年轻人合力拔掉两棵大柳树，说服众人不要争斗，齐心合作，部落民众被其感化，推选他拉伊为部落首领。（成为首领）

⑦他拉伊为百姓公平地安排工作，教授年轻人射箭、骑马、用刀等武艺，教给女人织布的方法，向老人传授如何编织箩筐。（教育）

⑧村里一个年轻人偷了蛤蟆溏部落的三只鹿，蛤蟆溏部落找上门来讨要，他拉伊不仅将鹿归还，还代替偷鹿年轻人受罚，从此两部落关系和睦。（解决纷争）

⑨南边部落有三个心术不正的年轻人，找到山里具有神力的老狼，想要谋害他拉伊，老狼在石罐里吐了几口有毒的唾液，让他们拿去毒害他拉伊。

⑩三个小伙子将老狼的唾液给他拉伊喝，谎称罐中是山楂水，他拉伊明知罐中是毒药仍然一饮而尽，之后中毒身亡。

⑪他拉伊死前将四十八个部落托付给三个年轻人，又嘱咐她死后将她的尸

---

①袁珂：《中国神话传说》，全仁初、金善子译，民音社1992年版，第486页。

体用桦树皮包好，挂在东山口的大松树上。

⑫他拉伊死后，部落民众按照她的嘱咐将她安葬，之后三个年轻人管理部落。

⑬三个新首领整天吃喝玩乐，还每天把牛、猪、羊等供奉给老狼。

⑭之后老狼要求每天献上两个人供他享用，三个首领感到为难，老狼便说要把所有人抓到山上吃掉，于是带领狼群前去袭击部落。

⑮狼群走到东山口大松树下，桦树皮棺椁裂开，他拉伊斥责老狼罪行，手执宝剑砍下狼头，之后三个首领也得到了惩罚，他拉伊再次成为部落首领。（除掉恶兽）

⑯他拉伊治理的部落连年粮食丰收，百姓生活和睦，人们尊称她为"他拉伊罕"。

⑰某年举行大祭时，他拉伊接受长白山神灵召唤去了山里。他拉伊罕妈妈是郭合乐族供奉的"断事神"，每年秋祭第一天上午，人们都会在一棵大树下献上祭品，在树上挂上用桦树皮制作的盒子来祭奠他拉伊。每次祭祀时，族长都会跪于他拉伊神前，宣读宗族的法规。①（获得神性）

"他拉伊罕妈妈"是一个典型的英雄神话，讲述了具有超凡能力的女性他拉伊为了部落百姓，施展能力终止战争成为部落领袖，让各部落和睦相处，消灭了与三个年轻人合谋危害百姓的老狼，又制定法规，维持宗族繁荣昌盛。

他拉伊和一般英雄一样并没有高贵血统，她出生在小渔村，是渔夫费扬古的独生女。神话中并未说明其母亲的身份，也没有表述怀胎时的任何异常。十岁时他拉伊被大风卷走，十年间在异地长大，十年后归来时拥有了英雄的神奇力量、智慧和领导才能，但是神话中并未记述他拉伊获得这些能力的经过。

他拉伊的超能力不仅仅包括身体力量大与剑术高超等，她还掌握有织布、编筐等生活技能。他拉伊力大无比，甚至乌苏里江一带有名的力士纳尔汉也无法分开她合起来的手掌。他拉伊虽然力量强大，却不将力量用于武力，而是教导部落民众致力于合作发展生产。他拉伊明辨是非，勇于承担责任，当自己部落年轻人犯错，蛤蟆溏部落将要发动战争时，她主动接受惩罚消除了纷争，这是一种用道德感化他人的政治力量。

---

①参见李钟洙译：《满族神话》，载《韩国古典研究》第4辑，韩国古典研究学会，1998年，第343—355页。

他拉伊最大的伟绩在于实现了部族间的和平，并为此制定了法规加以遵守。这与今天国家裁定宪法，并以宪法构建统治秩序、树立国家体制异曲同工。因此，他拉伊并非以武力征服，而是以道德感化进行治理，最终实现王道政治。

4. 日本英雄神话：须佐之男神话

日本神话中具有典型英雄神话特征的是"须佐之男（すさのお）神话"。现将《古事记》中所载须佐之男事迹的有关叙事段落整理为[①]：

①伊邪那歧神去黄泉与伊邪那美神告别后，进行洗礼净鼻时生下须佐之男。（诞生）

②伊邪那歧神命令须佐之男管辖海原与银河。

③但须佐之男并不愿意治理所封之国，大哭不止，导致树木枯萎，江海干涸，灾难降临到了人间。（神之恶行）

④伊邪那歧神问须佐之男为什么哭泣，须佐之男说他想去母亲所在的根之坚国（ねのくに），于是伊邪那歧神将他驱逐流放。（驱逐）

⑤须佐之男在流放前想去高天原与姐姐天照大神告别，天照大神以为须佐之男要抢夺高天原，所以做好了战斗准备，二神以天安河为界面对面定下盟约，天照大神生下三个女神，须佐之男生下五个男神。（天照大神将须佐之男的刀分为三段，在天之真名井中清洗后放入口中咀嚼，吐出三位女神。须佐之男将缠绕在天照大神左右发髻、发鬘上的玉珠在天之真名井中清洗，放入口中咀嚼，吐出五位男神。）先出生的三位女神由须佐之男的信物诞生，后出生的五位男神由天照大神信物诞生，于是两人宣布女神是须佐之男的子嗣，男神是天照大神的子嗣。（对决天照大神）

⑥须佐之男说因为自己毫无敌意，内心纯洁，所以才诞生了柔和的女神。

⑦须佐之男捣毁天照大神开垦的田地，填埋水沟，在神殿便溺，胡作非为。

⑧须佐之男还剥掉斑马的毛皮扔进织女的屋子，织女受到惊吓，被织布梭子刺中下体身亡。（大闹高天原）

⑨天照大神因惧怕须佐之男躲进天石窟，于是天地一片漆黑，众神聚集到天安河，又使公鸡长鸣，让铁匠融铁制作了无数镜子，让所有巫师祭祀，最终

[①]《古事记》部分人名、地名、中文名称参见安万侣：《古事记》，周作人译，中国对外翻译出版公司2000年版，第12—18页。——译注

让天照大神走出石窟，天地恢复光明。

⑩众神商议，让须佐之男交出物品赎罪，剃其胡须，剪其指甲，洗清罪名后驱逐出天界。（驱逐）

⑪须佐之男被驱逐出天界后，流落到出云国（いずものくに）肥河之上叫鸟发的地方，遇见一对名为"足名椎"和"手名椎"的老夫妇。

⑫须佐之男得知这对夫妇的七个女儿都被名为"八歧"的大蛇吃掉了，眼看就轮到第八个女儿了，他们急得大哭，于是须佐之男让他们把女儿交给自己，他用酒把八歧大蛇灌醉并斩杀。（为民除害）

⑬须佐之男从八歧大蛇的尾中剖出一把草雉剑，并把剑献给了天照大神。

⑭后须佐之男与这对老夫妇的女儿奇稻田姬（くしなだひめ）成婚，在名为须贺的地方建造了宫殿，一起幸福地生活。①

"出云神话"是一个典型的英雄神话。前半部须佐之男作为恶神出现，后半部分又以正面英雄的形象展开了一系列的活动。"须佐之男神话"的后半部分符合世界各地流传的"珀耳修斯型英雄神话"的内容。珀耳修斯型英雄神话一般都是英雄拯救将被恶魔杀死的少女，作为回报少女最终成为英雄的妻子。

须佐之男的血统应是创世之神伊邪那歧与伊邪那美之子。《古事记》《日本书纪》等多种资料当中，都记载伊邪那歧独自行祓除洗礼，净鼻时诞生了须佐之男。但是，须佐之男在诉说自己哭泣理由时，说他想念在黄泉的母亲，由此推断须佐之男之母应是在黄泉的伊邪那美。《日本书纪》中也记载伊邪那歧与伊邪那美创造了国土之后，商议道："吾已生大洲及山川草木，何不生天下之主者欤？"说完又生下了诸神②，不难看出须佐之男应为伊邪那歧与伊邪那美两人所生。伊邪那歧神与伊邪那美神在天上创造了八大岛屿，后又下凡人间，所以他们既不是天神、地神，也不是水神，而是统治包括天地山川万物的创世神。因此，可以说须佐之男是拥有最高神血统的后裔。

须佐之男是伊邪那歧神沐浴净鼻时诞生的神。天照大神从左眼出生，须佐之男从鼻子出生。如果说眼睛象征着光，那么鼻子则与风有关，所以也可以把须佐之男描述为暴风之神。不过，鼻子与山脉也具有相似性，与地面之上的整个大气空间也有关联。从须佐之男的行动来看，他不仅掌管暴风，而且地上的

---

①参见鲁成焕译注：《古事记》上，예전사 1990 年版，第 65—96 页。
②《日本书纪》卷第一"神代"（上）"次生海"条。

海啸、地震、火山爆发、干旱等自然灾害全部与他有关。

须佐之男受命管辖的区域根据不同流传资料有所差异，综合来看有海原和根之坚国两处。海原指大海，根之坚国指地下国或阴间。这些区域空间与天照大神所在的天界高天原存在对立关系，代表着地上世界。

须佐之男出生后大哭不止，导致江海枯竭，草木凋谢，继而发生了一系列灾难。由此可见，须佐之男有着代表火山、地震等地面自然灾害的属性。须佐之男作为大地之神，代表了农耕文明出现之前火山爆发、地震、海啸、洪水等自然灾害不断发生的状态，这些自然灾害被描述为须佐之男的形象。

须佐之男有着强大的破坏力，威力无边，他的哭声可以让山河湖海干涸，他升天面见天照大神时，山川悉动，国土皆震，足可见须佐之男震动天地的力量。须佐之男在高天原毁坏农田、填塞沟渠、亵渎神殿、胡作非为却无人能够制止，可见其威力无人能挡。但是，如此强大的力量却未得善用，而用来横行滋事，明显有一种非英雄的特点。须佐之男前半部分的行动，从天照大神看来分明就是一种非英雄的无赖举动。这种蛮横行为是暴风、地震等危害人类生活的自然灾害的反映。

但是，当被高天原驱逐的须佐之男来到出云国时，却斩杀了八歧大蛇，解救了足名椎夫妇的八女儿，完成了一系列英雄壮举。神话后半部须佐之男是一位勇斗大蛇、拯救出云国的英雄。可见，须佐之男对于天照大神的高天原部族来说并非英雄，但在出云国的国神部族，却被崇拜为英雄和统治者。

那么，须佐之男的能力又有何特点呢？朱蒙、后羿与他拉伊都擅长使用弓箭，但须佐之男却擅长使用刀剑。须佐之男去高天原道别天照大神时，天照大神背着一千支箭的箭筒，肋下挂着五百支箭的箭筒，可见天照大神是弓箭之神。相反，须佐之男携带一把十拳剑，天照大神吃掉这把剑后生下三名女神，可见须佐之男应是刀剑之神。另外，须佐之男在杀死八歧大蛇时使用的也是这把十拳剑，之后又从蛇的尾部剖出草薙剑，这也可以证明须佐是刀剑之神。使用刀剑是在铁器文化时代才出现的，生产、锻造钢铁的冶铁技术发展之后，才有可能出现使用刀剑的英雄。因此也可以说，须佐之男是铁器部族崇拜的英雄。

此外，须佐之男事迹中值得关注的是他在救出要被大蛇吃掉的少女后，与少女成婚，然后获得了国家统治权，这与"珀尔修斯神话"情节相似，与韩国神话"居陁知传说"①、中国的少女"寄"战胜大蛇的英雄传说也有相通之处。

(三) 各国家地区神话特点比较

1. 英雄血统

朱蒙在神话之中，无论何时都自豪地显示着自己以天神为父、以水神为母的高贵血统。朱蒙逃往东扶余途中被淹滞水所阻，以鞭子指天大呼"我天帝孙，河伯外孙"，并向皇天后土祈求获得船只与桥梁，他与沸流王松让相遇时也自称是天帝之孙。不仅是朱蒙，朱蒙的后代也一直在显示自己朱蒙的血统，并以自己是天帝与河伯的后代而自豪。《广开土好太王碑文》就以介绍朱蒙血统开始，明显表现出高句丽王室对血统的重视，并赋予其神性。

随着下一代世袭王权的建立，王族血统会赋予特定姓氏以神性，并创造出相应的王权神话。解慕漱的直系血统是解氏，成为北扶余的王族；高句丽始祖朱蒙的后裔姓高氏，不同于解慕漱的姓氏，而是重新创造了新的姓氏。不仅"朱蒙神话"，韩国的国家始祖神话大部分都兼有姓氏始祖神话的特点。新罗的开国始祖朴赫居世是庆州朴氏的祖先，伽倻国开国始祖金首露是金海金氏的祖先。

这种英雄血统的神圣化是在英雄建立国家成为国祖后，由于王位依据父系血统世袭而产生的一种现象。

日本神话中，须佐之男是创世之神伊邪那歧和伊邪那美结合生下的后代，须佐之男的后代繁衍生息，使其逐渐成为大国主神，所以日本神话也十分强调血统的神圣性。但是，中国的"后羿神话"中只交代了后羿被父母遗弃，并未提及其父母的身份姓名，所以难以推测后羿的血统。某些资料中干脆让后羿直

---

① 《三国遗事·纪异第二》"真圣女大王、居陀知"条："此王代，阿飡良贝，王之季子也，奉使于唐。闻百济海贼梗于津岛。选弓士五十人随之。船次鹄岛，风涛大作。信宿、侠旬。公患之，使人卜之，曰：'岛有神池，祭之可矣。'于是具奠于池上，池水涌高丈余。夜梦有老人谓公曰：'善射一人留此岛中，可得便风。'公觉而以事咨于左右曰：'留谁可矣？'众人曰：'宜以木简五十片书我辈名，沉水而阄之。'公从之。军士有居陀知者，名沉水中，乃留其人。便风忽起，船进无滞。居陀愁立岛屿。忽有老人，从池而出，谓曰：'我是西海若。每一沙弥日出之时从天而降，诵"陀罗尼"，三绕此池，我之夫妇子孙，皆浮水上。沙弥取吾子孙肝肠食之尽矣，唯存吾夫妇与一女尔。来朝又必来，请君射之。'居陀曰：'弓矢之事，吾所长也，闻命矣。'老人谢之而没。居陀隐伏而待。明日，扶桑既暾。沙弥果来，诵咒如前，欲取老龙肝。时陀射之，中。沙弥即变老狐，坠地而毙。于是老人出而谢曰：'受公之赐，全我性命。请以女子妻之。'居陀曰：'见赐不遗，固所愿也。'老人以其女变作一枝花，纳之怀中。仍命二龙捧居陀知及使船，仍护其舡入于唐境。唐人见新罗船有二龙负之，具事上闻。帝曰：'新罗之使必非常人。'赐宴坐于群臣之上，厚以金帛遗之。既还国，居陀出花枝，变女，同居焉。"——译注

接以天神的身份出现,其父母更加无从考证。可见,"后羿神话"并不关注主人公的血统出身。满族英雄他拉伊生在穷苦的渔夫家庭,神话中也找不到对其高贵血统或神圣血统的强调。因此,中国的传统神话与满族神话并不关注英雄血统,而韩国、日本神话却相当重视英雄血统的问题。

强调父系血统神圣性的神话与没有神圣血统观念的神话,两者的形成过程或改编重构过程是完全不同的。强调父系血统的神话为了彰显王权的神圣性,必然会添加王权神话并加以修饰润色。在这种改编过程中,有可能会改变始祖王的血统,将其称为国民崇拜神的后代。所以,韩国、日本神话作为一种王权神话,都存在被高句丽或天皇国家统治者修改润色的特点。相反,并不注重血统神圣性的中国神话,有可能是各个氏族联合组成部族的神话,过度强调特定血统的神圣性会对氏族联盟的团结造成影响,所以才没有详细记述凸显英雄的特定血统。伟大的英雄他拉伊生于贫苦的渔夫家庭,她的父亲费扬古与她在姓名上看不出有什么关联,神话中也没有他拉伊结婚后子嗣昌盛,最终成为家族始祖的常套内容,这些都是为了有意回避凸显个别氏族的血统渊源。"后羿神话"也没有涉及其父母、后代的内容,这也是为了表现后羿是所有人类的英雄。强调英雄血统,特别是在氏族英雄神话之中,可以取得凸显特定姓氏始祖神圣性的效果。但是,如果赋予拯救全人类的伟大英雄以某个特定姓氏,相对而言有可能会降低其他姓氏民众对该英雄的崇拜。

2. 英雄能力

朱蒙的英雄能力主要包括使用弓箭和以巫术控制自然现象的能力;后羿主要具备善射和武士的战斗能力;他拉伊也擅长弓箭,同时还有定立法律并使族人遵守、团结氏族集团的能力;须佐之男则擅长使用刀剑。中国、韩国等英雄神话都十分重视射箭的能力,而日本则更加重视使用刀剑。而且,只有满族英雄神话强调部族间的和睦与团结,更注重英雄的德治能力。

弓箭是狩猎社会的打猎工具,也是战争中击退敌人的武器。亚洲北方的草原地区从很早就开始有狩猎、游牧的活动,弓箭制造业也很发达。弓箭在铁器之前的石器时代已经问世,相比之下,刀剑是在冶铁技术发展之后才出现的用于杀人或动物的武器。制造刀剑需要有冶炼钢铁的技术,要想炼钢又需要懂得熟练使用火的技术,所以,使用刀剑的部族是铁器文化发达的部族,刀剑因而比弓箭出现得更晚。须佐之男用刀剑斩杀八头怪兽八歧大蛇,并从蛇尾部获得宝剑,这一内容反映出冶炼钢铁的制铁文化。神话中经常把熔铁的熔炉描绘成类似蛇或龙的怪兽,而被火熔化的铁水则被描绘成"龙血"。"齐格飞神话"①中沐浴龙血的齐格飞最终获得不死之身,这意味着他的全身被铁甲武装。用铁制造的盔甲能够保护身体免受弓箭刀枪的伤害,将龙血涂在身上,即为用钢铁盔甲保护了全身的另一种神话表达。须佐之男从蛇的身体中抽出宝剑,那么又该如何解释蛇身中藏有宝剑呢?这指的是熔炉中熔化的铁水制造了宝剑,所以八歧大蛇象征的正是冶炼中使用的熔炉。不过,从描写八歧大蛇的段落来看,其形态类似山谷的形态。

> 它的眼睛如同红浆果般猩红,皮囊上挂着八头、八尾,身上缠绕着藤蔓、松柏和桧杉的枝条,它像八条山谷、八座山峰那么长,再看那肚子无时无刻不在渗出鲜血。②

八歧大蛇的形象类似于草木繁盛的山脊与峡谷,这或许可以被视为火山活动时山的一种形态。八歧大蛇的形象有可能源于流淌熔岩的火山和流出铁水的熔炉双重形象的融合。日本学者大林太郎已经探讨过该神话与铁器文化的关联③,也有研究指出这一神话与韩国的"居陀知传说"、中国的"寄传说"以及东南亚的许多传说具有相似性。可见,擅常射箭的英雄时代要早于擅长使用刀剑的英雄时代。

在中国满族的他拉伊神话中,英雄并未使用其能力打击、征服敌人或不满者,因而并不具有暴力性,而且在面对敌人时,忍让、包容、以德服人被视为一种英雄能力。朱蒙以其箭术和巫术使松让屈服;后羿以其善射消灭了恶兽;须佐之男用其剑术斩杀了大蛇;他拉伊凭借其双手的巨大力量,让所有部落民众屈服,并且用宝剑杀死了恶狼。但是,他拉伊的真正力量在于她适时解决问题的公正裁判,制定规矩消除部族之间纷争使各部族和睦相处,并且组建起更大规模的部族联盟。

部族联盟是国家的原始形态。有关国家起源的学说种类繁多,其中有代表性的有"暴力学说"和"契约学说"。暴力学说指强势部族吞并弱小的部族后建立国家,这一学说用来解释高句丽神话比较有说服力。相比之下,满族神话中表现出的公平解决部族间纷争,建立合理公正的规矩管理各个部族的理念,更

---

①齐格飞(Siegfried):德国叙事诗《尼伯龙根之歌》中的屠龙英雄,第一章"齐格飞之死"中的主要角色,沐浴龙血而刀枪不入,但是背后被椴树叶遮盖之处是他唯一的薄弱之处,也成了他的致命弱点。——译注
②安万侣:《古事记》,周作人译,中国对外翻译出版公司2001年版,第17页,参考后转译。——译注
③参见大林太郎:《日本神话の起源》,角川书店1961年版。

加接近国家起源的"契约学说"。在部族成员的支持下被推举为统治者,这是古代理想君主的形象。通过选举制度选拔国家政治领导人的制度是在近代以后才被确立的,但是类似选举的君主推举形式自古代就已经存在。在新罗"朴赫居世神话"和伽倻国"金首露神话"中,都可以见到有学识、有威望的部族代表聚在一起推选君主的场面。不过,朴赫居世、金首露等在施展其统治能力以前就已经被推选为君主。这一点和他拉伊在解决部族纷争、制定公正法规之后被推举为首领的过程不同。他拉伊神话中可以明显见到近代民主立宪主义的思考,由于满族长期分裂无法团结,各部族间战争频繁,导致民族长期被其他民族支配,这种民主立宪主义的思想正是来源于改变现实的愿望与反思。类似的部族民主联盟思想在后金建国始祖"爱新觉罗神话"中也有所表述。仙女弗古伦在长白山布勒瑚里湖中生下了布库里雍顺,布库里雍顺长大后来到三姓地区,化解了三个部族间的争斗并将其统一,最终完成了建立大清帝国的伟业。① 由此可见,比起个人的勇猛善战,满族英雄神话更加重视能够使部族团结的亲和力。

3. 英雄功绩

朱蒙的一生致力于建立高句丽,弘扬国威,发展国力,所以朱蒙是国家英雄。后羿为了众生,与危害世间的自然灾害斗争,并惩治了凶恶的野兽,所以后羿可称为人类英雄。他拉伊团结各部落,确立规矩秩序,教导人们团结合作,所以他拉伊是民族英雄。须佐之男斩杀八歧大蛇,拯救了一方百姓,还在须贺建立宫殿,让足名椎担任皇宫管理者并生活在宫中。这说明须佐之男在须贺建立都城,统治出云国,可视其为出云国始祖。朱蒙、须佐之男均既是一方部族的英雄,又是行使统治权的君王。他拉伊是团结部族的满族民族英雄,后羿是拯救大地众生的人类英雄。

但是,与朱蒙展开较量的部族首领松让也是君主,这是一种国与国的对抗,所以神话内容应该是在国家形成之后才完成的。相比而言,7 后羿抗争的对象是自然灾害,而自然灾害是人类自诞生以来就要克服和解决的问题,所以"后羿神话"应该可以追溯到更为久远的年代。他拉伊神话讲述了为了实现部族统一,结成部族联盟,需要制定法规并使人们遵守的内容。满族起初并未形成大规模的国家,而是独立分散的小部落,于是人们渴望出现一位能够统一各部的英雄。

---

①徐大锡:《백두산과 민족신화-우리민족과 만주족의 신화를 중심으로》;郑在浩(音)等:《백두산 설화 연구》,高丽大学民族文化研究所,1992年,第29—58页。

后来部族统一之后也发挥出巨大的力量,甚至实现了全国统一。所以,这一神话应该形成于较晚的部族联盟时期。

4. 成神过程

朱蒙既是高句丽的国祖神,又是护国神,被供奉于东明庙。东明庙建于高句丽第三代君王大武神王三年三月,修建在卒本地区。新大王四年、故国川王元年、安藏王三年、平原王二年、建武王二年,都有君王出巡卒本祭祀始祖庙的记载。①《北史》也记载高句丽时期有专门供奉河伯女与朱蒙的神庙,还派遣官员看守。② 可见朱蒙被当作高句丽的英雄神、始祖神加以供奉,其祭祀是由王室主管的国家活动。"朱蒙神话"受益于国家祭祀,其神圣性得以强化并被广泛流传。

后羿作为宗布神,是个人祭拜的神灵。③ 宗布祭祀举行的场所可以在田野,也可以在室内,类似于"禜禬"祭祀,通过祭拜山川日月之神,希望可以免受洪水干旱等灾害。④ 所以后羿并非特定王权神圣化的英雄,而是在中原地区生活的所有民众为了避免自然灾害而崇拜的神灵。

他拉伊是郭合乐族信奉的"断事神",于秋天接受祭祀。郭合乐族是清朝康熙初年在乌苏里江东部宁古塔地区被招降的部族,之后加入八旗军成为满族的一个部族。他拉伊罕妈妈的祭祀中,在树上挂上桦树皮制作的盒子,秋祭第一天上午摆上祭品,族长跪在神灵前面宣读宗族法律。⑤ 他拉伊既是部族之神,也是判断之神,她是教导各个部族制定正确的规矩并加以遵守之神。断事神崇拜始于人们的理性思考,在原始共同体社会中,打猎、捕鱼等活动都需要集体劳作,重视公正判断的精神源于公平分配集体劳动成果的思考。特别是在分配食物方面,必须遵循成员们共同商议订立的大原则,并且原则实行过程也要合理并获得承认。此外,在管理狩猎空间或捕鱼水域时,只有遵守部族之间规定的区域,才能避免纷争。不过,随着灾害、人口或生产方式的变化,这种宗族集团间的约定都会进行调整。之所以将他拉伊祭祀的时间选在秋天,是因为进入农业社会后,秋收时的分配工作更加复杂。郭合乐族的秋祭活动很可能也是对

---

① 《三国史记·杂志第一》"祭祀"条。
② 《三国史记·杂志第一》"祭祀"条。
③ 《淮南子·氾论训》:"羿除天下之害而死以为宗布。"参见刘城淮:《中国上古神话》,上海文艺出版社1988年版,第490页。
④ 刘城淮:《中国上古神话》"宗布"注释,上海文艺出版社1988年版,第490页。
⑤ 李钟周:《满族神话》,载《韩国古典研究》第4辑,韩国古典研究学会,1998年,第355页。

共同耕种所收获的食物进行分配的仪式。分配主要由族长负责，分配过程中如果有失公平，就会立刻导致冲突。因此，"他拉伊罕妈妈"是一个强调原始共同体社会的首领应该具有公平分配劳动所得能力的神话。

须佐之男被供奉在出云地区的神社中，村民定期为其举行祭祀。除出云地区以外，日本各地随处可见供奉须佐之男的神社。在出云地区举行的荒神神乐中有制服荒神的仪式场面，荒神大多被描绘为大蛇或龙。村民们将稻草做的龙扛在肩上，走出神社在村子里绕圈并演奏神乐，以此将外部神灵招到人体中，使身体获得神灵的威力，同时用脚踩踏大地可以镇住邪恶的神灵。① 荒神与神话中的须佐之男神具有类似的特点，他们是外来神灵并且性格暴躁。神社也是须佐之男消灭大蛇最早建立宫殿的地方。

综上，英雄神话的主人公一般都是神，并且接受民众的祭祀。神话主人公理所当然应该接受祭祀。神的能力与神话内容密切相关。如果神话主人公的某些事迹在某个地区得到格外崇拜，其成因往往正是了解当地民族气质与文化特点的关键。在中国，后羿是掌管自然灾害、拯救人类之神，接受民众个人祭祀；朱蒙是高句丽建国始祖，在高句丽时期被供奉于庙宇中祭祀；他拉伊是郭合乐族的英雄神，直至现在仍在秋季接受民众的祭祀；须佐之男则在日本多个神社中接受全年祭祀。

（四）结语

笔者分别选取韩国、中国、日本的英雄神话，从血统、能力、功绩、神性等方面考察相关特点。

韩国"朱蒙神话"与日本"须佐之男神话"都强调主人公的高贵血统，两者都是王权神话，都是父系社会的产物。相反，中国的"后羿神话"、中国满族的"他拉伊罕妈妈神话"并未表现出对血统的关注，"后羿神话"与王权无关，重点记述人类克服自然灾害的过程，他拉伊罕妈妈作为一位女性英雄，其神话应为母系社会的产物。

从英雄能力方面来看，朱蒙、后羿、他拉伊都是箭术非凡的英雄，而须佐之男则擅长使用刀剑。弓箭是农业社会之前的狩猎社会使用的主要武器，特别

---

① 笔者于1997年11月29日至30日，实地考察了日本广岛县比婆郡西城町举行的"比婆荒神神乐"活动。荒神以大蛇或龙的形象为原型，当地民众扛着荒神走出神社，并最终将其供奉于祭坛大厅之中。有关荒神神乐，可参见铃木正崇：《荒神神乐にみる自然と人间》，载《日本民俗学》第125号，昭和五十四年。

是东夷族，经常使用弓箭。刀剑是制造于铁器时代的兵器，代表了铁器文化，所以须佐之男是铁器文化部族的英雄。另外，朱蒙在克服危难时曾经施展了巫术，这表明他既是国王又具有萨满属性。他拉伊神话中强调正确的判断，这意味着在原始共同体社会中，只有具备公平分配能力的人，才有资格成为部族首领。

英雄神话主人公的功绩与供奉之间具有相对明确的关系。朱蒙建立高句丽，并接受了国祖神的祭祀；后羿消除了危害人类的自然灾害，在个人祈求消除灾害的祭祀中被奉为宗布神；他拉伊因化解部族纷争，制定合理法规，在部族每年的季节祭祀中被人们崇拜；须佐之男消灭了大蛇，解救了百姓，所以被供奉在村民建立的神社中接受祭祀。

这些神话都可被称作东亚英雄神话，但由于流传地域、自然环境、人文条件的差异，最终传承演变为各具特色的神话。

附　录

一、中韩译名对照表

阿斯达　아사달
爱新觉罗　애신각라
奥西里斯（Osiris）神话　오시리스신화
巴里公主　바리공주
拔河　줄다리기
百济神话　백제신화
宝壤梨木　보양이목
北方神话　북방신화
北扶余神话　북부여신화
北青狮子戏　북청사자놀음
北崖子　북애자
捕鱼部族　어로집단
部族守护神　부족의 수호신
差使巫神歌　차사본풀이
朝鲜族　조선족
辰韩　진한
成造巫歌　성조풀이
城隍信仰　성황신앙
城主本歌　성주본가

城主巫神歌　성주본풀이
城主信仰　성주신앙
初感祭　초감제
传承集团　전승집단
创世歌　창세가
创世巫歌　창세무가
春香歌　춘향가
村神　촌신
村巫祭　마을굿
打斗巫祭　싸움굿
诞生传说　탄생설화
地父地母型　지부지모
地神　지신
地神族　지신족
帝释神　제석신
帝释巫神歌　제석본풀이
东扶余神话　동부여신화
东明王　동명왕
洞祭　동제
都堂巫祭　도당굿
痘神巫祭　손님굿
读经　독경
恶神　악신
阏英神话　알영신화
沸流传说　비류설화
丰渔祭　풍어제
凤山假面舞　봉산탈춤
佛教传说　불교설화
伏羲　복희
父系社会　부계사회
父系血统　부계혈통

伽倻　가야

盖马高原　개마고원

高句丽建国神话　고구려건국신화

功能主义　기능주의

古朝鲜　고조선

古典小说　고전소설

谷种神　곡종신

光明神　광명신

广开土大王碑文　광개토대왕비문

国中大会　국중대회

国祖神话　국조신화

海神　해신

韩天子传说　한천자전설

好童传说　호동설화

河伯　하백

河神　하신

弘益人间　홍익인간

后羿神话　예신화

桓雄神话　환웅신화

黄泉魂　황천혼시

回心曲　회신곡

惠通降龙　혜통항룡

婚礼巫祭　혼례굿

婚俗　혼속

混沌（Chaos）　카오스

鸡龙　계룡

箕子朝鲜　기자조선

集体无意识　집단무의식

季节祭祀　계절제

祭祀仪式学派　제의학파

驾洛国建国神话　가락국건국신화

建国神话　건국신화
降神巫　강신무
结构主义　구조주의
解夫娄神话　해부루신화
解慕漱神话　해모수신화
金阏智神话　김알지신화
金蛙神话　금와신화
近亲婚　근친혼
禁忌　금기
口传神话　구비설화
口传叙事诗　구비서사시
李承休　이승휴
李奎报　이규보
李能和　이능화
李齐贤　이제현
李世民　이세민
李瀷　이익
流传部族　전승집단
琉璃王　유리왕
柳花神话　유화신화
六村长神话　육촌장신화
龙传说　용설화
龙女　용녀
龙神　용신
卵生　난생
螺角舞　바라춤
马韩　마한
满族神话　만주족신화
门前巫神歌　문전본풀이
蒙古　몽골
弥勒　미륵

弥勒信仰　미륵신앙

民俗学　민속학

命监本　명감본

貊族　맥족

母系　모계

男性家长制　남성가장제

南方神话　남방신화

南书生　남서생

尼山萨满　니산샤먼

牛戏巫祭　소놀이굿

农耕集团　농경집단

农业祭祀　농경의례

农业生产神　농경생산신

女丹萨满　니단샤먼

女娲　여와

女真　여진

女真定水　여진정수

排铺道业浸　배포도업침

盘古神话　반고신화

盘瓠传说　반호설화

盘索里　판소리

朴赫居世　박혁거세

七星神　칠성님

七星巫神歌　칠성풀이

祈丰巫祭　기풍의식

祈雨祭　기우제

躯煞巫祭　살풀이굿

人格神　인격신

人类学派　인류학파

日神　일신

日月兄妹神话　해와 달이 된 오누이

萨满教　샤머니즘
三轮山传说　삼륜산전설
三胎子巫神歌　삼태자풀이
三仙女　삼선녀
三姓神话　삼성신화
蛇福传说　사복설화
射日传说　사양설화
神房　신방
神庙　신사
神圣观念　신성관념
神圣象征　신성징표
神圣性　신성성
神职　신직
神众图巫歌　신중도풀이
沈青传　심청전
生产神　생산신
生死观　생사관
圣人巫歌　셍굿
十月祭　시월제
始祖神话　시조신화
世经本源巫歌　세경본풀이
世袭巫　세습무
释迦　석가
守护神　수호신
首露王神话　수로왕신화
狩猎部族　수렵집단
薯童传说　서동설화
水父天母　수부천모
水神　수신
水蛭子　히루코
司祭　사제자

司马迁　사마천
司马长者　사마장자
速须佐之男　스사노오
他拉伊罕妈妈　타라이한마마
太阳崇拜　태양숭배
檀君　단군
檀君神话　단군신화
堂锦千金　당금아기
堂树　당나무
天池神话　천지신화
天地开辟　천지개벽
天地王巫神歌　천지왕본풀이
天帝　천제
天鹅仙女传说　백조천녀설화
天符印　천부인
天父地母型　천부지모
天父水母型　천부수모
天宫大战　천궁대전
天神　천신
天神族　천신족
天照大神　아마데라스
铁乞粒　쇠걸립
铁器文化　철기문화
通过仪式　통과의례
通灵　공수
突厥族　돌궐족
图腾　토템
图腾崇拜　토템미즘
娃娃将军　아기장수
万物有灵论（animism）　애니미즘
王权神话　왕권신화

温祚　온조

巫俗祭祀　무속제전

巫俗仪式　무의

巫堂　무당

吴承恩　오승은

五囊狗传说　오랑캐전설

五月祭　오월제

西归浦本乡巫神歌　서귀포본향본풀이

昔脱解神话　석탈해신화

仙桃山神母传说　선도산신모신화

乡歌　향가

乡札　향찰

新罗神话　신라신화

星神巫祭　별신굿

熊神　웅신

叙事巫歌　서사무가

延乌郎细乌女　연오랑세오녀

阎罗王　염라대왕

夜来者传说　야래자설화

一然　일연

伊邪那美　이자나미

伊邪那岐　이자나기

异界观　이계관

英雄神话　영웅신화

迎鼓　영고

游牧部族　유목집단

鱼山佛影　어산불영

元天疆巫神歌　원천강본풀이

元晓　원효

月明师　월명사

月神　월신

长者巫神歌　장자풀이
甄萱传说　견훤설화
蒸笼巫歌　시루말
织女神话　직녀신화
中国神话　중국신화
咒术　주술
朱蒙　주몽
抓僧戏　중잡이놀이
抓贼僧　도둑중잡이
自然神话学派　자연신화학파
祖上巫神歌　조상본풀이
祖上祝愿　조상축원
祖先神　조상신

二、21 世纪韩国神话研究主要成果概述

进入 21 世纪后，韩国神话学的发展多姿多彩。从整体来看，与记载于历史文献的建国神话相比，有关口头流传的巫俗神话的研究更为多样，研究观点也并未仅仅局限于口传文学领域，还涉及历史学、人类学、民俗学、宗教学、比较神话学等领域。韩国神话研究领域的单行本著作五十余本，博士学位论文二十余篇，短篇学术期刊论文众多，这些成果多是围绕巫俗神话展开的研究，以建国神话为对象的较少。之所以如此，可能是由于统计当中遗漏了韩国古代史相关研究，不过，也可能因为 2000 年以前有关建国神话的探讨已经十分充分，再寻找新的课题已经不太容易。此外，还有许多外国神话与韩半岛神话的比较研究，以及关于外国神话的研究成果，这是因为进入 21 世纪后，学术信息得到更广泛地传播，研究视野也得到进一步扩大。

巫俗神话作为巫歌及巫俗研究中的一环，相关研究大多结合各地区巫俗仪式现场情况，探究巫俗信仰、巫俗思想等特征。即通过调查了解特定地区的巫歌、巫俗情况来分析其特点，在这一过程中许多研究提到了巫俗神话（叙事巫歌）。特别是在济州道、韩半岛东海岸等地区进行的田野调查中，新采集、记录了不少巫俗仪式和巫歌。这一研究的焦点并非神话研究，而是巫俗研究的一部分，因此很难将其视为对于韩国神话本身特点的研究。

韩国的神话研究并非仅仅以韩国神话为对象，许多研究都联系中国各民族神话、日本神话、蒙古神话等东北亚地区神话，甚至希腊神话等西欧神话以及现代文学作品，进行相关研究对象的解释和探讨。这些研究大部分是将神话视为超越象征含义以上的、更具普遍象征意义的"原型象征"（Archetype），并联系人的无意识剖析相关文学作品的现代文学批评研究。因为这些研究对象之中并未涉及韩半岛神话的相关成果，在此不列入本文概述对象。

新世纪韩国神话学的另一特点是将研究范围从韩半岛流传资料扩展到外国神话资料。特别是满族等中国少数民族神话，蒙古、西伯利亚等地少数民族神

话，日本阿依努人神话等东北亚地区神话资料，在探究韩半岛神话特性的研究中引入比较神话学的参照对象。这些比较神话研究成果将包含在本概述之中。

本文将选择研究观点客观、学术影响较大的韩国神话研究单行本著作加以介绍概括，同时也将介绍之前韩国学界整理出版的神话文本资料集的相关情况。韩半岛神话资料中，既有学者为了学术研究整理出版的原文资料集，也有出于普及韩国神话，针对学生或一般读者，将方言改写成标准韩语，概括神话梗概的神话书籍。虽然巫俗神话资料集的出版数量不少，但本文主要以展现韩国神话本质特点，完整收录原文资料，对难懂词汇加以解释并概括神话内容的单行本为主，一般巫歌集资料不列为本文介绍范围。同时，本文还将提及一些虽然是在 2000 年之前出版，但堪称韩半岛神话资料集大成之作的神话资料著作。

首先概述已出版的个人相关著作内容。神话研究著作中，以韩国、中国、日本等东亚神话，以及希腊神话等世界神话的研究成果数量最多，在此只选取与韩半岛神话有关的，并且具有客观独创性的部分研究成果。

神话研究的短篇论文数量很多，大部分内容都已包含在单行本书籍之中，所以文中将选取一些未出版的博士学位论文做重点介绍。近年来，韩国各大高校研究生院多个专业领域涌现出不少与韩半岛神话有关的神话学博士论文，不过这些论文中有些并没有以半岛神话为研究对象，而是通过研究古典小说、现代小说、诗歌素材或原型来探讨韩半岛神话或文化内容，这些论文不在本文介绍之列。此外，学界经常提及的重要研究论文多数已收录在出版单行本中，在此不再赘述。

（一）资料类著作

记载韩半岛建国神话的资料主要包括：以《三国遗事》为代表的形成于高丽、朝鲜时期的诸多文献，转引记述了古朝鲜、高句丽、百济、新罗、驾洛国、耽罗国等国的建国过程；还有以《三国志·魏书·东夷传》为代表的中国历代史书资料，当中也有关于韩半岛各国的记录。这些分散记录都是汉文资料，1945 年韩国光复以后，这些资料被收集整理并翻译成韩语出版，这些资料是本文介绍的重点。

自 20 世纪 30 年代起，韩国学者孙晋泰，日本学者赤松智城、秋叶隆等最先开始收集巫俗神话并以巫俗资料集的形式出版成书，当中并没有将神话单独整理，而是将巫俗神话与一般巫歌混在一起，按照流传地区、巫俗祭祀类型等分类记录。2000年后，随着学界对巫俗神话的研究日渐升温，出现了一些将巫俗神话单独摘出并附上注解的资料书籍。也有不少为便于一般读者理解，将原文方言翻译成标准韩语，重点介绍神话梗概的资料集。以下将从整体上对近年出版的神话资料书籍进行介绍和梳理。

1. 洪起文，《朝鲜神话研究（朝鮮神話研究）》，首尔：지양사，1989。

1960年，朝鲜学者洪起文在朝鲜出版《朝鲜神话研究》，该书于1989年在韩国再次出版。洪起文在书中将韩半岛神话研究分为：第一章"建国神话"，第二章"檀君神话"，第三章"朝鲜神话"，并将《三国遗事》《三国史记》《帝王韵记》等有关建国神话的汉文文献资料翻译为朝鲜语并进行了解释。在这三章内容之中，也简要提及了"巴里公主""蒸笼巫歌""帝释巫神歌""初公巫神歌"等巫俗神话的文献记录梗概，还翻译、介绍了甄萱、弓裔、王建等后来的英雄神话文献资料。另外，在"外国建国神话"章节中，还介绍了中国古代文献中记录的多民族建国神话。

该书包括了韩半岛建国神话、巫俗神话、外国神话等内容，是真正意义上的最早的神话资料集和探讨神话资料特点的研究成果，所以具有重大的学术意义。不过，在巫俗资料方面，该书仅仅介绍了日帝占领时期日本人采集的部分巫俗神话资料，并未揭示出韩半岛神话的整体面貌。

2. 秦圣麒，《济州道巫神歌辞典（濟州道巫歌본풀이事典）》，首尔：民俗苑，1991。

该书堪称济州道巫俗神话的"集大成之作"，书中将神话资料分为：一般巫神歌篇、神堂巫神歌篇、特殊巫神歌篇、初感祭巫神歌篇、其他篇等。"一般巫神歌篇"包括：初公巫神歌两篇、二公巫神歌两篇、三公巫神歌一篇、门前神歌三篇、婆婆巫神歌（할망본）三篇、七星巫神歌两篇、地藏巫神歌两篇、黄泉巫神歌（저승본）一篇、命监巫神歌（맹감본）三篇、差使巫神歌两篇、天地王巫神歌一篇、世经巫神歌两篇，共十二类二十四篇巫俗神话。"神堂巫神歌篇"包括从济州市、西归邑等地十三个乡镇的一百四十三个村落中采录、整理的数百篇巫俗巫神歌。"特殊巫神歌篇"包括：世民皇帝巫神歌、东方朔巫神歌、袁天罡巫神歌、许熊娘娘巫神歌（허궁애기본）、令监巫神歌（영감본）、吴堂（音）巫神歌（웃당본）、阙堂（音）巫神歌（알당본）、三头九尾巫神歌、山神巫神歌、灶王巫神歌、龙王巫神歌、十二城隍巫神歌、十二大王巫神歌等十三种巫俗神话。"其他巫神歌"中包括：十二种"祖上巫神歌"、十四种

"捻手"（비념）小型祭祀以及五种"军雄巫歌"。作者在书中不仅明确记载了巫歌演唱者的姓名、性别、年龄，还对方言词汇添加了详细的注解，在第六部分"概说篇"中解释了济州道特有的巫俗用语。这本书的出版面世，让人对济州道巫俗神话的全貌获得了一个整体的认识。

3. 表寅柱，《共同体信仰与堂神话研究（共同體信仰과 堂神話研究）》，首尔：集文堂，1996。

该书主要由共同体信仰研究和全罗南道堂神话研究组成，在相关资料中，将从全罗南道采集的九十四篇"堂神话"根据类型分类，并将其内容进行了整理。书中搜集整理了当时并未真正受到韩国神话学界关注的特定地区的堂神话资料，并结合村庄共同体的祭祀仪式进行了研究，得到了学界的一致认可。

4. 徐大锡，《韩国的神话（韓國의 神話）》，首尔：集文堂，1997。

该书分类、整理了文献中记载的韩半岛建国神话资料，并对其进行了翻译和注释，并按照巫俗神话的主要类型和叙事内容对其进行了概括，是一本真正意义上的神话资料集。"开国始祖神话"包括：檀君神话、朱蒙神话、朴赫居世神话、金首露神话、昔脱解神话、金阏智神话、济州道"三姓神话"等七篇神话；"本土巫俗神话"中，收录注释了创世歌、蒸笼巫歌、日月起源神歌（일월노리푸념）、成造巫神歌、城主本歌、帝释巫神歌、巴里公主等七种神话，并对七星巫神歌、长者巫神歌、痘神巫祭（손님굿）等三种神话进行了以叙事为中心的概括介绍；"济州道巫俗神话"收录有二公巫神歌、三公巫神歌、世经巫神歌、差事巫神歌、军雄巫神歌、产神婆婆巫神歌（생불할망본풀이）、西归浦本乡堂巫神歌、兔山堂巫神歌、怪奈基堂巫神歌（괴내깃당본풀이）等九种神话，概括了这些神话的叙事内容，将方言神话翻译成了标准韩语。

该书涵盖了全部韩国神话的代表类型，展示了韩国神话的全貌，因此具有一定学术意义。该书还被翻译成外文帮助外国读者了解韩国神话，译者为 Peter H. Lee，书名为 *Myth of Korea*，于 2000 年由集文堂出版，同时还由徐真锡译为爱沙尼亚语、立陶宛语，分别于 2007 年、2011 年在当地出版。

5. 李福揆，《扶余、高句丽建国神话研究（夫餘・高句麗建國神話研究）》，首尔：集文堂，1997。

该书收集、整理了扶余、高句丽神话的相关资料，考察了这些神话的流传情况，对其研究史进行了整理，将各种文献中收录的汉文资料翻译成韩语，并附上了资料原文。书中选取了《三国遗事》《三国史记》《帝王韵记》《应制诗注》《世宗实录地理志》《东国通鉴》《东史纲目》《海东绎》等韩半岛文献,以及《三国志·魏书》"东夷传"等中国史书中的史料。

6. 金在庸、李钟周,《为什么是韩国神话(왜 우리神話인가)》,首尔:东亚细亚图书出版,1999。

该书收录了以口传形式流传的韩半岛神话传说,探讨了"巴里公主"等巫俗神话具有的韩国创世神话含义,并翻译、解释了中国学者富育光所著《萨满教与神话》(辽宁大学出版社,1990)一书中收录的满族创世神话"天宫大战"。该书比较考察了中国东北与韩半岛神话中的创世女神形象,将东北亚创世神话引入韩国学术界,因此具有一定学术意义。

7. 朴贞惠、沈致烈,《神话的世界(神話의 世界)》,首尔:诚信女子大学出版部,2000。

该书是一部世界神话集,当中收录有韩国、中国、日本、印度、以色列、美索不达米亚、苏美尔、埃及、希腊、古巴比伦、德国、中美洲、挪威、北美洲、秘鲁等世界各地的神话。书中将神话资料分为七个类型,即创世与人类、洪水与再创造、建国与始祖、英雄冒险、命运与悲剧、生与死、爱与磨难。虽然没有包含外国资料的原文,但标明了各个资料的出处,添加了专业词汇的注解,并在"思考之窗"部分列出了相关神话的参考文献。该书按照神话内容要素分类整理,便于读者一目了然地了解世界各国的神话情况。

8. 张筹根,《济州道巫俗与叙事巫歌(濟州道巫俗과 敘事巫歌)》,首尔:亦乐图书出版,2001。

该书是一本巫俗神话资料集,介绍了 20 世纪 70 年代济州道神话的实际状况。书中收录了十二篇一般神巫神歌和二十三篇堂神巫神歌,是对 1973 年日本出版的《韓國の民間信仰(韩国的民间信仰)》(东京:金花舍)的重新整理。

此外,还有一些重新采录整理济州道巫俗神话的资料集,具体如下:

济州大学韩国学协同课程,《李用玉神房巫神歌(李用玉 심방본풀이)》,2009。

许南春等,《梁昌报神房巫神歌(梁昌报 심방본풀이)》,济州市:济州大学校耽罗文化研究所,2010。

《韩国古代文化的源流:济州大巫祭(韓國 古代文化의 源流——濟州 큰굿)》,KBS 济州放送总局,2012。

许南春等,《高顺安神房巫神歌(高顺安 심방본풀이)》,首尔:景仁文化

社，2013。

许南春等，《徐顺实神房巫神歌（徐顺实 심방본풀이）》，首尔：景仁文化社，2015。

这些资料集以录音的方式，收集了济州道知名"神房"（巫俗人士）流传的巫俗神话。虽然在实际的巫俗祭祀现场，巫俗人士只能讲述或演唱部分巫俗神话，不过，这些资料集将知名巫俗人士掌握的巫俗神话进行了完整采集整理，因此对于了解济州道巫俗神话的实际情况很有帮助。

当中，KBS（韩国广播公司）济州分公司发行的《韩国古代文化源流：济州大巫祭》系列纪录片，包括相关DVD资料八十六张、摄影照片集、大巫祭重现报告书等，第一次对大巫祭的全过程进行了录像采集，具有文化史的开创意义等。

9. 徐大锡、朴敬伸，《韩国古典文学全集：叙事巫歌1（한국고전문학전집-서사무가1）》，首尔：高丽大学民族文化研究所，1996。

10. 徐大锡、朴敬伸，《韩国古典文学全集：叙事巫歌2（한국고전문학전집-서사무가2）》，首尔：高丽大学民族文化研究所，2006。

该书将目前在韩国搜集到的巫俗神话资料分类，之后挑选出最优版本，将原文与难理解词汇的解释一并收入。"叙事巫歌1"中收录有"创世巫歌"两篇，"帝释神话"五篇，"巴里公主"两篇、"成造巫神歌"三篇、"日月神歌"一篇。"叙事巫歌2"中收录有："七星巫神歌"两篇、"长者巫神歌"两篇、"疫神神歌"一篇、"沈清巫神歌"一篇。

巫俗神话具有地域性，因此其中包含了许多一般人所不理解的巫俗术语词汇。该资料集不仅令意图研究韩国巫俗神话资料的人能够更容易地接触到这方面的内容，而且可以让一般人了解到韩半岛巫俗神话的世界，是一部古典文学神话全集，具有特殊的学术意义。

11. 金镇英、洪泰汉、金俊基，《叙事巫歌唐锦千金全集1，2（敍事巫歌당금애기전집1，2）》，首尔：民俗苑，1999。

该书集中整理了韩半岛具有代表性的巫俗神话"唐锦千金（帝释巫神歌）"，书中把韩国各地流传的各个版本的"唐锦千金"共六十一篇收集整理到一起，并进行了注释，对于理解把握特定类型巫俗神话的流传和变异情况很有帮助，具有较高的学术资料价值。

12. 洪泰汉、李庆烨，《叙事巫歌巴里公主全集1，2，3（敍事巫歌바리공

주전집1，2，3)》，首尔：民俗苑，1997—2001。

该书收集整理了从韩国各地采集的各个版本的巫俗神话"巴里公主"，共六十六篇，对于研究这一巫俗神话很有帮助。

13. 高璨华编译，《济州的神歌（제주의 神歌)》，济州：성민출판사，2003。

该书收集整理概括了已出版的济州道巫俗神话资料，并将方言改写为标准韩语，为相关韩语词汇标记了汉字，并以影印的原文资料作为附录。书中收录的巫俗神话有日本学者赤松智城、秋叶隆所著《朝鲜巫俗研究（上）》（1937）中的十六篇"济州道神歌"，张筹根所著《韩国的民间信仰》"资料篇"中的十一篇"一般神巫神歌"，文贞奉所著《风俗巫音》中的二十余篇资料，还在附录中收录了徐大锡采录的杨平版本"帝释巫神歌"、金泰坤采录的《巴里公主（바리데기）》，便于读者了解济州道巫俗神话的全貌。

14. 申东昕，《生动的韩国神话（살아있는 韓國神話)》，首尔：한겨레신문사，2004。

该书为便于读者理解，以标准韩语介绍巫俗神话内容，解释了神话含义，并用巫俗神话主人公名字命名韩国巫俗神话类型，如大星王、小星王、产神婆婆、唐锦千金、姜林道令（강림도령）、哈尔拉贡（할락궁이）、怪奈基道（궤네깃또）、黑装千金（감은장아기）、紫青妃（자청비）、黄友阳氏等。是一本面向一般读者介绍韩国巫俗神话的著作。

15. 金宪宣、玄容骏、姜正植，《济州道祖先神巫神歌研究（濟州道祖上神본풀이研究)》，首尔：宝库社，2006。

该书分为研究篇和资料篇，资料篇中收录了金宪宣采录的三十篇济州道"祖先巫神歌"和"堂神巫神歌"，具体资料目录如下：

①罗州饥民仓祖先巫神歌；②珠子婆婆巫神歌（구실할망본풀이）；③广清千金巫神歌（광청아기본풀이）；④高大静巫神歌；⑤杨伊牧使巫神歌（양이목사본풀이）；⑥杨氏妈妈巫神歌（양씨아미본풀이）；⑦高典籍巫神歌；⑧玄氏日月巫神歌；⑨尹大静巫神歌；⑩李万顷巫神歌；⑪安判官巫神歌；⑫红牌日月巫神歌；⑬册拂日月巫神歌（책불일본풀이）；⑭山神日月本解；⑮佛道日月本解；⑯杨氏妈妈巫神歌（其他版本）；⑰高典籍之女千金巫神歌（고전적따님아기본풀이）；⑱夫大角巫神歌；⑲广清千金巫神歌（杨昌波版本)；⑳卧山杨氏妈妈巫神歌（눈미양씨아미본풀이）；㉑珠子婆婆巫神歌（其他版本）；㉒挖参人金氏祖先巫神歌（우렝이김씨조상본풀이）；㉓挖参

人辛氏祖先巫神歌（우렝이신씨조상본풀이）；㉔卧山本主家祖先巫神歌（눈미와산본주집삼당클굿조상신본풀이）；㉕好近里山梁八日堂巫神歌（호근이마루여드렛당본풀이）；㉖兔山八日堂巫神歌（토산여드렛당본풀이）；㉗七星巫神歌；㉘善屹安氏；㉙大蛇传说

16. 朴钟声、姜大镇，《神话的世界（신화의 세계)》，首尔：韩国放送通信大学出版部，2006。

该书前半部由朴钟声执笔，将韩半岛、蒙古、匈牙利、中亚、东欧、非洲等地区神话，按照创世神话、兄妹结婚神话、英雄神话等类型进行比较考察；后半部由姜大镇执笔，探讨了奥林匹斯众神与希腊神话，《伊利亚特》《奥德赛》等作品。该书介绍了各神话的内容，并绘制了插图，便于神话学习者进行理解。书中还介绍了神话相关的学术论文。

17. Choi Won Oh, *An Illustrated Guide to Korean Mythology*, Global Oriental, 2008.

该书是一本英文神话资料集。书中梳理了韩国巫俗神话的类型体系，即宇宙洪水神话、出生与农耕神话、阴间使者神话、萨满神话、疾病神话、福的神话、爱与家庭成员神话、村神神话、英雄神话等，并对其进行了翻译和介绍。为便于外国神话学者和普通读者理解，书中详细介绍了韩国巫俗神话诸神，配有各种插图，并附有脚注说明。

18. 申东昕，《生动的韩国神话（살아있는 韓國神話)》，首尔：한겨레报社，2014。

该书是2004版《生动的韩国神话》的增补本，书中以神话主人公名称划分了韩半岛巫俗神话主要类型，用标准韩语概括了神话的内容，并阐述了巫俗神话含义与现代人生活的联系。该书将半岛本土巫俗神话、济州道巫俗神话分为四种主要类型，探讨了神话的原型含义和现代意义，既是一本具有反省精神的学术著作，也是一本普及巫俗神话常识的书籍。

19. 李福揆、梁贞花，《原文对照韩国神话（原文對照 韓國의 神話)》，首尔：民俗苑，2017。

该书是一部重新整理出版的神话资料集。以采录整理的七篇巫俗神话、口传传说为对象，将口述原文和方言词汇翻译成标准韩语，并用汉字标记相关汉字词汇。具体包括六篇济州道、咸镜道等地的巫俗神话，以及一篇具有神话特点的"日月兄妹传说"。该书对韩半岛口传神话进行了整体分类，是一部重要的神话资料集。

除此之外，近年来还出版了不少有关东欧、俄罗斯、非洲、毛利族的神话资料，具体书名如下：

权赫宰等，《东欧神话（동유럽신화）》，首尔：韩国外国语大学出版社，2008。

金敏洙、金莲秀翻译，《俄罗斯楚科奇半岛楚科奇人神话（러시아 추콧카반도 축치족 神話）》，首尔：韩国外国语大学出版社，2015。

洪明喜编译，《非洲神话与传说：西非篇（아프리카의 神話와 傳說：西部 아프리카편）》，首尔：多舍廊图书出版，2016。

洪明喜编译，《非洲神话与传说：中非篇（아프리카의 神話와 傳說：中部 아프리카편）》，首尔：多舍廊图书出版，2017。

金起国等编译，《非洲神话与传说：南非篇（아프리카의 神話와 傳說：南部 아프리카편）》，首尔：多舍廊图书出版，2017。

崔荣袗等翻译，《呼吸的神话，呼吸的传说：新西兰毛利族神话与民间故事（숨의 문화, 숨의 이야기：뉴질랜드 마오리 神話와 民譚）》，首尔：东仁，2017。

（二）研究类著作

1. 崔元午，《东亚比较叙事诗学（동아시아 비교서사시학）》，首尔：月印，2001。

该书将济州道巫俗神话中的巫俗英雄神话同韩半岛周边的赫哲族、满族、阿依努族相关资料做了比较，是一部研究巫俗英雄神话的著作。作者主张东亚巫俗英雄神话具有逐渐扩充爱情内容要素的变化过程，即巫俗英雄神话中的英雄与异性结缘内容逐渐增多，结缘过程中第三者介入导致结婚受阻，内容逐渐转变为爱情叙事。书中引入了"祭祀叙事诗""游戏叙事诗"等概念，并综合分析四个民族巫俗英雄神话资料来阐述这种神话叙事的转变。

2. 玄容骏，《济州道巫俗及其相关内容（濟州道 巫俗과 그 周邊）》，首尔：集文堂，2002。

该书凝聚了作者有关济州道巫俗与神话学术研究的毕生成果。济州道是韩国巫俗神话流传种类最多的地区，研究巫俗神话需要理解演唱巫歌的巫俗祭祀仪式。因此，该书以宗教民俗学的观点研究济州道巫俗神话，深入揭示了济州道巫俗信仰与巫俗神话的现实情况。

3. 金烈圭，《东北亚萨满教与神话论（東北亞細亞 샤머니즘과 神話論）》，坡州：Acanet 出版，2003。

该书通过考察东北亚的萨满教和神话，运用比较神话学的观点去理解韩国的萨满教与神话。尝试深入探讨神话周边及神话比较研究的相关问题，例如：怎样看待东北亚萨满教？比较韩国与西伯利亚神话，其民族发展脉络的前提以及神话内容又是什么？今天，东北亚萨满教的遗产具有怎样的含义？等等。

4. 赵显高，《东亚建国神话的历史和逻辑（東亞細亞 建國神話의 历史와 理)》，首尔：文学与知性社，2003。

该书考察了韩国、中国、蒙古等国建国神话的形成与变化过程，提出东亚建国神话不同于二元体系（原因者—出现者）的始祖神话，而具有三元体系结构（派遣者—中介者—实现者）。即东亚细亚建国神话意在体现一种新组建集团血缘式理念的共性特征的意识形态。该书第七章还研究了大夏、南诏、大理等地建国神话的形成和变化过程，是对作者东国大学博士论文《建国神话的形成与改编研究（建國神話의 形成와 再編에 관한 研究)》（1997）的进一步补充完善。

5. 李秀子，《济州道巫俗中的"十二巫祭"的结构原型与神话（濟州道巫俗을 통해서 본 큰굿 열두거리의 構造적 原型와 神話)》，首尔：集文堂，2004。

该书分析了济州道大巫祭的祭祀顺序与巫俗神话，大巫祭以天地日月诞生的天地创生神话"初感祭"、"排铺道业浸"（배포도업침）开始，之后掌管人类孕育的生产神神话"产神婆婆巫神歌"（생불할망본풀이），再进行巫祖神话"初公巫神歌"，之后依次进行咒花之神神话"二公巫神歌"，财福之神神话"三公巫神歌"，地狱之神神话"差使巫神歌"，长寿神神话"四万伊（命监）巫神歌"（사만이본풀이），农耕神神话"世经巫神歌"，丰农神神话"七星巫神歌"，家庭神神话"门前巫神歌"，村神神话"本乡巫神歌"，祖先神神话"祖上巫神歌"，等等。这些神话按照"十二巫祭"的顺序依次进行，具有完整的内容结构。可见，济州道大巫祭并非由独立的个别祭祀组合而成，而是对掌管创造世界、福祸生死等诸神进行的大型祭祀活动，其内部具有紧密的联系。因此，济州道大巫祭保存有韩半岛最古老巫俗祭祀形态，具有世界普遍的神话体系，体现出作者敏锐的学术洞察力。

6. 权泰孝，《韩国口传神话世界（韓國 口傳神話의 世界)》，首尔：知识产业社，2005。

该书以通时的学术观点分类考察了包括巫俗神话在内的韩国口传神话的产生、变异过程。虽然由于无法知晓口传神话的产生年代，研究其通时的变化情况有些缺乏依据，但是通过细致考察口传神话的演唱口述现场也可以找到解决这些问题的方法。书中揭示出济州道、咸镜道部分巫俗神话的产生情况，并对其进行了具体的比较研究。

7. 金永一，《韩国巫俗与神话研究（韓國巫俗과 神話의 研究）》，首尔：世宗出版社，2005。

该书考察了韩国巫俗信仰的祭祀仪式与神话叙事结构之间的关系，并探讨了韩国神话的叙事结构原理。第一部分研究了日本、中国、北美等国家地区的神话与祭祀活动的关系；第二部分阐述了韩国的创世神话、建国神话、堂神神话的叙事结构原理。

8. 金和经，《韩国神话的源流（韓國神話의 源流）》，首尔：知识产业社，2005。

该书按照神话内容类型，对韩半岛与国外的神话文献资料和口传资料进行了整理和比较研究，从文化史与民族记录的层面提出了关于韩国神话源流的认识。

第一章考察了神话研究史，提出了研究文化源流的方法论。

第二章为社会底层神话，如韩半岛出现神话、谷母神神话、尸体化生神话，并将其与中国、西欧的资料放在一起研究，联系农耕文化，找到相关神话的源头，得出随着中国火田耕种等农耕文化传入韩半岛北部，最终形成了韩国神话的结论。

第三章为统治阶层交替神话，探讨了解夫娄、松让、温祚等放弃国家统治权的神话内容。这些神话都没有记载始祖诞生，却出现了让出国家统治权的内容，这表现出原住民是农耕民族，具有大地神信仰的特点；移入部族势力属于游牧或狩猎集团，他们具有天神信仰的特点。

第四章是统治阶层神话，主要考察了天降神话、日光感应神话、兽祖神话、卵生神话等。将韩半岛的檀君神话、解慕漱神话、朱蒙神话、朴赫居世神话、金首露神话等建国神话要素与中国文献神话、北方游牧民族神话资料、韩半岛口传资料等，进行了广泛的比较考察，指出天降神话与突厥民族神话具有一定亲缘性，相反日光感应神话与蒙古系神话联系紧密。另外，因为韩半岛天降神话整体上具有狩猎与游牧文化部族的世界观，提出突厥民族文化有可能最终发展为韩半岛统治阶层的文化。另外，由于日光感应神话广泛存在于蒙古系部族之间，韩国神话有可能是从蒙古传入的。同时还探讨了韩半岛兽祖神话，有可能是伴随着北方夷狄诸民族神话和狩猎游牧文化一起传入的。此外，还提出了昔脱解神话有可能是某个捕鱼部族随着黎曼寒流和西北季风，沿着韩国东海岸传入的观点。

以上研究根据不同类别考察了韩国周边民族的资料记录，探索了韩国神话的起源与传播路径，对研究特定类型神话起源具有重要的学术意义。

9. 宋孝宪，《脱神话时代的神话（탈神話時代의 神話들）》，首尔：耆婆郎图书出版，2005。

该书将神话视为超越时空持续发挥功能的符号，并对其所展示出的神话对象进行了分析。本书将对象资料展现内在神话性的过程称为"脱神话"，并分析了蔚山半球带岩画、巫俗祭祀，《古记》《揆园史话》中的檀君神话等资料文本的神话符号功能，阐述了"脱神话"的具体过程。

10. 吴世晶，《韩国神话的产生与沟通原理（韓國神話의 生成과 疏通原理）》，首尔：韩国学术情报，2005。

该书是将作者在西江大学研究生院的博士论文《韓國神話祭儀의 敍事規約과 疏通原理 研究（韩国神话祭祀仪式的叙事规约和交流原理研究）》修订整理后出版的。本书旨在研究韩国神话的产生、交流原理与祭祀仪式之间的关联性。该书将祭祀仪式看作产生神话含义并与部族集团进行沟通的现场。

11. 吴世晶，《神话、祭仪、文学——韩国文学的祭仪符号功能（神話・祭儀・文學——韓國文學과 祭儀의 記號作用）》，首尔：제이앤씨出版社，2007。

该书假定存在一种能够使神话文本具有单一含义作用的模型，并将其理解为使神话与外界交流沟通的表演实施空间，即祭祀仪式，并对其展开集中分析。

第一部分为一般论，将祭祀仪式和神话的关系分为：神话构成原理与交流原理的关系、祭祀仪式空间与神话的认识、象征与神话的关系。

第二部分为韩半岛建国神话祭祀仪式叙事结构，通过考察祭仪与神话的结合情况，理解韩国神话的叙事结构原理，以巫俗神话为中心，研究牺牲与牺牲祭祀的特点。

第三部分以叙事巫歌"巴里公主"、"蜈蚣地"（지네장터）传说、古典小说《沈清传》为研究对象，探讨牺牲者的象征含义和文化史意义；并探讨了《龟旨歌》《兜率歌》等韩半岛古代咒术诗歌包含的祭祀仪式的象征性，又联系《兴夫歌》与"祈求丰收祭祀"、《春香歌》与"通过仪式"、《沈清歌》和"牺牲祭祀"，分析了盘索里中隐含的祭祀仪式特点。

12. 金兰珠，《从荣格心理学观点看韩国神话（융 心理學의 觀點으로 본 韓國의 神話）》，首尔：集文堂，2007。

该书接受了荣格（C. G. Jung）的分析心理学理论，考察了韩国创世神话的特点、含义以及传承过程。书中采用了分析心理学派方法，着重分析各个神话中的象征含义，尝试证明韩国巫俗神话中的各个象征和主题与世界神话中的象征、主题一脉相通。同时，在韩国创世神话中，再次印证荣格提出的理论观点，即"同一原型或主题会存在于任何地区与民族之中，这种现象源于人类集体无意识的共同结构"。

13. 林在海等，《韩国神话本质之阐释（韓国神話의 正體性을 밝힌다）》，首尔：知识产业社，2008。

该书旨在阐明韩民族与韩国神话的核心本质，汇集了十二名学者多角度的研究论文。该书紧紧围绕韩国神话本质与韩国文化本质的交会点，将其归纳为民族本质。各篇论文内容主要包括：寻找韩国神话本质的方法；韩半岛周边国家与民族（中国、日本等）神话中的韩国神话要素；通过比较研究，理解韩国神话本质。第一部分是寻找韩国神话本质的途径，收录了林在海、赵东一、徐大锡、郑在书等学者的论文；第二部分为邻国神话中的韩国神话与民族本质，收录了鲁成焕、李钟周、徐永大、李秀子等学者的论文；第三部分为比较研究视野下的韩国神话本质探讨，收录了罗景洙、金宪宣、赵显高、李龙范等学者的论文。该书囊括了韩国神话学领域中坚学者们的学术观点，按照各自领域深刻剖析韩国神话，代表着发现韩国神话研究的方向和水平。

14. 李都钦等，《神话、脱神话与我们：用神话解读21世纪（神話/脫神話와 우리：21 世紀를 神話로 읽는다）》，首尔：汉阳大学出版部，2009。

该书集合了分析东西方神话的二十四篇论文，按其类型可分为：人类密码、韩国密码、女性密码、解体密码。虽然各篇论文内容相互独立，但这些论文都在探讨共同问题的过程中展开了富有学术意义的体系化论述，即"为何神话在今天得以重新回归？其含义如何？后现代时代的神话作为一种意识形态其虚构性又是什么？"

15. 徐大锡，《巫歌文学的世界（巫歌文學의 世界）》，首尔：集文堂，2011。

该书集中整理了已出版的巫歌资料集，将文献记录巫俗神话与巫俗现场演唱的巫歌划分为抒情巫歌、教述巫歌、叙事巫歌、戏曲巫歌等文学类别，以文学观点研究韩国巫歌。在第四章"叙事巫歌"中，作者将韩半岛巫俗神话的主要类型划分为本土叙事巫歌和济州道叙事巫歌，介绍了各篇的类型结构和神话含义。该书以文学视角研究解释韩国巫俗神话的类别，具有其文学史意义。

16. 许南春，《济州道巫神歌及其相关神话（濟州道 본풀이와 周邊 神話）》，

首尔：宝库社，2011。

该书作者研究专业为古典诗歌，在济州大学任职二十余年。作者将济州道巫俗神话称为"济州道巫神歌"（제주도 본풀이），并根据现场采集记录的资料考察了"十二巫神歌"（열두본풀이）的特点、历史、哲学和流传情况，对于理解济州巫俗神话很有帮助。

17. 宋孝燮，《神话的秩序：图像符号学探究（神話의 秩序：圖像記號學的 探究）》，首尔：문학과지성사，2012。

该书以符号学方法分析了绘画、工艺、雕刻等多种形态的神话图像。作者首先提出了神话图像的解释模型，将神话图像分为"行为神话图像"和"存在神话图像"，并进行了分析。书中提及的图像符号学方法具有其创新意义。

18. 沈载宽编著，《释迦与弥勒竞争神话（釋迦와 彌勒의 競爭譚）》，首尔：CIR，2003。

该书收录了七篇论文，在东北亚民族神话中，找到了类似于韩半岛创世神话内容要素的释迦、弥勒争夺统治权的内容。这些论文集中探讨了韩国创世神话中释迦与弥勒神话要素的普遍性和特殊性，对于特定神话素研究具有学术意义。

19. 赵显禹，《麻姑婆婆神话研究（마고할미 神話研究）》，首尔：民俗苑，2013。

该书将韩半岛流传神话中的雪馒头婆婆（설문대할망）、开阳婆婆（개양할미）、老姑婆婆、西姑婆婆（서구할미）、安可大婆婆（안가닥할무이）等女神统称为麻姑婆婆，分析了韩半岛口传女神神话。由于大部分流传的资料都已破碎变形，从中把握女神相关描述的实际情况并不容易，不过该研究在这一方面有所突破。该书以麻姑婆婆为中心，重新梳理韩国创造女神，开拓了韩半岛女神神话研究这一新的研究领域。

20. 张筹根著作集刊行委员会编，《济州道巫俗与叙事巫歌：韩国神话的民俗学研究（濟州道 巫俗과 敘事巫歌：韓國神話의 民俗學的 研究)》，首尔：民俗苑，2013。

该书是张筹根先生的弟子们将其著作《济州道巫俗与叙事巫歌（濟州道 巫俗과 敘事巫歌）》《韩国神话的民俗学研究（韓國神話의 民俗學的 研究)》二书合二为一出版的著作。《济州道巫俗与叙事巫歌》对济州道巫俗进行了全面的研究，根据神房、单骨、堂（村神堂）等进行分类，从表现形式、本质和功能、结构和含义、宗教仪礼和神话的体系等方面，深入考察了济州道巫神歌。在资

料篇中整理收录了济州道巫俗神话"一般神巫神歌（일반신 본풀이）十二篇""堂神巫（堂神 본풀이）二十三篇"等。《韩国神话的民俗学研究》以民俗学观点解释了檀君神话、朱蒙神话、金阏智神话、济州道堂神话、三姓神话等，凝聚了张筹根先生韩半岛神话研究的毕生成果。

21．权泰孝，《韩国神话的再发见（韓國神話의 再發見）》，首尔：새문사，2014。

该书考察了生产物、死亡、火等的起源神话，西归本乡堂巫神歌、差使巫神歌、女性一般神巫神歌等济州道神话，并探究了水井、火等在韩国民俗中的神话象征含义。该书是对权先生2005年出版的《韩国口传神话世界（韓國口傳神話의 世界）》的补充延续。

22．金和经，《韩国的神话，世界的神话（韓國의 神話，世界의 神話）》，首尔：새문사，2015。

该书首先强调了韩国人必须了解韩国神话的理由，之后考察了韩国神话与世界神话中的世界起源神话、人类起源神话、文化起源神话。从比较神话学的视角，阐述了韩国神话的普遍性和特殊性。该书既是专业研究著作，也向一般读者普及神话常识。

23．金宪宣，《巫俗祖先神话研究：比较神话学的资料价值和意义（巫祖神話研究：比較神話學의 資料의 價值와 意義）》，首尔：民俗苑，2015。

该书以巫俗祖先神话为研究对象，挖掘了相关研究资料，论述了比较神话学角度的意义。书中解读了巫俗祖先神话的历史资料、巫俗祖先神话的类型体系、济州道初公巫神歌，之后将韩国巫俗祖先神话与琉球、日本神话进行了比较分析。又探讨了"巴里公主"中的阴间之旅、东海岸"别神巫祭"中"化缘巫祭"（계면굿）巫俗祖先特点、"樵夫和仙女"（나무꾼과 선녀）传说的始祖神话特点，最后比较研究了阴间旅行的各个女神。该书梳理了韩半岛巫俗祖先神话的体系并进行了相关主题的比较研究，因此具有一定学术意义。

24．金俊基，《韩国的神母神话（韓國의 神母神話）》，首尔：西江大学出版部，2016。

该书第一章将神母神话的概念定义为：①多次神异行为后成为神的女性故事；②成为神的妻子的女性故事；③生下神或英雄成为神母的女性故事。第二章为韩国古代建国神话中的神母形象，主要探讨了古朝鲜"檀君神话"的熊女、高句丽"朱蒙神话"的柳花、新罗"朴赫居世神话"的阏英、驾洛国"首露神话"的许黄英等。第三章研究了成为国家始祖母亲的女山神形象，如朴赫居世母亲仙桃山神母、化身为婆苏的柳花、成为伽倻山神母的金首露母亲等。第四章研究了中世纪韩半岛建国神话中再次出现的神母形象，如后百济甄萱的出生传说、高丽建国神话中的圣居山神母、作帝建妻子的西海龙女翥旻、高丽太祖王建母亲威肃王后等。第五章以堂锦千金、巴里公主为主研究了巫俗神话中的女性神形象，将神母神话论述为富饶多产和回归本源的象征。

该著作综合探讨了韩半岛建国神话、巫俗神话中的神母形象，以及神母神话的特点与含义，构建了韩半岛女性神话的研究体系。

25. 申莲雨，《济州道叙事巫歌"初公巫神歌"的神话性与文学性（濟州道叙事巫歌 초공본풀이의 神話性과 文學性）》，首尔：民俗苑，2007。

该书一方面分析了"初公巫神歌"的叙事结构、空间结构，成为神的过程特点，女主人公表现出的死亡与再生的含义，男主人公参加科举的含义，主人公经历痛苦的含义等；另一方面研究了"初公巫神歌"与"二公巫神歌""三公巫神歌""帝释巫神歌"等的关系。考虑到目前还没有对于济州道"十二巫神歌"的整体研究，该书对于"十二巫神歌"这一特定巫神歌体系的研究具有一定学术意义。

26. 许南春，《雪馒头婆婆与济州神话（설문대할망과 濟州神話）》，首尔：民俗苑，2017。

该书第一章对雪馒头婆婆资料进行了分类，并总结了创世神的特点；第二章介绍了济州神话巫神歌的主要内容，并分析了目前主要巫俗人传承的巫俗资料"七星巫神歌""西归浦本乡堂巫神歌"与济州海洋神话。从整体来看，该著作重点介绍了济州神话，但在第二章中也对现代济州神话做了部分考察。

27. 俞昌均著，李英雅译，徐大锡编，《日本神话的语言学认识（日本神話의 言語學接近）》，首尔：集文堂，2017。

该书为日文著作的韩文版翻译，作者是已故韩国国语学者俞昌均先生，翻译由徐大锡主持、李英雅翻译。虽然本书的研究对象是日本神话，但却是围绕韩半岛神话展开的，所以也是一部韩半岛神话研究著作。作者的日本神话研究基本观点是：古代居住于韩半岛并建国的古朝鲜、扶余、高句丽、新罗、百济、驾洛等国，其建国的民族起源于濊族。貊族、韩族都是从濊族中分化出来的分支，濊族可分为建立新罗"斯罗族"（sara）和建立伽耶的"驾洛族"（gara），这些民族后来跨海到了日本列岛，建立了日本的天皇国家，他们搜集整理传承的韩半岛神话，将其记录为《日本书纪》和《古事记》。作者从语言学角度考证了日本神话中的地名、神名、人名,并将其与韩半岛庆尚北道、庆尚南道地区的地名和"朴赫居世神话""金首露神话"进行了对比考察,论证得出其源于韩半岛。该书作者是一名古代汉字音语言学者,对《日本书纪》《古事记》前半部分的神话记录进行了缜密的研究分析,指出韩半岛神话与日本创世神话、建国神话具有相同结构,开拓了韩半岛神话研究的新方向。

28. 郑在书,《中国神话的世界(중국신화의세계)》,首尔:돌베개,2011。

该书为梨花女子大学终于中语中文系郑在书教授系统介绍中国神话的著作,当中包括中国神话的定义、现象世界、神话形象,以及中国神话对小说叙一书结构的接受,中国神话对韩国文学、民俗的影响等,通过想象、形象、情节等研究分析了中国神话体现出的世界观及内容变化。郑教授一直致力于"神话及其想象"的研究,对于韩国道教和道教神话也有很深的造诣。

29. 林炳僖,《韩国神话历史》,广州:南方日报出版社,2012。

该书是"神话历史丛书"之一,全书共分为五章,具体包括:创世神话、檀君神话、建国神话理论、以物质表现的神话、韩国巫俗神话等,结合历史文献、出土文献和文字、口传文学、图像实物等系统介绍了韩国神话与历史的关联。

(三)博士学位论文

1. 姜侑利,《巫俗神话死亡内容的时间与空间结构研究(죽음을 다룬 巫俗神話의 時間과 空間構造 研究)》,西江大学博士论文,2001。

该论文将死亡理解为一种存在的具体形式,通过体现存在的基本框架——时间和空间来分析神话中的死亡。时间、空间作为存在实现的框架应该如何理解?时间与空间、死亡有何联系,如何表现死亡的?该论文通过研究以上问题,分析了神话中包含的死亡意识。

2. 姜晶植,《济州道堂神巫神歌流传变异研究(濟州道堂神본풀이와 傳承과 變異 研究)》,韩国精神文化研究院韩国学大学院博士论文,2002。

该论文将济州道堂神巫神歌的流传、变异情况与主人公堂神系谱、信仰变化等联系起来进行考察。通过研究堂神信仰的传播、变化如何反映在巫神歌之中,找到了巫神歌中隐藏的流传规律,并以此为基础追溯了巫神歌整体的变迁过程。

3. 尹慧信,《韩国神话入仕仪礼特点的诞生神话研究(韓國神話의 入仕儀

禮의 誕生譚 研究）》，延世大学国文科博士论文，2002。

该论文认为神话的"神圣性"是由主人公诞生神话中的"入仕仪礼"① 原理构成的。论文一方面考证了神话主人公的诞生传说情况，另一方面揭示出神话体裁特征存在于诞生传说"入仕仪礼"原理之中。

4. 郑真熙，《济州道与宫古岛神话比较研究——以外部权利干涉和神话改编为中心（濟州道와미야코지마 神話의 比較 研究——外部權利의 干涉과 神話의 再編樣相을 中心으로）》，首尔大学国文科博士论文，2008。

该论文通过比较济州道神话与日本宫古岛神话，分析了外部权力和受此权力统治的集团所传承神话之间的关系。济州道与宫古岛虽然在政治上都臣服于某些外部权力，但是基层流传的神话中却存在着未被外部权力统治同化的共同体意识。因此，济州道神话与宫古岛神话都有着没有被外部权力同化的周边地区神话的共同点，该论文对这一共同点以及两地区的区域政治学条件进行了分析与论证。

5. 李建镐，《朝鲜后期神话谈论与影响研究（朝鮮後期 神話談論의 樣相 및 影響 研究）》，汉阳大学国文科博士论文，2003。

该论文首先提出：在受近代教育制度影响的现存研究中，针对朝鲜王朝后期并没有关于韩国古代建国始祖的神异性对国家制度影响的相关研究，而这一问题将是本文关注的焦点。星湖学派的研究具有通过历史重新建构古代史并在现实中重新实现尧舜时代政治秩序的"神话谈论"特点。以檀君为主的韩国古代建国始祖脱离了神话、传说世界，进入到"历史化的神话"当中，这种历史又再次创造出"民族的历史"和"民族的始祖"，同时经历了"历史的神话化"过程。因此，韩国古代建国始祖具有比近代化以前更高的地位并对民族传统做出了贡献的结论。

6. 全金花，《东亚神话语境中的韩国石头神话要素研究（동아시아 神話의 脈絡에서 본 韓國 돌 神話素研究）》，首尔大学研究生院国文科博士论文，2017。

该论文将韩国口传叙事文学中的石头神话内容与东亚各民族的石头神话进行了比较考察，总结了出韩国石头神话要素的相关特点。作者将东亚石头神话要素的存在情况分为：世界起源、人类起源、种族起源、证据物形等，考察了各种情况与共性特点。在与韩国石头神话内容要素比较之后，发现韩国石头神

---

① 入仕仪礼（입사의례）：由普通人成为神异之人并拥有神性的过程。——译注

话具有的特色，即与石头有关的多为女性，韩国始祖的母石只孕育男性始祖，石头神话要素大多反映个人欲望而非公共利益，石化的主人公多是女性等。这反映出以母系文化为基础的女性原型与进入父系社会后获得优势的男性地位，两种性别情况相混合而形成了韩半岛特有的石头神话。

7. 李周泳，《三国时代建国神话的基础和展开（三国時代 建國神話의 基盤과 展開）》，高丽大学国文科博士论文，2018。

该论文认为建国神话的叙事内容是一种历史事实的象征化，并且建国神话的叙事并非一成不变，而是在历史潮流中不断变化的。通过比较同一神话的异本，考察直接、间接相关的其他神话，证明建国神话创造并非是静态的传承，而是在各个部族集团和权力浮沉中不断动态发展的过程。

8. 李向爱，《韩国巫俗神话的文化符号学研究（韓國巫俗神話의 文化記號學的 研究）》，西江大学国文科博士论文，2018。

该论文重新构建了韩国巫俗神话空间，考察了神话的文化功能，最终发现了巫俗神话表达的两种文化功能。即，一是展现了当时社会的思考方式，神话作为文化的产物能够反映出传承集团的文化；二是具有创造产生新文化的功能，巫俗神话可以"一源多用"，在多种文化体裁变化中发挥原型内容的功能。

其他与韩国神话相关的博士学位论文题目列举如下。

崔真奉，《韩国巫俗神话中的阴间（韓國巫俗神話에 나타난 저승의 樣相）》，崇实大学国国文系博士论文，2001。

徐海淑，《韩国姓氏始祖神话研究（韓國의 姓氏始祖 神話研究）》，全罗南道大学国文系博士论文，2002。

韩美玉，《百济建国神话的系统与传承研究（百濟建國神話의 系統과 傳承 研究）》，全罗南道大学国文系博士论文，2003。

吴世晶，《韩国神话的祭仪叙事规约与沟通原理研究（韓國神話의 祭儀의 敍事規約과 疏通原理 研究）》，西江大学国文系博士论文，2003。

李善行，《韩国古代建国神话的周易哲学解释（韓國古代 建國神話의 易哲學的 解釋）》，忠清南道大学哲学系东洋哲学专业博士论文，2009。

李善娥，《〈檀君神话〉和蒙古〈格萨尔王〉叙事诗神话特点比较（〈檀君神話〉와 몽골〈게세르칸〉 敍事詩의 神話的 性格比較）》，高丽大学比较文学比较文化协同课程博士论文，2012。

이경덕，《首尔散阴巫祭的祭祀仪式与神话——以神话分析为中心（서울새남굿의

儀禮와 神話—神話 分析을 중심으로-)》，汉阳大学文化人类学系博士论文，2012。

李知禧，《高句丽和拓跋鲜卑始祖神话比较研究（高句麗와 탁발선비 始祖神話 比較研究)》，成均馆大学比较文化协同课程比较文化专攻博士论文，2012。

장영주，《雪馒头婆婆神话中的教育理念研究（설문대할망 神話에 나타난 教育理念 研究)》，岭南大学教育学系博士论文，2012。

朴桂玉，《韩国洪水说话的神话特点和洪水主题叙事继承研究（韓國洪水說話의 神話的 性格과 洪水 모티프의 敍事的 繼承 研究)》，朝鲜大学国文系博士论文，2014。

레티응옥깜，《韩国与越南巫俗神话比较研究——以巫俗神系和人物神为中心（韓國과 베트남의 巫俗神話 比較研究——巫俗神系와 人物神을 中心으로)》，韩国学中央研究院民俗学专攻博士论文，2014。

赵兴胤，《从情结治愈观点看韩国巫俗神话研究（콤플렉스 治癒의 觀點에서본 韓國 巫俗神話 研究)》，建国大学国文系博士论文，2015。

金镇铁，《神话内容的 story telling 策略——以济州神话内容为中心（神話 콘텐츠의 스토리텔링 戰略——濟州神話 콘텐츠를 中心으로)》，崇实大学文化内容学博士论文，2016。

황윤정，《神话素为主的口传故事理解教育研究（神話素 中心의 說話 理解 教育 研究)》，首尔大学国语教育系博士论文，2017。